C. CRETIN

Contrôleur général de 1re classe de l'administration de l'armée, Conseiller d'État en service extraordinaire
Ancien Directeur du Contentieux et de la Justice militaire au Ministère de la guerre.

Du Contentieux Administratif

et de

La Jurisprudence du Conseil d'État

SPÉCIALEMENT EN MATIÈRES MILITAIRES

PARIS

Henri CHARLES-LAVAUZELLE

Éditeur militaire

10, Rue Danton, Boulevard Saint-Germain, 118

(MÊME MAISON A LIMOGES)

DU

CONTENTIEUX ADMINISTRATIF

C. CRETIN

Contrôleur général de 1ʳᵉ classe de l'administration de l'armée, Conseiller d'État en service extraordinaire
Ancien Directeur du Contentieux et de la Justice militaire au Ministère de la guerre.

Du Contentieux Administratif

et de

La Jurisprudence du Conseil d'État

SPÉCIALEMENT EN MATIÈRES MILITAIRES

PARIS

Henri CHARLES-LAVAUZELLE

Éditeur militaire

10, Rue Danton, Boulevard Saint-Germain, 118.

(MÊME MAISON A LIMOGES)

PRÉFACE

Ce livre a été publié pour la première fois en 1884. Depuis cette époque, les lois et les règlements administratifs, les cahiers des charges qui régissent les marchés de travaux ou de fournitures ont subi de profondes modifications, et, quant aux matières mêmes que ces changements n'ont pas affectées, de graves évolutions se sont produites dans la jurisprudence.

Les fonctions que j'ai pendant longtemps occupées au ministère de la guerre ne m'avaient pas permis jusqu'à présent de procéder à une réédition.

Pouvant aujourd'hui et voulant mettre à profit l'expérience que j'y ai acquise, j'ai pris le parti de refaire à peu près complètement un ouvrage qui, m'a-t-on dit, a rendu quelques services. Mon objectif n'a d'ailleurs pas varié : pas plus qu'il y a vingt ans je ne prétends offrir au lecteur, en quelques centaines de pages, un état complet de la jurisprudence en matières militaires. Seuls les excellents recueils que nous possédons (1) sont à même de remplir cet objet et de documenter l'administrateur aux prises avec une difficulté juridique ; mais ces recueils ne pourront

_____

(1) Notamment le *Recueil mensuel des arrêts du Conseil d'Etat*, fondé en 1821 par Macarel et Lebon.

être utilement consultés par lui s'il ne s'est au préalable familiarisé avec quelques idées maîtresses ; si celles-ci n'ont pas été mises en lumière par de nombreux exemples empruntés aux matières qui rentrent plus spécialement dans sa sphère d'action ; si enfin, dans l'embarras où le jetteront parfois des décisions contradictoires, il n'est pas averti que ces principes généraux, loin d'avoir la rigidité d'un théorème, se sont parfois atténués, transformés même, sous l'influence des mœurs et des idées ambiantes, la préoccupation de faire, de plus en plus large, au sentiment de l'équité, la place que lui mesurait autrefois, trop parcimonieusement peut-être, le souci du principe d'autorité.

Je me suis attaché à ne rien énoncer qui ne fût appuyé sur des textes, des arrêts ou des avis du Conseil d'Etat. Rarement il m'est arrivé d'émettre une opinion personnelle. Le lecteur, dûment averti, n'apportera dans ce cas, à la solution proposée, que la créance qui convient.

A. P. — Tous les arrêts cités ont été empruntés au Recueil Macarel et Lebon (Larose, éditeur). La référence indique toujours la date de l'arrêt et quelquefois la page pour faciliter les recherches.

DU CONTENTIEUX ADMINISTRATIF

ET DE

LA JURISPRUDENCE AU CONSEIL D'ÉTAT

Spécialement en matières militaires

CHAPITRE PREMIER

DISPOSITIONS GÉNÉRALES

§ 1er. — **Origine et but de la juridiction administrative.**

1. Le rôle de l'administration est de donner satisfaction aux besoins et aux intérêts généraux. Dans
l'accomplissement de cette mission, elle se trouve
fréquemment en présence des intérêts privés, et il
en résulte des contestations, des litiges, pour la solution desquels il faut des juges.

Le législateur n'a pas voulu, en principe, confier
cette tâche aux tribunaux judiciaires et il a institué
à cet effet une juridiction spéciale.

La juridiction administrative a rencontré, dans
tous les temps, de nombreux et éloquents adver-
saires. Elle a résisté néanmoins à toutes les attaques
et nous devons exposer les raisons très graves et
très sérieuses qui ont fait respecter, malgré toutes
les révolutions, cette grande œuvre de l'Assemblée
constituante.

1° Elle est la conséquence nécessaire du principe
de la séparation des pouvoirs administratif et judiciaire.

Ce principe, très énergiquement formulé dans la loi des 16-24 août 1790, n'est à proprement parler que l'application d'une loi économique bien connue, la loi de la division du travail, qui est ou doit être le fondement de toute société bien organisée. Si l'attention du législateur s'est principalement portée sur les empiétements possibles de l'autorité judiciaire, c'est que celle-ci, par la nature même de sa mission, est appelée à connaître des affaires les plus diverses et que l'inamovibilité de ses membres lui assure une puissance considérable. C'est qu'aussi le législateur était averti par l'expérience du passé et dominé par le souvenir des luttes et des envahissements de nos anciens parlements.

Le principe étant admis, on ne peut méconnaître qu'il recevrait l'atteinte la plus grave si les actes administratifs, sous prétexte d'intérêts lésés ou compromis par eux, pouvaient être déférés à l'autorité judiciaire, appréciés et critiqués par elle.

2° Les litiges administratifs, où l'intérêt général est toujours engagé, exigent des solutions promptes, incompatibles avec la lenteur des formes judiciaires.

3° Ils demandent, chez le juge appelé à en connaître, des connaissances pratiques, des études spéciales qu'on ne trouverait pas auprès des juridictions de droit commun.

4° Enfin l'analogie qu'on prétend exister entre le contentieux administratif et le contentieux judiciaire n'est qu'apparente : le juge de droit commun n'a en sa présence que des intérêts privés, également respectables. Devant le juge administratif, au contraire, l'intérêt privé se trouve toujours aux prises avec l'intérêt de tous, et l'on conçoit aisément que cette différence de situation puisse et doive, dans des affaires de même nature, inspirer au juge des solutions diverses bien qu'également équitables.

Essayons, par un exemple simple, de bien faire saisir notre pensée.

Paul, pressé de parer à un danger imminent qui menace sa construction, occupe sans autorisation le terrain de son voisin et y installe un chantier. Le juge, saisi de la plainte de ce dernier, ordonne l'expulsion des ouvriers, l'enlèvement immédiat des matériaux ; en un mot, la remise complète des lieux en l'état. En vain, Paul allègue-t-il que le dommage causé à son voisin est insignifiant et qu'il s'agit, pour lui-même, d'éviter le plus grave préjudice. En vain même offre-t-il un dédommagement pécuniaire. Le juge a bien jugé ; car, hormis les cas expressément déterminés par la loi (servitudes légales), les intérêts privés sont indépendants et ne se doivent rien les uns aux autres. Supposons maintenant que cet empiétement sur la propriété d'autrui ait été ordonné dans l'intérêt d'un ouvrage public, par arrêté préfectoral. Dans ce cas comme dans l'autre, il y a atteinte à la propriété. Mais le juge a le devoir de se préoccuper de l'intérêt général qui est en jeu. Non seulement il laissera les travaux suivre leur cours, mais il ne perdra pas de vue que, si les particuliers ont le droit d'être indemnisés de tous dommages matériels, ils doivent à la chose publique le sacrifice momentané de leur bien-être et de leurs convenances.

§ 2. — Définition du contentieux administratif. Matières qu'il embrasse.

2. Nous avons dit quel est l'objet de la juridiction administrative. Est-ce à dire que tous les procès dans lesquels l'administration est partie échappent à la compétence de l'autorité judiciaire ? Nous verrons

qu'il est loin d'en être ainsi et que le législateur a reculé devant l'application absolue et rigoureuse du principe qu'il avait posé. Aussi est-il inexact de dire, comme on le fait fréquemment, que le contentieux administratif comprend les litiges où l'intérêt général est en lutte avec les intérêts privés. Cette définition est trop large. Oui, le contentieux administratif ne comprend que des litiges de cette nature ; mais il ne les comprend pas tous, et il vaut mieux le définir, comme M. Aucoc dans ses Conférences sur le droit administratif, « l'ensemble des contestations qui doivent être exclusivement soumises aux juridictions administratives ».

Quelle est l'étendue de ce domaine ? Dans quels cas les actes de l'administration peuvent-ils donner lieu à un recours devant les tribunaux administratifs ? C'est ce que nous allons maintenant examiner.

3. *Lois*. — Les lois ne peuvent donner lieu à aucun recours contentieux, ni, par conséquent, les mesures prises en exécution desdites lois (duc d'Aumale, 20 mai 1887, p. 409). Le pouvoir judiciaire ne saurait, en effet, mettre en échec le pouvoir législatif. Pour la même raison, le refus d'ordonnancer basé, non sur la négation du droit, mais uniquement sur l'absence de crédits ouverts par le Parlement, échappe à la compétence de la juridiction contentieuse (Gorgeu, 19 novembre 1886 ; Sazerac de Forges, 21 janvier 1887).

Toutefois une réserve est à faire pour les lois qui constituent des actes de gestion. On sait qu'en raison de leur importance, des actes de cette nature, comme par exemple les conventions avec des compagnies de chemins de fer, des compagnies de navigation, sont quelquefois soumis à la sanction législative. Si une disposition particulière, destinée à modifier, de la volonté de l'une seulement des parties, l'Etat, une convention régulièrement passée, était votée par le Parlement, « comme aucune des parties ne peut, sans le consentement de l'autre, rompre les engagements dûment pris et approuvés, le juge du contrat aurait pleine compétence pour statuer, nonobstant cette loi, sur le fond du litige ; pour décider s'il a été, ou non, porté atteinte aux droits de l'autre partie, et, le cas échéant, prononcer, à titre de réparation, telle condamnation qu'il appartiendrait » (conclusions de M. Arrivière, commissaire du gouvernement (§ IX) dans l'affaire Compagnie algérienne, 7 décembre 1894, p. 670).

4. *Actes réglementaires.* — Les lois ne posent en général que des principes, laissant à l'autorité administrative le soin de pourvoir à l'application et de régler les détails d'exécution.

C'est ainsi que la loi du 3 juillet 1877 sur les réquisitions militaires porte (art. 18) : « Un règlement d'administration publique fixera les détails d'exécution du logement des troupes... Il déterminera, en outre, le prix de la journée de logement ou de cantonnement, etc. »

C'est ainsi que les préfets ont été chargés, par l'article 21 de la loi du 21 mai 1836 sur les chemins vicinaux, de faire, sous le contrôle ministériel, des règlements pour l'application de cette loi ; ainsi encore que les maires sont investis, par la loi du 5 avril 1884 (art. 94), du droit de prendre, sous le contrôle de l'autorité préfectorale, des arrêtés sur les objets confiés à leur vigilance (police et voirie municipale par exemple). Ces règlements, *s'ils sont légalement faits* ont force de loi et, de même que la loi dont ils émanent, ne peuvent donner lieu à aucun recours. Mais il en est autrement si cette condition de légalité fait défaut. Il y a alors *excès de pouvoir* et l'acte peut être, de ce chef, déféré au Conseil d'Etat (1) qui, le fait reconnu, aura le droit, non de modifier le règlement critiqué, mais de l'annuler purement et simplement sans rien mettre à la place. Nous reviendrons plus loin sur cette branche du contentieux administratif.

5. *Actes gouvernementaux.* — On admettait autrefois que les actes gouvernementaux ou de haute police ne pouvaient donner lieu à aucune action contentieuse ; mais cette théorie est aujourd'hui abandonnée.

Un acte est administratif ou il ne l'est pas. Dans cette dernière hypothèse, l'acte constitue une véritable *voie de fait*, justiciable comme telle des tribunaux ordinaires (2), et remarquons que, si l'acte n'a pas, par lui-même, le caractère d'acte administratif, la circonstance qu'il aurait reçu l'approbation des supérieurs hiérarchiques, du ministre, même des Chambres, ne saurait lui conférer ce caractère (Tribunal des conflits : Vincent, 15 février 1890 ; Saffroy, 24 novembre 1894).

Mais à quels signes reconnaîtra-t-on l'acte administratif, c'est-à-dire l'acte échappant, en raison de ce caractère, à la censure des tribunaux ordinaires ?

Lorsqu'un particulier se prétendra victime de l'exécution *manu militari* d'une décision prise à son encontre, dans quels cas, à quelles conditions pour-

---

(1) Exception est faite, ainsi qu'il sera dit ci-après, pour les règlements d'administration publique, c'est-à-dire les décrets réglementaires rendus en Conseil d'Etat.

(2) On dit alors que le fonctionnaire est sorti « du cercle de ses attributions légales ».

ra-t-on contester à cette exécution le caractère d'une voie de fait ?

Indépendamment du cas d'extrême urgence, entendu dans le sens de péril imminent pour la sécurité, la salubrité, le bon ordre, quatre conditions sont nécessaires, nous ne dirons pas pour légitimer l'acte d'exécution (car il peut être entaché d'excès de pouvoir et annulé par le Conseil d'Etat sans perdre son caractère administratif), mais pour le soustraire à la juridiction des tribunaux ordinaires.

Il faut, suivant M. Romieu :

1° Que l'opération administrative ait sa source dans un texte de loi précis ;

2° Que l'absence de sanction pénale rende nécessaire l'exécution par voie administrative ;

3° Que, par suite de résistance à la loi ou à l'acte de puissance publique, il y ait lieu à exécution forcée ;

4° Que les mesures d'exécution forcée tendent uniquement, dans leur objet immédiat, à la réalisation de l'opération prescrite par la loi (conclusions de M. Romieu, commissaire du gouvernement : Société immobilière Saint-Just, 2 décembre 1902).

Si l'acte réunit ces conditions, il rentre dans la catégorie des *actes administratifs spéciaux* (n° 6) et appartient au contentieux administratif.

On ne considère plus aujourd'hui comme échappant à la juridiction contentieuse que les actes *d'ordre constitutionnel* (convocation, ajournement ou dissolution des Chambres, négociation des traités, direction de l'action diplomatique, déclaration de guerre, etc.) et les faits de guerre (Le Chartier, 22 février 1907. — V. *Droit administratif*, Berthélemy, 4ᵉ édition, p. 104 et suiv.).

6. *Actes administratifs spéciaux.* — Pour que les

actes administratifs spéciaux et individuels puissent donner lieu à un recours par voie contentieuse, il faut que ce recours soit fondé sur la *violation d'un droit acquis* et non sur une simple lésion d'intérêt. Quelques exemples sont nécessaires pour bien faire ressortir cette distinction.

1ᵉʳ exemple : Un comptable en matières est constitué en débet par le ministre de la guerre. Il conteste le bien-fondé de cette décision, alléguant que des erreurs ont été commises à son préjudice ; qu'il n'a pas reçu les quantités portées à son débit ; que les pertes qu'on lui impute ont été causées par des événements de force majeure, etc. La réclamation appartient au contentieux administratif.

Supposons, au contraire, que, sans contester les chiffres qui lui sont opposés, il fasse appel à la bienveillance du ministre, invoquant les circonstances difficiles dans lesquelles il s'est trouvé, le surcroît de besogne qui a rendu sa surveillance moins attentive, etc. La décision qui interviendra ne pourra être déférée au Conseil d'Etat.

2ᵉ exemple : Un militaire prétendant remplir les conditions déterminées par la loi de 1831 fait valoir ses droits à la retraite. Le ministre refuse de liquider sa pension. Le débat appartient au contentieux administratif, car il a lieu sur l'application d'une loi. Il en serait autrement si ce militaire, se reconnaissant dénué de droits, se bornait à solliciter un secours.

7. Pour que la décision puisse être attaquée, il faut, en principe, que le droit soit *né et actuel*. Cependant il peut arriver que le requérant ait, d'ores et déjà, intérêt à être fixé sur les conditions dans lesquelles il pourra éventuellement bénéficier de ce

droit. Ainsi la question de savoir si tel service doit être compté comme *effectif*, au sens de la loi de 1831, si telle circonstance ouvre droit au bénéfice de campagne, ne se pose qu'au moment de la liquidation de la retraite, et pourtant une solution immédiate serait pour l'intéressé d'une utilité réelle : car elle le déterminera, par exemple, à se rengager pour une durée plus ou moins longue. La jurisprudence lui permet aujour'hui de provoquer cette solution. Il lui suffira d'attaquer pour excès de pouvoir (violation de la loi, *infrà,* n° 15) la décision qui lui a refusé l'inscription, sur ses états de service, de cette année de service ou de cette campagne (Gabrielli, 15 mai 1903 ; Champion, 18 janvier 1907, p. 41).

8. Lorsque la juridiction administrative reconnaît ou dénie le droit du requérant, statuant ainsi *sur le fond,* le contentieux est dit *de pleine juridiction.* On appelle au contraire *contentieux de l'annulation,* celui des recours pour excès de pouvoir (1).

Les actes qui relèvent du pouvoir discrétionnaire

---

(1) Dans un grand nombre de cas, cette distinction n'offre guère qu'un intérêt purement théorique, depuis que la notion d'excès de pouvoir (V. ci-après, n° 15) a été étendue aux actes qui constituent une simple violation de la loi. Car, en déclarant que la loi a été violée au détriment du requérant et annulant l'acte qui lui fait grief, le juge de l'excès de pouvoir affirme implicitement l'existence de ce droit. S'agit-il d'un acte *positif,* par exemple la décision portant appel sous les drapeaux ? L'annulation de l'acte a le même effet pratique que si la matière appartenait au contentieux de pleine juridiction. S'agit-il d'un acte négatif, par exemple le refus de la médaille coloniale ? Le Conseil d'Etat ne pourra pas sans doute, après avoir annulé l'acte, prendre lui-même la décision que le ministre aurait dû prendre ; mais on aboutira en fait au même résultat ; car il n'est pas à supposer que l'administration résiste à la proclamation du droit (V. à ce sujet les conclusions de M. Romieu, au sujet de l'application de la loi sur le repos hebdomadaire, 30 novembre 1906, p. 862).

sont, par essence même, exclusifs de tout droit et ne peuvent être attaqués par la voie contentieuse, si ce n'est pour excès de pouvoir (V. § 3). Tels la mise en non-activité d'un officier (n° 158), la mise à la retraite d'office (n° 177), les changements apportés à l'uniforme des officiers (Sévigny, 13 novembre 1885).

9. Lorsque l'acte d'un agent administratif lèse un intérêt sans violer un droit, l'intéressé peut, sans doute, s'adresser soit à l'agent lui-même auteur de l'acte, soit à son supérieur hiérarchique, pour obtenir que sa décision soit rapportée, ou tout au moins modifiée. Mais la résolution prise à cet égard par l'administration n'est pas un jugement et ne peut être déférée au Conseil d'Etat. Il n'y a pour les demandes de cette nature ni formes, ni délais de rigueur. On ne peut, sous réserve des droits acquis aux tiers (1), leur opposer l'exception de la chose jugée.

Rien ne s'oppose non plus à ce que le particulier qui prétend qu'un droit a été violé en sa personne s'adresse à la juridiction gracieuse avant de saisir les juges. Mais il doit prendre garde que ce recours ne fait pas revivre le délai d'appel au Conseil d'Etat (V. ci-après, n°s 63 et 76).

10. *Actes contractuels.* — On appelle ainsi les actes dans lesquels l'Etat figure comme partie contractante, stipulant, comme un simple particulier, au mieux de ses intérêts. Dans ces contrats, librement consentis de part et d'autre, l'Etat n'agit pas comme puissance publique : il s'assimile en quelque sorte à une per-

---

(1) Il faut ajouter en général : « ou des droits acquis au Trésor ». Cependant la loi du 29 juin 1852 (art. 13) autorise exceptionnellement le chef de l'Etat à faire remise des débets réglés par des décisions administratives ayant acquis l'autorité de la chose jugée.

sonne privée, et c'est pourquoi la jurisprudence actuelle (1) attribue aux tribunaux de droit commun la connaissance des litiges auxquels peut donner lieu l'exécution de ces actes. Il n'en est ainsi toutefois que si une loi spéciale ne dispose pas autrement. Ainsi, la loi du 28 pluviôse an VIII attribue aux conseils de préfecture la connaissance des « difficultés qui pourraient s'élever entre les entrepreneurs de travaux publics et l'administration, concernant le sens ou l'exécution des clauses de leurs marchés ». Les conseils de préfecture sont aussi compétents, aux termes de cette loi, pour statuer en matière de ventes domaniales.

Enfin, l'article 14 du décret du 11 juin 1806, sur l'organisation du Conseil d'Etat, attribue à cette assemblée la connaissance de toutes contestations relatives soit aux marchés passés avec les ministres, soit aux travaux ou fournitures faits pour le service de leurs départements respectifs.

En résumé, la compétence des tribunaux judiciaires est la règle ; la compétence des tribunaux administratifs est l'exception et ne peut résulter que d'un texte spécial.

Il ne servirait à rien de stipuler dans un contrat que « les parties acceptent de porter leurs contes-

---

(1) La compétence administrative était admise autrefois, sans aucune exception autre que celles consacrées par des textes spéciaux. On se fondait sur la loi du 26 septembre 1793 décrétant que « toutes les créances sur l'Etat sont réglées administrativement ». Ce texte n'est plus invoqué aujourd'hui et le principe de la séparation des pouvoirs administratif et judiciaire (loi des 16-24 août 1790) ne paraît devoir soustraire à la juridiction des tribunaux ordinaires que les actes d'autorité, en y comprenant, bien entendu, les décisions en matière de traitements ou de pensions, car le traitement et la pension font partie de l'état du fonctionnaire, état que celui-ci détient d'un acte d'autorité (V. Berthélemy, *Droit administratif*, 4e édition, p. 519, sur le sens qui doit être attribué à la loi précitée du 26 septembre 1793).

tations devant la juridiction administrative ». D'après
l'article 6 du Code civil, on ne peut, en effet, déroger
par des conventions particulières aux lois qui in-
téressent l'ordre public ; et les règles de compétence
rentrent évidemment dans cette catégorie (Clouzard,
17 juillet 1896).

Dans les cas où les actes contractuels ressortissent
à la juridiction administrative, le contentieux est
toujours de pleine juridiction.

§ 3. — Excès de pouvoir. — Incompétence.

11. Il y a incompétence lorsqu'un agent prend une
décision en des matières dont il n'a pas à connaître,
qui ne sont pas de son ressort.

Un conseil de revision qui trancherait une question
de nationalité, de domicile ou d'état civil, sortirait
de sa compétence, car la loi réserve expressément
aux tribunaux judiciaires la connaissance de ces
questions. Il en serait ainsi encore d'un préfet prenant un arrêté en matière de servitudes militaires,
délivrant, par exemple, un alignement pour le tracé
d'un chemin en troisième zone.

12. Il y a excès de pouvoir quand l'autorité administrative, statuant en une matière qui est de son
ressort, outrepasse les pouvoirs que la loi lui a donnés, et il en est ainsi dans les cas suivants :

1er cas : L'autorité prend une résolution que la
loi lui interdit de prendre ou ne l'autorise pas à
prendre. Ainsi, le ministre de la guerre excéderait ses
pouvoirs s'il prononçait la mise en non-activité d'un
officier par retrait d'emploi ; car cette mesure ne peut,
aux termes de la loi du 19 mai 1834, résulter que
d'un décret.

Les pouvoirs des diverses autorités ne sont pas toujours nettement déterminés et, à commencer par le sommet de la hiérarchie, on éprouve souvent de sérieuses difficultés à délimiter les domaines respectifs du pouvoir législatif et du pouvoir réglementaire, à tracer la ligne idéale que le pouvoir exécutif ne saurait franchir sans empiéter sur le terrain de la loi.

Dans ses conclusions sur l'affaire Babin (4 mai 1906, p. 362), M. Romieu propose les définitions suivantes :

Relèvent, par leur nature, du pouvoir législatif, toutes les questions relatives, directement ou indirectement, aux obligations à imposer aux citoyens, par voie d'autorité, sans aucun lien contractuel (par exemple tout ce qui concerne le droit de commander et de contraindre, l'organisation de la force publique et des juridictions, la prise de possession de la propriété privée, le vote des impôts et des dépenses publiques qui y donnent lieu, etc.).

En sens inverse, c'est en principe le pouvoir exécutif qui règle l'organisation intérieure des services publics et les conditions de leur fonctionnement qui ne lèsent pas les droits des tiers. C'est lui notamment qui fixe les règles du contrat entre l'administration et ses agents, le recrutement, l'avancement, la discipline, la révocation, etc.

Mais il faut ajouter : 1° que, même en matière législative, le législateur peut déléguer ses pouvoirs à d'autres autorités et les investir du droit de réglementer en ces matières à son lieu et place ; 2° qu'à l'inverse, le législateur est intervenu à diverses reprises dans le domaine du pouvoir exécutif, soit pour régler diverses questions dans leur ensemble, soit pour traiter certains points particuliers. C'est ainsi que, par la loi de finances du 25 février 1901 (art. 55), le législateur s'est réservé tout ce qui concerne les conditions d'admission à la pension de retraite et le taux même de ces pensions. C'est ainsi que, pour certains corps (officiers des armées de terre et de mer, ingénieurs des poudres et salpêtres, etc.), le législateur a cru devoir régler lui-même (loi du 19 mai 1834 ; lois diverses et notamment loi du 16 mars 1882 étendant l'application de la première) le régime disciplinaire des personnels qui en font partie, — ce qui n'empêche pas le pouvoir exécutif de fixer des règles analogues ou différentes pour les corps dont la condition n'est pas fixée par la loi (Babin, 4 mai 1906, p. 362).

13. 2ᵉ cas : Il y a excès (ou détournement) de pouvoir quand l'agent use de son autorité dans des cas ou pour des motifs autres que ceux en vue desquels le législateur la lui a conférée.

Nous verrons plus loin que, dans la troisième zone de servitudes des places de guerre, aucune exploitation de carrière ne peut être entreprise, aucun chemin tracé sans que le ministre, ou le directeur du génie suivant le cas, ait accordé une permission spéciale, énonçant les conditions auxquelles elle est accordée.

Ce pouvoir est donné à l'autorité militaire dans l'intérêt exclusif de la défense, et elle commettrait un excès de pouvoir si elle subordonnait son autorisation à telles ou telles conditions étrangères à cet intérêt et imposées dans un but purement fiscal. Tel serait le cas, par exemple, si l'administration se réservait le droit de tirer gratuitement de la carrière les matériaux dont elle a besoin.

Il y aurait encore excès de pouvoir si l'autorisation

de construire était refusée dans le but de rendre moins onéreuse une expropriation projetée (ville d'Alger, 22 janvier 1875).

Le détournement de pouvoirs pourra être établi, soit par les motifs de la décision attaquée, soit au moyen de documents émanant de l'administration, soit par les correspondances qui ont précédé ou accompagné cette décision et qui permettent d'en faire connaître le sens et la portée (Simon, 31 juillet 1891, p. 582, et note sous l'arrêt).

14. 3e cas : Il y a encore excès de pouvoir quand l'agent, préalablement à une décision qu'il a le pouvoir de prendre, néglige de s'entourer des formes substantielles que la loi lui prescrit.

Ainsi le chef de l'Etat peut, sur l'avis conforme d'un conseil d'enquête, prononcer la réforme d'un officier. Il excéderait ses pouvoirs s'il prenait une telle décision sans demander cet avis, ou contrairement à l'avis exprimé, ou même si le conseil d'enquête n'avait pas été constitué conformément à la loi.

15. 4e cas : Enfin, dans le dernier état de la jurisprudence, le recours pour violation de la loi est assimilé au recours pour excès de pouvoir, — terme logique et nécessaire de l'évolution qu'a suivie, depuis plus de soixante-dix ans, la notion de l'excès de pouvoir (V. à ce sujet les observations de M. Berthélemy, dans son *Traité de Droit administratif*, 4e édition, p. 919).

16. Tous les actes administratifs, même les actes réglementaires, même les actes spéciaux et individuels qui ne violent aucun droit, peuvent être déférés au Conseil d'Etat pour excès de pouvoir.

Deux exceptions sont cependant admises par la

jurisprudence. La première concerne les règlements d'administration publique, c'est-à-dire les décrets rendus en Conseil d'Etat. L'annulation ne peut en être poursuivie par voie contentieuse (V. la critique de cette jurisprudence, Berthélemy, *loc. cit.*, p. 103). Cela ne fait pas obstacle au droit qu'ont les tribunaux d'en apprécier la légalité, non seulement en matière répressive (art. 471, 15° du Code pénal), mais même en matière civile. C'est ainsi que la Cour de cassation (chambre des requêtes, 26 juillet 1905) a refusé d'appliquer le règlement d'administration publique du 13 août 1889, en tant qu'il donnait au représentant du mineur la faculté de renoncer, au nom de ce dernier, pendant sa minorité, au droit de répudier la qualité de Français.

La deuxième exception se rapporte aux actes contractuels. Une prétendue violation de contrat (marché de travaux publics, marché de fournitures, etc.) ne peut, dans aucun cas, donner ouverture à un recours pour excès de pouvoir. Le grief, quel qu'il soit, doit être porté devant le juge du contrat, dans la forme ordinaire (Compagnie d'éclairage, 16 mai 1902, p. 372).

17. Le recours pour excès de pouvoir doit être formé dans les deux mois qui suivent la décision attaquée (Loi du 13 avril 1900, art. 24). Si un décret qu'on prétendait entaché d'illégalité n'a pas été attaqué en temps utile, la décision qui en ferait ultérieurement l'application pour un cas déterminé, ne pourrait pas être déférée au Conseil d'Etat (I) (Prigent, 23 novembre 1906, p. 824).

---

(1) V. cependant les conclusions du commissaire du gouvernement dans l'affaire Casse (20 janvier 1888) et l'arrêt Piolenc du 8 avril 1881 cité par ce magistrat.

Vainement invoquerait-on, en sens contraire, l'arrêt Salle du 6 janvier 1888 (p. 1). Le décret du 21 décembre 1886, visé par ce dernier arrêt, avait été revêtu de la formule : « Le Conseil d'Etat entendu », bien qu'en fait le Conseil d'Etat fût resté étranger à son élaboration. Il n'était donc pas seulement annulable, mais nul et inexistant, tout comme le serait un décret promulgué en forme de loi. Un acte radicalement nul ne peut, par l'expiration d'aucun délai, acquérir force obligatoire.

18. Le recours pour excès de pouvoir peut être formé par quiconque y a intérêt. Il n'est même pas nécessaire, pour que le pourvoi soit recevable, que l'intérêt soit *certain* et *actuel*. Il peut résulter d'un dommage futur et aléatoire. Ainsi, il suffit qu'un fonctionnaire ait, à raison de ses fonctions, *vocation* à un emploi, pour qu'il soit recevable à critiquer la décision qui a, indûment suivant lui, attribué cet emploi (1) (Lot, 11 décembre 1903, p. 780 ; Savary, 18 mars 1904, p. 232 ; Prunget, 15 février 1907, p. 157).

De même, un officier est admis à critiquer la légalité d'une inscription au tableau d'avancement qui ne fait que diminuer, dans une certaine mesure, ses chances d'avancement (De la Taste, 15 décembre 1905, p. 940).

La requête peut d'ailleurs être collective, si elle est dirigée contre le même acte et si tous les re-

---

(1) « Tous les fonctionnaires d'une certaine catégorie, dans laquelle doivent être pris nécessairement les titulaires d'emplois déterminés, ont le droit de demander l'annulation de toutes les nominations faites à ces emplois de fonctionnaires ne rentrant pas dans la catégorie fixée par la loi et les règlements. » (Conclusions du commissaire du gouvernement dans l'affaire Savary susvisée.)

quérants invoquent le même mobile (Casse, 20 avril 1888, p. 343).

19. Le Conseil d'Etat ne peut qu'annuler, en tout ou partie, l'acte qui lui est déféré pour excès de pouvoir. Il ne peut ni le modifier ni le remplacer par un autre.

Il n'en est pas ici comme en matière de pleine juridiction, où le Conseil d'Etat peut modifier, par exemple, la décision portant liquidation de pension, ou liquidation d'un marché de fournitures, ou allocation d'indemnité pour dommages résultant du service public, etc.

L'annulation pour excès de pouvoir est valable *erga omnes*. Aussi ne peut-elle être attaquée par voie de tierce opposition (Ville d'Avignon, 8 décembre 1899, p. 719).

20. Une décision entachée d'excès de pouvoir a pu causer un dommage à l'intéressé ; si, par exemple, un fonctionnaire a été indûment révoqué ou rétrogradé, le traitement correspondant à un certain laps de temps a cessé en tout ou partie de lui être payé.

Il a été jugé que la demande tendant à la réparation du dommage ne pouvait être jointe au recours pour excès de pouvoir (Chansarel, 26 mai 1905, p. 477). Mais rien ne s'oppose à ce qu'elle fasse l'objet d'une action distincte (Toutain, 9 juin 1899 ; Le Berre, 29 mai 1903, p. 414).

21. Le recours pour excès de pouvoir n'est pas recevable lorsqu'il se produit dans une matière qui permet de le porter devant une autre juridiction. Exception est faite cependant pour le cas où cette autre juridiction ne pourrait être saisie qu'à la suite d'une contravention. Le Conseil d'Etat n'a pas voulu

que, « pour obtenir justice, on fût obligé de s'exposer à une amende et de donner l'exemple de la violation d'actes dont la légalité pourrait être ensuite reconnue » (conclusions du commissaire du gouvernement dans l'affaire Ville de Dijon, 6 août 1886, p. 692).

Le recours pour excès de pouvoir n'exige pas le ministère d'un avocat. Les droits de timbre restent à la charge du requérant. Les droits d'enregistrement ne sont dus par lui que s'il succombe dans l'instance (loi de finances du 17 avril 1906, art. 4).

§ 4. — Interprétation des actes administratifs.

22. Du principe de la séparation des pouvoirs administratif et judiciaire, la jurisprudence a tiré cette conséquence que l'autorité judiciaire n'a pas le droit d'interpréter les actes administratifs. Lorsqu'une partie invoque devant les tribunaux le texte d'un acte dont le sens n'est pas clair, ou est contesté, l'autorité judiciaire doit donc surseoir à statuer jusqu'à ce que l'interprétation ait été donnée par l'autorité administrative compétente. Cette règle, toutefois, n'est pas absolue. Puisque les tribunaux judiciaires ont le pouvoir d'interpréter les lois, il est évident que ce pouvoir doit s'étendre aux règlements qui en sont le complément. On admet aussi que l'interprétation des actes contractuels appartient à l'autorité judiciaire, lorsqu'elle est compétente pour statuer sur les contestations qui naissent de l'exécution de ces actes.

L'interprétation d'un acte est demandée à l'autorité même dont il émane ou à celle qui l'a remplacée. Toutefois, l'interprétation des décrets est demandée, non au chef de l'Etat, mais au Conseil d'Etat (fabrique de Wavrin, 7 décembre 1900, p. 741). Elle ne peut être demandée par les particuliers qu'à l'occasion d'un litige né et actuel (Compagnie P.-L.-M., 7 juin 1889, p. 747 ; Le Stir, 17 juillet 1896, p. 585).

La décision interprétative d'un acte administratif peut être déférée au Conseil d'Etat alors même que cet acte, par sa nature, ne pourrait être attaqué au fond devant ce tribunal. Ainsi, nous avons dit qu'aucun chemin ne pouvait être établi dans la troisième zone des places avant que le ministre eût déterminé les conditions du tracé. Cette décision, à moins qu'elle ne soit entachée d'excès de pouvoir, ne peut être attaquée par la voie contentieuse, car elle ressortit au pouvoir discrétionnaire. Mais, si le texte n'en est pas clair et si l'interprétation donnée par le ministre ne satisfait pas l'intéressé, celui-ci pourra en appeler au Conseil d'Etat et discuter à nouveau, non pas l'acte lui-même, mais son interprétation.

§ 5. — Responsabilité de l'État.

23. Les intérêts privés peuvent être lésés non seulement par les actes de l'administration, mais encore par son inaction, son incurie, par les fautes personnelles de ses agents. Il y a, à ce sujet, plusieurs questions à se poser :

1° L'Etat est-il responsable ? Y a-t-il lieu de lui appliquer l'article 1384 du Code civil, aux termes duquel on est responsable, non seulement du dommage que l'on cause par son propre fait, mais encore de celui qui est causé par le fait des personnes dont on doit répondre ?

2° Si cette responsabilité est admise, à quelle juridiction (administrative ou judiciaire) appartiendra-t-il de fixer le chiffre des dommages-intérêts à payer par l'Etat ?

3° Enfin, quels sont les actes qui engagent la responsabilité de l'Etat ?

24. La première question est résolue par la loi elle-même dans certains cas spéciaux. Ainsi, il résulte de la loi du 19 novembre 1850 (art. 6) que l'Etat n'est soumis à aucune responsabilité, à raison de la correspondance privée par la voie télégraphique. La loi du 4 juin 1859 (art. 3) admet, au contraire, mais jusqu'à concurrence de 2.000 francs seulement, la responsabilité de l'Etat en cas de perte de valeurs confiées à l'administration des postes et déclarées.

Mais que faut-il décider en dehors des cas expressément prévus par le législateur ?

Le tribunal des conflits, appelé à se prononcer sur cette grave question, n'a pas rejeté d'une façon absolue le principe de la responsabilité de l'Etat ; mais il a jugé que cette responsabilité ne pouvait être régie par l'article 1384 du Code civil.

« Considérant que l'article 1384 du Code civil a pour objet de régler la responsabilité dont les particuliers peuvent être tenus, à l'occasion des personnes qui sont placées sous leur autorité ou leur surveillance ; que ses dispositions sont de droit privé et ne déterminent ni les rapports de l'Etat avec les fonctionnaires publics, les agents et les employés administratifs, ni les conséquences juridiques que ces rapports peuvent produire entre les tiers et l'Etat. Considérant que le choix et la nomination des fonctionnaires publics, des agents et des employés sont réglés par des lois spéciales, des règlements ou des arrêtés qui se rattachent à l'organisation politique ou administrative du pays et qu'on ne saurait assimiler d'une manière absolue ce choix et ces nominations aux

contrats qui interviennent entre les maîtres et leurs
domestiques..., etc. » (Bransiet, 8 février 1873, etc.)

Pour déterminer si la responsabilité de l'Etat est
engagée, il faudra examiner dans quelles circonstances le fait dommageable s'est produit ; si toutes les
précautions prescrites par les règlements avaient été
prises, ou s'il n'y avait pas, à cet égard, empêchement absolu imposé par force majeure ou par les
nécessités du service ; si ces règlements eux-mêmes
étaient assez complets, assez clairs, assez expli-
cites, etc. En un mot, chaque cas particulier appel-
lera une solution différente, variable suivant les circonstances et le service public auquel le fait sera
imputable.

25. Les considérations qui précèdent ont fait pressentir la solution de la deuxième question. Il est
évident que le juge appelé à déterminer la responsabilité de l'Etat, ayant pour devoir de contrôler les
actes de ses agents, d'examiner les règlements des
services, non seulement au point de vue de leur légalité, mais à celui de leur opportunité, de leur valeur
intrinsèque, ne peut être qu'un juge de l'ordre administratif. C'est une conséquence du principe de
la séparation des pouvoirs, et la jurisprudence du
tribunal des conflits est formelle en ce sens (1).

26. Enfin, troisième question, quels sont les actes
qui engagent la responsabilité de l'Etat ?

On a toujours été d'accord pour reconnaître qu'elle
n'est pas engagée par les actes de souveraineté (actes

(1) Même dans les matières qui ressortissent au contentieux judiciaire (douanes, contributions indirectes, etc.), les actions en
responsabilité intentées contre l'Etat, à raison du fait de ses
agents, sont du ressort de la juridiction administrative (Currie,
14 décembre 1906, et note p. 909).

législatifs et réglementaires ; actes d'ordre constitutionnel ; faits de guerre (Roussel, 7 août 1891) ;
actes juridictionnels) (1).

On reconnaît, par contre, depuis longtemps, qu'elle
est engagée par les actes de gestion relatifs, non
seulement à l'administration du domaine privé, mais
au fonctionnement des services publics (par exemple
dommages résultant des exercices militaires).

Mais, jusqu'à ces dernières années, le Conseil d'Etat
se refusait à considérer la responsabilité de l'Etat
comme engagée par les actes de la puissance publique
(actes de police, actes régissant les rapports de l'Etat
avec ses fonctionnaires et agents, etc.) Il était encore jugé, le 13 janvier 1899 (Lepreux, p. 17), « que
l'Etat n'est pas, en tant que personne publique, et
notamment en ce qui touche les mesures de police,
responsable de la négligence de ses agents ». Il était
jugé, le 15 décembre 1899 (*Adda*, p. 734), que « l'arrêté de révocation d'un fonctionnaire communal ne
peut, même s'il est irrégulier, engager la responsabilité de la commune ».

Mais il s'est produit, ou du moins il tend à se produire sur ce point une évolution de la jurisprudence.
Dans l'affaire Le Berre (29 mai 1903, p. 414), où il
s'agissait d'un sous-officier qui avait été l'objet d'une
cassation irrégulière, la demande d'indemnité formée
par le requérant a été repoussée, non pas en vertu
du principe de l'irresponsabilité de l'Etat, mais parce
que, en fait, le sous-officier avait été rappelé des
diverses allocations que lui avaient fait perdre les mesures illégales dont il avait été l'objet ; « que ces

---

(1) Une dérogation a été apportée au principe par la loi du
8 juin 1895, qui accorde une réparation aux victimes d'erreurs judiciaires.

réparations étaient les seules auxquelles Le Berre était *en droit* de prétendre ; que, d'ailleurs, il avait été ultérieurement relevé de l'atteinte portée à sa considération par l'attribution de la médaille militaire et sa nomination comme officier de réserve ».

Dans la même année (Zimmermann, 27 février 1903, p. 178), le Conseil d'Etat allouait des dommages-intérêts à un particulier, victime d'une mesure de police administrative dont l'illégalité avait été précédemment reconnue (enlèvement d'une clôture que l'administration prétendait à tort avoir été édifiée sur le domaine public).

A l'occasion d'une affaire plus récente (Tomaso-Gréco, 10 février 1905, p. 139), M. Romieu, commissaire du gouvernement, analysait, avec sa précision habituelle, cette évolution de la jurisprudence, tout en indiquant la réserve qui s'impose au juge.

« Il est exact que, pendant un certain temps, la jurisprudence a cru pouvoir formuler cette règle que les actes de police et de puissance publique n'étaient pas de nature à engager la responsabilité pécuniaire de l'administration. Mais on a fini par reconnaître les inconvénients, les contradictions, les conséquences iniques auxquelles pouvait conduire cette formule beaucoup trop absolue .

» D'une part, en effet, le mot « acte de puissance publique » n'était pas nettement défini et était souvent appliqué à de véritables contrats, comme celui qui lie les personnes publiques à leurs fonctionnaires : le mot « acte de police, mesure de police » était encore beaucoup plus élastique et l'on pouvait y faire rentrer tout le droit administratif (il y a la police des cours d'eau, de la voirie, des ports, de la défense nationale, des cultes, des établissements insalubres, de l'industrie, de la sécurité, de la santé publique, etc.

» D'autre part, on ne voit pas en vertu de quel texte ou de quel principe de droit le citoyen lésé par un vice d'organisation ou de fonctionnement du service public, par la faute grave de ceux qui le dirigent ou qui en sont les agents d'exécution, serait privé du droit d'obtenir réparation du préjudice souffert, par le seul motif que l'acte incriminé serait un acte de commandement, ou que la mesure critiquée serait une mesure de police...

» Ce qui est vrai, c'est que toute erreur, toute négligence, toute irrégularité (même de nature à motiver une annulation pour excès de pouvoir) n'entraînera pas *nécessairement* la responsabilité pécuniaire de la personne publique. Il appartient au juge de déterminer, dans chaque espèce, s'il y a une faute caractérisée du service, de nature à engager sa responsabilité, et de tenir compte, à cet effet, tout à la fois de la nature de ce service, des aléas et des difficultés qu'il comporte, de la part d'initiative et de liberté dont il a besoin, en même temps que de la nature des droits individuels intéressés, de leur importance, du degré de gêne qu'ils sont tenus de supporter, de la protection plus ou moins grande qu'ils méritent et de la gravité de l'atteinte dont ils sont l'objet... »

Dans l'affaire dont il s'agissait, la responsabilité de l'Etat a été d'ailleurs mise hors de cause, parce qu'il n'était pas établi que l'accident dont se plaignait le requérant pût être attribué à une faute du service public.

On peut encore citer, dans le sens de la nouvelle jurisprudence, l'arrêt du 1er juillet 1904 (Nivaggioni, p. 536) qui, considérant comme une faute de service engageant la responsabilité de l'Etat le fait d'avoir, pendant quinze années, omis d'appliquer la loi sur l'interdiction de cumul entre la pe.. ~ ~roportionnelle et le traitement d'un emploi militaire, laissa les trop-perçus à la charge de l'Etat.

27. Les dommages et accidents causés par les exercices militaires doivent ici attirer particulièrement notre attention.

Il y a lieu de distinguer les dommages causés aux tiers et ceux causés aux militaires eux-mêmes.

La jurisprudence admet depuis longtemps le droit à indemnité dans le premier cas. Nous nous bornerons à citer quelques arrêts récents qui confirment le principe.

Brouillet, 24 mai 1901, p. 502 : accident causé par l'imprudence des conducteurs d'une prolonge d'artillerie.

D^lle Larboulette, 29 juin 1888, p. 584 : projectile ayant pénétré dans une maison et blessé un particulier.

Robert, 29 janvier 1892, p. 78 : enfant blessée par une balle provenant des tirs à la cible exécutés au polygone (1).

Falguière, 16 mai 1902, p. 383 : accident de personne. Cheval effrayé par les coups de feu d'un détachement manœuvrant sur une route.

Arnoult, 26 janvier 1906 : accident causé à un passant par une automobile militaire, conduite par un militaire non pourvu du brevet et qui a contrevenu aux ordonnances de police.

Chenal, 6 décembre 1895, p. 795 : accident causé par le cheval d'un officier que l'ordonnance conduisait à la visite du vétérinaire. Indemnité due par l'Etat, bien que le cheval fût la propriété de l'officier.

---

(1) Pour les dommages causés aux propriétés par le voisinage des champs de tir, voir ci-après (n° 365) loi du 17 avril 1901.

La responsabilité de l'Etat n'eût pas été en cause si l'accident s'était produit en dehors de tout service commandé, et, le cas échéant, l'affaire fût rentrée dans la compétence des tribunaux ordinaires (Tubœuf, 18 février 1893, p. 154).

La responsabilité de l'Etat n'est pas engagée quand toutes précautions ont été prises par les agents de l'Etat ; qu'on ne peut relever aucune faute, aucune imprudence à la charge de ceux-ci (Mersanne, 29 mars 1901 ; Therry, 23 décembre 1904 ; Baulet, 7 juillet 1893, p. 507) (1).

28. La question de responsabilité de l'Etat devient plus délicate lorsque la victime d'un accident de service est un des militaires qui exécutent ce service.

Les exercices militaires, par cela même qu'ils constituent la préparation à la guerre, comportent nécessairement une part d'imprévu et de danger, et c'est bien là surtout que trouve son application l'observation si juste et si sage présentée dans l'affaire Tomaso-Greco (10 février 1905, p. 140) par M. Romieu, commissaire du gouvernement : « Il appartient au juge de tenir compte de la nature du service, des aléas et des difficultés qu'il comporte, de la part d'initiative et de liberté dont il a besoin. »

D'autre part, si le principe de la responsabilité est admis, il faut en concilier l'application avec la législation sur les retraites qui, dans certains cas, dédommage dans une mesure plus ou moins large les victimes des accidents de service.

La question s'est posée pour la première fois devant le Conseil d'Etat en 1905 (Auxerre, 17 février 1905).

___

(1) Voir cependant les réserves formulées aux n⁰ˢ 29 et 30 ci-après.

Du Contentieux adm.   3

Ce militaire, au cours d'une manœuvre dans laquelle les armes devaient être chargées à blanc, fut tué d'un coup de feu tiré à balle. Le Conseil d'Etat, « considérant que l'accident, dans les circonstances où il s'était produit, devait être attribué à une faute de service public de nature à engager la responsabilité de l'Etat », jugea que le requérant (dans l'espèce le père de la victime) était fondé à demander réparation du préjudice qui avait pu en résulter pour lui.

Il résulte d'un arrêt ultérieur (Paillotin, 12 janvier 1906), conforme d'ailleurs à un avis des sections de la guerre et de législation réunies (28 juin 1905) que les bénéficiaires de la loi du 11 avril 1831 sur les retraites, c'est-à-dire les victimes elles-mêmes, leurs veuves ou orphelins mineurs, ne peuvent invoquer que les droits qu'ils tiennent de cette loi, à l'exclusion de toute action en réparation civile. Nous avons fait remarquer ailleurs (*Revue pénitentiaire*, janvier 1907, p. 104) les conséquences anormales qui résultent de cette jurisprudence ; celle-ci notamment, que les personnes auxquelles la législation sur les retraites a voulu accorder un traitement privilégié seront placées, en maintes circonstances, dans une situation relativement défavorable (1).

29. On sait que, dans ces dernières années, quelques tribunaux, par interprétation d'un membre de phrase que contient l'article 1384 du Code civil : « ...dommage causé *par le fait des choses* que l'on a sous sa garde », ont tenté de faire prévaloir un principe nouveau, celui de la responsabilité « du fait des choses inanimées ». Si un accident se produit

---

(1) Par exemple, l'enfant naturel pourra obtenir une indemnité très supérieure à l'allocation temporaire que la loi de 1831 accorde à l'enfant légitime.

par le fait d'un engin dangereux (automobile, par exemple), il y aurait, d'après cette jurisprudence nouvelle, présomption de faute à l'encontre du propriétaire ou détenteur, et cette présomption ne pourrait être détruite que par la preuve contraire, celle de l'imprudence de la victime ou du cas de force majeure. Ainsi la charge de la preuve serait retournée. Alors que la victime du dommage doit, en général, établir la faute de celui auquel elle demande réparation, elle serait, dans le cas dont il s'agit, dispensée de faire cette preuve (*Contra*, Cour de cassation, chambre civile, 8 mai 1906. V., sur la question, Dalloz, R. P., 1900., II, p. 289 ; 1904, II, p. 256).

La question n'a pas d'intérêt juridique en ce qui concerne la mise en jeu de la responsabilité de l'Etat, puisque la juridiction administrative tenant pour inapplicable dans ce cas l'article 1384 du Code civil, il n'y a pas à l'interpréter ; mais, en fait, le principe de la responsabilité « du fait des choses inanimées » semble bien avoir inspiré certains arrêts du Conseil d'Etat, tel celui du 1er février 1901 (Pétraz, p. 118), qui condamne l'administration à indemniser la veuve du sieur Pétraz, victime, au laboratoire, d'une asphyxie produite par le gaz, alors que l'instruction n'établissait aucune imprudence à la charge de cet agent ni *à la charge de l'administration.*

30. Les raisons qui ont conduit la juridiction administrative à considérer les articles 1383 et 1384 du Code civil comme inapplicables à l'Etat, s'appliquent aussi à l'article 1385 (responsabilité du fait des chevaux (1), en tant, bien entendu, que l'accident s'est produit dans le service.

---

(1) L'article 1385 n'est en effet jamais visé par les arrêts qui statuent sur les demandes d'indemnité. Il semble bien cependant

Si l'accident s'est produit hors du service et si le cheval appartient à l'officier, on rentre, comme il a été dit ci-dessus, dans la règle commune. Mais *quid?* si l'accident s'étant produit également hors du service, le cheval appartient à l'Etat. Nous croyons que, dans ce cas, l'article 1385 reprendrait toute sa force et pourrait être invoqué contre l'Etat, alors même qu'au moment de l'accident, le cheval aurait été monté par son possesseur ; — car l'officier, détenteur d'un cheval à titre gratuit, doit être considéré comme le préposé de l'Etat et non comme « se servant de l'animal », au sens très restreint que la jurisprudence attache à cette expression.

L'action rentrerait d'ailleurs, le cas échéant, dans la compétence des tribunaux ordinaires.

31. Notons aussi que la compétence des tribunaux ordinaires redevient la règle quand la responsabilité de l'Etat est mise en cause à l'occasion d'accidents survenus au Prytanée militaire ou dans une école d'enfants de troupe, et qu'on peut attribuer à un défaut de surveillance. La loi du 20 juillet 1889 est alors applicable et l'action en responsabilité doit être portée devant la juridiction de droit commun (Giustiniani, 7 août 1905, p. 777).

---

que le Conseil d'Etat s'inspire, le cas échéant, du principe d'équité renfermé dans cet article, à savoir que le droit est ouvert, même si la victime ne prouve pas qu'il y ait eu faute ou imprudence de la part des agents de l'Etat, pourvu qu'aucune faute ne lui soit imputable à elle-même.

Des indemnités ont été accordées, en effet, sans que les considérants aient relevé de faute commise par les cavaliers ou conducteurs (Gillet, 3 août 1900; Archambaud, 17 juin 1904, etc.).

Dans un arrêt Mersanne du 29 mars 1901 (coup de pied de cheval), le demandeur a été, il est vrai, débouté par le motif « qu'aucun fait de négligence ou d'imprudence n'était relevé à la charge des officiers et soldats ». Mais il faut noter que l'accident s'était produit dans un service municipal, alors que les chevaux étaient au service, non de l'Etat, mais de la ville de Paris. C'était donc à elle d'en supporter les risques.

32. La juridiction de droit commun est également compétente et l'article 1386 du Code civil applicable à l'Etat, quand l'accident provient du vice de construction d'un édifice public (Linas, 24 mai 1884, p. 436 : blessures occasionnées par la chute du portail d'un magasin à fourrages) (1).

33. Les accidents de travail (dits de risque professionnel) sont régis par une loi spéciale (loi du 9 avril 1898 sur les accidents du travail) applicable aux ouvriers civils des établissements de l'Etat. La réparation donne lieu à une procédure spéciale qui se poursuit devant les tribunaux ordinaires. Nous reviendrons sur ce point en traitant du contrat de louage d'ouvrage.

Nous renvoyons également à des chapitres ultérieurs l'examen :

1° Des dommages causés à la propriété par le voisinage des champs de tir (compétence judiciaire, loi du 17 avril 1901) ;

2° Des dommages causés à la propriété par l'exécution des grandes manœuvres (compétence judiciaire, loi du 3 juillet 1877) ;

3° Des dommages causés par les travaux publics (compétence des conseils de préfecture : loi du 28 pluviôse an VIII).

34. L'exercice de l'action en garantie ne saurait avoir pour effet de changer l'ordre des juridictions. Ainsi, lorsqu'un locataire assigne son propriétaire

_____

(1) Il convient toutefois de signaler dès maintenant un certain flottement dans la jurisprudence. L'article 1386 du Code civil vise non seulement les vices de construction, mais le défaut d'entretien. Or nous verrons plus loin (n° 480) que le tribunal des conflits a, par une décision de 1886, attribué aux conseils de préfecture la connaissance des accidents causés par le défaut d'entretien des ouvrages publics.

devant les tribunaux civils en réparation d'un dommage provenant du fait de l'Etat, l'Etat ne peut être appelé en garantie devant ce même tribunal (Morel, 4 août 1900, p. 539). Le propriétaire, s'il est condamné, devra donc s'adresser à la juridiction administrative pour obtenir de l'Etat le dédommagement auquel il prétend.

35. La déchéance quinquennale (V. ci-après n° 100) peut être opposée en matière de responsabilité civile, comme dans toutes les actions tendant à faire déclarer l'Etat débiteur (loi du 29 janvier 1831).

Le délai de cinq ans court du 1er janvier de l'exercice pendant lequel s'est produit le dommage (Arbinet, 13 janvier 1888), à moins que le dommage (maladie, par exemple, résultant de l'accident) ne se révèle qu'après l'accident, auquel cas le délai ne court que du 1er janvier de l'année où la maladie s'est produite (1) (Saurin, 12 février 1904, p. 117).

La déchéance, à l'inverse de la prescription, court contre les mineurs (Arbinet, 13 janvier 1888). La règle *contra non valentem non currit præscriptio*, ne s'applique pas en la matière.

§ 6. — De la responsabilité des fonctionnaires de l'État vis-à-vis des tiers.

36. Nous avons supposé, dans ce qui précède, les poursuites dirigées contre l'Etat. Examinons maintenant le cas où elles seraient exercées contre l'agent ou le fonctionnaire auteur de l'acte incriminé.

---

(1) Dans l'affaire De Lamare (11 février 1887, p. 138), le commissaire du gouvernement, M. Marguerie, avait conclu en sens contraire, et il semble bien que la solution proposée par lui se concilie mieux avec le caractère rigoureux de la déchéance qui, comme il est dit ci-dessus, court même contre les mineurs.

Autrefois, les fonctionnaires étaient protégés contre les poursuites de cette nature par l'article 75 de la Constitution de l'an VIII, ainsi conçu :

« Les agents du gouvernement autres que les ministres ne peuvent être poursuivis pour des faits relatifs à leurs fonctions qu'en vertu d'une décision du Conseil d'Etat. En ce cas, la poursuite a lieu devant les tribunaux ordinaires. »

Cet article a été abrogé par le décret-loi du 19 septembre 1870 rendu par le gouvernement de la Défense nationale.

De vives controverses s'étaient élevées sur la portée et les conséquences légales de cette abrogation. La Cour de cassation avait jugé (chambre des requêtes, 3 juin 1872) que « le décret du 19 septembre 1870 a eu nécessairement pour effet d'appeler les tribunaux à apprécier et qualifier les actes imputés aux agents du gouvernement et qui donnent lieu à une action en réparation civile ».

Mais le tribunal des conflits ne s'est pas rangé à cette manière de voir. Voici en quelques mots l'exposé de la doctrine qui se dégage des arrêts rendus par lui en cette matière :

Le texte de loi cité plus haut (art. 75 de la Constitution de l'an VIII) et ceux qui organisent la séparation des pouvoirs (loi des 16-24 août 1790, décret du 16 fructidor an III, etc.) posent deux règles bien distinctes : la première a pour but de protéger les fonctionnaires contre des poursuites téméraires, alors même que ces poursuites viseraient non un acte de la fonction elle-même, un acte administratif, mais une faute commise à l'occasion de cette fonction. L'autre tranche une question de compétence en défendant aux tribunaux judiciaires de connaître des actes administratifs. Puisque ces deux règles sont distinctes, l'abrogation de l'une n'a pu entraîner l'abrogation de l'autre.

« Le décret du 19 septembre 1870 n'a eu d'autre effet que de supprimer la fin de non-recevoir résultant du défaut d'autorisation et de rendre ainsi aux tribunaux toute liberté d'action dans les limites de leur compétence » (conflit Mathieu, 13 mars 1883). Après comme avant, il est interdit à ces tribunaux de connaître des actes d'administration, et, par suite, ils ne peuvent être saisis d'une demande en responsabilité si la solution suppose l'examen d'un acte administratif et l'appréciation de sa légalité.

Que si, au contraire, la poursuite vise, non un acte de la fonction elle-même, mais un fait personnel de l'agent (imprudence, voie de fait) commis à l'occasion et dans l'exercice de cette fonction, le droit commun reprendra son empire et l'autorité judiciaire pourra être valablement saisie (1).

---

(1) Voici comment cette distinction entre le *fait personnel* et le fait de la fonction a été établie par le commissaire du gouvernement (M. Chantegrellet) dans une affaire Bouhier soumise le 19 novembre 1881 au tribunal des conflits :

« La règle fondamentale de la séparation des pouvoirs a conservé tout son empire. Elle doit être respectée avec une scrupuleuse rigueur ; mais comme elle ne couvre que la fonction, elle ne peut protéger toujours et contre tous la personne d'un fonctionnaire. Il faut donc admettre que, suivant les cas, c'est l'une ou l'autre juridiction qui pourra être compétemment saisie de demandes de cette nature. Si l'examen du fait reproché comporte l'appréciation d'un acte accompli dans les limites mêmes de la fonction, et si cette appréciation doit être faite au point de vue administratif, c'est l'autorité administrative seule qui devra en connaître. Mais, s'il s'agit seulement d'un fait abusif ou délictueux, de négligence ou d'erreur, commis en dehors de la fonction, ou seulement à l'occasion de la fonction, l'autorité judiciaire pourra être compétente. Aussi, pour régler cette compétence, n'y a-t-il qu'un point à examiner : le fait donnant lieu à l'action est-il un fait personnel ou un fait de la fonction ?

» Cet examen est parfois délicat et difficile.

» Si le doute n'est pas permis lorsqu'il s'agit de crime, de délit,

La distinction entre la faute personnelle et la faute de service sera quelquefois fort délicate. Pour la faire saisir, nous citerons à titre d'exemple une décision du tribunal des conflits rendue en 1894, à propos d'un incident survenu à l'occasion du service militaire (8 décembre 1894 : Gresler, p. 681).

Le sieur Gresler, travaillant dans sa vigne située dans la zone dangereuse d'un champ de tir et invité à s'éloigner, conformément à la consigne donnée par l'autorité militaire, refusa d'obéir à cette injonction et y fut contraint *manu militari* : frappé et blessé dans la lutte, il assigna en dommages-intérêts devant le tribunal civil l'officier général qui avait donné la consigne et les militaires qui l'avaient exécutée.

Conflit fut élevé par le préfet et confirmé par le tribunal des conflits, « considérant que les faits articulés ne peuvent pas se détacher de l'exécution, tant des ordres généraux de l'autorité militaire que de l'ordre spécial donné aux militaires pour l'exécution, etc. ».

37. Il faut considérer comme une faute de service celle qui a pour cause une interprétation erronée mais excusable des règlements, par exemple le refus non justifié de la transmission d'un télégramme (Deyres, 9 décembre 1899, p. 729).

On tiendra, au contraire, la faute comme person-

---

de contravention, il n'en est pas de même en matière de quasi-délit, par application de l'article 1382 du Code civil.

» Toutefois, on peut poser en principe, d'abord qu'il faut une faute de la part du fonctionnaire. Il faut en outre que l'acte reproché ne soit pas tellement lié à l'acte des fonctions qu'il n'en puisse être comme détaché et apprécié séparément. De plus, il ne faut pas que son examen comporte l'appréciation de l'acte administratif en lui-même, de sa légalité, de son opportunité, ou l'examen de règlements ou ordres administratifs. En un mot, on devra distinguer entre la faute professionnelle et la faute personnelle qui seule relève du droit commun. »

nelle, engageant la responsabilité personnelle de l'agent, si les termes des règlements et arrêtés en vertu desquels le fonctionnaire a agi ne prêtaient à aucune ambiguïté (conflit Mathieu, 13 mars 1883).

Le fait que l'acte d'un fonctionnaire a été annulé pour excès de pouvoir n'implique pas nécessairement que cet acte constitue une faute personnelle. « Dans certains cas, cette faute peut apparaître ; une annulation qui serait motivée par une erreur grossière, par une usurpation manifeste, par une inexcusable atteinte aux droits privés, pourrait enlever à l'acte tout caractère administratif, le réduire à n'être plus qu'une voie de fait dont l'auteur serait personnellement responsable. » (Conclusions de M. Laferrière dans l'affaire Laumonier, 5 mai 1877.)

« La solution que nous vous proposons, ajoutait l'éminent magistrat, peut paraître restrictive ; au fond, c'est la plus libérale. Il ne faut pas l'oublier, en effet : le recours pour excès de pouvoir qui a pris tant de développement, grâce à la jurisprudence progressive et prétorienne du Conseil d'Etat, recevrait une sérieuse atteinte si on lui imposait comme corollaire la responsabilité personnelle et pécuniaire du fonctionnaire. Le Conseil d'Etat hésiterait à prononcer les annulations qui auraient de tels résultats. La jurisprudence, qui a progressé par équité pour le citoyen, reculerait par équité pour les fonctionnaires... »

38. Les faits de négligence ou d'imprudence commis dans le service peuvent aussi constituer des fautes personnelles, si, par leur gravité, ils échappent en quelque sorte aux aléas de la profession. Il y a là une distinction analogue à celle que font les tribunaux pour l'application de la loi sur les accidents du tra-

vail, entre la faute lourde, inexcusable, et la faute
légère qui rentre dans le risque professionnel.

On doit reconnaître d'ailleurs que, dans cet ordre
d'idées, la jurisprudence s'est un peu modifiée et
que tel fait de négligence, assimilé il y a vingt ou
trente ans à une faute personnelle, serait peut-être
considéré aujourd'hui comme une faute de service.
Ainsi, le tribunal des conflits voyait en 1885 (Lalanne,
1er août 1885) une faute personnelle dans le fait de
l'agent transmettant inexactement le texte d'un télégramme. Tout récemment (24 février 1906, Rigaudie,
p. 196), il considérait comme faute de service le fait
d'un facteur télégraphique se trompant dans la remise d'un télégramme, alors que l'adresse était exactement libellée.

39. Les fautes de service peuvent donner lieu à
une action en responsabilité contre l'Etat.

Les fautes personnelles n'engagent que la responsabilité du fonctionnaire qui les a commises.

§ 7. — De la responsabilité des fonctionnaires vis-à-vis de l'État.

A). Des administrateurs (1).

40. Nous nous bornerons à examiner la question en
ce qui concerne les administrateurs de l'armée.

---

(1) Au premier rang des administrateurs sont les ministres. Nous
n'en dirons rien cependant, parce que leur responsabilité pécuniaire, bien qu'affirmée, au moins en ce qui concerne les dépas-
sements de crédits, par la loi du 15 mai 1850, n'a jamais été
organisée législativement et qu'aucune juridiction n'est compétente pour en connaître. Là n'est pas d'ailleurs toute la difficulté. Il est un principe de droit primordial : c'est que nul,
pas même l'Etat, ne doit s'enrichir aux dépens d'autrui. Si
donc le dépassement de crédit a eu pour conséquence de créer,
au profit de l'Etat, une richesse *effective*, soit par la construction d'un immeuble, soit par la création d'un matériel *utile*, il
sera de toute justice qu'à défaut de l'objet de la dépense, incorporé au domaine de l'Etat par une sorte de droit d'accession,

En matière de solde, cette responsabilité est entière. Ainsi que l'exprimait, dans un avis du 5 novembre 1883, le comité du contentieux de la marine, cela résulte du mode de paiement (par à bon compte) de cette allocation. « Tout se passe comme si des avances étaient faites directement par les payeurs aux fonctionnaires liquidateurs et ordonnateurs, à charge d'en faire la distribution aux ayants droit ; dès lors, la situation juridique de ces fonctionnaires est assimilable à celle des agents des services régis par économie. » Au surplus, cette interprétation peut s'appuyer sur la loi du 28 nivôse an III, dont les dispositions y relatives n'ont jamais été abrogées (Gleizes, 19 avril 1907).

Même solution et pour des motifs identiques en ce qui concerne les paiements pour frais de route.

41. En toute autre matière, la responsabilité pécuniaire des administrateurs résulte de l'article 11 de la loi du 16 mars 1882. « ... Les directeurs peuvent être rendus responsables par le ministre, même pécuniairement, de tout ordonnancement ou de toute distribution non prévus par les règlements, pour lesquels l'ordre écrit (du général) ne leur aurait pas été délivré. »

Cet article appelle deux observations :

1° C'est une faculté et non une obligation pour le ministre de rendre l'administrateur responsable. Il

---

une allocation pécuniaire, représentative de la plus-value réelle, soit attribuée au Ministre contrevenant, et vienne en déduction des sommes mises à sa charge.

Tous les efforts tentés à diverses reprises par l'initiative parlementaire pour résoudre ces difficultés ont échoué, et les rejets de dépenses que les Chambres, dans des cas très rares, ont prononcés par application de la loi de 1850, n'ont abouti en fait qu'à augmenter les découverts du Trésor.

y aura donc à tenir compte des circonstances qui peuvent en fait justifier, au moins dans une certaine mesure, l'initiative du fonctionnaire.

2° Pour que cette responsabilité puisse être mise en cause, il faut qu'il y ait eu, de la part de l'administrateur, un véritable excès de pouvoir, c'est-à-dire qu'il ait agi sciemment en dehors de toute prévision des règlements. Tel serait le cas, par exemple, où le fonctionnaire ordonnancerait le montant d'une fourniture destinée à augmenter le taux de la ration ou à l'améliorer. Mais cette responsabilité ne paraît pas susceptible d'être engagée si l'ordonnancement ou l'ordre de distribution se fonde sur l'interprétation erronée d'un règlement existant. Il va de soi cependant que, si l'erreur est grossière et inexcusable, elle prend le caractère de faute lourde que la jurisprudence assimile au fait intentionnel, et l'on rentre alors dans le cas précédent.

Lorsque le fonctionnaire a déféré à un ordre écrit du commandement, la responsabilité du général se substitue à celle de l'administrateur.

42. Même lorsqu'il s'agit d'assurer un service prévu par les règlements, l'ordonnateur engage encore sa responsabilité pécuniaire si, à défaut de crédits *ad hoc*, il prend sur lui de détourner d'autres crédits de leur destination. Il y a alors *mandatement fictif* qui le constitue *comptable de fait* (Cour des comptes : Devialard, 23 octobre 1890.) Il en serait de même si le mandatement avait pour objet de payer un service non effectué (1). L'ordonnateur ne pourrait, le cas

_____

(1) Les fournisseurs qui auraient consenti à acquitter des mandats fictifs ou majorés, ainsi qu'à signer et à affirmer les mémoires et factures à l'appui, seraient également déclarés comptables de fait, solidairement avec l'administrateur (Cour des comptes : Abbès, 17 mai 1904).

échéant, rejeter sur ses auxiliaires la responsabilité de la faute commise. Le fait qu'il a été de bonne foi met hors de cause sa responsabilité pénale, mais non sa responsabilité civile.

On remarquera toutefois qu'en dehors du cas où il s'agit d'allocations de solde ou de frais de route, le mandat doit toujours être accompagné de justifications, et que, si ces justifications font défaut, le payeur sera nécessairement mis en cause. Ce n'est donc que par une action récursoire de ce dernier que l'ordonnateur sera lui-même susceptible d'être atteint.

Quid, si les pièces justificatives, régulières en apparence, sont ensuite reconnues fausses par des décisions judiciaires ? La Cour des comptes, statuant le 23 janvier 1906, contrairement aux conclusions du procureur général, a refusé d'admettre le paiement, resté dès lors à la charge du trésorier général (Nicolle, 23 janvier 1906, p. 1001). Dans ce cas encore, l'ordonnateur ne pourra être atteint que par un recours formé contre lui par le payeur.

43. Aux termes du décret du 31 mai 1862 (art. 15), « les administrateurs sont responsables de l'exactitude des certifications qu'ils délivrent ». Malgré la généralité de ce texte, la jurisprudence paraît admettre que les administrateurs ne répondent que des *certifications frelatées*, c'est-à-dire des certifications intentionnellement inexactes, mais non des certifications simplement erronées, c'est-à-dire involontaires (Marquès di Braga et C. Lyon : comptabilité de fait, n° 249).

44. Quant aux actes des administrateurs autres que ceux qui touchent au droit financier, ils n'entraînent pas la responsabilité pécuniaire des administrateurs,

quel que soit le préjudice qui a pu en résulter pour
l'Etat, par exemple : fausse direction donnée à des
approvisionnements, marchés onéreux pour le Trésor,
omission de clauses protectrices des intérêts de l'Etat,
défaut de surveillance, etc. (1) (Hubert, 20 février
1885 ; avis du Conseil d'Etat, 21 juillet 1885. V. aussi
conclusions de M. Jägerschmidt, dans l'affaire Bastier, 4 décembre 1891, p. 725).

45. Les règlements disposent souvent que tels officiers, commandants d'unité, de détachements ou
chefs de service, seront constitués pécuniairement
responsables du matériel de l'Etat mis à leur disposition.

Le Conseil d'Etat, récemment consulté sur la légalité de ces imputations (avis du 13 février 1907) a
répondu dans le sens de l'affirmative. C'est une règle
d'organisation des services qui rentre, en effet, dans
la compétence du chef de l'Etat.

Mais il doit demeurer entendu que cette responsabilité sera encourue par l'officier détenteur comme
comptable, mais non comme administrateur. Il ne
pourra donc être mis pécuniairement en cause à

---

(1) M. Berthélemy (*Droit administratif*, 4ᵉ édition, p. 74) conteste cette doctrine et enseigne que la responsabilité des administrateurs peut être engagée vis-à-vis de l'Etat par leurs fautes personnelles. « Admise s'il s'agissait de responsabilité envers un particulier, peut-elle être repoussée sous prétexte que le créancier
des dommages-intérêts est l'Etat ? Sans doute aucune disposition
de loi n'autorise le ministre à statuer sur la responsabilité pécuniaire des administrateurs. Mais il appartiendrait aux tribunaux ordinaires de déclarer cette responsabilité par application
des articles 1382 et suivants du Code civil. »
Quant à la procédure, elle serait celle organisée par la loi de
finances du 13 avril 1898 (art. 54). Le Ministre ne pouvant, dans
ce cas, procéder par voie de contrainte administrative, délivrerait
contre le fonctionnaire *un état* formant titre de perception et
qui n'aurait force exécutoire que jusqu'à opposition de l'intéressé
devant la juridiction compétente, c'est-à-dire le tribunal de droit
commun.

raison des actes accomplis en cette dernière qualité.

Par exemple, la valeur d'un matériel de tir ne pourra être imputée à l'officier qui, dans l'exercice de son commandement et croyant bien faire, aura, par l'usage de ce matériel, causé une perte à l'Etat.

B) *Des comptables.*

46. La gestion et la conservation des objets mobiliers du département de la guerre sont confiées à des officiers ou employés militaires qui sont tenus d'en justifier l'emploi par des comptes spéciaux que l'on nomme comptes-matières.

C'est au ministre qu'est adressée cette justification et c'est lui qui est compétent, soit pour donner décharge au comptable, soit pour le déclarer en débet (loi du 6 juin 1843 ; décret du 31 mai 1862, art. 873, 875, 876 ; décret du 26 décembre 1902).

Les décisions du ministre ne peuvent être attaquées que devant le Conseil d'Etat. La Cour des comptes, qui exerce sur les comptables des deniers publics une véritable juridiction, n'a, sur les comptables-matières, qu'un droit de contrôle. Si la vérification des comptes qui lui sont soumis, conformément à l'article 14 de la loi du 6 juin 1843, lui fait constater des erreurs matérielles, ou une insuffisance de justifications, ou un défaut de conformité des comptes particuliers, soit entre eux, soit avec le compte général du matériel, soit avec les comptes en deniers des agents du Trésor public, il ne lui appartient ni de prescrire directement les redressements nécessaires, ni de déclarer les comptables en excédent ou en déficit. Elle se borne à signaler les faits au ministre, seul compétent pour statuer.

47. Il est rare que les comptables-matières ne soient

pas en même temps détenteurs de deniers publics ; et, en effet, les soins de conservation qu'exige le matériel dont ils ont la gestion, la transformation ou la mise en œuvre de ce matériel exigent des dépenses dont quelques-unes doivent, par leur nature, échapper aux formalités de l'ordonnancement. Tels sont le salaire des ouvriers, l'achat de menues fournitures, etc. Pour permettre aux comptables de subvenir à ces dépenses, il leur est fait une avance sur les fonds du Trésor public, avance dont ils ont à justifier dans un délai déterminé (décret du 3 avril 1869, art. 169).

Pendant la durée de ce délai, ils ont donc le maniement et la garde de deniers de l'Etat, et leur responsabilité est la même que celle des agents du Trésor. Mais les comptes qu'ils établissent pour justifier de l'emploi de ces fonds sont, comme les comptes-matières, jugés par le ministre, sauf recours au Conseil d'Etat (1). Ils ne sont donc, à aucun titre, justiciables de la Cour des comptes, et la même règle s'applique aux conseils d'administration des corps de troupe ou établissements considérés comme tels ainsi qu'aux trésoriers ou officiers payeurs constitués dépositaires des fonds de l'établissement (décret du 3 avril 1869, art 160).

48. Les comptables sont responsables de la qualité des denrées et matières qu'ils reçoivent en magasin. Il n'en est pas ainsi, toutefois, lorsque le matériel a été reçu par une commission ou en vertu d'un ordre de l'autorité compétente (décret du 26 décembre 1902, art. 28).

---

(1) V. conclusions de M. **Jägerschmidt, Bastier,** 4 décembre 1891, p. 725.

Du Contentieux adm.   4

Les pertes et avaries ne sont admises à la décharge des comptables qu'autant qu'elles proviennent d'événements de force majeure dûment constatés, tels que : vols à main armée, à force ouverte ou avec effraction ; vol par disparition de détenteurs du matériel ; prise ou destruction par l'ennemi : abandon forcé à son approche ; incendie, inondation, submersion ; écroulements de bâtiments ; événements de route par terre ou par eau : épizootie constatée (décret du 26 décembre 1902, art. 30).

Cette énumération n'est pas limitative ; le comptable peut être admis à prouver, par tous moyens en son pouvoir, que le fait ne peut être attribué à un défaut de soins ou de prévoyance de sa part. Ainsi, le Conseil d'Etat a annulé l'imputation, faite à un officier d'administration, d'un déficit d'avoine alors qu'il n'était pas établi que les manquants fussent dus à une autre cause que la dessiccation (Paulinier, 18 mars 1892, p. 285). Il a également déchargé de sa responsabilité un comptable, expéditeur de denrées insuffisamment emballées, et dont la surveillance avait été rendue impossible par son état de santé (Vidalenc, 9 novembre 1906).

Les pertes et avaries ne peuvent être mises à la charge du comptable que si elles ont été constatées en sa présence ou en celle de son représentant. Les constatations, faites alors qu'un certain temps s'est écoulé depuis la cessation de ses fonctions, n'engagent pas sa responsabilité (Meyer, 24 mars 1899, p. 237).

Enfin, la valeur des objets imputés puis retrouvés doit lui être restituée (Vallet, 30 novembre 1900).

49. La décision prise par le ministre à l'égard d'un comptable peut, soit lui donner décharge, soit le constituer en débet. Dans le premier cas, la décision

est définitive, à moins cependant que la revision des comptes ne fasse ressortir des omissions, erreurs matérielles, faux ou doubles emplois.

Lorsque la décision constitue le comptable en débet, celui-ci peut se pourvoir devant le Conseil d'Etat dans la forme et les délais ordinaires. Le délai d'appel ne court que du jour où la décision a été notifiée et cette notification doit, sous peine de nullité, contenir le détail des imputations dont l'ensemble constitue le montant du débet (Roussel, 11 décembre 1871).

Quant aux actions en redressements d'erreurs matérielles, elles sont soumises, comme toutes autres, à la déchéance quinquennale (décret du 26 décembre 1902, art. 72).

50. Le débet est recouvré soit par voie de retenue ou de précompte, soit par voie de *contrainte*, à la diligence de l'agent judiciaire du Trésor public (décret du 3 avril 1869, art. 262).

Remarquons que ce droit exorbitant, donné à l'administration de fixer elle-même le chiffre des sommes qui lui sont dues et d'en poursuivre le remboursement, nonobstant tout recours, par voie de contrainte, ne peut être exercé que dans les cas déterminés par les lois. Cette présomption légale de vérité ne s'attache pas à toutes les créances, quelle que soit leur nature et quelle que soit la qualité du débiteur.

Le Conseil d'Etat a jugé (Sicre, 10 novembre 1876) qu'il n'appartient pas au ministre de déclarer un comptable responsable à raison d'un incendie causé, par sa prétendue négligence, à un bâtiment de l'Etat, et que la contrainte décernée pour cet objet était illégale.

Jugé aussi (Meyer, 10 novembre 1899, p. 621) que le fait, par un comptable, d'avoir omis de dresser

l'état des retenues à imputer aux fournisseurs pour
retards dans les livraisons, ne saurait donner lieu à
un arrêté de débet. La faute a été commise par l'officier d'administration en qualité d'administrateur,
non de comptable.

51. Lorsque la décision ministérielle portant déclaration de débet est devenue définitive, soit que les
délais de recours soient expirés, soit que l'appel ait
été rejeté, le comptable peut néanmoins obtenir la
remise totale ou partielle de ce débet (décret du
3 avril 1869, art. 265). Les demandes de cette nature
sont du ressort de la juridiction gracieuse. Il ne peut
y être accédé que par décret rendu en Conseil d'Etat.

52. Si la vérification d'un compte fait présumer, à
la charge du comptable qui l'a présenté, soit un faux,
soit un détournement, soit tout autre acte délictueux
ou criminel, le comptable est traduit devant les tribunaux répressifs, à la diligence de l'autorité militaire.

L'acquittement, s'il est prononcé, enlève aux faits
leur caractère de criminalité, mais laisse intacte l'obligation, pour le comptable, de tenir compte à l'Etat
des pertes que sa mauvaise gestion a occasionnées.
La déclaration de débet, prononcée ultérieurement
par le ministre, ne saurait donc être attaquée comme
violant le principe de la chose jugée (Roussel, 11 décembre 1871 ; Calmette, 29 juin 1888).

Il n'y aurait pas non plus violation de la chose
jugée si, l'arrêt d'un tribunal criminel ayant déterminé
l'importance des détournements commis par un comptable, le ministre fixait à une autre somme le montant
du débet et en poursuivait le remboursement (Chas-
poul, 11 avril 1866).

Cependant, si le jugement prononçant l'acquittement du comptable déniait non seulement l'intention criminelle ou délictueuse, mais même la matérialité des faits, l'autorité de la chose jugée empêcherait de retenir ces faits pour en faire la base d'une imputation (Cassation, 10 janvier 1893, 28 avril 1903).

53. La gestion des comptables est garantie par la réalisation d'un cautionnement, soit en numéraire, soit en rentes sur l'Etat, soit en immeubles. Dans ce dernier cas, la prise d'inscription hypothécaire est requise par le préfet, qui la transmet au ministre de la guerre.

Le cautionnement peut être fourni par un tiers. Il ne peut alors, sans le consentement exprès de ce dernier, être affecté à la garantie d'opérations indépendantes de la gestion pour laquelle il a été constitué (Mortet, 14 mars 1851).

§ 8. — Des tribunaux administratifs. — Dispositions générales.

54. La justice est rendue, en matière administrative, par des assemblées (conseil d'Etat, conseils de préfecture, cour des comptes, conseils de revision, etc.) dont les membres (la cour des comptes exceptée) ne sont pas inamovibles. Ce privilège serait sans doute une garantie pour les justiciables ; mais il donnerait aux tribunaux administratifs, et surtout au Conseil d'Etat, une puissance considérable qui mettrait en échec tous les pouvoirs, y compris le pouvoir législatif.

Chaque tribunal administratif est, en général, assisté d'un magistrat faisant office de ministère public, c'est-à-dire parlant au nom de la loi et veillant à son application (commissaires du gouvernement près le Conseil d'Etat ; secrétaire général près le conseil de préfecture ; sous-intendant militaire près le conseil de revision, etc.).

55. La procédure a, pour chaque juridiction, des règles particulières. Mais on peut cependant énoncer deux règles générales qui établissent, entre la procédure en matière administrative et la procédure en matière judiciaire, des différences caractéristiques.

Première règle. — On sait que, devant les tribunaux judiciaires, les parties, ou plutôt les avoués qui sont leurs mandataires obligés, se bornent à donner par écrit leurs conclusions avec l'exposé très sommaire de leurs moyens de défense. Ces moyens sont développés oralement en audience publique et ce sont ces débats qui constituent la partie essentielle du procès. Aussi le jugement est-il réputé *par défaut*, c'est-à-dire non contradictoire, si l'avoué de l'une des parties ne se présente pas à l'audience, alors même qu'il aurait déposé ses conclusions. Devant les tribunaux administratifs, au contraire, *l'instruction est essentiellement écrite ;* et c'est dans des mémoires écrits que les moyens sont exposés et développés. Sans doute il y a, dans certains cas, audience publique où les parties et leurs avocats peuvent présenter verbalement des observations (conseils de préfecture, Conseil d'Etat) ; mais cette partie de l'instruction n'est pas essentielle, en ce sens du moins que, si l'une des parties y fait défaut, après avoir remis au juge sa requête ou sa défense écrite, le jugement qui intervient est néanmoins réputé contradictoire (Guelpa, 26 juin 1885). Inversement, une demande formée par conclusions orales (par exemple une demande d'intérêts) ne serait pas re-

cevable (P.-L-M., 6 décembre 1889). Ne seraient pas
non plus recevables des conclusions orales tendant à
obtenir que de nouvelles mesures d'instruction soient
ordonnées (Omnès, 29 novembre 1889, p. 1109, et
note sous l'arrêt).

Deuxième règle. — Lorsqu'un litige s'élève entre
particuliers et doit se dénouer devant les tribunaux
ordinaires, le demandeur appelle directement son adversaire devant le juge.

Dans la juridiction administrative, au contraire, le
juge est tout d'abord saisi par le demandeur en recours. Le juge met le défendeur en cause, l'invite à
produire sa défense et dirige la procédure.

56. Devant les tribunaux administratifs comme
devant les tribunaux ordinaires, aucune instance ne
peut être engagée contre l'Etat qu'après qu'un mémoire a été déposé à la préfecture (loi du 5 novembre 1790, titre II, art. 15). C'est seulement un
mois après la remise de ce mémoire (laquelle interrompt la prescription) que l'Etat peut être assigné.
Cette disposition n'est pas abrogée et la cour de Paris
en a fait dernièrement l'application dans une matière
qui exige toute célérité (6 novembre 1903, accidents
du travail). Mais il est rare que l'Etat oppose l'exception fondée sur l'omission de cette formalité, et la
jurisprudence admet que l'irrégularité est couverte
par la défense au fond.

L'Etat ne peut être représenté dans les instances
que par le préfet du département. Serait donc non recevable la requête d'un colonel directeur du génie,
alors même qu'il s'agirait d'une action relative à un
marché de travaux publics militaires (Favril, 9 décembre 1898, p. 788) ; de même, la requête signée du

secrétaire général de la préfecture (Penelon, 25 mars 1904).

Il n'est fait exception que dans les cas où la loi elle-même désigne un autre fonctionnaire que le préfet pour représenter l'Etat.

57. Les jugements des tribunaux administratifs sont de plein droit exécutoires. Ils peuvent entraîner, comme ceux des tribunaux civils, l'hypothèque, la saisie et même la contrainte par corps, dans les cas où celle-ci est autorisée par la loi.

Ces mesures d'exécution ne sont jamais prononcées contre l'Etat. Quelle serait, en effet, la sanction d'une telle disposition ? Si l'on suppose un gouvernement assez oublieux de ses devoirs pour méconnaître un droit affirmé par l'autorité judiciaire, espère-t-on qu'il déférera à l'injonction de celle-ci, et lui prêtera contre lui-même, le concours de la force publique dont seul il dispose ?

Les tribunaux administratifs ni les tribunaux judiciaires ne sont non plus compétents pour ordonner la suppression d'ouvrages publics, même établis en violation des droits privés. Ils ne peuvent qu'allouer des indemnités aux intéressés (Berry, 10 mars 1905, p. 254).

§ 9. — Du Conseil d'État.

58. Le Conseil d'Etat n'est pas seulement un tribunal, c'est aussi une assemblée consultative. En cette dernière qualité, il n'a pas de pouvoirs propres et, bien que ses conseils doivent parfois être demandés, ils peuvent n'être pas suivis.

Il en était de même autrefois, au moins de droit sinon de fait, en matière contentieuse. Le Conseil d'Etat se bornait à préparer le jugement et à le proposer au chef de l'Etat, qui le faisait sien en le rendant sous forme de décret.

Depuis 1872, cette fiction n'existe plus ; le Conseil d'Etat a un pouvoir propre et statue souverainement en tant que tribunal. La *justice déléguée*, pour employer les expressions en usage, a remplacé la *justice retenue*.

Le Conseil d'Etat comprend trente-deux conseillers en service ordinaire, vingt conseillers en service extraordinaire, choisis parmi les hauts fonctionnaires et remplacés de droit dès qu'ils cessent d'appartenir à l'administration active. Ces derniers n'ont voix délibérative que dans les affaires de leurs départements respectifs ; ils ne peuvent faire partie de l'assemblée délibérant au contentieux.

Le président du Conseil d'Etat est le garde des sceaux, qui peut également présider les sections administratives, mais non la section du contentieux, ni l'assemblée délibérant au contentieux. Il y a un vice-président et cinq présidents de section pris parmi les conseillers en service ordinaire.

Le Conseil d'Etat comprend cinq sections (loi du 13 juillet 1879). Nous n'avons à examiner ici ni le rôle des sections administratives, ni celui de l'assemblée générale. La section du contentieux (loi du 13 avril 1900) comprend un président et sept conseillers. Elle est, depuis le 4 août 1900, divisée en deux sous-sections.

L'assemblée du Conseil d'Etat délibérant au contentieux se compose de deux éléments : l'un, permanent (c'est la section du contentieux), qui établit au sein du Conseil l'unité, la fixité de jurisprudence ; l'autre, mobile, qui y porte les connaissances spéciales à chaque branche d'administration et qui est représenté par des conseillers pris en nombre égal (deux) dans chacune des autres sections. La présidence appartient au vice-président du Conseil et, en cas d'empêchement, au président de la section du contentieux.

59. Aux termes de l'article 1er du décret du 22 juillet 1806, les parties (sauf les ministres) sont tenues de se faire représenter au Conseil par des avocats (avocats au Conseil d'Etat et à la Cour de cassation) qu'elles constituent à cet effet. Il y a exception pour certains recours dits *sans frais*, dans lesquels cette constitution est seulement facultative. Tels, sont les recours en matière de contributions directes, pour incompétence ou excès de pouvoir, contre les liquidations de pension, etc. Ces recours sont jugés par la section du contentieux agissant seule et en audience non publique. L'affaire est toutefois portée devant l'assemblée si le ministère public ou un membre de la section en fait la demande.

Les recours sans frais ne laissent à la charge du requérant que les frais de timbre et d'enregistrement. Encore l'enregistrement n'est-il réclamé qu'en cas de perte du procès si la matière est une de celles prévues par l'article 4 de la loi du 17 avril 1906 : recours pour excès de pouvoir, recours contre les décisions portant refus de liquidation ou contre les liquidations de pension.

La dispense de constituer avocat ne s'applique qu'aux recours ordinaires et non aux recours en revision (Ménier, 27 décembre 1889 ; Biermont, 24 avril 1891 ; de la Roque, 31 janvier 1902).

60. Le délai de recours au Conseil d'Etat est de deux mois, à partir du jour de la notification de la décision attaquée (loi du 13 avril 1900, art. 24).

Si l'acte n'est pas susceptible de notification individuelle, le délai court du jour de l'insertion au *Bul-*

letin des Lois ou au *Journal officiel* (chambre de commerce de Dunkerque, 17 juillet 1885, p. 705).

Lorsque le retard apporté à l'examen et à la transmission d'une demande à fin d'assistance judiciaire n'est pas imputable au requérant, son pourvoi peut être jugé recevable s'il est formé après le délai (Nantier, 4 mai 1906). En tout cas, il suffit que la demande d'assistance, transmise par le procureur de la République, parvienne au Conseil avant l'expiration du délai de deux mois (dame Morichon, 6 mai 1904).

Jugé également que le pourvoi est recevable si, formé dans les deux mois, il n'a pas pu être enregistré au greffe dans ce délai, à raison du défaut d'accomplissement de formalités fiscales (pourvoi sur papier libre et non enregistré) (Société de vidanges, ville de Mâcon, 8 août 1888, p. 731).

61. Alors qu'en matière judiciaire, le délai d'appel ne court pas du jour de la signification du jugement, contre la partie qui a fait cette signification, la loi du 22 juillet 1889 (art. 59) décide que la notification faite par le préfet d'un arrêté du conseil de préfecture, fait courir contre l'administration le délai de deux mois (1).

Remarquons enfin que le recours contre les arrêtés interlocutoires peut être formé même après le délai de deux mois, s'il accompagne le recours sur le fond (Laporté, 13 mars 1891), mais qu'un arrêté de cette nature, même s'il n'a pas été signifié, ne peut faire l'objet d'un recours recevable, après que recours a été formé contre l'arrêté définitif. Il y a, en effet, dans

---

(1) La loi du 22 juillet 1889 a tranché une question très controversée (V. les observations de M. Levavasseur de Précourt dans l'affaire Leglos, 15 mars 1889, p. 370).

ce cas, acquiescement implicite au premier de ces arrêtés (Bonnet, 29 avril 1904).

62. La déchéance étant d'ordre public peut, à la différence des déchéances contractuelles, être relevée d'office par le Conseil d'Etat (Ange-Bossard, 26 février 1886).

Les décisions confirmatives ne font pas revivre le délai de recours. En conséquence, la lettre par laquelle le ministre fait connaître le maintien d'une décision antérieurement prise et qui n'a pas été déférée au Conseil d'Etat dans le délai de deux mois, ne peut donner lieu à un recours recevable (Albert, 31 juillet 1891, p. 584, etc.), et il en est ainsi alors même que la nouvelle décision, tout en maintenant la question de principe (responsabilité d'un fournisseur) accorde satisfaction au requérant sur un point accessoire (rectification d'une erreur matérielle) (Compagnie transatlantique, 7 janvier 1887). Mais, bien entendu, la règle ne sera pas applicable si la seconde décision répond à une demande tendant aux mêmes fins que la précédente, mais basée sur des motifs nouveaux (V. conclusions du commissaire du gouvernement ; — Germeix, 27 janvier 1888).

63. Plaçons-nous maintenant dans l'hypothèse où la décision incriminée émanerait, non du ministre, mais d'un fonctionnaire subordonné. Deux cas sont à distinguer :

1er cas : la réclamation a été adressée au ministre dans le délai de deux mois.

Si la décision du ministre ne donne pas satisfaction à l'intéressé, celui-ci aura un délai de deux mois, à partir de la notification de cette décision, pour la déférer au Conseil d'Etat (V. Laferrière, *Juridiction administrative*, t. II, 2ᵉ édition, p. 468).

2ᵉ cas : la réclamation a été adressée au ministre après le délai de deux mois.

Si le ministre confirme la décision de son subordonné, le Conseil d'Etat ne pourra pas être saisi (Union des gaz, 14 janvier 1887, p. 43 ; ville de Constantine, 14 mars 1890, p. 292 ; Labro, 11 novembre 1898, p. 092).

64. Nous dirons quelques mots seulement de la procédure du recours.

Les prétentions du demandeur sont exposées dans une requête signée par un avocat et adressée aux membres du Conseil. Un délai est accordé au défendeur pour répondre, puis au demandeur pour répliquer. Les requêtes, réponses et répliques font l'objet de mémoires écrits déposés au greffe avec les pièces justificatives.

L'affaire est ensuite examinée par la section du contentieux, qui ordonne toutes mesures d'instruction nécessaires. En cas de contestation sur la conformité à l'original d'une ampliation versée au dossier par l'administration, la section a le droit d'ordonner l'apport de la minute (Société générale des fournitures militaires, 25 juillet 1890, p. 722).

Les débats devant l'assemblée sont publics ; un rapporteur, qui a été désigné au début de l'affaire par le président de la section, expose les faits. Les avocats présentent leurs observations et le ministère public (maître des requêtes remplissant les fonctions de commissaire du gouvernement) donne ses conclusions. Les arrêts sont motivés et lus en audience publique.

65. Le recours devant le Conseil d'Etat n'est sus-

pensif ni à l'égard des décisions administratives, ni à celui des jugements rendus par les autres tribunaux administratifs.

Toutefois, les conseils de préfecture peuvent subordonner l'exécution de leurs décisions, en cas de recours, à la charge de donner caution ou de justifier d'une solvabilité suffisante (loi du 24 mai 1872, art. 24).

Le Conseil d'Etat peut aussi suspendre l'exécution des décisions qui lui sont déférées, à moins cependant que la loi ne dispose autrement. Ainsi la loi du 21 mars 1905 sur le recrutement de l'armée dit expressément (art. 29), que le recours contre les décisions des conseils de revision n'aura pas d'effet suspensif.

66. Lorsque l'Etat succombe dans l'instance, il n'est condamné aux dépens que si l'affaire est une de celles prévues par le décret du 2 novembre 1864 (art. 2) : affaires domaniales; travaux publics; marchés de fournitures. Dans les autres cas, l'adversaire de l'Etat, bien qu'ayant gain de cause, supporte définitivement les dépenses qu'il a été obligé de faire, soit pour constituer avocat, soit pour rembourser les frais de greffe, de timbre, d'enregistrement, etc.

La condamnation aux dépens ne comprend jamais, pour la partie qui succombe, que les frais auxquels la partie adverse était obligatoirement tenue. Si celle-ci constitue avocat alors qu'elle n'était pas obligée de le faire (et il en est toujours ainsi pour les ministres), les frais qui en résultent restent à sa charge (Beretta, 5 juin 1874 ; Lajard, 10 janvier 1873, etc.).

67. Le Conseil d'Etat statue :

1° Tantôt comme tribunal en premier et dernier ressort (décrets administratifs ; décisions administratives, pour lesquelles la loi n'a pas institué de juridiction spéciale) ;

2° Tantôt comme tribunal d'appel (arrêtés des conseils de préfecture) ;

3° Tantôt comme une véritable Cour de cassation (décisions rendues par la Cour des comptes, par les conseils de revision du recrutement, etc).

Le Conseil d'Etat, statuant comme tribunal d'appel, ne peut être saisi directement d'une action en garantie (sieurs Lebecq, 4 mai 1906, p. 391).

68. Lorsque le Conseil d'Etat, statuant comme cour de cassation, annule le jugement rendu par un tribunal administratif d'ordre inférieur et renvoie l'affaire devant un tribunal administratif de même ordre, ce dernier est lié par la décision prise sur le point de droit et ne peut, sans excès de pouvoir, reprendre la thèse condamnée par cette haute assemblée.

Le Conseil d'Etat a fait application de ce principe dans une affaire Botta (8 juillet 1904, p. 557). Il a cassé, *sans renvoi*, pour violation de la chose jugée, une décision par laquelle une chambre de la Cour des comptes, saisie après annulation de la décision rendue par une autre chambre de la même Cour, avait statué en se fondant sur le moyen de droit déjà condamné. L'arrêt Botta a d'ailleurs une portée générale. « La théorie en est applicable à toutes les autorités qui relèvent de la juridiction du Conseil d'Etat au point de vue de l'annulation, soit aux autorités juridictionnelles de toute nature, soit aux autorités de l'administration active. » (Conclusions, dans cette affaire, de M. Romieu, commissaire du gouvernement.)

Le Conseil d'Etat peut être saisi, mais par les ministres seulement, de pourvois en cassation *dans l'in-*

térêt de la loi. Le délai de deux mois n'est pas applicable aux demandes de cette nature.

La décision prise n'a, en général, qu'un intérêt doctrinal ; elle ne peut être ni opposée aux intéressés, ni invoquée par eux. Nous verrons cependant une exception à cette règle en examinant la loi du 21 mars 1905 sur le recrutement de l'armée.

69. Trois voies de recours sont ouvertes contre les arrêts du Conseil d'Etat :

1° L'opposition, recevable pendant deux mois contre les arrêts rendus par défaut.

La partie qui n'a pas présenté d'observations en réponse à la communication du pourvoi formé contre elle est recevable à former opposition à la décision rendue au fond, alors même qu'elle aurait été représentée à l'expertise ordonnée avant faire droit (commune des Andelys, 17 mars 1905, p. 269).

2° La tierce opposition, ouverte pendant trente ans aux tiers que lèse l'arrêt, par exemple aux experts dont les honoraires auraient été réduits d'office (de Clercq, 27 juin 1902).

3° La revision ouverte pendant deux mois contre les arrêts contradictoires dans les cas ci-après :

1er cas : la décision a été rendue sur pièces fausses. Le recours en revision n'est toutefois pas recevable si l'inexactitude de la pièce avait été relevée par le Conseil d'Etat (Connard, 27 juillet 1894, p. 518).

2° cas : la partie a été condamnée faute de représenter une pièce décisive qui était retenue par son adversaire. Jugé que le pourvoi n'est pas recevable s'il est constant que le requérant connaissait les pièces et n'en a pas demandé la production au cours de la première instance (même arrêt).

3ᵉ cas : Indépendamment des deux cas ci-dessus, prévus par le décret du 22 juillet 1806, il y a encore lieu à revision (loi du 24 mai 1872, art. 23) si les formes substantielles prescrites par cette loi ont été violées ; si, par exemple, la décision attaquée ayant été préparée par l'une des sections administratives, un membre de cette section, qui avait pris part à la délibération, a participé au jugement du recours (art. 20) ; ou si le commissaire du gouvernement n'a pas donné ses conclusions sur l'affaire (art. 18), etc.

La revision ne pourrait être demandée en dehors des cas prévus par la loi, même si la décision critiquée était entachée d'une erreur matérielle (Faure et Chaumont, 7 août 1891, p. 612).

§ 10. — Des décisions ministérielles.

70. On reconnaissait autrefois à certaines décisions ministérielles le caractère juridictionnel. Les ministres, chacun dans son département, étaient considérés comme juges au premier degré dans toutes les affaires litigieuses pour lesquelles la loi n'en avait désigné aucun.

La jurisprudence a depuis longtemps abandonné cette doctrine et il en résulte :

1° Que, lorsque la loi confère à une autorité administrative, autre que le ministre, un pouvoir propre de décision, le recours contre ces décisions peut être porté directement devant le Conseil d'Etat (Cadot, 13 décembre 1889) ;

2° Que les décisions ministérielles rendues par défaut (c'est-à-dire sans avoir entendu l'intéressé) ne sont pas susceptibles d'opposition et que, par conséquent, la décision confirmative ne fera pas revivre le délai du recours (n° 62) (1) ;

3° Que les décisions ministérielles ne sont pas nécessairement motivées (Bertagna, 18 février 1887 ; Delagogué, 1er août 1902) ;

4° Qu'enfin, et sous réserve des droits acquis aux tiers, elles peuvent être rapportées, tandis que les décisions judiciaires qui ont acquis l'autorité de la chose jugée sont définitives.

Quelles conditions doit remplir une décision ministérielle pour être déférée au Conseil d'Etat, et faire courir le délai de deux mois imparti par la loi du 13 avril 1900 ?

71. *A*) Il faut, en premier lieu, que la décision soit signée par le ministre lui-même et non par un délégué (hospice de Vannes, 9 décembre 1892 ; Parly, 19 mai 1893 ; Perrier, 12 janvier 1894). L'irrégularité est couverte si le ministre, dans des observations présentées sous sa signature, a maintenu la décision et défendu au fond à l'instance introduite (Blondel-Laporte, 13 juillet 1892, p. 617).

Toutefois, si le pourvoi formé par un ministre contre l'arrêté d'un conseil de préfecture est entaché d'une irrégularité de l'espèce, la confirmation, par ce ministre, intervenant après l'expiration du délai de deux mois, n'empêcherait pas que l'Etat fût forclos (Lapeyre, 22 novembre 1895, p. 737).

Un rapport adressé au ministre et revêtu de son approbation constitue une décision susceptible d'être attaquée par la voie contentieuse ; mais les délais ne courent que du jour de la notification, qui en est faite (Veuve Maréchal, 12 juin 1896, p. 468 ; Delagogué,

---

(1) Il en est ainsi même des décisions prises en matière disciplinaire et sur l'avis d'un conseil de discipline. (Hylias, 19 avril 1907, p. 349.)

1ᵉʳ août 1902, p. 610) et la lettre qui porte cette décision à la connaissance de l'intéressé peut n'être pas signée du ministre (Guinle, 26 février 1892, p. 204).

La règle que les ministres ne peuvent valablement déléguer leur signature en matière contentieuse, fléchit dans le cas où la délégation résulte d'un décret spécial. Tel le décret, qui, en 1884, a délégué la signature du ministre de la guerre à un sous-secrétaire d'Etat (Mogamburg, 2 décembre 1892, p. 836. V., sur cette question, les observations de M. Romieu, commissaire du gouvernement) ; tel encore le décret du 13 janvier 1899 qui l'a déléguée au directeur du contentieux et de la justice militaire (Belin, 30 mars 1906, etc.).

72. *B*) Il faut, en second lieu, que la décision ait été adressée à l'intéressé lui-même ou à son mandataire contractuel ou légal.

Ainsi, ne peut être déférée au Conseil d'Etat et ne fait pas courir les délais de pourvoi la lettre adressée à un député ou sénateur (Goffart, 16 avril 1886, p. 336; Martelli, 25 novembre 1887, p. 738) ; ou au subrogé-tuteur des mineurs intéressés (Veuve Maréchal, 12 juin 1896).

73. *C*) Enfin, troisième condition, la décision doit être de nature à porter un préjudice *actuel*.

N'aurait pas ce caractère la lettre adressée par le ministre à un intendant militaire et faisant connaître le sens qu'il entend donner à telle clause d'un marché de transports (le contentieux ne naîtra que par l'application de cette interprétation à un transport déterminé) (Auger, 17 février 1893, p. 144 ; Radenac, 30 juin 1893, p. 543 ; Compagnie P.-L.-M., 28 février 1890, p. 244) ;

Ni l'arrêté par lequel le ministre approuve un

nouveau cahier des charges. En vain, par exemple, l'entrepreneur en service prétend-il que cet acte lui fait grief en ce qu'il n'impose pas, aux entrepreneurs entrants, l'obligation de reprendre les usines des entrepreneurs sortants ; ils lui appartiendra, le cas échéant, d'adresser, s'il s'y croit fondé, une demande de dommages-intérêts, et c'est la réponse à cette demande qui pourra être déférée au Conseil d'Etat (Société générale des fournitures militaires, 14 janvier 1887, p. 36) ;

Ni une lettre portant *offre* d'indemnité (Saradin, 28 novembre 1890) ;

Ni une lettre ministérielle portant solution d'une question ressortissant aux tribunaux judiciaires ou administratifs : par exemple informant N... qu'il n'a pas droit à la dispense. Une telle lettre n'a que le caractère d'une consultation, et rien n'empêche l'intéressé de porter le cas devant le conseil de revision (Adam, 30 juin 1893, p. 532).

L'ordre donné à un fournisseur de rembourser une somme payée en trop constitue une décision contentieuse (Société Docks de Bourgogne, 1er mars 1901. p. 237) et peut être déféré au Conseil d'Etat. Mais si l'ordre de payer se rapporte à une créance dont il n'appartient pas au ministre de reconnaître le bien fondé ni de déterminer le chiffre, cet ordre ne constitue qu'une simple prétention, non susceptible d'être déférée au Conseil d'Etat (Compagnie P.-L.-M., 18 novembre 1904, p. 715) (1).

Notons enfin qu'un ministre ne serait pas recevable à former devant le Conseil d'Etat un recours incident

---

(1) Il s'agissait, dans l'espèce, d'un préjudice causé à l'Etat par un accident de chemin de fer.

contre sa propre décision (Compagnie franco-algé-rienne, 15 janvier 1892, p. 16).

74. *Silence du ministre*. — Pendant longtemps, toute action fut refusée aux particuliers qui, préten-dant avoir à se plaindre d'une décision administrative, ne voyaient opposer que le silence à leurs réclama-tions (1).

Le décret du 2 novembre 1864 (art. 7) édicta la disposition suivante : « Lorsque les ministres statuent sur des recours contre les décisions d'autorités qui leur sont subordonnées, leur décision doit intervenir dans le délai de quatre mois, à dater de la réception de la réclamation au ministère. Après l'expiration de ce délai, s'il n'est intervenu aucune décision, les par-ties peuvent considérer leur réclamation comme re-jetée et se pourvoir devant le Conseil d'Etat. »

La question s'était posée de savoir si cette dispo-sition pouvait être invoquée lorsque le ministre était saisi, non plus d'une réclamation contre la décision d'un subordonné, mais d'une demande directe, au sujet, par exemple, d'une liquidation arrêtée par lui. La jurisprudence l'avait résolue négativement (Dame Villain-Moisnel, 12 août 1878 ; Morelli, 16 décembre 1887). Mais la loi du 17 juillet 1900 est venue combler cette lacune. Il résulte de l'article 3 de cette loi que, quel que soit l'objet de la réclamation, qu'elle vise une décision prise par le ministre lui-même ou par un de ses subordonnés, l'expiration du délai de quatre mois donne aux parties qui n'ont reçu aucune réponse le droit de se pourvoir devant le Conseil d'Etat. Pour

---

(1) Chose singulière, alors qu'on reconnaissait au ministre la qualité de juge, on lui attribuait le pouvoir de commettre un véritable déni de justice, en refusant de répondre aux réclama-tions qui lui étaient adressées.

l'application de cette disposition, la même loi donne à toute partie qui adresse une réclamation au ministre le droit de s'en faire délivrer un récépissé daté qui, à défaut de décision contentieuse, est produit par l'intéressé à l'appui de son recours.

75. Remarquons : 1° que si l'intéressé peut, à l'expiration du délai de quatre mois, considérer le silence du ministre comme un refus et se pourvoir d'ores et déjà devant le Conseil d'Etat, il n'y est nullement tenu et peut, s'il le préfère, attendre même indéfiniment une réponse. Tant que cette réponse n'est pas parvenue, le recours demeure ouvert. Si le législateur avait voulu décider autrement, il aurait dit : « *devront* » et non « *peuvent* » considérer leur demande comme rejetée ; 2° que, bien que le silence prolongé pendant quatre mois puisse être considéré comme un refus, la décision intervenue après ce délai, et portant refus explicite, ne pourrait être considérée comme une décision confirmative, et qu'en conséquence, un délai de deux mois, courant de la notification de cette décision, serait ouvert pour le recours (Nusillard, 26 décembre 1903, p. 837).

76. Plaçons-nous dans l'hypothèse où le ministre a laissé sans réponse la réclamation faite contre l'acte d'un de ses subordonnés, par exemple la mise à la retraite d'office que le commandant du corps d'armée a prononcée contre un sous-officier commissionné.

Si la réclamation est formulée plus de deux mois après que notification a été faite à l'intéressé de cette décision, celui-ci est définitivement forclos ; le recours hiérarchique ne pouvant avoir pour effet, comme nous l'avons déjà dit, de faire revivre le délai.

Si elle est faite dans les deux mois et si le ministre laisse passer quatre mois sans répondre, l'intéressé pourra se pourvoir devant le Conseil d'Etat (Finet, 4 août 1905) ou continuer à attendre, le recours demeurant ouvert tant que persiste le silence du ministre (V. ci-dessus, n° 75 ; Berthélemy, *Droit administratif*, 4ᵉ édition, p. 917).

§ 11. — Des notifications administratives et de la supputation des délais.

77. Les notifications des décisions administratives ont une grande importance ; car elles marquent le point de départ des délais dans lesquels les réclamations doivent être présentées et l'allégation du ministre ne suffit pas pour faire courir lesdits délais (Beuvin, 20 juin 1867).

La notification est ordinairement faite par lettre et constatée par le récépissé que signe l'intéressé. Mais il peut arriver que celui-ci soit absent ou refuse de signer, et comment, dans ce cas, va-t-on donner à la signification une date légale et certaine ? L'administration peut évidemment employer le ministère d'un huissier ; mais ce mode, qui est le seul légal de particulier à particulier, n'est pas indispensable en matière administrative, et on confie généralement ce soin à des agents dont les procès-verbaux font foi en justice (commissaires de police, gardes champêtres, officiers d'administration du génie ou d'artillerie, gardiens de batterie, gendarmes, etc.) (1).

Nous croyons aussi qu'une notification peut être faite par lettre recommandée, pouvu que la lettre ait été enregistrée à sa date au registre de correspondance, soit *in extenso*, soit dans ses dispositions essentielles.

Mais la notification ne saurait être établie par la

---

(1) V. Aucoc, *Droit administratif*, t. I, n° 375.

seule inscription au registre de correspondance (Mercier, 7 mai 1897, p. 361), ni par témoins (Aubert, 29 juillet 1892, p. 668).

La preuve de la notification ne résulte pas non plus de la mention écrite de la main d'un fonctionnaire (intendant militaire) sur la décision ministérielle produite à l'appui du pourvoi, et portant que notification a été faite à telle date (Dayrault, 17 juillet 1885, p. 700).

La preuve de la notification n'est pas nécessaire lorsqu'il résulte d'une lettre adressée à l'administration, par le requérant, qu'il a eu connaissance de la décision attaquée. Mais il ne suffit pas que cette lettre prouve la connaissance du dispositif (Veuve Maréchal, 12 juin 1906, p. 468). Il faut que ce document établisse que les termes mêmes de la décision ont été connus de l'intéressé (Balvay, 11 novembre 1892, p. 748).

78. Dans la supputation du délai de recours, il n'y a pas lieu de comprendre le jour de la connaissance acquise de la décision (*dies a quo*) ; mais on compte le *dies ad quem* (Guelpa, 26 juin 1885, p. 629 ; Marty, 14 décembre 1900, p. 758). Par conséquent, serait recevable le recours formé le 5 octobre contre une décision ou un arrêté notifié le 4 août ; et, dans le cas où le délai du recours expire un jour férié, le délai doit être prolongé d'un jour (loi du 13 avril 1895, modifiant l'article 1033 du Code de procédure civile : Compagnie des chemins de fer nogentais, 8 juillet 1904, p. 580).

§ 12. — Des conseils de préfecture.

79. Les conseils de préfecture sont composés d'un nombre de conseillers variable suivant l'importance du département. Ils sont présidés par le préfet ; le

secrétaire général de la préfecture remplit les fonctions de ministère public. La procédure est réglée par la loi du 22 juillet 1889.

L'instance est introduite, au choix du demandeur, soit par une requête au conseil de préfecture qui avise le défendeur, soit par un exploit directement adressé à celui-ci. Si ce dernier moyen est employé, le dépôt de l'exploit doit être fait au greffe pour saisir le conseil ; car, de même que devant le Conseil d'Etat, le procès est dirigé par le juge. Le conseil désigne un rapporteur et assigne un délai aux parties pour fournir leurs défenses. Celles-ci sont écrites et peuvent être rédigées par les parties elles-mêmes, par un mandataire spécial ou par un avoué.

Le rapport est lu en audience publique. Après cette lecture, les parties sont libres de se faire défendre oralement par avocat ou mandataire spécial, ou même de se défendre en personne. Le commissaire du gouvernement donne ses conclusions sur toutes les affaires. Lorsque l'affaire a été engagée par l'Etat ou contre l'Etat, la décision est notifiée aux parties dans la forme administrative, sans préjudice, pour le droit de la partie, de faire la notification par voie d'huissier (art. 51 de la loi).

80. Trois voies de recours sont ouvertes contre les arrêtés rendus par les conseils de préfecture :

1° L'opposition contre les arrêtés rendus par défaut. Notons que l'arrêté sera réputé par défaut si l'Etat n'a pas été régulièrement représenté ; si, par exemple, il l'a été par le directeur du génie (n° 56 ; — Séjalon, 11 mai 1900). Le recours au Conseil d'Etat ne serait pas recevable contre un arrêté rendu dans ces conditions, puisque la voie de l'opposition est ouverte ;

2° La tierce-opposition ;

3° Le recours au Conseil d'Etat.

Le délai de recours est de deux mois. Contre l'Etat il court, soit du jour où la signification a été faite par les parties au préfet, soit, si le préfet a pris les devants, du jour où la signification a été faite par lui aux parties (1) (art. 59 de la loi). C'est une dérogation à la règle que nul ne se forclôt soi-même ; mais il n'en est ainsi que pour l'Etat ; car la signification faite à l'Etat par la partie adverse ne fait pas courir les délais contre celle-ci (Wallace, 1er août 1890, p. 734).

En matière de contravention, le délai court, contre l'administration, de la date de l'arrêté (loi du 22 juillet 1889, art. 59). Si l'administration n'a pas demandé, dans le délai de deux mois, par voie du recours principal, le relèvement de l'amende prononcée, elle n'est pas recevable à formuler cette demande par voie de recours incident (Margueritat, 13 décembre 1895, p. 829).

81. Le conseil peut s'éclairer, par tels moyens (expertises, visite des lieux, enquêtes) qu'il juge opportuns. L'expertise est faite par trois experts, à moins que les parties ne consentent à ce qu'il y soit procédé par un seul. Dans ce dernier cas, l'expert est nommé par le conseil, à moins que les parties ne s'accordent pour le désigner. Si l'expertise est confiée à trois experts, l'un d'eux est nommé par le conseil, et chacune des parties est appelée à désigner le sien (art. 14 de la loi).

S'il y a en cause plusieurs parties ayant des intérêts distincts, rien n'empêche chacune d'elles de

(1) L'avocat n'a pas qualité pour recevoir notification au nom de sa partie (Gouy, 4 mai 1900, p. 318).

désigner un expert, ce qui pourra porter à quatre et même plus le nombre des experts. (Blavet, 3 février 1905, p. 109).

L'arrêté qui ordonne, sous toutes réserves des droits, moyens et exceptions des parties, une expertise contradictoire, n'est pas interlocutoire et ne peut être déféré immédiatement au Conseil d'Etat, alors même que l'administration prétendrait opposer sur certains chefs l'exception de déchéance (Labussière, 12 janvier 1900, p. 30).

82. Le recours au Conseil d'Etat n'est pas suspensif ; mais l'exécution n'a lieu qu'aux risques et périls des poursuivants. S'il est ultérieurement cassé, les sommes payées sont restituées avec les intérêts (Coste-Folcher, 20 juin 1890, p. 587).

Toute partie qui succombe est condamnée aux dépens (art. 62 de la loi).

Les experts ne sont pas tenus d'attendre la solution du litige pour réclamer leurs honoraires. L'arrêté du vice-président qui fixe ces honoraires constitue une décision exécutoire par elle-même. C'est une dette solidaire dont le paiement peut être réclamé à toutes les parties en cause, même celle qui se serait opposée à l'expertise. Car c'est dans l'intérêt commun des parties que cette opération a été ordonnée (ville de Limoges, 10 février 1899, p. 115).

83. En cas d'urgence, le vice-président du conseil de préfecture peut, sur la demande des parties, désigner un expert pour constater des faits qui seraient de nature à motiver une réclamation devant ce conseil. Avis en est immédiatement donné au défendeur éventuel. C'est un véritable *référé* qu'a organisé la loi du 22 juillet 1889 (art. 24).

L'arrêté de référé peut être déféré au Conseil d'Etat

et annulé en tout ou partie si le vice-président, excédant ses pouvoirs, a donné à l'expert une mission plus étendue que ne le comporte la loi. Cette mission est *de constater*, non *d'apprécier* (Société Lavie, 29 novembre 1901, p. 842).

84. Voici les matières intéressant le département de la guerre qui rentrent dans la compétence des conseils de préfecture :

1° Difficultés entre l'administration et les entrepreneurs de travaux publics (loi du 28 pluviôse an VIII) ;

2° Dommages causés par l'exécution de ces travaux (*ibid.*) ;

3° Fixation des indemnités dues à raison de l'occupation temporaire ou de la fouille des terrains privés (*ibid.*) ;

4° Contentieux des ventes domaniales (*ibid.*) ;

5° Application des règles relatives aux servitudes défensives et à celles qui assurent la protection des magasins à poudre (décrets des 10 et 16 août 1853 ; loi du 22 juin 1854).

Ici, la compétence des conseils de préfecture est à la fois contentieuse et répressive : contentieuse pour déterminer les droits respectifs des parties ; répressive pour punir les contrevenants ;

6° Difficultés relatives à l'exécution des conventions entre l'administration de la guerre et les hospices civils pour le traitement des malades militaires (loi du 3 juillet 1877);

7° Règlement des subventions dues aux communes pour les dégradations occasionnées aux chemins vicinaux ou ruraux, soit par l'exécution des tirs, soit par les charrois qu'ils nécessitent (loi du 17 avril 1901).

§ 13. — Du tribunal des conflits.

85. Lorsqu'un tribunal judiciaire est saisi d'une affaire qui ne rentre pas dans ses attributions, il doit se déclarer incompétent et renvoyer les parties à se pourvoir devant qui de droit.

Mais convenait-il de s'en remettre, à cet égard, aux lumières et à la sagesse de ces tribunaux ? Le législateur ne l'a pas pensé. Il a craint que le juge n'obéît à cette tendance irrésistible, qui entraîne toute autorité à étendre le cercle de ses attributions, tendance qui eût été d'autant plus dangereuse chez ce magistrat que son inamovibilité lui assure une indépendance presque absolue. Sans doute, le Code pénal est fort sévère pour les juges qui s'immiscent dans les matières administratives ; il les déclare coupables de forfaiture et les punit de la dégradation civique. Mais la sanction, très rigoureuse en apparence, est, en réalité, presque illusoire. Pour qu'un fait tombe sous l'application de la loi pénale, il faut qu'il soit accompagné de l'intention criminelle. Or, dans la circonstance, cette intention coupable fera presque toujours défaut. Le juge n'agira, le plus souvent, que par ignorance ou par fausse interprétation de la loi.

Aussi, le législateur ne s'est-il pas contenté de cette sanction : il a voulu que l'administration pût obliger le tribunal, saisi mal à propos d'une affaire, à s'en dessaisir, ou plutôt à surseoir, jusqu'à ce que la question de compétence eût été tranchée par une autorité supérieure.

Cette autorité, c'est le Tribunal des conflits, créé une première fois en 1848, supprimé par l'empire, et rétabli par la troisième République (loi du 24 mai 1872).

Sous la royauté et sous l'empire, le droit de statuer en cette matière appartenait au souverain, et c'était logique : « Toute justice émane du roi », disait-on, et l'adage s'appliquait aux jugements ordinaires comme aux jugements administratifs, avec cette différence que ceux-ci étaient rendus par le roi en personne, et ceux-là au nom du roi. Sous le gouvernement de la République, la justice est rendue au nom du peuple français. Les tribunaux administratifs et judiciaires n'agissent, les uns et les autres, que par délégation, et, le peuple ne pouvant être appelé à les départager, il fallait bien qu'une troisième autorité fût créée pour cet objet.

86. Le Tribunal des conflits est ainsi composé : le garde des sceaux, président ; trois membres de la Cour de cassation ; trois membres du Conseil d'Etat ; deux membres et deux suppléants nommés par la majorité des autres juges susdésignés.

Dans chaque affaire, il y a :

1° Un rapporteur désigné par le président parmi les membres du Tribunal ;

2° Un commissaire du gouvernement chargé de donner des conclusions comme ministère public.

Pour remplir ces dernières fonctions, le Pouvoir exécutif nomme tous les ans deux commissaires pris : l'un parmi les maîtres des requêtes au Conseil d'Etat ; l'autre dans le parquet de la Cour de cassation. Dans aucune affaire, les fonctions de rapporteur et de ministère public ne peuvent être remplies par deux membres pris dans le même corps.

Les débats sont publics. La décision n'est prise qu'après lecture du rapport, conclusions du ministère public, observations orales présentées, s'il y a lieu, par les parties que représentent des avocats au Conseil d'Etat.

Malgré un précédent (O'Carrol, 17 avril 1886), nous pensons que celles-ci ne peuvent être autorisées à présenter elles-mêmes des observations orales.

87. C'est au préfet qu'appartient le droit d'élever le conflit, c'est-à-dire de revendiquer les droits de l'administration.

Ce préfet est celui du département où il a été statué en premier ressort, alors même que la cour d'appel siégerait dans un autre département (1) (Verdier, 26 mars 1892, p. 324).

Il adresse, à cet effet, au procureur de la République, qui le remet au tribunal, un déclinatoire d'incompétence. Si le tribunal ne défère pas à cette sorte de mise en demeure, le préfet prend un arrêté de conflit (2) dont l'effet est d'arrêter immédiatement toute la procédure. Les membres du tribunal ne pourraient passer outre sans se rendre passibles des peines édictées par l'article 128 du Code pénal.

L'arrêté du conflit est, avec toutes les pièces du procès, adressé par le procureur de la République au garde des sceaux, qui saisit le Tribunal des conflits. Si l'arrêté est confirmé, la juridiction judiciaire est dessaisie ; s'il est annulé, la procédure judiciaire reprend son cours.

88. Le déclinatoire d'incompétence est recevable alors même qu'à la requête de l'une des parties, le tribunal se serait déclaré compétent. La décision n'est en effet définitive qu'à l'égard des parties ; elle

---

(1) Dans les matières ressortissant au département de la marine, le conflit est élevé par le préfet maritime (commune de Mimizan, 15 avril 1905). Devant les tribunaux de Tunisie, le conflit doit être élevé par le résident général et non par le préfet d'Alger (2 juillet 1898 - 16 novembre 1901, p. 811).

(2) Cet arrêté peut être signé par le secrétaire général de la préfecture par délégation du préfet (Poirier, 8 décembre 1894).

ne l'est pas au regard de la Puissance publique, à qui il appartient de faire respecter le principe d'ordre public de la séparation des pouvoirs (Veil, 11 janvier 1890, p. 20).

Si le tribunal, bien que saisi d'un déclinatoire d'incompétence, statuait sur la compétence et sur le fond, il commettrait une irrégularité grave, mais non substantielle, en ce sens que, si le conflit est néanmoins élevé en appel et s'il est plus tard annulé, le jugement produirait tous ses effets (Mohammed ben Belkassem, 11 juillet 1891, p. 542).

89. Le conflit peut être élevé tant qu'il n'a été rendu sur le fond de la contestation ni arrêt définitif, ni jugement acquiescé (Sauze, 24 mai 1884, p. 433).

Cependant, si un jugement interlocutoire faisait plus que préjuger le fond ; si, tranchant une question de principe (par exemple celle de la responsabilité de l'Etat), il ne conservait le caractère interlocutoire que pour l'application dudit principe (fixation du quantum de l'indemnité), le conflit ne pourrait plus être élevé pour revendiquer, au profit de l'administration, la solution de cette question (Noireterre, 29 novembre 1890 ; — V. conclusions du commissaire du gouvernement, M. Jaegerschmidt, p. 894).

90. L'arrêté de conflit est tardif s'il s'écoule plus de quinze jours entre la date de l'envoi au préfet de la copie du jugement sur le déclinatoire et la date du dépôt de l'arrêté de conflit au greffe du tribunal (ordonnance du 1er juin 1828 ; Tournaville, 5 mai 1906, p. 402).

Par contre, le conflit sera prématuré et, par conséquent nul s'il a été pris avant que le préfet ait eu connaissance du jugement statuant sur le déclinatoire (Cauvet, 22 janvier 1887), et on doit présumer qu'il en est ainsi lorsque l'arrêté, pris le jour même où le jugement a été rendu, vise ce jugement comme intervenu la veille (Renaut, 6 décembre 1902, p. 734).

91. Le conflit peut être élevé :

1° En matière civile, devant les tribunaux de première instance et les cours d'appel ;

2° En matière correctionnelle, devant les mêmes tribunaux, mais dans deux cas seulement :

a) Le premier est celui où la répression du délit est attribuée par une disposition législative à un tribunal de l'ordre administratif (exemple : contravention en matière de servitudes militaires) ;

b) Le second est celui où le jugement à rendre dépend d'une question préjudicielle dont la solution appartient à l'administration. Ainsi, un officier est poursuivi à raison de blessures par imprudence causées par l'écroulement d'une construction qu'il était, dit le plaignant, chargé de surveiller. L'inculpé soutient que sa mission n'était pas de diriger ni surveiller les travaux, mais seulement de maintenir le bon ordre parmi les ouvriers. Cette question, qui nécessite l'examen et l'interprétation de règlements et d'ordres administratifs, ne saurait être résolue par l'autorité judiciaire.

c) Enfin le conflit peut être élevé s'il s'agit d'une action civile en réparation, intentée devant le tribunal correctionnel, à raison d'un délit (Debref, 15 avril 1905, p. 400).

Le conflit ne peut être élevé ni devant les tribunaux de commerce, ni devant les juges de paix, puisque la procédure fait intervenir le procureur de la République et qu'il n'y en a pas devant ces tribunaux.

Le conflit peut être élevé en instance de référé :

mais, malgré la rapidité de cette procédure, la formalité du déclinatoire n'en reste pas moins substantielle, et serait nul l'arrêté de conflit qui n'aurait pas été précédé de cette formalité (Du Perrier, 13 décembre 1902, p. 759).

Le conflit ne peut être élevé en matière criminelle. S'il s'élève dans un procès de cette nature une question qui soit du ressort de l'autorité administrative, le tribunal devra sans doute surseoir à statuer. Mais la loi s'en rapporte à sa sagesse et ne permet pas à l'administration d'intervenir. Le danger n'est d'ailleurs pas bien grand ; car, en matière criminelle, le droit de citation directe n'appartient pas aux particuliers ; l'action publique ne peut être mise en mouvement que par le procureur de la République.

L'interdiction d'élever le conflit ne s'applique qu'à l'action publique et non à l'action civile qui peut y être jointe (conflit, 12 janvier 1878, Bousquet).

92. Le pouvoir qu'a l'administration d'élever le conflit n'est pas réciproque. L'autorité judiciaire, si elle juge qu'un tribunal administratif a été, mal à propos, saisi d'une affaire, n'a aucun moyen de l'obliger à s'en dessaisir ou même à surseoir.

L'article 26 de la loi du 24 mai 1872 donne, il est vrai, aux ministres, chacun pour les affaires de son département, le droit de revendiquer devant le Tribunal des conflits les affaires portées devant la section du contentieux « qui n'appartiendraient pas au contentieux administratif ». Mais ce droit de revendication ne s'applique nullement aux affaires de la compétence des tribunaux ordinaires (Laferrière, *Juridiction administrative*, 2ᵉ édition, I, p. 427). Le législateur n'a eu en vue que les actes de l'administration qui, par leur nature, échappent tout aussi bien au

contentieux judiciaire qu'au contentieux administratif, par exemple, les actes de souveraineté, ou ceux
qui relèvent de la juridiction gracieuse (exonération
de débets, remise d'impôts, etc.).

93. Nous avons supposé jusqu'à présent le cas le
plus habituel, celui où deux autorités d'ordre différent se disputent le jugement d'une affaire, où il y
a, en d'autres termes, *conflit positif*.

Mais il peut arriver aussi qu'il y ait *conflit négatif*,
c'est-à-dire que l'intéressé, renvoyé d'une autorité à
l'autre, n'en trouve aucune qui se reconnaisse compétente. C'est encore, dans ce cas, le Tribunal des conflits qui tranche la difficulté. Il est directement saisi
par la partie intéressée.

94. Lorsque le préfet, partie en cause comme représentant le domaine de l'Etat, soulève l'exception
d'incompétence, et que ses conclusions sont rejetées,
il est, ou du moins l'Etat est, dans sa personne, condamné aux dépens.

Mais si, comme représentant de la puissance publique, le préfet présente un déclinatoire d'incompétence, il ne peut être condamné aux dépens, alors
même que le conflit serait ultérieurement annulé
(Lebel, 9 mai 1891, p. 354 ; Redon, 26 mai 1894,
p. 374), non seulement comme injustifié quant au
fond, mais comme entaché d'un vice de forme (Cauvet, 22 janvier 1887, p. 72).

§ 14. — De l'arbitrage.

95. La jurisprudence est constante pour affirmer
l'illégalité de l'arbitrage (ou clause compromissoire) en
matière administrative. L'arrêt du 23 décembre
1887 (Dreux-Brézé, p. 842) dispose formellement
qu' « un ministre n'a pas le droit de déléguer ses

pouvoirs à des arbitres et de remettre ainsi le soin de décider à une juridiction autre que celles légalement constituées ». Dans l'affaire Simon-Ullmo (18 juillet 1890, p. 684), le Conseil d'Etat décide également que le requérant « ne saurait soutenir que les experts ont reçu mission de statuer souverainement et que leurs propositions sont obligatoires pour les parties ; qu'ainsi entendue, cette disposition du traité constituerait un véritable compromis qui ne saurait être déclaré valable ; qu'en effet, le Ministre n'aurait pu renoncer au droit qui lui appartient de statuer, sauf recours au Conseil d'Etat, sur l'interprétation et l'exécution du marché passé..... » (voir aussi Ducastaing, 22 janvier 1904, p. 45).

La question s'est posée de savoir si la clause compromissoire insérée, dans un marché ou tout autre contrat à titre onéreux passé par l'Etat, ne doit pas entraîner sa nullité par application de l'article 1172 du Code civil (Compagnie du Nord et autres, 17 mars 1893, p. 245). Bien qu'en l'espèce, la stipulation critiquée eût toutes les apparences d'une clause de cette nature (1), le Conseil d'Etat s'est refusé à lui reconnaître ce caractère. Il n'a vu ou voulu y voir qu'une mesure d'instruction destinée à faciliter l'entente des parties et ne faisant nul obstacle à ce que le ministre refusât son approbation à la transaction proposée.

96. La loi de finances du 17 avril 1906 (art. 69) a cependant autorisé, dans certains cas et sous certaines conditions, l'arbitrage dans les matières inté-

(1) Cette clause était ainsi conçue : « Toutes les questions qui ne peuvent être tranchées au moyen du traité des transports de la guerre et de la convention du..... seront résolues à l'amiable entre le représentant dûment autorisé de l'administration de la guerre et l'agent général des compagnies auquel celles-ci donnent pleins pouvoirs à cet effet. »

ressant l'Etat, les départements et les communes.
« Pour la liquidation de leurs dépenses de travaux
publics et de fournitures, l'Etat, les départements et
les communes pourront recourir à l'arbitrage tel qu'il
est réglé par le livre III du Code de procédure civile.
En ce qui concerne l'Etat, il ne pourra être procédé à
l'arbitrage qu'en vertu d'un décret rendu en conseil
des ministres et contresigné par le ministre compétent et le ministre des finances. »

§ 15. — Des dettes de l'État.

97. Les sommes dues par l'Etat portent intérêts
en cas de retard dans le paiement et par application
de l'article 1153 du Code civil, mais seulement lorsque la dette résulte des obligations dérivant dudit
Code (contrats, quasi-contrats, délits et quasi-délits).

Le retard apporté au paiement du traitement des
fonctionnaires, de la solde, des arrérages de pensions, etc., ne donne pas lieu à l'allocation d'intérêts,
parce qu'aucune loi ne les prévoit et que le lien de
droit qui existe entre l'Etat et les fonctionnaires civils
et militaires ne dérive ni d'un mandat, ni d'un contrat de louage d'ouvrage (de Bastard, 26 janvier 1877;
Sazerac de Forges, 21 janvier 1887).

Quant à la capitalisation des intérêts, elle peut être
demandée dans les conditions prévues par l'article
1154 du Code civil. Le refus ne serait justifié que si
le créancier avait, par sa faute, empêché la liquidation. Le seul fait d'opposer une exception d'incompétence et de retarder ainsi la solution du litige, ne
constitue en principe que l'exercice d'un droit qui, en
l'absence de constatation d'une faute lourde, d'un
acte de mauvaise foi ou d'un dol, ne saurait constituer la faute caractérisée permettant de faire échec

à l'article 1154 du Code civil (Compagnie de Lyon, 22 mai 1886. — V. note sous l'arrêt, p. 426).

Les intérêts courent non du jour de la demande en justice desdits intérêts, comme le spécifiait l'article 1153 (ancien) du Code civil, mais du jour de la sommation de payer le capital (loi du 7 avril 1900), et, dans le dernier état de la jurisprudence, une demande adressée au ministre équivaut à une sommation de payer (Guyat, 6 avril 1906, p. 339).

98. *Offres de paiement et consignation.* — L'Etat peut, comme les simples particuliers, en cas de litige et de refus de paiement par le créancier, arrêter par des *offres réelles* le cours des intérêts (art. 1257 et suivants du Code civil). Mais ici une difficulté se présente. D'après les règlements sur la comptabilité publique, l'Etat ne peut acquitter ses dettes que par la voie de l'ordonnancement. Il n'est fait exception que pour les dépenses que les comptables des services régis par économie sont autorisés à acquitter au moyen des fonds d'avance dont ils peuvent disposer ; or ces avances étant enfermées dans des limites assez étroites, ce mode ne peut évidemment s'appliquer qu'à des créances de minime importance. Il y aura donc, dans la généralité des cas, impossibilité pour l'administration de faire offre réelle d'argent comptant.

La notification faite au créancier qu'un mandat est à sa disposition dans les bureaux du service ou à la préfecture ne suffirait pas pour arrêter le cours des intérêts (Molès, 6 mars 1903, p. 191). Mais nous croyons pouvoir conclure de ce même arrêt que l'offre réelle du mandat faite dans les conditions prévues par les articles 812 et suivants du Code de procédure civile suffirait à produire cet effet. Il a même été jugé (Pangaud, 29 avril 1904, p. 357) que, si le créancier, refusant de revêtir le mandat de sa signature, l'a retourné à l'administration, il appartenait à celle-ci, si l'Etat avait intérêt à se libérer, de consigner le montant dudit mandat. On satisfera à cette dernière condition en établissant le mandat au nom de la Caisse des dépôts et consignations, chargée d'en percevoir le montant.

99. Lorsque les offres réelles ne portent pas sur la totalité de la somme due, elles ne peuvent avoir un caractère libératoire, et les intérêts continuent à courir pour la totalité de la somme (Gras, 13 mai 1892, p. 443 ; Paume, 21 mai 1897, p. 401).

Aucune difficulté lorsque le chiffre de la dette est fixé, soit par l'accord des parties, soit par un jugement passé en force de chose jugée. Mais plaçons-nous dans l'hypothèse où, par exemple, un arrêté du conseil de préfecture ayant fixé le décompte à une certaine somme (15.000 francs), le créancier se pourvoit contre cet arrêté et obtient un relèvement de 11.000 francs. Admettons également qu'après ledit arrêté, l'Etat ait fait l'offre réelle de la somme qu'il avait été condamné à payer, offre suivie de consignation. Cette offre aura-t-elle arrêté le cours des intérêts pour la somme de 15.000 francs ou bien les intérêts auront-ils continué à courir pour le tout, soit 26.000 francs ?

C'est cette dernière solution qui ressort de l'arrêt susvisé du 13 mai 1892, et il faut convenir qu'elle place le débiteur dans une situation assez difficile ; car, pour éviter l'accumulation des intérêts pendant la période plus ou moins longue qui précédera la solution du litige, il sera obligé d'offrir peut-être plus qu'il ne doit en réalité.

On éviterait cette difficulté en insérant dans les cahiers des charges la clause, très licite d'ailleurs, — car elle n'a rien de contraire à l'ordre public, — que les sommes offertes, si elles sont reconnues insuffisantes par le juge, seront réputées avoir été payées à titre d'acompte, et que cette offre, suivie de consignation, arrêtera, jusqu'à due concurrence, le cours des intérêts.

Nous pensons aussi que rien n'empêcherait l'administration de demander au Conseil d'Etat, par voie incidente, avant jugement sur le fond, qu'il soit statué sur la validité des offres (art. 815 du Code de procédure civile) ; mais il n'est pas à notre connaissance que cette procédure ait jamais été employée.

100. *De la déchéance quinquennale* (1). — Aux termes de la loi du 29 janvier 1831, « seront prescrites et définitivement éteintes au profit de l'Etat... toutes créances qui n'ayant pas été acquittées avant la clôture des crédits de l'exercice auquel elles appartiennent, n'auraient pu, à défaut de justifications suffisantes, être liquidées, ordonnancées et payées dans un délai de cinq années à partir de l'ouverture de l'exercice, pour les créanciers domiciliés en Europe, et de six années pour les créanciers résidant hors du territoire européen (art. 9).

» Ces dispositions ne seront pas applicables aux créances dont l'ordonnancement et le paiement n'auraient pu être effectués dans les délais déterminés, par le fait de l'administration ou par suite de pourvois formés devant le Conseil d'Etat. Tout créancier aura le droit de se faire délivrer par le ministère

---

(1) Voir la théorie de la déchéance quinquennale dans les conclusions de M. Romieu sur l'affaire Dufourg (12 janvier 1894, p. 21).

compétent un bulletin énonçant la date de sa demande et les pièces produites à l'appui. »

101. *A)* Quel est le point de départ de la déchéance quinquennale ?

L'article 6 du décret du 31 mai 1862 considère comme appartenant à un exercice les services faits et les droits acquis du 1er janvier au 31 décembre de l'année qui lui donne son nom. Le point de départ du délai est donc le 1er janvier de l'année où le service est fait ou bien le droit acquis. Il faut d'ailleurs bien s'entendre sur le sens de cette dernière expression. Celui qui, se prétendant victime de dommages causés par les travaux publics, garderait le silence pendant cinq années à dater du 1er janvier de l'année où les dommages se sont produits, prétendrait vainement échapper à la déchéance, sous prétexte qu'il n'a pas de droits acquis tant que le conseil de préfecture n'a pas statué. Les jugements sont déclaratifs et non attributifs de droit (Sanson, 11 mai 1888 ; conclusions de M. Romieu dans l'affaire Dufourcq, 12 janvier 1894, et arrêts cités).

102. *B)* A qui appartient-il d'opposer la déchéance quinquennale ?

Ce droit n'appartient, sauf recours au Conseil d'Etat (1), qu'au ministre qui a traité avec le créancier.

Il ne peut être invoqué par un autre ministre, sous prétexte que son budget aura à supporter l'imputation définitive de la dépense (Compagnie P.-L.-M., 24 novembre 1905, p. 870).

_____

(1) L'exception de déchéance n'est pas recevable sous forme d'observations présentées par un avocat au Conseil et non signées du ministre (Nicquevert, 26 novembre 1889 ; Seyve, 26 avril 1901, p. 408).

Il ne peut être invoqué par un particulier, encore que l'État soit intéressé au règlement de la créance. Ainsi l'entrepreneur de travaux publics ne peut opposer la déchéance au propriétaire des terrains dont un arrêté préfectoral a autorisé l'occupation tempoᵣaire (Lacoste, 19 juin 1903, p. 456).

Les tribunaux civils, les conseils de préfecture sont incompétents pour prononcer la déchéance, et ils le sont alors même que le ministre aurait, par erreur, soulevé cette exception devant eux (Laferrière, 2ᵉ édition, t. II, p. 260 ; Cornaille, 7 février 1896 ; Favreau, 20 mars 1896).

Le Conseil d'État lui-même ne peut la relever *d'office*, bien qu'elle soit d'ordre public. Il appartient à ce haut tribunal de constater si la dette existe ou n'existe pas ; mais non de déclarer qu'il y a *obstacle au paiement*, alors surtout que cet obstacle a peut-être disparu par suite de circonstances de fait qu'il ignore et dont le silence de l'administration doit faire présumer l'existence (1). Mais si la déchéance est opposée devant lui par le ministre, le Conseil d'État sera compétent pour statuer sur cette prétention comme sur toutes autres.

103. De ce que les tribunaux civils et les conseils de préfecture n'ont pas compétence pour statuer sur la déchéance, il ne s'ensuit pas que le ministre, résolu à l'opposer, ait l'obligation de laisser son adversaire engager des frais frustratoires, et d'attendre qu'il ait été statué sur le fond. Rien ne l'empêche donc de

---

(1) La déchéance édictée par le décret de 1806, et que le Conseil d'État relève d'office (Ange-Bossard, 26 février 1886) a un tout autre caractère. Elle ne dépend, en effet, que de deux éléments (date de la décision, date de l'enregistrement au greffe) dont le Conseil d'État a nécessairement connaissance.

faire connaître à l'avance cette fin de non-recevoir, afin que le tribunal saisi de l'affaire soit mis à même de surseoir jusqu'à ce que l'exception de déchéance, dont il ne lui appartient pas de connaître, ait été jugée par qui de droit (Granier, 17 novembre 1899, p. 651).

104. La déchéance quinquennale est beaucoup plus rigoureuse que la prescription. Elle court même contre les mineurs et les interdits (Arbinet, 13 janvier 1888). Elle peut être opposée en tout état de cause et même quand la créance a été reconnue par une décision passée en force de chose jugée (Raveaud, 25 février 1901, p. 210). Le fait que le ministre aurait demandé la production de pièces justificatives n'emporte pas renonciation implicite au droit d'invoquer la déchéance (Breton, 10 décembre 1886, p. 881).

Il a même été jugé que le refus de paiement, opposé pour cause de déchéance, par un comptable du Trésor et ultérieurement sanctionné par le ministre, ne constitue pas un excès de pouvoir (Delaubrier, 16 février 1870).

Enfin la déchéance n'est pas interrompue par le recours formé devant un tribunal incompétent. Tel serait le cas si une réclamation à raison de dommages causés par un service public était portée devant un tribunal civil (Kaszelick, 15 février 1901, p. 184 ; Serme, 1er août 1902, p. 599).

105. La loi n'admet que deux causes d'interruption.

Première cause. Un pourvoi a été formé devant la juridiction compétente. — La loi ne mentionne que les pourvois devant le Conseil d'Etat ; mais il n'est pas douteux qu'elle a statué *de eo quod plerumque fit* et que le pourvoi devant un conseil de préfecture, par exemple, interrompra la déchéance si la réclamation est du ressort de ce conseil.

Admettons que le Conseil d'Etat ait donné raison au requérant. Celui-ci n'est-il plus exposé à aucune déchéance ? Si, tout en reconnaissant le droit à indemnité, le juge l'a renvoyé devant le ministre pour que le chiffre de la créance soit déterminé d'après les pièces justificatives fournies, N... pourra-t-il, sans compromettre ses intérêts, s'attarder indéfiniment à produire ces pièces ? Non, évidemment. La déchéance quinquennale sera de nouveau encourue, mais le point de départ des cinq années sera reporté au 1er janvier de l'exercice où le droit a été reconnu par le juge. Une véritable novation s'est produite, comme le fait justement remarquer M. Romieu dans les conclusions susvisées.

106. *Deuxième cause d'interruption. Fait de l'administration.* — Cette cause se produit lorsque l'administration, saisie en temps utile de la réclamation et des pièces à l'appui, n'a pas liquidé et ordonnancé la dépense avant l'expiration du délai. « Peu importe, d'ailleurs, que le retard provienne de négligence ou de formalités légitimes de vérification. » (Romieu, *loc. cit.*).

La décision tardivement intervenue, ou plutôt l'exercice auquel elle appartient, devient, comme il a été dit pour le jugement, le point de départ d'une nouvelle déchéance.

Quelles conditions doit remplir la demande pour que le défaut de liquidation constitue *le fait de l'administration ?*

Il faut tout d'abord que la demande soit adressée au ministre ; elle peut l'être aussi à son représentant légal, le préfet, et aussi, croyons-nous, à l'ordonnateur secondaire de service. Il faut, en outre, qu'elle soit accompagnée de justifications. La loi ne dit pas lesquelles, et il appartient au ministre, sauf appel au Conseil d'Etat, d'apprécier si ces justifications sont suffisantes. C'est une question de fait à résoudre. Il est certain, en tout cas, que de simples réserves faites lors de la délivrance ou du paiement des mandats ne sauraient interrompre la déchéance (Hugot, 8 juillet 1892).

107. La déchéance quinquennale, faisant obstacle à l'ordonnancement, ne peut être opposée qu'à des demandes ayant pour objet l'ordonnancement et le paiement de sommes imputables sur les crédits ouverts au budget (*Droit administratif*, Berthélemy, 4ᵉ édition, p. 518). Elle ne saurait s'appliquer ni aux demandes en restitution de cautionnement ou de sommes consignées, ni aux créances relatives aux successions échues à l'Etat, ni aux réclamations ayant pour objet autre chose que de l'argent.

§ 16. — Des créances de l'État.

108. Nous avons vu que, vis-à-vis des comptables, l'Etat a un mode particulier de recouvrement. Un arrêté de débet pris par le ministre compétent devient un titre exécutoire en vertu de contraintes délivrées par le ministre des finances. La même disposition s'applique aux entrepreneurs (ceux des travaux publics exceptés) (1), fournisseurs et agents quelconques en débet, c'est-à-dire toutes personnes que leurs fonctions ou leurs rapports avec l'Etat ont rendues dépositaires de deniers publics ou d'avances destinées à assurer l'exécution d'un marché ou service et qui sont reliquataires envers l'Etat (V., sous l'arrêt Bas-

---

(1) Les marchés de travaux publics relèvent des conseils de préfecture, et il n'appartient qu'à ceux-ci de déclarer les entrepreneurs en débet.

tien, du 4 décembre 1891, les conclusions de M. le commissaire du gouvernement Jaegerschmidt et les textes cités par lui) (1).

Vis-à-vis des autres débiteurs de l'Etat, la loi du 13 avril 1898 (art. 54) a institué un autre mode de recouvrement. Un état, arrêté par le ministre compétent, a force exécutoire jusqu'à opposition de la partie devant la juridiction compétente.

Ainsi, alors que l'arrêté de débet a pleine force exécutoire, que le recours formé contre cet arrêté au Conseil d'Etat n'a pas d'effet suspensif, le titre de créance institué par la loi de 1898 n'est au contraire exécutoire que jusqu'à opposition devant le tribunal compétent (tribunal ordinaire si la créance est du ressort de la juridiction ordinaire ; par exemple loyer d'affermage, prix de pension des élèves des écoles, etc.).

Lorsque le débiteur de l'Etat est un officier ou un fonctionnaire ou agent, retenue peut être faite sur son traitement, sauf recours au Conseil d'Etat.

---

(1) On sait qu'aux termes de l'article 1291 du Code civil, la compensation peut s'opérer entre des dettes liquides et exigibles. Nous pensons donc que le débet résultant de la liquidation d'un marché de fournitures peut se compenser avec la créance résultant d'un autre marché de fournitures, car il appartient au ministre d'arrêter le montant de l'un et de l'autre, et le recours au Conseil d'Etat n'est pas suspensif. Mais il en serait autrement si le contentieux de la dette appartenait aux conseils de préfecture ou à la juridiction de droit commun, parce que, dans ce cas, le conseil de préfecture (ou le tribunal civil) aurait seul qualité pour déclarer la dette liquide et exigible. Ainsi il a été jugé que l'Etat n'a pas le droit, lorsqu'il reconnaît devoir à une compagnie de chemins de fer une certaine somme pour l'exécution de transports, de prélever sur cette somme une indemnité pour exécution défectueuse d'un autre transport, alors que la compagnie conteste le principe aussi bien que le chiffre de cette indemnité (Compagnie P.-L.-M., 2 mars 1900, p. 172).

CHAPITRE II

SECTION Ire

Recrutement de l'armée.

§ 1er. — Qui doit le service militaire.

109. Aux termes de la loi du 21 mars 1905 (art. 1 et 2) tout Français doit, pendant vingt-cinq ans, le service militaire personnel.

Le Code civil (art. 8 modifié par les lois des 26 juin 1889 et 22 juillet 1893) énumère les diverses catégories de Français. Ceux qui le sont dès leur naissance sont compris sur les tableaux de recensement établis dans l'année où ils atteignent leur majorité. Il en est de même pour ceux qui deviennent Français avant le 1er janvier de l'année où ils atteignent leur majorité.

Ceux qui ne le deviennent qu'après sont portés sur les tableaux de recensement établis après le changement de nationalité.

Enfin, les Français sous condition résolutoire, c'est-à-dire qui, en raison de leur filiation ou du lieu de leur naissance, ont la faculté de décliner la nationalité française dans l'année qui suit leur majorité (art. 8, 3° et 4°, et art. 12, 3° alinéa) sont portés aux tableaux de recensement établis dans l'année qui suit celle de leur majorité.

Ainsi, par exemple, le jeune homme né sur le sol français en 1899 d'un père étranger né à l'étranger et d'une mère étrangère née en France, sera compris sur les tableaux de recensement ouverts le 1er janvier 1921 et incorporé en octobre de ladite année (1).

110. Le conflit des législations française et étrangère sur la naturalisation peut amener de graves difficultés. Ainsi, le jeune homme né en France de parents belges et domicilié en France au moment de sa majorité est considéré comme Français par la loi française, si, dans l'année qui suit sa majorité, il n'a pas décliné la nationalité française ; mais, au regard de la loi belge, il n'a pas cessé d'être Belge et il serait exposé à être poursuivi comme insoumis, soit en France, soit en Belgique. Des accords diplomatiques sont intervenus pour éviter ces difficultés. Par exemple, la convention franco-belge du 30 juillet 1891 dispose que les jeunes gens se trouvant dans ce cas ou un autre analogue ne seront inscrits sur les tableaux de recensement qu'après l'âge de 22 ans accomplis. A ce moment, leur nationalité sera définitivement fixée au regard de l'un et de l'autre pays. Ainsi le jeune homme né en France de parents belges sera définitivement Français au regard de la loi française s'il n'a pas renoncé dans ce délai à la nationalité française ; d'un autre côté, la Belgique ne pourra pas le revendiquer, puisqu'il aura dépassé l'âge auquel la loi de ce pays lui reconnaît capacité pour changer de nationalité.

Il existe des conventions analogues avec l'Espagne (7 janvier 1862, modifiées le 2 mai 1892), avec la Suisse (7 juillet 1880), etc.

_____

(1) Il en résulte que, si le jeune homme est né après le 15 octobre (par exemple en décembre 1899), il sera incorporé avant l'expiration du délai que lui donne la loi pour décliner la nationalité française ; mais cela ne saurait l'empêcher d'exercer son droit d'option.

Au surplus, ces dispositions ont beaucoup moins d'intérêt que sous la législation précédente ; car, en vertu de l'article 12 de la loi du 21 mars 1905, la durée du service actif n'est pas modifiée par l'inscription tardive sur les tableaux de recensement, avec la réserve toutefois que l'intéressé ne pourra être maintenu sous les drapeaux au delà de sa 27ᵉ année révolue.

Il peut même y avoir avantage pour les jeunes Français sous condition résolutoire à renoncer d'avance au droit de répudier la nationalité française, afin que l'époque de leur service militaire ne soit pas retardée au détriment de leurs études ou de leur apprentissage.

Sous l'empire de la loi du 15 juillet 1889, la question s'était posée de savoir si les représentants légaux du mineur (père, mère ou tuteur) pouvaient renoncer *en son nom* à cette faculté. Le règlement d'administration publique du 13 août 1889 (art. 11) l'avait résolue affirmativement ; mais la légalité de cette solution avait été contestée par divers tribunaux, notamment par la cour d'Alger (27 avril 1904), et la Cour de cassation (chambre des requêtes, 26 juillet 1905) avait consacré cette opinion. Aujourd'hui, la question ne se pose plus ; car la loi du 21 mars 1905 (art. 11) a pris soin de spécifier qu'il pourrait être « renoncé au nom des mineurs, et pendant leur minorité, à l'exercice de cette faculté ».

111. Le jeune homme né en France d'un père et d'une mère étrangers n'est Français que si, au moment de sa majorité, il est domicilié en France. S'il ne remplit pas cette condition, il peut le devenir en faisant à cet effet la déclaration prévue par l'article 11 du Code civil. Il le devient également, dit le même

article, si, « ayant été porté sur le tableau de recensement, il prend part aux opérations du recrutement
sans opposer son extranéité », et le fait qu'il aurait
été l'objet d'un arrêté d'expulsion ne ferait pas obstacle à cette disposition (Cassation, chambre civile,
9 février 1904).

112. La naturalisation à l'étranger est non avenue
pour la France si le naturalisé est encore soumis aux
obligations du service actif, à moins cependant que
le changement de nationalité n'ait été autorisé par le
gouvernement français.

De même, le service militaire à l'étranger, s'il n'a
pas été autorisé par le gouvernement français, ne
soustrait pas le Français à l'application des lois sur
l'insoumission et la désertion ; mais il lui fait perdre
la qualité de Français.

Ne perd pas toutefois cette qualité celui qui a été
simplement inscrit sur les listes de recrutement,
même sur sa demande (Cassation, chambre criminelle, 17 juillet 1903).

113. Pour en finir avec les questions de nationalité, rappelons :

1° Qu'une loi sur la nationalité n'est applicable
qu'à ceux qui ont atteint leur majorité après sa promulgation (Cassation, 22 mars 1899) ;

2° Que les traités d'annexion n'ont pas d'effet rétroactif (Cassation, 17 février 1903).

Comme nous le verrons d'ailleurs, ces questions
échappent au contentieux administratif.

Il en est de même des questions de domicile. Les
difficultés que peut soulever l'application de l'article 13 de la loi du 21 mars 1905 sont du ressort
exclusif des tribunaux ordinaires.

§ 2. — **Exclusion du service militaire.**

114. Sont exclus de l'armée comme indignes, mais assujettis au service dans des conditions déterminées par les ministres de la guerre et des colonies :

1° Les individus condamnés à une peine afflictive *ou* infamante. La loi du 15 juillet 1889 disait : « Peine afflictive *et* infamante ou infamante seulement, dans le cas prévu par l'article 177 du Code pénal. »

De la modification apportée au texte, il résulte :

a) Que l'exclusion s'applique actuellement aux condamnés à une peine simplement infamante (dégradation civique ou bannissement), quelle que soit la cause de la condamnation, à moins cependant que le fait criminel ne soit politique ou connexe à des faits politiques (art. 6) ;

b) Que l'exclusion devra également s'appliquer à celui qui, ayant été condamné à mort sans dégradation militaire (peine afflictive seulement) aura été gracié ou aura obtenu une commutation de peine.

2° Ceux qui, ayant été condamnés à une peine correctionnelle de deux ans d'emprisonnement et au-dessus, ont été, en outre, par application de l'article 42 du Code pénal, frappés de l'interdiction de tout ou partie de l'exercice des droits civiques, civils ou de famille.

A noter : *a)* que ces conditions doivent exister simultanément (Pré, 9 février 1894, p. 107 ; Benoit, 5 janvier 1894, p. 1, etc.) ; *b)* que plusieurs condamnations à l'emprisonnement d'une durée totale de deux ans ne motivent pas l'exclusion (Charme, 28 juin 1895 ; Gady, 26 juillet 1895).

3° Les relégués collectifs et individuels.

La loi du 15 juillet 1889 faisait un sort différent aux relégués collectifs et aux relégués individuels. Ceux-ci étaient affectés aux compagnies de disciplinaires coloniaux et ne pouvaient être considérés comme exclus de l'armée (1). Les uns et les autres subissent aujourd'hui le même sort.

4° Les individus condamnés à l'étranger pour un crime ou délit puni par la loi pénale française d'une peine afflictive ou infamante, ou de deux années au moins d'emprisonnement, après constatation par le tribunal correctionnel du domicile civil des intéressés, de la régularité et de la légalité de la condamnation.

C'est une innovation de la loi. Jusqu'alors, sauf de très rares exceptions, le principe de la souveraineté territoriale faisait refuser tout effet aux condamnations prononcées à l'étranger.

§ 3. — Omission sur les tableaux de recensement.

115. Le jeune homme qui n'a pas été inscrit aux tableaux de recensement alors que son âge l'y appelait, est compris dans le recensement qui suit la découverte de l'omission, à moins qu'il n'ait 49 ans accomplis à l'époque de la clôture des tableaux. Il est soumis à toutes les obligations qu'il aurait eu à accomplir s'il avait été inscrit en temps utile. Toutefois il sera libéré à titre définitif à l'âge de 50 ans au plus tard (art. 15).

Ces dispositions s'appliquent même aux omis *excusés* (Piombini, 13 décembre 1901, p. 869).

Sous l'empire de la loi du 15 juillet 1889, le Conseil d'Etat avait jugé que les jeunes gens dont l'inscription

---

(1) Voir cependant, en sens contraire, un arrêt du 2 mai 1902 (Fournier), qui nous paraît avoir inexactement interprété la loi.

avait été retardée par suite de leur filiation étrangère
et qui, en fait, se trouvaient ainsi dispensés d'une
ou plusieurs années de services, perdaient le bénéfice de ces dispositions, s'ils étaient omis (Lussiano,
27 décembre 1901, p. 920) et devaient le même service
que la classe avec laquelle ils étaient incorporés.

On sait que les jeunes gens dont l'inscription a été
retardée par application des lois sur la naturalisation sont assujettis, par la loi nouvelle, à l'obligation
commune de deux ans de service actif.

La question n'a donc plus le même intérêt. Elle en
a encore un très appréciable cependant. Admettons
qu'un jeune homme se fasse naturaliser Français à
l'âge de 28 ans. Si son inscription sur les tableaux
de recensement a lieu en temps utile, il ne sera assujetti à aucun service actif. Supposons-le maintenant
omis pendant une année. Devra-t-on l'appeler sous
les drapeaux à l'âge de 30 ans ? Nous ne le croyons
pas ; car les termes de l'article 15 sont formels :
l'omis n'est soumis qu'aux obligations qu'il aurait eu
à accomplir *s'il avait été inscrit en temps utile.* Or,
dans l'espèce, l'intéressé, s'il avait été inscrit en
temps utile, n'aurait eu à accomplir aucun service
actif.

§ 4. — Des conseils de revision.

116. Les opérations de recrutement sont revues,
les réclamations auxquelles ces opérations peuvent
donner lieu sont entendues par le conseil de revision
départemental, lequel statue également sur les causes
d'exemption, d'exclusion, d'ajournement, sur le classement dans le service armé ou auxiliaire, sur les
demandes de sursis d'appel. Il décide, à l'égard des
omis, s'ils seront considérés ou non comme excusés.

Le conseil est composé :

Du préfet, président, ou, à son défaut, du secrétaire général ou du conseiller de préfecture délégué par le préfet ;

D'un conseiller de préfecture désigné par le préfet ;

D'un membre du conseil général, autre que le représentant élu dans le canton où la revision a lieu ; d'un membre du conseil d'arrondissement, également autre que le représentant élu dans le canton ; tous deux désignés par la commission permanente du conseil général (1) ;

D'un officier général ou supérieur désigné par l'autorité militaire. Un sous-intendant militaire, le commandant de recrutement et un médecin assistent aux opérations du conseil.

Le sous-intendant est entendu, dans l'intérêt de la loi, toutes les fois qu'il le demande et peut faire consigner ses observations au procès-verbal de la séance.

117. La loi n'a institué qu'un conseil de revision par département. Bien qu'il se transporte successivement dans les divers cantons, il n'en est pas moins compétent, en quelque lieu qu'il siège, pour statuer à l'égard de tous les appelés du département.

Le conseil qui, n'ayant pu examiner un jeune homme dans le canton où il est domicilié, l'appellerait à comparaître dans une séance ultérieure, tenue dans un autre canton, ne commettrait donc pas d'excès de pouvoir, et ce, alors même que la composition du conseil se serait modifiée (Bret, 9 août 1870).

---

(1) Sur le territoire de Belfort, le conseiller d'arrondissement est remplacé par un deuxième membre du conseil général. L'un et l'autre sont désignés par la commission qui fait fonctions de conseil général (Fréry, 16 mars 1888).

118. *Lois applicables*. — Le conseil de revision applique la loi en vigueur au jour où ont commencé ses opérations. Une loi intervenant au cours des opérations (telle la loi du 2 avril 1901, qui a supprimé le minimum de taille) ne saurait, en raison de l'égalité du service entre jeunes gens appartenant à la même classe, être appliquée dans tel canton, alors qu'elle ne l'a pas été dans tel autre (ministre de la guerre, 28 juin 1901, p. 575).

L'omis ne peut réclamer le bénéfice de la loi en vigueur au moment où était appelée la classe à laquelle il appartient par son âge (Moulin, 11 février 1898 ; art. 100 de la loi du 21 mars 1905).

119. *Formalités substantielles*. — La présence de quatre membres au moins (dont le président et l'officier général ou supérieur) est nécessaire pour rendre valables les décisions du conseil de revision. Toute décision prise en violation de cette forme substantielle serait entachée d'excès de pouvoir (conseil de revision de Constantine, 5 décembre 1890, p. 906).

Il en serait de même si, malgré les prescriptions de la loi, le membre du conseil général ou le membre du conseil d'arrondissement, élu dans le canton où ont lieu les opérations, était appelé, même à titre provisoire et pour suppléer un collègue empêché, à faire partie du conseil de revision (ministre de la guerre, 16 décembre 1881 ; conseil de revision des Landes, 22 mai 1886, etc.).

Aux termes de la loi, « le conseil de revision juge en séance publique ». En fait, la nécessité de soustraire les jeunes gens à une curiosité malsaine, la disposition des locaux qui ne permet guère aux membres du conseil de procéder à l'examen médical et de délibérer dans des chambres séparées, condui-

sent presque toujours le président à interdire l'accès
de la salle à d'autres que les intéressés, leurs parents, les maires et les représentants élus du canton,
de l'arrondissement ou du département. Il a été jugé
qu'une telle mesure ne vicie pas les décisions du conseil (Salzes, 6 juillet 1906, p. 597).

Les décisions du conseil de revision doivent-elles
être motivées à peine de nullité ?

Aucune disposition ne le prescrit et une demande
d'annulation basée sur ce grief a été rejetée par le
Conseil d'Etat (Lasaigne, 13 août 1852).

120. *Revision des opérations de recensement.* — La
revision des tableaux de recensement entraîne compétence non seulement pour radier les inscriptions
faites à tort, mais aussi pour réparer les omissions
commises (Hervoite, 28 janvier 1887, p. 76).

Le conseil de revision étant seul compétent à cet
égard, ni les décisions prises par les préfets (Borel,
25 mai 1900, p. 356), ni celles émanant du ministre
de la guerre (Borel, 7 juillet 1905, p. 609) ne sont susceptibles d'être déférées au Conseil d'Etat pour excès
de pouvoir. C'est l'application de la règle ci-dessus
rappelée (n° 21) du recours parallèle.

§ 5. — Aptitude au service. — Exemption. Ajournement.

121. L'exemption pour mauvaise constitution ou
infirmités décharge celui qui en est l'objet de toute
obligation militaire. Elle ne peut être prononcée
qu'après que l'avis du médecin a été entendu (art. 16
de la loi). Toutefois il a été jugé (Salzes, 6 juillet
1906) que le fait de n'avoir pas consigné cet avis au
procès-verbal ne vicie pas la décision prise.

Si l'infirmité paraît avoir été provoquée pour échapper au service militaire, le conseil de revision doit ajourner sa décision et déférer l'homme aux tribunaux. Dans le cas de condamnation, le conseil de revision doit refuser l'exemption, alors même que l'homme serait matériellement impropre à toute espèce de service. Il est même tenu de le classer dans le service armé et non dans le service auxiliaire (art. 80 ; André, 17 mai 1878).

122. L'ajournement à un an ne peut être prononcé que pour faiblesse de constitution et une fois seulement. Toutefois si, après nouvelle comparution, l'intéressé est reconnu apte au service auxiliaire, il peut, mais seulement sur sa demande, être ajourné jusqu'à 25 ans, s'il exprime le désir d'être, en cas d'aptitude physique, admis ultérieurement dans le service armé.

Tout ajournement prononcé dans des conditions ou pour des motifs autres que ceux prévus par la loi serait entaché d'excès de pouvoir (Ubiria et Lebido, 23 novembre 1877 ; conseil de revision de la Savoie, 7 décembre 1888).

Il ne s'ensuit pas cependant qu'en dehors de ces cas, le conseil de revision soit tenu de prendre une décision immédiate et définitive.

Il est au contraire plusieurs cas où il a la faculté et même l'obligation de surseoir (délai pour production de pièces, questions préjudicielles de nationalité ou de domicile à résoudre, etc.). Mais, dans ces diverses hypothèses, il n'y a pas *ajournement à un an*. La décision est simplement remise, soit à une séance ultérieure, soit jusqu'au jugement à intervenir.

Entre cet ajournement *sine die* et l'ajournement à un an, il y a d'ailleurs une différence essentielle.

Le premier ne dispense pas de deux années de présence effective sous les drapeaux. Au contraire, celui dont l'appel, subordonné à la solution d'une question préjudicielle, est retardé plus ou moins longtemps, n'est soumis qu'aux obligations de la classe avec laquelle il a pris part aux opérations de recrutement (Borel, 20 février 1903, p. 144).

123. Les conseils de revision ont un pouvoir souverain d'appréciation sur les questions d'aptitude des conscrits au service militaire (Chrétien, 22 mai 1886, p. 448). Toutefois, la loi de 1905 disposant formellement à l'égard des absents, qu'ils seront considérés comme *aptes au service armé*, le conseil de revision ne pourrait désormais, sans excès de pouvoir, classer un absent dans le service auxiliaire, l'exempter ou l'ajourner.

La question s'est présentée de savoir si un homme, bien que déjà lié au service comme engagé volontaire, pouvait, lors de l'appel de sa classe, être exempté par le conseil de revision. Le Conseil d'Etat l'a résolue affirmativement (Duvivier, 22 mars 1901, p. 306).

Cet arrêt, qui a soulevé quelque émotion dans le monde militaire (car il devait logiquement conduire à faire examiner par le conseil de revision tous les engagés volontaires), nous paraît difficilement conciliable avec l'article 30 (devenu l'article 27 de la loi nouvelle), d'après lequel les engagés volontaires sont considérés comme ayant satisfait à l'appel de leur classe. S'ils ont satisfait à l'appel, pourquoi les appeler ? et quelle disposition d'ordre public peut-on invoquer pour arrêter les effets d'un contrat librement consenti et accepté ? L'établissement de la quatrième partie de la liste de recrutement (aujourd'hui troisième) ne constitue pas une décision, mais la simple constatation d'un fait.

Ajoutons que, si l'engagement militaire antérieurement consenti laisse au conseil de revision plénitude de compétence, celui-ci aurait pu, tout aussi bien que l'exemption, concéder la dispense dans les cas prévus par la loi. Or, le Conseil d'Etat a décidé le contraire (Grante, 19 juillet 1901, p. 653).

§ 6. — Sursis. — Soutiens de famille.

124. La loi du 21 mars 1905 (art. 21) a rétabli les sursis d'appel qu'avait supprimés celle du 15 juillet 1889. Nous ne nous y arrêterons pas, les décisions de l'espèce prises par le conseil de revision ne pouvant donner lieu à aucun recours contentieux. La loi en effet n'en limite pas le nombre et laisse au conseil pleine liberté d'appréciation.

La loi de 1905 a, par contre, supprimé les dispenses et fait disparaître, par là même, la plupart des difficultés contentieuses auxquelles donnait lieu l'application des lois sur le recrutement de l'armée (1).

La suppression des dispenses à titre de soutien de famille a été compensée, tout au moins en partie, par l'allocation pécuniaire que prévoit l'article 22 en fa-

---

(1) Les décisions en la matière n'ont plus qu'un intérêt rétrospectif. Néanmoins le Conseil d'Etat a dernièrement résolu, au sujet des dispensés de l'article 23, une question intéressante et susceptible de se présenter tant qu'il y aura des dispensés de cette catégorie susceptibles d'être rappelés par application de l'article 24 (loi de 1889). De divers arrêts du 16 mars 1907, on doit logiquement conclure que, si la cause de la dispense vient à disparaître par un fait indépendant de la volonté du dispensé (dans l'espèce, séparation des églises et de l'Etat, et non constitution d'associations cultuelles), il y a lieu d'appliquer, non l'article 24, mais l'article 25; c'est-à-dire que l'intéressé sera rétabli avec sa classe et sera seulement assujetti au service qu'il reste à faire à celle-ci.

veur des familles nécessiteuses (1). Il est statué sur les demandes par une commission spéciale, siégeant au chef-lieu du département et qui ne comprend aucun membre militaire.

La même commission statue sur le retrait des allocations. Toutes ses décisions doivent être rendues après avis motivé du conseil municipal de la commune à laquelle appartient l'intéressé (2).

§ 7. — Questions qui échappent à la compétence du conseil de revision.

125. « Lorsque les jeunes gens portés sur les tableaux de recensement ont fait des déclarations dont l'admission ou le rejet dépend de la décision à intervenir sur des questions judiciaires relatives à leur état ou à leurs droits civils, le conseil de revision ajourne sa décision ou ne prend qu'une décision conditionnelle. » (Art. 28.)

Telles sont les questions de filiation, d'âge (Gonthier, 28 juin 1877 ; Ben-Tahor, 29 juillet 1898), de légitimité (Morel, 23 février 1900 ; Lhermet, 5 août 1887), de domicile (Jacquet, 17 juillet 1874 ; Hervoite, 28 janvier 1887), de nationalité (Dillon, 4 décembre 1874 ; Ben-Yami, 28 novembre 1890, etc.).

Il n'y aura pas excès de pouvoir s'il n'y a pas contestation ou si le réclamant, se bornant à de simples

---

(1) Cette disposition a été étendue, par la loi de finances du 31 décembre 1897 (art. 40), aux familles des réservistes et territoriaux accomplissant des périodes d'instruction (12 p. 100 du contingent).

(2) Elles ne peuvent donner lieu à aucun recours sur le fond, la commission appréciant souverainement les situations des familles qui lui sont signalées (Taillandier, 29 juin 1888) ; elles ne pourraient être attaquées que pour excès de pouvoir si, par exemple, la commission n'avait pas la composition voulue par la loi, ou si d'autres formalités, telles que l'avis motivé du conseil municipal, avaient été omises (Filippi, 8 août 1899).

allégations, ne produit aucune justification à l'appui
de ses dires (Wadsworth, 15 janvier 1892 ; Audibert,
8 juin 1877).

Le conseil de revision est également incompétent
pour trancher les difficultés que peut soulever une
condamnation judiciaire, par exemple la question de
savoir si elle a été prononcée pour faits politiques
ou connexes à des faits politiques (art. 6).

§ 8. — Irrévocabilité des décisions.

126. Les décisions des conseils de revision sont définitives hors les cas ci-après : -

1ᵉʳ cas : l'article 79 de la loi du 21 mars 1905 prévoyant le cas où, par suite de fraudes ou manœuvres,
un jeune homme aurait été indûment exempté,
ajoute :

« Le jeune homme indûment exempté est rétabli
en tête de la première partie de la classe appelée
après qu'il a été reconnu que l'exemption avait été
indûment accordée. »

Cette disposition ne doit être appliquée que si le
jeune homme a été effectivement condamné par le
tribunal correctionnel (Pioche, 28 juin 1895, p. 525)
ou si, le jeune homme, ayant été acquitté comme
personnellement étranger aux actes délictueux qui
ont eu pour effet de lui procurer l'exemption, la
fraude a été néanmoins judiciairement constatée par
une condamnation prononcée contre son auteur
(V. conclusions du commissaire du gouvernement
dans l'affaire ci-dessus).

127. 2ᵉ cas : la décision peut être revisée par le
conseil de revision lui-même pour l'un des motifs suivants : « erreur matérielle dans les pièces sur le vu

desquelles la décision a été prise ; défaut de justifications imputable aux fonctionnaires et agents civils
ou militaires chargés d'établir les pièces ou de les
transmettre. »

« La demande de revision est examinée dans la
session qui suit immédiatement la découverte de l'erreur et au plus tard dans celle qui précède le renvoi
de la classe avec laquelle l'intéressé a été incorporé.

» Elle est introduite par le ministre de la guerre,
soit d'office, soit à la requête de l'intéressé. »

Observons :

1° Que le conseil de revision ne peut pas se saisir
d'office et reviser de sa propre initiative une erreur
qu'il reconnaîtrait avoir commise (Fradin, 23 novembre 1900, p. 649) ;

2° Que, si le défaut de justification est imputable
à la partie elle-même, ou s'il résulte d'une circonstance fortuite n'impliquant aucune faute de la part des
agents de l'administration, la revision n'est pas ouverte ;

3° Enfin que la loi se réfère seulement au cas où
l'agent commet une faute ou négligence dans l'accomplissement d'un acte normal de sa fonction, mais
non à celui ou ledit agent n'a fait que prêter officieusement son concours.

128. 3ᵉ cas : Enfin les décisions des conseils de revision peuvent être attaquées devant le Conseil d'Etat
« pour incompétence, excès de pouvoir ou violation
de la loi ».

Le législateur aurait pu se borner à dire : « pour
violation de la loi » : car ce dernier terme comprend
les deux autres.

La législation antérieure à 1889 faisait une distinction entre les recours pour incompétence ou excès de pouvoir et les recours pour violation de la loi. Les premiers étaient ouverts aux deux parties, les autres ne l'étaient qu'au ministre. La loi ne distingue plus aujourd'hui entre les uns et les autres (1). Toutefois il n'appartient qu'au ministre de se pourvoir *dans l'intérêt de la loi*. Ces recours, qui ne sont assujettis à aucun délai, n'ont en principe qu'un intérêt purement doctrinal. Aussi, l'article 442 du Code d'instruction criminelle, visant ces sortes de recours, dit-il : « L'arrêt sera cassé sans que les parties puissent s'en prévaloir pour s'opposer à son exécution. »

Ce principe a reçu, en la matière qui nous occupe, une dérogation remarquable. « L'appelé, dit la loi, pourra toujours réclamer le bénéfice de l'annulation, même si elle est prononcée sur le recours du ministre formé dans l'intérêt de la loi. »

Supposons, par exemple, qu'un jeune homme indûment porté sur la liste de recrutement laisse passer le délai de pourvoi ; que le ministre, pour fixer la jurisprudence, forme un recours dans l'intérêt de la loi, et que la décision du conseil de revision soit annulée. Le jeune homme pourra réclamer le bénéfice de cette annulation et se faire rayer de la liste ; mais rien ne l'y oblige et il pourra, s'il le préfère, suivre le sort de la classe avec laquelle il a été inscrit à tort.

129. La distinction qu'établissait autrefois le législateur entre l'excès de pouvoir et la violation de la loi n'a plus, avons-nous dit, au point de vue du re-

---

(1) La distinction se justifierait d'autant moins aujourd'hui que, d'après le dernier état de la jurisprudence, la simple violation de la loi ne constitue qu'une modalité de l'excès de pouvoir (V. n° 15).

cours en annulation, aucun intérêt. Mais il importe, au contraire, d'insister sur la distinction qu'il convient de faire entre *l'erreur de fait* et *l'erreur de droit ;* car cette dernière seule constitue une violation de la loi et justifie le recours devant le Conseil d'Etat.

L'erreur de fait peut, dans certains cas, comme nous l'avons vu, justifier la revision par le conseil de revision lui-même ; dans d'autres cas, elle sera irréparable.

On peut dire, d'une manière générale, qu'il y a erreur de fait lorsque le conseil de revision a été mis dans l'erreur, soit par la production de pièces erronées ou entachées de faux (Aubert, 11 mars 1892, p. 262 ; Gabet, 28 juin 1895, p. 527 ; Agostini, 15 décembre 1899), soit par l'omission de renseignements que l'administration ou l'intéressé eussent dû lui fournir (Rouan, 9 février 1894, p. 107 ; Epiard, 18 novembre 1898, p. 704 ; Brunet, 4 décembre 1903, p. 741).

Il y a erreur de droit quand, toutes les pièces justificatives ayant été mises sous les yeux du conseil, il a pris une décision contraire à celle qui lui était demandée (Chevaux, 12 mars 1897, p. 210 ; Manicot, 18 novembre 1898, p. 704 ; Branchereau, 21 décembre 1900, p. 800 ; Cohnoff, 8 mars 1907, p. 229) (1).

Il y aura aussi erreur de droit si le conseil a omis d'exiger la production d'une pièce réglementaire qui

---

(1) Le Conseil d'Etat a cependant regardé comme une *erreur de fait* le fait, par un conseil de revision, d'avoir considéré comme appartenant à la classe 1884 un jeune homme dont l'acte de naissance, portant la date du 1er janvier 1884, indiquait le 31 décembre 1883 comme date de la naissance (conseil de revision du Gers, 17 novembre 1905).

l'eût averti de son erreur (Freymann, 1er mai 1893, p. 350).

130. Il n'existe pas d'autres causes d'annulation que celles ci-dessus énumérées. Contrairement aux règles de la juridiction ordinaire, la décision prise en l'absence de l'intéressé n'est pas susceptible d'opposition. « S'ils (les jeunes gens) ne se rendent pas à la convocation, s'ils ne s'y font pas représenter ou s'ils n'ont pas obtenu un délai, il est procédé comme s'ils étaient présents et ils sont considérés comme aptes au service armé. » (Art. 17.) Mais la décision ne vaut que s'ils ont été régulièrement convoqués (Kraft, 21 décembre 1906, p. 935). A défaut de cette convocation, le délai de deux mois imparti par la loi ne court pas contre eux et l'expiration de ce délai ne fait pas obstacle à la recevabilité d'un recours en annulation (Borel, 20 février 1903, p. 144). Dans les autres cas, même si la décision a été rendue en l'absence du jeune homme régulièrement convoqué, le délai court du jour de cette décision (Sekfali, 15 décembre 1899, p. 732 ; Weinbrenner, 1er juin 1900, p. 377).

131. L'annulation peut être demandée soit par le ministre (1), soit par le jeune homme intéressé, soit par ses parents (Morellet, 13 mai 1892, p. 433 ; Levaillant, 27 avril 1894, p. 285), mais non par le mandataire qu'il a pu constituer devant le conseil de revision (Borel, 25 mai 1900, p. 356). Elle peut être de-

---

(1) Dans aucun cas, il n'appartient au ministre d'annuler d'office la décision d'un conseil de revision. Jugé par exemple que si, par erreur, un jeune homme a été inscrit à la fois sur deux listes de recrutement, le ministre ne peut que déférer au Conseil d'Etat, pour excès de pouvoir, celle des décisions qui lui paraît avoir été incompétemment prise (Vidal, 12 décembre 1873 ; Beaupin, 20 novembre 1874).

Du Contentieux adm. 8

mandée par les membres de la minorité du conseil, lorsque leur requête est fondée sur une violation des dispositions constitutives de cette assemblée ou de celles déterminant des garanties spéciales pour le vote (Fréry, 16 mars 1888, p. 255 ; *Revue générale d'administration*, 1888, t. II, p. 69).

132. Le recours au Conseil d'Etat n'est pas suspensif des décisions prises par le conseil de revision, et le Conseil d'Etat ne peut pas décider qu'il en sera autrement (n° 65). Mais cette interdiction ne s'applique pas aux décisions que prendrait le ministre de la guerre en matière de recrutement et qui ne seraient pas conformes à la solution émanée du conseil de revision, ou qui seraient étrangères à l'objet sur lequel celui-ci a statué (Pioche, 4 novembre 1892).

133. C'est le procès-verbal rapporté en séance et signé par les membres du conseil de revision qui fait foi des décisions prises. Nul ne serait admis à prouver par témoins que la décision rendue a été inexactement consignée dans ce document (Dury, 28 juin 1878).

134. Nous avons vu plus haut (n° 68) pourquoi le Conseil d'Etat, agissant comme cour de cassation, ne renvoie pas l'affaire devant un autre tribunal, si la solution du litige n'était subordonnée qu'à une question de droit administratif. Cette question a été, en effet, souverainement jugée par le Conseil d'Etat et ne peut être posée à nouveau (Botta, 8 juillet 1904).

Mais il en serait autrement si, après annulation, il restait à résoudre soit une question de fait, soit une question du ressort des tribunaux judiciaires. Dans ce cas, le conseil de revision devrait être à nouveau saisi après solution, le cas échéant, de toutes questions préjudicielles (Borel, 20 février 1903).

§ 9. — Affectation aux corps de troupe.

135. L'affectation aux divers corps de l'armée relève du pouvoir discrétionnaire du ministre et ne peut être l'objet d'un recours contentieux.

Exception doit être faite cependant pour l'affectation aux bataillons d'infanterie légère d'Afrique, parce qu'elle est réglée par la loi elle-même. L'article 5 énumère les condamnations qui seules justifient cette affectation. Il ne s'applique pas aux condamnés qui ont bénéficié de la loi du 26 mars 1891 sur l'atténuation des peines.

Signalons encore cette innovation qu'alors que, sous la législation précédente, l'envoi aux bataillons d'Afrique était de rigueur, le ministre peut aujourd'hui, après enquête sur la conduite des intéressés depuis leur sortie de prison, les affecter à un corps du service normal. Un jeune soldat peut se pourvoir contre la décision du ministre qui l'affecterait aux bataillons d'Afrique et qu'il prétendrait avoir été prise en violation de la loi. Mais échapperait à tout recours, comme appartenant à la juridiction gracieuse, le refus opposé par le ministre à une demande tendant à être relevé de cette pénalité.

Une autre exception au pouvoir discrétionnaire du ministre doit être faite pour les mutilés volontaires, que la loi elle-même (art. 80) affecte aux compagnies de discipline.

§ 10. — Durée du service.

136. La loi fixe respectivement à deux ans, onze ans, six ans et six ans la durée du service dans l'ar-

mée active, la réserve de cette armée, l'armée territoriale, la réserve de l'armée territoriale.

Le ministre ne pourrait sans excès de pouvoir maintenir un homme dans l'une ou l'autre de ces catégories au delà des limites fixées par la loi. Mais seraient non recevables les recours formés directement soit contre une mention prétendue erronée que contiendrait le livret individuel (Babinet, 7 juin 1889), soit contre un ordre de service émané d'une autorité militaire et portant convocation à une période d'instruction (Gros, 13 décembre 1889). Le ministre devrait être tout d'abord saisi de la réclamation.

137. « Ne compte pas pour les années de service exigées par la loi dans l'armée active, la réserve de l'armée active et l'armée territoriale, le temps pendant lequel un militaire de l'armée active, un réserviste ou un homme de l'armée territoriale a subi la peine de l'emprisonnement en vertu d'un jugement, si cette peine a eu pour effet de l'empêcher d'accomplir, au moment fixé, tout ou partie des obligations d'activité qui lui sont imposées par la loi ou par les engagements qu'il a souscrits ». (Art. 34.)

Pour être interruptive du service, la peine de l'emprisonnement doit avoir été subie en vertu d'un jugement. La prison préventive ne produirait pas cet effet, à moins cependant que, la prévention ayant été suivie de condamnation, la détention préventive ait été imputée sur la durée de la peine (avis du comité du contentieux de la guerre).

La question s'est posée de savoir si, une condamnation ayant été l'objet d'une amnistie, l'amnistie ne devait pas avoir pour conséquence d'effacer tous les effets de la peine et notamment celui qu'y attache l'article 34.

Elle a été résolue négativement (Lermite, 20 mars 1903, p. 244), par la raison que la loi d'amnistie « n'a pu supprimer les faits matériels qui, à la suite de la condamnation, ont fait obstacle à ce que X... remplît ses fonctions d'activité ».

La peine subie en vertu d'un jugement n'interrompt, à proprement parler, que les services dans l'armée active. L'homme qui, au cours des années qu'il passe, par exemple, dans l'armée territoriale. subirait une année de prison, ne serait pas moins versé dans la réserve de cette armée en même temps que les hommes de sa classe. Mais, si l'emprisonnement a eu pour effet de l'empêcher d'accomplir une période normale d'exercices, il sera rappelé de cette période après sa sortie de prison, et ce alors même qu'il appartiendrait déjà à la réserve de l'armée territoriale (1).

138. Le temps de séjour sous les drapeaux peut être prolongé au delà de sa durée normale par application de l'article 39, si le militaire, pendant la durée de son service, a subi des punitions de prison ou de cellule d'une durée supérieure à huit jours. Cette disposition s'applique aux engagés volontaires comme aux appelés. Suivant un avis du Conseil d'Etat, en date du 9 novembre 1898, le temps passé en prison en vertu d'un jugement et au cours de ce service supplémentaire n'en interrompt pas la durée.

Les hommes des réserves convoqués pour des manœuvres ou exercices ne peuvent, en principe, être

---

(1) « Si la peine intervient entre deux périodes d'appel, elle n'aura aucun effet sur les obligations du service militaire; si, au contraire, elle intervient soit au cours d'une période d'appel, soit à l'origine de cette période, l'homme devra celle-ci à l'Etat et l'accomplira dans l'année suivante. » (Contrôleur général Cretin, commissaire de gouvernement : Sénat, 17 février 1903.)

maintenus sous les drapeaux au delà de la durée que
la loi assigne à chaque période de convocation (1).

Le décret sur le service intérieur des troupes (art.
314, infanterie) dispose que « les réservistes qui ont
été punis de prison ou de cellule pendant une période
d'instruction sont maintenus au corps, à la fin de la
période d'instruction, pendant un nombre de jours
égal à la durée totale des punitions de cette nature
qu'ils ont encourues ».

La légalité de cette mesure nous paraît contestable.
Nous admettons volontiers qu'un réserviste subissant une peine de prison ou de cellule au moment où
sa classe est renvoyée dans ses foyers, soit maintenu
jusqu'à l'achèvement de cette punition. C'est la règle
appliquée aux hommes de l'armée active et il est de
principe que les hommes des réserves, quand ils sont
sous les drapeaux, sont soumis à toutes les obligations imposées aux hommes de l'armée active par la
loi et les règlements (art. 43 de la loi du 21 mars
1905). Nous admettons encore à la rigueur que ce
même article justifie l'application, aux hommes des
réserves sous les drapeaux, de ce qu'on appelle com-
munément le « rabiot » (art. 39), mais seulement dans
les limites fixées par cet article, c'est-à-dire quand
les punitions de prison ou de cellule excèdent huit
jours.

139. Indépendamment des périodes de convocation,
les hommes des réserves peuvent encore être rappelés
pour subir les punitions qu'ils auraient encourues

(1) Sauf dans le cas où « les circonstances paraîtraient l'exiger » (art. 42, dernier alinéa). Il y aurait là un acte de souveraineté dont le ministre n'aurait à rendre compte qu'au Parlement (V. n° 5). Nous en dirons autant des mesures exceptionnelles prévues par l'article 33 (cinq derniers alinéas).

dans leurs foyers. Ces punitions, dont la durée maxima est de huit jours (quatre jours pour l'armée territoriale et sa réserve) (art. 85), ne peuvent être infligées que pour contravention aux obligations imposées par les articles 31 et 45 (non représentation de livret, omission de déclaration de changement de domicile ou de résidence) ou pour avoir, étant en tenue militaire, manqué aux règles de la discipline (art. 44).

Quant à la punition pour retard (lorsque le retard n'est pas tel qu'il mette l'homme en état d'insoumission), elle ne doit pas être considérée comme infligée « à un homme des réserves dans ses foyers » et l'article 86 (avant-dernier alinéa) ne s'y applique pas (avis du Conseil d'Etat, 23 avril 1907).

§ 11. — De la réforme.

140. La réforme est, par délégation du ministre, prononcée par une commission spéciale siégeant au chef-lieu de la subdivision. L'attache du ministre est nécessaire (décis. minist. du 15 avril 1899) pour lui donner le caractère de réforme n° 1, c'est-à-dire pour constater la relation de cause à effet entre les obligations du service, d'une part, et, d'autre part, les blessures reçues où les infirmités contractées.

Comme la réforme n° 1 crée des droits particuliers, non seulement pour l'allocation éventuelle de pensions, mais aussi pour l'obtention d'emplois civils (art. 75) (1), le refus opposé par le ministre peut être l'objet d'un recours contentieux (Gros, 11 juin 1881 ; Bonduelle, 1er décembre 1899 ; Plé, 23 mars 1906, p. 250 ; Gambade, 22 mars 1907). Mais le débat ne

(1) Sous le régime des lois antérieures, la réforme n° 1 procurait à l'un des frères la dispense de tout ou partie de service actif.

peut porter que sur l'origine des blessures et non sur la convenance même de la réforme (Gouin, 22 mars 1907, p. 299).

141. La réforme peut n'être que *temporaire* (1), et il y a aussi un grand intérêt à savoir, au cas où elle s'applique à un homme lié au service actif, si l'infirmité qui la motive se rattache ou non aux obligations dudit service.

Dans le premier cas, en effet, le temps passé en congé de réforme est réputé service accompli (art. 38) (2) ; dans le deuxième cas, le réformé temporaire est traité comme l'ajourné (art. 19 du dernier alinéa) et, par conséquent, l'année passée à ce titre dans ses foyers n'entre pas dans la durée normale du service, étant bien entendu, d'ailleurs, que le congé de réforme temporaire, pas plus que l'ajournement, ne peut être renouvelé.

§ 12. — De la discipline.

142. Les punitions disciplinaires ne peuvent, en

---

(1) La loi du 1er avril 1898, qui a institué la réforme temporaire, a été abrogée par la loi du 21 mars 1905 (art. 101). Mais il ne faut pas en conclure que la réforme temporaire ait cessé d'être légale. L'article 19 (dernier alinéa), l'article 38 (premier alinéa) la visent, au contraire, expressément. Le législateur a sans doute jugé inutile, alors que deux articles de la loi en consacraient l'existence, de maintenir le texte spécial qui l'avait organisée.

(2) L'article 38 dit « maladie contractée *au service* ». Ces mots ont un sens bien défini par d'autres articles, notamment l'article 75 et ne sauraient s'entendre de maladies contractées au cours du service, mais indépendantes du service. Toutefois, une observation nous paraît ici s'imposer. Il s'agit, dans l'espèce, non d'accorder une faveur, mais d'imposer un service supplémentaire. La charge de la preuve doit donc être retournée. Ce n'est pas au militaire, comme dans le cas où une pension est sollicitée, qu'il appartient d'établir la relation de cause à effet. C'est à l'administration de prouver que la maladie contractée au cours du service est indépendante des fatigues de ce service.

principe, donner lieu à un recours contentieux (Gros, 13 décembre 1889). Il en serait autrement, croyons-nous, si le ministre avait excédé les pouvoirs que lui donne la loi ; si, par exemple, il avait infligé au titre disciplinaire plus de deux mois de prison à un militaire de l'armée active (art. 271 du Code du 9 juin 1857) ; ou s'il infligeait une punition à un homme des réserves dans ses foyers, en dehors des cas prévus par la loi de recrutement, ou pour une durée plus longue (huit jours ou quatre jours, suivant le cas) que ne l'y autorise cette loi (Arg. de l'arrêt Sauve, 29 mars 1901).

Mais les tribunaux ordinaires seraient incompétents, soit pour apprécier la légalité de la mesure, soit pour statuer sur la demande de dommages-intérêts formulée à cette occasion (voir à ce sujet un arrêt du 31 octobre 1885 (Francomme) du Tribunal des conflits, qui n'a fait qu'appliquer, en la matière, le principe de la séparation des pouvoirs administratif et judiciaire).

L'action disciplinaire est indépendante de l'action judiciaire (1) et un militaire peut être puni, même s'il est acquitté, en raison des faits qui ont motivé sa mise en jugement (Cassation, 14 mai 1906) ; à moins cependant que le jugement au criminel conteste non seulement l'intention délictueuse, mais la matérialité même des faits (Cassation, 10 janvier 1893 - 28 avril 1903).

§ 13. — Engagements et rengagements.

143. L'engagement volontaire peut être contracté

---

(1) Il en est autrement en matière de Légion d'honneur, puisque l'action disciplinaire n'est ouverte qu'à raison des faits non susceptibles d'être poursuivis judiciairement (V. ci-après, n° 212, et note).

par tout Français ou naturalisé Français. Il peut
l'être également « par les jeunes gens qui doivent
être inscrits sur les tableaux de recensement », c'est-
à-dire par ceux que nous avons appelés Français
sous condition résolutoire et qui ont dépassé l'âge
de 21 ans. Ceux qui n'ont pas atteint leur majorité
ne seraient admis à contracter l'engagement que si,
au préalable, leurs représentants légaux (père, mère
ou tuteur) avaient renoncé, en leur nom, à la faculté
de décliner la nationalité française.

L'article 50 de la loi indique les autres conditions
(âge, consentement des père, mère ou tuteur, jouissance des droits civils, etc.) et comment il en est
justifié.

L'engagement qui a été contracté en violation des
prescriptions de la loi peut être déclaré nul. D'après
un arrêt de la Cour de cassation (Grenier, 6 décembre 1878) (1), c'est aux tribunaux civils qu'il appartient de statuer à cet égard.

L'engagement, vicié à l'origine, peut être régula-
risé ultérieurement dans certains cas, par la naturalisation, par exemple, s'il a été contracté par un
étranger ; par la réhabilitation, s'il l'a été par un individu privé de ses droits civils ; ou encore s'il a été
contracté par un mineur non autorisé qui, parvenu
à sa majorité, déclare ratifier l'acte souscrit par lui
(art. 1311 du Code civil) et il n'est pas douteux
qu'alors il produira, même rétroactivement, tous
les effets d'un engagement régulier.

Mais si la nullité ne peut être couverte et si elle
est judiciairement déclarée, les services accomplis en
vertu de cet engagement seront-ils comptés comme

---

(1) V., en sens contraire, Laferrière, *Juridiction administrative*, t. I, p. 558.

services effectifs pouvant ouvrir des droits à la pension de retraite ?

Dans un arrêt du 16 décembre 1881 (de Wogan), le Conseil d'Etat s'était prononcé pour la négative ; mais il paraît être revenu sur cette jurisprudence (Ben-hadji, 11 mai 1906, p. 417), « considérant que la prétendue irrégularité de l'engagement contracté par..... ne saurait faire obstacle à ce que les services effectivement accomplis du..... au..... soient comptés parmi ceux pouvant lui ouvrir droit à pension... etc. ».

144. Les candidats à l'engagement doivent être libres de toute obligation militaire (1). Cependant, jusqu'au 30 septembre inclus, les jeunes gens inscrits sur la première partie de la liste de recrutement (service armé) peuvent contracter un engagement de trois ans au moins (décret du 27 juin 1905, art. 9). S'il est contracté pour les troupes coloniales, le terme de l'engagement peut être fixé au jour de la libération de la classe ; mais les engagements de l'espèce ne sont reçus que du 15 janvier au 1er avril (art. 51 de la loi).

Enfin les engagements dits de *devancement d'appel*, subordonnés à certaines conditions qu'énumèrent les derniers alinéas de l'article 50, sont contractés au moment de l'incorporation de la classe.

« L'engagé volontaire réformé pour des motifs autres que blessures reçues dans un service commandé ou infirmités contractées dans les armées de terre et de mer, peut être ultérieurement compris dans le contingent par le conseil de revision si les motifs de

---

(1) Obligation de service armé seulement ; car la faculté de s'engager (s'il est reconnu propre au service) est ouverte, jusqu'à l'âge de 32 ans, à l'homme classé dans les services auxiliaires (art. 50 de la loi).

la réforme ont cessé d'exister. Dans ce cas, il lui est tenu compte, sur la durée de son service légal, du temps qu'il a précédemment passé sous les drapeaux. » (Décret du 27 juin 1905, art. 15.)

145. Les engagements dans les régiments étrangers ne sont pas subordonnés aux conditions fixées par la loi. En fait, et par la force même des choses, il serait à peu près impossible d'exiger aucune des justifications qu'elle prévoit.

Aussi, en l'absence de toute disposition insérée dans les règlements organiques (ordonn. du 10 mars 1831), le Conseil d'Etat a-t-il décidé que « rien ne fait obstacle à ce qu'un individu demande, sous un nom supposé, et en se déclarant de nationalité étrangère, son incorporation dans un régiment étranger » (Dupré, 1er mai 1903, p. 330 ; Elis, 7 juillet 1905 (1), p. 622 ; Tracol, 19 janvier 1906, p. 53 (1).

146. Les engagements sont reçus par les maires des chefs-lieux de canton et dans les formes prescrites par les articles 34 à 40, 42 et 44 du Code civil.

Sauf dans les cas spécifiés aux articles 50 (in fine, devancements d'appel), 51 (2e alinéa, engagements pour les troupes coloniales) et 52 (engagements pour la durée de la guerre), ils ne peuvent être contractés que pour trois, quatre ou cinq ans.

147. Les rengagements sont reçus dans la même

---

(1) Dans ces deux derniers cas, l'engagement avait été contracté, non seulement sous un faux nom, mais par des hommes en état de désertion, qui, par conséquent, n'avaient pas la libre disposition de leurs personnes. A ce dernier point de vue, la nullité de l'engagement ne pouvait guère être contestée, et le Conseil d'Etat ne s'est pas prononcé sur ce point; mais il a considéré, comme il est dit ci-dessus, que les services accomplis même en vertu d'un engagement irrégulier devaient entrer en compte dans la liquidation de la pension.

forme par les fonctionnaires de l'intendance ou leurs
suppléants. Ils sont subordonnés au consentement
du conseil de régiment (pour la composition de ce
conseil, voir la loi du 14 avril 1906). Le rengagement
peut être contracté après une année de service (six
mois dans les troupes coloniales) ; mais il ne court
que de l'expiration légale du service. Il peut être
également contracté par les militaires libérés qui ont
quitté le service depuis moins de deux ans (1).

La faculté de se rengager est ouverte aux sous-
officiers, caporaux ou brigadiers et soldats ; mais la
durée des rengagements, la période pendant laquelle
ils sont susceptibles d'être renouvelés, les corps de
troupe pour lesquels ils peuvent être contractés va-
rient suivant le grade du candidat, l'arme ou même
le corps auxquels il se destine.

148. Nous passerons rapidement sur les avantages
pécuniaires assurés aux engagés ou rengagés : non
que ces questions ne puissent être l'objet de difficultés contentieuses, mais parce que aucune solution
n'a encore reçu la sanction du Conseil d'Etat.

La loi du 21 mars 1905 (modifiée par celle du
10 juillet 1907) a institué :

1° Une haute paye journalière due à tout militaire
lié au service pour une durée supérieure à la durée
légale et à partir du commencement de la troisième
année. Le titulaire de la haute paye est suspendu de
ses droits pendant la durée des punitions de prison
ou de cellule, et celle du séjour aux corps disciplinaires ; il est définitivement déchu par la condamnation à la peine des travaux publics ou à celle de

(1). Pour les troupes coloniales, cette limitation n'existe pas ;
mais le candidat doit avoir moins de 36 ans.

l'emprisonnement pour une durée supérieure à trois mois ;

2° Des primes d'engagement et de rengagement proportionnées au temps que l'engagé ou le rengagé s'engage à passer sous les drapeaux au delà de trois ans et jusqu'à cinq ans. Définitivement acquises au bénéficiaire du jour où le rengagement est contracté (1) ;

3° Enfin une solde spéciale attribuée aux sous-officiers après cinq années de service.

SECTION II
État des militaires.

§ 1er. — État des officiers de l'armée active.
(Loi du 19 mai 1834.)

149. Il y a lieu de distinguer dans la position de l'officier *le grade* et *l'emploi*.

Le grade est la propriété de l'officier ; l'emploi est à la disposition du ministre.

L'officier ne peut perdre son grade que par l'une des causes ci-après :

1° *Démission acceptée par le chef de l'État.* — Aucune disposition législative ou réglementaire n'a limité le pouvoir du gouvernement en ce qui touche l'acceptation des démissions. En conséquence, le

---

(1) D'après l'article 4 de la loi du 10 juillet 1907, la moitié seulement de la prime est acquise à l'engagé le jour de la signature de l'acte. Le reste n'est payé que pendant la troisième année de service ; mais comme, aux termes du même article, ce reliquat porte intérêt, il faut bien conclure que cette seconde moitié est également acquise, quoique non payable, le jour de la signature de l'acte. Toutefois, suivant les règles ordinaires du droit commun, elle sera perdue pour l'engagé (capital et intérêts), si, par son fait, le contrat ne reçoit pas exécution (en cas de désertion par exemple).

refus d'une démission ne pourrait faire l'objet d'un recours contentieux (Pichon, 23 mars 1872 ; Germain, 27 janvier 1888, p. 83 ; Dève, 20 février 1891, p. 135).

L'acceptation de la démission ne fait pas obstacle à ce que l'officier subissant une peine disciplinaire achève cette punition (Lestapis, 7 août 1905). Le ministre, dans ce cas d'espèce, n'avait fait qu'appliquer aux officiers la règle en vertu de laquelle un militaire en prison ou en cellule, le jour où sa classe est renvoyée dans ses foyers, peut y être maintenu jusqu'à l'expiration de sa punition (règl. sur le service intérieur, infanterie, n° 314).

150. 2° *Perte de la qualité de Français prononcée par jugement.* — Cette déchéance est encourue par une des causes énumérées à l'article 17 du Code civil. Elle doit, pour entraîner la perte du grade, être prononcée par un jugement. L'ordonnance du 30 août 1837 détermine les formes dans lesquelles doit être intenté et suivi le procès au nom de l'Etat.

151. 3° *Condamnation à une peine afflictive ou infamante.* — La condamnation par contumace produit ses effets tant que la contumace n'a pas été purgée. Si l'officier décède dans ce délai, il ne meurt pas en possession du droit à pension et sa veuve ne peut elle-même en invoquer aucun (Launay, 16 décembre 1881).

L'amnistie efface le crime ou le délit et toutes leurs conséquences. L'officier qui en est l'objet doit donc être réintégré dans son grade (Brissy, 13 mai 1881). Mais ni la grâce, ni, *a fortiori*, la commutation de peine ne produiraient cet effet. Nous en dirons autant de la réhabilitation, bien qu'aux termes de la loi du 14 août 1885 (art. 10), elle efface la condamnation et fasse cesser pour l'avenir toutes les incapacités qui en résultent (Louis, 8 août 1888, p. 718).

152. 4° *Condamnation à une peine correctionnelle pour délits prévus par les articles 379 à 401, 402, 403, 405, 406, 407 et 408* (1) *du Code pénal* (vols, escroquerie, abus de confiance). La condamnation par défaut n'entraîne la perte du grade que lorsqu'elle est devenue définitive par l'expiration du délai d'appel. *Quid*, si la signification du jugement n'ayant pas été faite à la personne, l'opposition demeure recevable jusqu'à l'expiration du délai de prescription de la peine? (Loi du 27 juin 1866.)

La radiation des contrôles ne devra pas moins être faite à l'expiration du délai d'appel, c'est-à-dire dix jours après la signification à domicile (art. 203 du Code d'instruction criminelle) ; car, si la loi du 27 juin 1866 a prolongé le délai pendant lequel l'opposition demeure recevable, elle n'a pas, cela résulte de son texte même, différé l'exécution du jugement. Or, la radiation est précisément une mesure d'exécution.

5° *Condamnation à une peine correctionnelle d'emprisonnement et qui, en outre, a placé le condamné sous la surveillance de la haute police* (2) *et l'a interdit de ses droits civiques, civils et de famille.*

Il est à remarquer que, dans les quatre cas qui précèdent (2°, 3°, 4°, 5°), la perte du grade est encourue de plein droit par le jugement portant condamnation. Une décision du chef de l'Etat n'est pas

_____

(1) L'article 408 du Code pénal ne se trouve pas dans l'énumération de la loi du 19 mai 1834; mais le Code du 9 juin 1857 (art. 201) l'y a ajouté.

(2) On sait que la surveillance de la haute police a été supprimée par la loi du 27 mai 1885 (art. 19) et remplacée par l'interdiction de séjour.

nécessaire pour déclarer cette perte, et le droit au traitement cesse le jour où la condamnation est devenue définitive (Sercey, 24 décembre 1863).

6° *Destitution prononcée par jugement d'un conseil de guerre.*

7° *Absence illégale de plus de trois mois.*

8° *Résidence hors du territoire français, sans l'autorisation du chef de l'État, pendant plus de quinze jours.*

Bien que la loi ne le mentionne pas expressément, la destitution, même pour les deux causes qui précèdent, doit résulter d'un jugement. Dans aucun cas (cela résulte de la discussion qui a précédé le vote de la loi) la destitution ne peut être prononcée par voie administrative.

153. L'officier possesseur de son grade peut être placé dans l'une des quatre positions ci-après :

Activité ;

Non-activité ;

Réforme ;

Retraite.

L'activité comprend elle-même *l'activité proprement dite, la disponibilité, la réserve.*

La loi de finances du 30 mars 1902 (art. 64) a institué une position nouvelle, celle de l'officier *en congé de longue durée sans solde.*

Le temps passé dans cette position, de même que dans celle de non-activité, ne compte que pour la réforme et la retraite. Mais, à la différence de la non-activité, la durée du congé est limitée à trois années au maximum. L'officier peut être réintégré, sur sa demande, dans les cadres avant l'expiration de son congé ; il ne peut pas l'exiger (Arg. Bérard, armée de mer, 1er juin 1900, p. 504).

154. *Activité proprement dite.* — Nous appellerons ainsi la position de l'officier pourvu d'un grade et d'un emploi. Le ministre dispose souverainement de l'emploi.

Un officier n'est pas recevable à déférer au Conseil d'Etat, pour excès de pouvoir, la décision par laquelle le ministre l'a affecté d'office à un autre corps que celui où il était en service (Ferret, 26 février 1897, p. 159).

Le Conseil d'Etat a même jugé non recevable (Périès, 30 juillet 1840) le recours d'un officier qui, par un changement d'arme, avait perdu le bénéfice de son ancienneté, et dont cette nouvelle affectation rendait désormais impossible la promotion au grade de chef de bataillon. Nous croyons que la jurisprudence qui s'est formée depuis cette époque sur l'excès de pouvoir appellerait aujourd'hui une autre solution, d'autant que le rang d'ancienneté est considéré comme faisant partie de l'état de l'officier (Casse, 20 avril 1888).

Le Conseil d'Etat avait jugé aussi (Veillon, 27 juillet 1877) qu'un officier n'était pas recevable à réclamer contre une décision prise en violation d'un règlement sur les tours de service aux colonies. Les conditions de la relève sont aujourd'hui prévues par la loi elle-même (loi du 7 juillet 1900, art. 12). Elle laisse, il est vrai, à des décrets le soin de déterminer lesdites conditions ; mais ces décrets, rendus en exécution de la loi, sont obligatoires comme la loi elle-même, et le ministre ne pourrait, suivant nous, y contrevenir sans excès de pouvoir.

Bien qu'en général, et sous les réserves ci-dessus

exprimées, les mutations d'office ressortissent au pouvoir discrétionnaire du ministre, il faut rappeler qu'aux termes de l'article 65 de la loi de finances du 22 avril 1905, elles doivent être, ainsi que les mesures disciplinaires proprement dites, précédées de la communication de son dossier à l'intéressé. L'omission de cette formalité pourrait faire annuler la décision prise par le ministre (Nicol, 6 juillet 1906, p. 628 ; Mamet, 22 février 1907).

155. *Disponibilité.* — La disponibilité est la position spéciale de l'officier général momentanément sans emploi.

La mise en disponibilité ressortit au pouvoir discrétionnaire et ne peut être l'objet d'un recours contentieux.

Un décret du 24 mars 1899 avait disposé que les officiers généraux dont l'état de santé ne paraîtrait pas justifier l'admission anticipée dans le cadre de réserve (V. n° 156), mais qui, cependant, n'auraient pas conservé l'activité nécessaire pour faire campagne, « pourraient être mis en disponibilité *après avis du conseil supérieur de guerre* ». L'officier général qui aurait été mis en disponibilité *pour ce motif*, sans que le conseil supérieur de guerre eût été consulté, aurait donc été fondé à demander l'annulation de la décision pour excès de pouvoir. Mais ce décret a été abrogé par celui du 15 février 1903, qui a réorganisé le conseil supérieur de guerre (art. 12).

156. *Position de réserve.* — La position de réserve est spéciale aux officiers généraux qui ont atteint la limite d'âge fixée par la loi du 13 mars 1875 (sauf prolongation dans les cas visés par l'article 8 de cette

loi), ou qui, soit sur leur demande, soit d'office, y ont été placés par anticipation pour raisons de santé, après constatation médicale faite dans les formes déterminées par le règlement d'administration publique du 20 avril 1875 (art. 8 de la loi du 13 mars 1875). L'omission de ces formalités constituerait un excès de pouvoir.

Le temps passé dans le cadre de réserve, mais seulement jusqu'à la limite d'âge (1), compte pour la réforme et la retraite (lois des 13 mars 1875 et 14 janvier 1890).

Les généraux et assimilés du cadre de réserve sont considérés comme faisant partie de l'armée active (West, 28 décembre 1877). Ils ne peuvent se marier sans autorisation (d'Argout, 13 juillet 1870).

§ 2. — De la non-activité.

157. L'officier ne peut être mis en non-activité que pour l'une des causes ci-après :

Licenciement de corps ;

Suppression d'emploi ;

Rentrée de captivité (lorsque l'officier a été remplacé dans son emploi) ;

Infirmités temporaires ;

Retrait ou suspension d'emploi.

L'officier en non-activité reste à la disposition du ministre de la guerre et soumis à toutes les règles de la discipline militaire. Il est électeur, mais non éligible (d'Olmi-Capella, 9 avril 1897).

158. La mise en non-activité pour infirmités temporaires peut être prononcée par le ministre de la guerre.

(I) Cette restriction ne s'applique pas aux services de guerre.

Elle n'est susceptible d'aucun recours contentieux, alors même que le requérant alléguerait l'inaccomplissement de toutes les formalités préalables. La loi n'en prescrit aucune et le ministre n'est pas lié par les instructions qu'il adresse à ses subordonnés (Labussière, 2 juin 1876 ; Chazotte, 14 mars 1879).

159. La mise en non-activité par retrait ou suspension d'emploi est prononcée par le chef de l'Etat, sur le rapport du ministre de la guerre.

Cette décision ne peut être déférée au Conseil d'Etat ; car la loi, n'indiquant pas les motifs pour lesquels la non-activité peut être prononcée, laisse au chef de l'Etat toute latitude à cet égard. En outre, elle ne prescrit aucune formalité préalable (Frébaut, 26 juillet 1851 ; Espivent, 6 mai 1881).

Le décret pourrait être attaqué dans un seul cas : celui où il n'aurait pas été rendu sur le rapport du ministre de la guerre.

160. Le temps passé en non-activité pour licenciement de corps, suppression d'emploi ou rentrée de captivité est compté comme service effectif pour les droits à l'avancement, à la réforme, à la retraite.

Le temps passé en non-activité pour infirmités temporaires, retrait ou suspension d'emploi ne compte pas pour l'avancement (loi du 14 avril 1832, art. 16).

Il peut en résulter pour l'officier un grave préjudice lorsque cette position l'atteint au moment où son ancienneté va l'appeler au grade supérieur. Ce dommage ne peut donner lieu à une action contentieuse (Denariez, 4 février 1887, p. 100).

On a soutenu aussi devant le Conseil d'Etat que la loi du 26 mars 1891 avait modifié implicitement, au moins en ce qui concerne les lieutenants et sous-lieu-

tenants, la loi du 14 avril 1832. Les sous-lieutenants
étant de droit nommés lieutenants après deux ans de
grade, il en résulte que les nominations à ce grade
peuvent être beaucoup plus nombreuses en un temps
donné que les nominations au grade de capitaine. Le
lieutenant en non-activité, immobilisé à son rang,
verra donc passer devant lui cent de ses camarades,
alors que le nombre des lieutenants promus capitaines dans le même laps de temps n'aura peut-être été
que de cinquante. Le retard pour lui sera donc deux
fois plus considérable qu'avant la loi du 26 mars
1891, et ce résultat, a-t-on dit, est certainement contraire à l'intention du législateur, qui n'a pas voulu
que l'officier mis en non-activité pour deux ans fût
retardé de plus de deux ans dans son avancement.

Cette thèse n'a pas prévalu devant le Conseil d'Etat
(Millet, 21 novembre 1902, p. 677).

Le temps passé en non-activité pour infirmités temporaires ou retrait d'emploi compte, au contraire,
pour la réforme ou la retraite. Il compte pour la retraite alors même que l'officier, au moment où il est
placé en non-activité, aurait déjà le temps de service
exigé par la loi du 11 avril 1831 pour l'obtention du
minimum de la pension (Grandjean, 15 novembre
1872).

161. La situation de non-activité pour infirmités
temporaires n'existe pas pour les officiers généraux.
L'officier général que des infirmités empêchent temporairement de servir est placé par anticipation dans
le cadre de réserve (loi du 13 mars 1875, art. 8). Mais
la non-activité par retrait ou suspension d'emploi
peut être prononcée dans les mêmes conditions que
pour les autres officiers.

Elle peut atteindre même l'officier général qui appartient au cadre de réserve (West, 28 décembre 1877).

§ 3. — De la réforme (1).

162. La réforme est la position de l'officier sans emploi qui, n'étant plus susceptible d'être rappelé à l'activité, n'a pas de droits acquis à la pension de retraite.

Elle peut être prononcée :

1° Pour infirmités incurables ;

2° Par mesure de discipline pour l'un des motifs ci-après :

Inconduite habituelle ;

Fautes graves dans le service ou contre la discipline ;

Fautes contre l'honneur ;

Prolongation au delà de trois ans de la position de non-activité ;

Condamnation par jugement à six mois d'emprisonnement (loi du 19 mai 1834, art. 27).

163. La réforme est prononcée, dans tous les cas, par le chef de l'Etat.

Dans le cas 1°, la procédure est exactement la même que pour la constatation du droit à la pension de retraite (loi du 11 avril 1831 ; ordonn. du 2 juillet 1831 : visite et contre-visite médicales).

---

(1) La réforme est une mesure définitive, non susceptible d'être rapportée, si ce n'est par une loi spéciale.

Alors qu'une condamnation pénale peut être revisée (Code d'instruction criminelle, art. 443), il n'est pas de procédure qui permette à l'officier réformé d'établir qu'il a été victime de faux rapports, de témoignages mensongers.

Un projet de loi avait été présenté à la Chambre des députés pour permettre la revision dans certains cas et sous certaines conditions. Adopté en première délibération (séance du 11 février 1904), il n'a pas eu jusqu'à présent d'autre suite.

Dans le cas 2°, la décision ne peut être prise qu'après avis d'un conseil d'enquête, dont la composition et les formes sont déterminées par le règlement d'administration publique du 8 novembre 1903. Par une dérogation remarquable au principe de la responsabilité ministérielle, le législateur a voulu que les avis de ce conseil ne pussent être modifiés qu'en faveur de l'officier.

Il n'est pas nécessaire que plusieurs fautes graves soient imputées à l'officier : une seule suffit (Hubert-Castex, 10 juillet 1891, p. 534). Peu importe aussi que les faits incriminés soient depuis longtemps connus : il n'y a pas de prescription en matière disciplinaire (Esterhazy, 18 janvier 1901, p. 36).

164. Nous avons vu que la réforme peut être prononcée à l'égard de l'officier en non-activité depuis trois ans.

Cela ne veut pas dire que l'officier en non-activité depuis trois ans devra *nécessairement* être envoyé devant un conseil d'enquête. Cette opinion a, il est vrai, longtemps prévalu, et c'est dans ce sens que l'ordonnance de 1836 et le décret de 1878 avaient interprété la loi du 19 mai 1834 ; mais cette disposition n'a pas été reproduite dans le décret du 8 novembre 1903, et, dans un avis du 18 avril 1905, le Conseil d'État en a expressément reconnu l'illégalité. La vérité est que la non-activité pour infirmités temporaires ou retrait d'emploi doit avoir duré trois années au moins pour justifier *par elle-même* l'envoi d'un officier devant un conseil d'enquête.

Remarquons que si l'officier en non-activité pour infirmités temporaires depuis moins de trois ans vient à être atteint d'une infirmité incurable, ou si l'officier en retrait d'emploi commet dans cette position quelque faute grave contre l'honneur ou la discipline, le ministre ne sera nullement tenu d'attendre l'expiration des trois années pour provoquer la réforme. Ces hypothèses doivent donc être écartées de la discussion. Mais si, au fait que l'officier a été mis en non-activité se joint cette autre condition *nécessaire et suffisante* que, pendant trois ans, il n'a pas été jugé par le ministre susceptible d'être rappelé à l'activité, ces deux circonstances font naître contre l'officier une *présomption d'inaptitude physique ou morale* que le législateur de 1834 a pensé être assez grave pour justifier l'envoi devant un conseil d'enquête.

Dans le projet primitivement présenté aux Chambres, la faculté était donnée au ministre de réformer sans aucune formalité préalable l'officier en non-activité. C'était enlever toute garantie à celui-ci ; car, ainsi qu'on le fit justement observer, ce que le ministre ne pourra faire en une fois, il lui sera facile de le faire en deux fois, en faisant prononcer la non-activité d'abord, la réforme ensuite.

Le législateur ne s'est pas borné à exiger la prolongation de la non-activité pendant trois années au moins, ce qui déjà protégeait l'officier contre les mesures hâtives et irréfléchies : il a voulu, en outre, que l'appréciation du ministre, corroborée par une continuité de trois ans, fût en quelque sorte contrôlée par un conseil d'enquête.

Donc, il faut y insister — car l'opinion contraire est encore aujourd'hui très répandue — le ministre ne peut pas saisir le conseil d'enquête avant trois ans ; mais il n'est pas tenu de le faire dans ce délai, et on peut aisément imaginer tel cas où cette abstention sera plutôt désirable : celui, par exemple, où l'officier a été mis en non-activité contrairement à l'avis du conseil d'enquête qui le jugeait susceptible d'être mis en réforme. Une consultation réitérée après trois ans serait comme une invitation au conseil d'avoir à se déjuger.

165. La prolongation de la non-activité ne justifie l'envoi devant un conseil d'enquête que si, pendant les trois ans, l'officier a été en non-activité au même titre. L'officier qui serait resté pendant deux ans par exemple en non-activité pour infirmités temporaires et qui, jugé assez valide pour être réintégré dans les cadres (1), serait frappé de retrait d'emploi, ne pourrait pas, après une année passée dans cette dernière position, être déféré à un conseil d'enquête. La continuité voulue par la loi ne s'applique pas, en effet, au même ordre de faits.

166. On s'étonne souvent que la réforme pour prolongation de la non-activité pendant trois ans soit subordonnée à l'avis d'un conseil militaire, et non tout simplement d'un conseil médical, quand la non-activité a été motivée par des infirmités. On s'étonne davantage encore que, dans ce cas, la réforme soit prononcée à titre disciplinaire. Cela s'explique cependant : un officier peut être atteint d'infirmités que la science médicale ne peut déclarer incurables, mais qui se prolongent de telle sorte que le bon ordre de l'armée, la discipline (le mot étant pris dans son sens

---

(1) Il peut arriver que l'officier en non-activité pour infirmités temporaires, *et jugé non susceptible d'être réintégré*, soit néanmoins frappé, *à titre disciplinaire*, de la non-activité par retrait d'emploi, qui a, au point de vue de la solde, du port de l'uniforme, etc., des effets plus rigoureux. Dans ce cas, un conseil d'enquête pourra être réuni après trois années passées tant dans l'une que dans l'autre position. Mais ce conseil devra, suivant nous, ne porter son examen que sur les faits qui ont motivé la première mesure, et faire abstraction de la seconde.

le plus large) imposent que la situation de cet officier soit définitivement fixée, qu'on cesse de le compter comme disponible pour le service de guerre. Or, seul, un conseil militaire est compétent pour résoudre une question de cette nature.

167. « L'officier qui a comparu devant le conseil d'enquête par suite de la prolongation au delà de trois ans de la position de non-activité, peut, quel qu'ait été l'avis exprimé par le conseil, être maintenu en non-activité aussi longtemps que le ministre le juge utile dans l'intérêt de la discipline et de l'armée ; mais il ne saurait être traduit à nouveau devant le conseil d'enquête à raison de la prolongation de la non-activité. » (Avis du Conseil d'Etat, 10 juin 1880.)

168. Aux termes de la loi du 25 juin 1861, « auront droit exceptionnellement, après vingt-cinq ans de service effectif, au minimum de la pension de retraite attribuée à leur grade, les officiers mis en non-activité pour infirmités temporaires, lorsqu'ils auront été reconnus par un conseil d'enquête, conformément aux prescriptions de la loi du 19 mai 1834, non susceptibles d'être rappelés à l'activité ».

La question s'est posée de savoir si un officier en non-activité ayant accompli vingt-cinq ans de services peut être déféré à un conseil d'enquête avant d'être resté trois ans en non-activité.

Malgré un avis contraire du Conseil d'Etat (13 décembre 1898), nous pensons que la question doit être résolue négativement. Les mots « conformément aux prescriptions de la loi du 19 mai 1834 » semblent impliquer que toutes les conditions imposées par ladite loi, et notamment la prolongation de la non-activité pendant trois **ans**, doivent être exigées même dans ce cas (1).

169. L'action disciplinaire est indépendante de l'action judiciaire ; d'où les deux conséquences suivantes :

1° La circonstance que les faits reprochés à l'officier seraient de nature à motiver sa comparution devant un conseil de guerre ne fait pas obstacle à ce qu'il soit déféré à un conseil d'enquête à raison des mêmes faits (Otto, 17 janvier 1896, p. 28 ; Pestel, 20 juin 1884, p. 491).

2° L'officier, acquitté par un tribunal criminel (2) ou amnistié à la suite d'une condamnation, peut être déféré à un conseil d'enquête et réformé à raison des mêmes faits qui avaient motivé sa mise en jugement ou sa condamnation (Menuet, 11 juillet 1884, p. 584 (3).

---

(1) Reconnaissons toutefois que le libellé de la question que le règlement du 8 novembre 1903 (art. 22) prescrit de poser dans ce cas et où ont été supprimés les mots « depuis plus de trois ans » paraît confirmer l'avis susvisé du Conseil d'Etat.

(2) Rappelons cependant (V. n° 52, *supra*) que, si le jugement prononçant l'acquittement dénie la matérialité même des faits, le principe de la chose jugée fera obstacle à ce que ces faits soient retenus au point de vue disciplinaire. Mais le cas ne saurait se présenter quand l'acquittement a été prononcé par un tribunal dont les jugements ne sont pas motivés (conseil de guerre, cour d'assises), et ne font donc pas connaître si le juge a tenu le fait pour non établi, ou seulement son caractère délictueux.

(3) On objectera peut-être que, dans cette affaire, le *de cujus* avait été tout d'abord mis en non-activité par décret non motivé, puis en réforme pour prolongation de la non-activité pendant trois ans, de telle sorte qu'aucun de ces actes ne visant explicitement les faits amnistiés, l'excès de pouvoir, à supposer qu'il existât, ne pouvait être relevé par le Conseil d'Etat. A cela nous répondrons que l'excès de pouvoir peut être établi non seulement par les termes de l'acte attaqué, mais par tous documents émanant de l'administration. Or le sieur M... n'avait pas été envoyé devant un conseil d'enquête à raison de la prolongation de la non-activité

170. On sait qu'aux termes du règlement du 20 novembre 1892 sur le service intérieur des troupes (art. 302, infanterie), « nul ne peut être puni successivement pour une seule et même faute ». Cette règle ne fait pas obstacle à ce qu'un officier, puni des arrêts de forteresse, soit, à raison des mêmes faits, mis en réforme. L'article 302 ne s'applique qu'aux punitions disciplinaires proprement dites, celles que prévoit l'article 305 du même règlement. La réforme est autre chose et plus qu'une punition ; elle modifie profondément l'état de celui qu'elle atteint. La règle *non bis in idem* n'est pas plus violée dans ce cas que dans celui où une condamnation judiciaire entraîne accessoirement la perte du grade (Mouchon, 27 décembre 1901, p. 921).

171. La décision prononçant la réforme d'un officier pour infirmités incurables peut être attaquée devant le Conseil d'Etat, soit que les formes exigées par l'ordonnance du 2 juillet 1831 pour la constatation des infirmités aient été méconnues, soit que le requérant allègue qu'en raison de ses services ou de l'origine de ses infirmités, il peut prétendre à une pension de retraite. Le pourvoi doit être formé dans le délai de deux mois ; sinon l'officier sera forclos, même au cas d'aggravation des infirmités. Il y aura chose jugée sur la relation de cause à effet (Guimond, 23 novembre 1900, p. 661).

172. Les décisions portant réforme pour cause de discipline ne peuvent être attaquées au fond devant le Conseil d'Etat. L'intéressé ne serait pas recevable

---

pendant trois ans, sans que ce conseil connût les motifs de la non-activité. Autrement, on ne voit pas sur quoi eût porté sa délibération.

à établir, soit que les faits sont inexacts, ou qu'ils ont été inexactement appréciés (Chaumet, 2 janvier 1838 ; Clerget, 17 janvier 1896, p. 29), ou que la gravité en était atténuée par l'affaiblissement de ses facultés (Vonner, 15 mars 1889, p. 360).

Mais elles peuvent être déférées au Conseil d'Etat pour excès de pouvoir :

Si la réforme a été prononcée pour un motif non prévu par la loi (par exemple l'incapacité professionnelle) ;

Si les formes prescrites par la loi et par le décret du 8 novembre 1903 n'ont pas été observées ; par exemple :

Si le conseil d'enquête n'a pas été consulté ;

Si l'avis de ce conseil avait été favorable à l'officier ;

Si la composition du conseil n'a pas été conforme au règlement de 1903 : soit qu'un ou plusieurs membres n'eussent pas le grade voulu (Thile, 22 juillet 1881) ; soit que le conseil ait été constitué dans une région autre que celle où les faits ont été commis, ou que celle dont l'inculpé fait partie (art. 3, arg. de l'arrêt Otto, 8 juillet 1892, p. 602).

Si lecture n'a pas été donnée au conseil d'enquête de toutes les pièces transmises par le ministre (art. 18 ; Fauchoux, 27 décembre 1878) ;

Si le conseil a statué sur des faits autres que ceux qui ont motivé le renvoi (art. 20 ; Fontas, 13 novembre 1903 ; Millereau, 14 juin 1901) ;

Si le procès-verbal contenant l'avis du conseil n'a pas été envoyé au ministre avec toutes les pièces à l'appui (art. 24 ; Péty, 8 août 1882) ;

Si notification n'a pas été faite par écrit à l'inté-

ressé de l'objet de l'enquête (art. 11 ; Fontas, 13 novembre 1903).

Si l'inculpé n'a pas été admis à se faire assister
d'un défenseur (art. 13), etc.

Le règlement exigeait autrefois que la plainte et
le rapport spécial fussent transmis au ministre, sans
être revêtus de l'avis des autorités intermédiaires, et
la transgression de cette disposition était souvent une
cause de nullité (Cuénot, 7 août 1903 : Bonfante,
3 août 1900, etc.).

Le nouveau règlement ne l'a pas reproduite. Il se
peut que l'autorité militaire qui transmet une plainte
ou un rapport n'apprécie pas tout d'abord la gravité
des faits, et n'envisage nullement l'éventualité d'un
conseil d'enquête. Elle est dès lors tout naturellement
amenée à donner son avis. On concevrait difficilement
que cet acte naturel et légitime de la fonction pût vicier ultérieurement la procédure. Le règlement de
1903 fait seulement défense aux auteurs de la plainte
ou des rapports prévus à l'article 9 (1) *et à ceux qui
ont émis un avis dans l'enquête,* de faire partie du
conseil d'enquête (art. 7).

173. « Les officiers sont appelés à tour de rôle, et
dans l'ordre de leur inscription, à siéger dans les
conseils d'enquête, à moins d'un empêchement admis
par le général commandant (la région). La cause de
l'empêchement est mentionnée dans la décision qui
constitue le conseil. »

L'inobservation de cette dernière prescription, si

(1) Il était admis précédemment que l'auteur du rapport pouvait faire partie du conseil d'enquête (décret du 13 mars 1891;
Nicaise, 17 mai 1895). Cela ne serait plus possible aujourd'hui en
présence des termes formels de l'article 7 du décret de 1903. Bien
que le rapporteur ne doive pas, en principe, faire connaître son
avis (art. 14), il est bien difficile que l'exposé des faits ne laisse
pas pressentir l'opinion qu'il s'en est faite.

elle n'entraîne pas *ipso facto* la nullité des opérations, rendra tout au moins l'officier recevable à discuter la valeur de l'empêchement allégué tardivement. La jurisprudence s'était plusieurs fois prononcée dans ce sens, alors cependant que la réglementation ne faisait pas de ladite mention une obligation positive (Brun, 10 février 1882, p. 137 ; Lamarque, 28 mars 1885, p. 386). Il n'y a donc pas de doutes à ce sujet.

Mais le Conseil d'Etat peut-il se constituer juge des cas d'empêchement allégués dans l'ordre de convocation ? Il faut, suivant nous, répondre négativement, à moins cependant que l'empêchement ne soit justifié par un motif *de droit*, auquel cas on ne saurait contester au Conseil d'Etat le pouvoir d'en contrôler la valeur. Il n'existe pas d'autres empêchements légaux que ceux prévus par l'article 7 du décret de 1903 et l'autorité militaire commettrait un excès de pouvoir tombant sous la censure du Conseil d'Etat si elle considérait, par exemple, comme empêché l'officier qui, dans un précédent conseil d'enquête relatif aux mêmes faits, aurait déposé comme témoin à charge (Le Cadre, 5 août 1887, p. 623), ou aurait été mêlé à l'affaire et en aurait connu les détails (Charrier, 22 février 1895, p. 165).

174. Il a été jugé :

1° Qu'un officier promu à un grade supérieur, au moment où siège le conseil, peut y figurer comme représentant son ancien grade, s'il remplit encore les fonctions de ce grade (Amy, 16 août 1860) ;

2° Que la délibération d'un conseil, constitué en raison du grade alors connu de l'inculpé, demeure valable si on reçoit ultérieurement connaissance d'un décret l'élevant à un grade supérieur et publié avant la réunion du conseil (Lullier, 26 juin 1869) ;

3° Qu'un officier a pu régulièrement être considéré comme empêché, s'il est rentré de congé le jour où se réunissait le conseil (Mouchon, 27 décembre 1901, p. 921) ;

4° Que, lorsque l'ordre de convocation d'un conseil a été rapporté, les officiers désignés pour en faire partie peuvent être désignés pour le suivant (Otto, 17 janvier 1896, p. 24) ;

5° Que le maintien de l'officier aux arrêts de rigueur jusqu'à sa comparution ne constitue pas une entrave à sa défense, si du moins il n'a demandé aucune autorisation de communiquer avec des tiers (Lupiac, 13 janvier 1893) ;

6°. Que ne constituent des vices de forme : ni le fait que le colonel du régiment serait entré dans la salle avant la réunion du conseil et aurait conversé avec quelques-uns de ses membres (Ducourneau, 6 mars 1896, p. 218) ; ni la circonstance que le rapporteur aurait convoqué des témoins de vive voix, alors sur-tout que ces témoins ont été entendus par le conseil (même arrêt) ; ni la circonstance que le procès-verbal des délibérations n'aurait pas été signé séance tenante (même arrêt) ; ou que des feuilles intercalaires, dont le contenu fait corps avec la rédaction, n'auraient pas été signées (Esterhazy, 18 janvier 1901, p. 36) (1) ;

7° Que les faits précédemment invoqués devant un

---

(1) Aux termes de l'article 19 du décret du 8 novembre 1903, l'inculpé (ou son défenseur) doit avoir la parole le dernier. Il importe donc que la clôture des débats soit prononcée immédia-tement après l'audition de la défense et que le vote ait lieu ensuite sans désemparer. (V. les déclarations faites par nous au nom du Gouvernement à la Chambre des députés, 2 mars 1903, et confirmées par la circulaire du 19 mars.)

conseil d'enquête, à la suite duquel l'officier a été mis en retrait d'emploi, peuvent être rappelés devant un deuxième conseil auquel seraient soumis des faits nouveaux d'inconduite (Brassel, 31 mai 1895, p. 462) ;

8° Que le ministre n'est pas tenu de communiquer au conseil d'enquête une lettre que l'inculpé lui a directement adressée (Billy, 16 décembre 1904, p. 807).

Il avait été jugé (Charrier, 22 février 1895) qu'un officier peut légalement faire partie du conseil, bien qu'ayant été l'objet d'une mutation insérée au *Journal officiel*, mais non encore notifiée.

Il n'en serait plus de même aujourd'hui, puisque l'insertion au *Journal officiel* tient lieu de notification (décret du 22 novembre 1904, art. 29).

175. L'avis du conseil d'enquête peut être modifié en faveur de l'officier. Le chef de l'Etat peut, sur la proposition du ministre de la guerre, prononcer la non-activité, alors que l'avis du conseil d'enquête était favorable à la réforme.

L'officier contre lequel la non-activité est prononcée dans ce cas peut-il attaquer cette décision, en se fondant sur l'irrégularité de la composition du conseil d'enquête ou tout autre vice de forme ?

Le Conseil d'Etat a résolu affirmativement la question. Sans doute la mise en non-activité n'est en principe soumise à aucune formalité ; mais un officier ne saurait être privé, à raison de la modification favorable apportée à l'avis du conseil d'enquête, du droit qu'il aurait eu s'il avait été mis en réforme (De Cosnac, 20 novembre 1874).

Lorsque le conseil d'enquête a émis un avis favorable à l'officier, celui-ci ne peut être mis en réforme. Mais le chef de l'Etat peut, sur la proposition du ministre, et à raison des mêmes faits qui ont motivé l'enquête, prononcer contre cet officier la mise en non-activité par retrait d'emploi (Espivent, 6 mai 1881 ; Mamet, 22 février 1907) (1).

§ 4. — De la retraite.

176. La retraite est la position définitive de l'officier rendu à la vie civile et admis à la jouissance d'une pension.

L'officier en retraite ne peut être replacé dans les *cadres* de l'activité (loi du 14 avril 1832, art. 23) ; mais il peut être rappelé à l'activité en temps de guerre s'il est pourvu d'un emploi dans la réserve ou dans l'armée territoriale. La loi du 25 juillet 1893 permet même au ministre de maintenir des officiers retraités jusqu'à un âge déterminé, dans les fonctions de trésorier, officier d'habillement, officier de recrutement, etc. Cette disposition n'a d'ailleurs pas pour effet de donner à l'officier le droit d'être maintenu jusqu'à cette limite. L'emploi peut lui être retiré quand le ministre le juge opportun (Royer, 20 juillet 1906, p. 648).

Sauf pour les officiers généraux, dont les limites d'âge sont fixées par la loi elle-même (loi du 13 mars 1875, art. 8), les limites d'âge résultent d'un simple décret (décret du 29 juin 1863) ; mais, conformément à la loi de finances du 30 mars 1888 (art. 22), elles ne pourraient être abaissées que par une loi.

---

(1) Jugé, à propos de cette affaire, que, par application de la loi du 22 avril 1905 (n° 154), l'officier ne peut être mis en non-activité sans que son dossier, *tel qu'il se comporte à ce moment*, lui ait été communiqué. Le ministre alléguerait vainement, pour se soustraire à cette obligation, que, devant le conseil d'enquête appelé à émettre un avis sur la mise en réforme, l'officier avait eu communication de son dossier (même arrêt).

177. Peuvent être mis d'office à la retraite, qu'ils aient ou non atteint la limite d'âge, tous les officiers, autres que les généraux, qui ont trente ans de service effectif (1) (Chazotte, 14 mars 1879 ; Jullien, 17 janvier 1896 ; Gabel, 19 février 1897 ; de Quincmont, 9 février 1906, etc.).

Aucune formalité préalable n'est nécessaire ; et le requérant prétendrait vainement que la décision qui le frappe a été prise en violation d'instructions ministérielles, telle l'instruction du 23 mars 1897. Ces documents ne présentent, en effet, aucun caractère législatif ou réglementaire (Dumas, 30 juin 1853 ; Olivier, 15 décembre 1905, p. 941 (2) ; Du Paty de Clam, 22 mars 1907, p. 299).

Nous devons cependant rappeler ici un arrêt du 19 juin 1903 (Ledochowski, p. 452), duquel il résulterait que le chef de l'Etat ne peut « fonder sa décision sur des motifs qui lui donnent le caractère d'une pénalité contre laquelle l'intéressé n'aurait pas été appelé *régulièrement* à présenter ses moyens de défense ». Nous ne pensons pas que cette décision fasse jurisprudence. Le législateur n'a pas déterminé, comme il a cru devoir le faire pour la mise en réforme, un ensemble de règles dont l'inobservation entraîne la nullité de la décision. En l'absence *de règles*, il ne saurait y avoir *irrégularité*, au sens légal du mot. Que vaudrait d'ailleurs une obligation que le

---

(1) L'officier atteint par la limite d'âge ne peut être mis d'office à la retraite s'il n'a pas de droits acquis à la pension de retraite, c'est-à-dire trente ans de services effectifs.

(2) Il n'en est pas ainsi dans la marine, où la loi du 10 juin 1896 impose certaines formalités pour la mise à la retraite (Viaud, 24 février 1899).

ministre peut facilement éluder en s'abstenant de motiver sa décision (1) ?

L'annulation d'un décret portant admission à la retraite ne pourrait être demandée sous prétexte qu'antérieurement à ce décret des vacances s'étaient produites dans le grade supérieur et que, par son rang d'ancienneté, l'intéressé pouvait légitimement compter être promu à ce grade (Rostan, 26 février 1897, p. 158).

178. *Dispositions spéciales aux officiers généraux.* — L'article 7 de la loi du 4 août 1839 est ainsi conçu :

« A l'avenir, les officiers généraux autres que ceux auxquels seraient appliquées les dispositions de la loi du 19 mai 1834, conformément au dernier paragraphe de l'article 5, ne seront admis à la retraite que sur leur demande. »

Cette disposition, qui manque de clarté, a donné lieu à quelque hésitation dans la jurisprudence. Elle est aujourd'hui fixée en ce sens qu'un officier général *en activité* ou *en non-activité*, appartenant *à la première section* ou *au cadre de réserve*, ne peut être mis d'office à la retraite, en dehors des cas prévus par la loi du 19 mai 1834 pour la mise en réforme et sans l'accomplissement des formalités prescrites par la section 3 du titre II de cette loi (réunion d'un conseil d'enquête, etc.) (West, 28 décembre 1877 ; Hubert-Castex, 10 juillet 1891 : Cornulier-Lucinière, 17 juin 1904, etc.).

179. *Ingénieurs des poudres et salpêtres.* — La loi

---

(1) Il y a cependant un cas où, à notre avis, la mise à la retraite d'office doit être précédée de l'avis d'un conseil d'enquête (V. n° 213, en note).

du 13 mars 1875 (art. 11) s'était bornée à définir la
mission des ingénieurs des poudres et salpêtres ;
mais elle avait laissé à un règlement d'administration
publique le soin de déterminer la composition et l'organisation de ce corps. Ce décret, intervenu le 9 mai
1876, régit encore la matière et, cependant, la loi du
16 mars 1882, en disposant que les ingénieurs des
poudres et salpêtres « jouissent du bénéfice de la loi
du 19 mai 1834 sur l'état des officiers » (art. 27),
appelait une réforme profonde. On pouvait se demander tout d'abord si l'état d'officier n'entraînait
pas *ipso facto* la militarisation. On a soutenu le contraire, se fondant sur ce que la loi du 13 mars 1875
(art. 1er) n'avait pas compris ces personnels parmi les
organes constitutifs de l'armée (avis du Conseil
d'Etat, 4 novembre 1890). Mais on peut répondre à
cela que l'énumération de la loi de 1875 doit être nécessairement complétée par celle de la loi du 16 mars
1882 (art. 2) ; que le service des poudres et salpêtres
étant compris au nombre des services administratifs
de l'armée, devait être désormais considéré comme
faisant partie intégrante de ladite armée, au même
titre que les services de l'intendance, de santé, etc.

Quoi qu'il en soit, il est tout au moins hors de doute
que l'application de la loi du 19 mai 1834 devait avoir
pour conséquence de donner aux ingénieurs des garanties identiques à celles dont jouissent les officiers
en vertu de cette loi, et que notamment l'avis du
comité qui, aux termes de l'article 8 du règlement
du 9 mai 1876, doit précéder le décret prononçant la
révocation, devrait être obligatoirement suivi lorsque
cet avis est favorable à l'intéressé.

D'autre part, on doit remarquer que la révocation
a les mêmes effets que la destitution, notamment la
perte du droit à pension pour les services antérieurs.

Or la destitution ne pouvant résulter que d'un jugement, ainsi devrait-il en être aussi de la révocation. L'ingénieur révoqué par mesure administrative, même avec la garantie d'un conseil d'enquête, est frustré du bénéfice de la loi de 1834.

§ 5. — État des officiers de réserve et de l'armée territoriale.

180. L'état des officiers de réserve et de l'armée territoriale est régi par le décret du 31 août 1878, modifié par celui du 3 février 1880.

La possession du grade leur est garantie tant qu'ils n'ont pas accompli le temps de service exigé par la loi de recrutement. L'officier qui n'a pas atteint l'âge de 45 ans ne peut être dépouillé de son grade que :

1° Pour l'une des causes qui entraînent la destitution de l'officier de l'armée active (art. 1er, 3° à 7°) ;

2° Par la révocation ;

3° Par la radiation prononcée pour cause d'infirmités.

181. La révocation est prononcée par décret contre tout officier déclaré en faillite ou qui, possédant une charge d'officier ministériel, est destitué par jugement ou révoqué par mesure disciplinaire.

Elle peut l'être, *mais seulement sur l'avis conforme d'un conseil d'enquête* (1) :

1° Pour révocation d'un emploi civil par mesure disciplinaire ;

2° Pour fautes contre l'honneur, à quelque époque qu'elles aient été commises ;

---

(1) Ce conseil est composé comme l'indique le tableau annexé au décret du 8 novembre 1903. Tous les membres, sauf le moins élevé en grade, appartiennent à l'armée active.

3° Pour inconduite habituelle ;

4° Pour fautes graves dans le service ou contre la discipline ;

5° Pour condamnation à une peine correctionnelle, lorsque la nature du délit et la gravité de la peine paraissent rendre cette mesure nécessaire ;

6°..... (1) ;

7° « Contre tout officier qui, en dehors de la période d'activité, adresse à un de ses supérieurs militaires ou publie contre lui un écrit injurieux, ou commet envers l'un d'eux un acte offensant. »

Et ce, alors même que les faits incriminés tomberaient sous l'application du Code pénal ou des lois sur la presse (Reinach, 21 novembre 1902). Il n'y a d'ailleurs aucun lien entre cette disposition et le tableau D annexé à la loi de recrutement. Le décret de 1878 a une portée générale et on prétendrait vainement que l'application du § 7° doit être limitée aux cas que prévoit ledit tableau D, où l'outrage a été commis à l'occasion du service et comme vengeance contre un acte d'autorité (Reinach, 21 novembre 1902, p. 673). La délégation donnée au président de la République par la loi du 13 mars 1875 (art. 45 et 58) est générale et absolue ;

8° Contre tout officier qui publie ou divulgue, dans des conditions nuisibles aux intérêts de l'armée, des renseignements parvenus à sa connaissance, en raison de sa position militaire ;

9° En cas de mobilisation, contre tout officier sus-

---

(1) Le paragraphe 6° prévoyait le cas où l'officier de réserve contreviendrait aux obligations qu'entraîne le changement de domicile ou de résidence. Il devra être remanié pour être mis en harmonie avec les dispositions nouvelles que contient l'article 45 de la loi du 21 mars 1905.

pendu de son grade pour un an par mesure de discipline.

182. La radiation des cadres pour infirmités peut être prononcée par décret, après examen médical et avis du comité de santé :

1° Si les infirmités sont reconnues incurables ;

2° Si, sans être incurables, elles ont entraîné la mise hors cadre de l'officier pendant trois années consécutives.

183. Parvenu à l'âge de 45 ans, l'officier est rayé des cadres. Cependant, il peut, sur sa demande, et par décision ministérielle, être admis à y rester jusqu'à 65 ou 60 ans, suivant qu'il est ou non officier supérieur. Une fois cette décision intervenue en sa faveur, quelle sera la position de l'officier? Sera-t-il de nouveau propriétaire de son grade et ne pourra-t-il plus en être dépouillé jusqu'à limite d'âge que pour une des causes prévues au décret du 31 août 1878 (infirmités, inconduite, etc.) ?

Le décret du 3 février 1880 répond négativement à la question.

« Article 1er. — Les officiers admis à la retraite et placés pendant cinq ans à la disposition du ministre de la guerre, par application de la loi du 22 juin 1878, sont pourvus d'emplois dans les cadres de l'armée territoriale, de préférence aux officiers de cette même armée qui n'ont pas la même origine.

» Ces derniers peuvent être mis à la suite par décret du président de la République, rendu sur le rapport du ministre de la guerre.

» Article 2. — Tout officier mis à la suite par application de l'article précédent et qui a atteint la limite du temps de service exigé dans la réserve de l'armée territoriale, peut être rayé des cadres par décision ministérielle. »

On a soutenu devant le Conseil d'Etat, et le commissaire du gouvernement s'associait à cette opinion, que le décret du 3 février 1880 était entaché d'excès de pouvoir.

« Le ministre est libre, disait-on, de maintenir ou non dans les cadres l'officier qui a accompli son temps de service. Mais, s'il le maintient, il y a droit acquis, et l'officier ne peut plus être rayé avant la limite d'âge, à moins qu'il ne rentre dans l'un des cas prévus par le décret du 31 août 1878. Le chef de l'Etat peut enlever l'emploi et non le grade. »

Cette opinion n'a pas prévalu devant le Conseil d'Etat. Il a jugé que la loi du 13 mars 1875 avait donné au chef de l'Etat, par ses articles 45 et 48, une délégation absolue pour le règlement de l'état des officiers de l'armée territoriale ; que l'article 56 de cette loi n'a eu pour objet que de fixer l'extrême limite au delà de laquelle les officiers ne doivent plus figurer dans les cadres (de Piolenc, d'Assat, de Raineville, d'Harcourt, 8 avril 1881 ; Hambourg, 20 mai 1881) (1).

La question que nous venons d'examiner ne se présente pas pour les officiers retraités pourvus d'un emploi dans l'armée territoriale en vertu de l'article 2 de la loi du 22 juin 1878. L'emploi qui leur a été conféré peut évidemment leur être retiré ; mais, en quittant l'armée active, il n'ont pas cessé d'être pos-

(1) Toutefois, il faut se garder d'étendre, au delà de ses termes mêmes, la portée du décret de 1880. L'officier ne peut être dépossédé de son grade (en dehors des cas prévus par le décret de 1878) que s'il a été mis à la suite *par application de l'article* 1er *du décret du 3 février 1880,* c'est-à-dire *pour faire place à un officier retraité de l'armée active.*

sesseurs de leur grade, et leur état, dans la position
de retraite, comme dans la position d'activité, demeure régi par la loi du 19 mai 1834.

184. Les officiers de réserve sont soumis aux mêmes règles que les officiers de l'armée territoriale.
Quand ils ont accompli le temps de service exigé
dans l'armée active et sa réserve, ils sont versés dans
l'armée territoriale, à moins que, sur leur demande,
ils ne soient maintenus dans le cadre des officiers de
réserve.

Dans l'un et l'autre cas, lorsqu'ils ont terminé le
temps de service exigé par la loi de recrutement, ils
sont rayés des cadres, à moins qu'une décision ministérielle spéciale ne les admette à rester, soit dans
la réserve, soit dans l'armée territoriale.

§ 6. — État des militaires non officiers.

185. La loi du 23 juillet 1881 a, la première, constitué un *état* des sous-officiers rengagés ou commissionnés, c'est-à-dire entouré de certaines garanties la
situation de ces personnels. La loi du 21 mars 1905
a étendu ces garanties aux brigadiers ou caporaux
rengagés ou commissionnés et même aux simples soldats commissionnés.

« Article 67. — L'admission d'office à la retraite
proportionnelle, ou la révocation des sous-officiers,
caporaux, brigadiers et soldats commissionnés sont
prononcées par le ministre ou par le général commandant le corps d'armée, délégué, d'après l'avis
d'un conseil d'enquête constitué suivant les règlements militaires en vigueur. Cet avis ne peut être
modifié qu'en faveur de l'intéressé.

» La commission est en outre retirée de plein droit
lorsque, ayant été délivrée en vertu d'un emploi où

d'un traité déterminé, cet emploi est supprimé ou
le traité est résilié ou vient à expiration.

» Article 68. — La rétrogradation ou la cassation
des sous-officiers, brigadiers ou caporaux rengagés,
est prononcée par le ministre ou par le général commandant le corps d'armée, délégué, d'après l'avis
d'un conseil d'enquête, constitué suivant les règlements actuellement en vigueur pour les sous-officiers. Cet avis ne peut être modifié qu'en faveur de
l'intéressé. »

Ces articles (1) donnent lieu à des remarques importantes :

186. 1° L'admission d'office à la retraite proprement dite (c'est-à-dire après vingt-cinq ans de services) n'est pas subordonnée à l'avis préalable d'un
conseil d'enquête. Comme pour les officiers eux-mêmes, cette mesure relève du pouvoir discrétionnaire.

187. 2° Il y a rétrogradation quand il y a passage,
non seulement du grade supérieur au grade immédiatement inférieur, mais encore de l'emploi supérieur à l'emploi inférieur du même grade. Ainsi, le
grade de sous-officier comporte trois emplois, ceux
d'adjudant, de sergent-major et de sergent. Il y aura
rétrogradation pour l'adjudant remis sergent-major,
pour le sergent-major remis sergent, et la formalité
d'un conseil d'enquête sera nécessaire aussi bien dans
un cas que dans l'autre (décret du 8 novembre 1903,
art. 20).

Il en sera autrement cependant si, par des mutations successives qu'il a lui-même sollicitées, l'intéressé renonce par là même implicitement à l'emploi

---

(1) Les sous-officiers servant au titre étranger ne peuvent revendiquer le bénéfice de ces dispositions (Lapierre, 22 mars 1907,
p. 277).

qu'il occupe ou a occupé (Boniquet, 16 janvier 1903, p. 14).

188. 3° Un sous-officier (ou caporal) commissionné ne peut être révoqué s'il a acquis des droits à la retraite proportionnelle. Il avait été jugé, sous l'empire du décret du 25 janvier 1896, que le sous-officier révoqué perdait de plein droit le bénéfice de la pension proportionnelle (Béasse, 13 décembre 1901). Cette jurisprudence pouvait être contestée ; car les déchéances ne se présument pas ; et si la loi dispose que l'officier destitué ne peut obtenir de pension à raison de ses services antérieurs (loi du 9 juin 1857, art. 192), que le fonctionnaire civil révoqué perd les mêmes droits (loi du 9 juin 1853, art. 27), aucune disposition analogue ne s'applique aux pensions proportionnelles dont le droit est acquis aux sous-officiers après quinze ans de services. Quoi qu'il en soit, cette solution ne serait plus possible aujourd'hui. Il résulte en effet du règlement d'administration publique du 8 novembre 1903 (sous-officiers) que la question de révocation ne doit être posée au conseil d'enquête qu'à l'égard des sous-officiers ayant moins de quinze ans de services. Quant à ceux qui ont plus de quinze ans et qui, par conséquent, ont des droits acquis à la pension proportionnelle, la question d'admission à la retraite peut seule être posée.

189. 4° Les garanties accordées à la possession du grade de sous-officier ne s'appliquent qu'au temps de service actif. Dans une affaire Totzauer (27 juin 1902, p. 472 et note), le ministre de la marine a fait observer avec raison que la rétrogradation ou la cassation d'un sous-officier rengagé sont des punitions qui le frappent *au cours de son service* et qui ont pour effet de le maintenir sous les drapeaux avec une

situation moindre ; que, le terme du contrat de rengagement étant arrivé, les avantages inhérents à la
situation du rengagé prenaient fin simultanément.

Le sous-officier conserve toutefois la faculté de se
rengager avec son grade, même s'il a quitté le service depuis plus de six mois (loi du 21 mars 1905,
art. 55).

La même faculté est accordée aux caporaux ou brigadiers, mais pendant six mois seulement à partir
de la libération et à condition que le rengagement
soit contracté pour le corps où ils ont servi.

190. 5° Les mesures prévues par les articles 67 et
68 de la loi du 21 mars 1905 ne peuvent être prononcées que par le ministre ou le général commandant
le corps d'armée, délégué. L'absence de délégation
rendrait nulle la décision prise à son défaut ; et, si le
ministre venait à la confirmer ultérieurement, le délai de recours, à l'inverse de ce qui se passe pour les
décisions confirmatives proprement dites, ne compte-
rait que du jour où la décision ministérielle a été notifiée à l'intéressé. (Rémy, 19 mai 1899, p. 395).

191. 6° La cassation des sous-officiers, la révocation
ou la mise à la retraite des sous-officiers commissionnés sont employées en principe quand les autres
moyens disciplinaires ont été épuisés (règl. sur le
service intérieur, art. 312, infanterie). Cette disposition a le caractère d'une recommandation d'ordre général et ne fait nul obstacle à ce que la cassation
puisse être légalement prononcée contre le sous-officier qui n'aurait pas été frappé antérieurement de
peines moins graves (Ménard, 22 juin 1906, p. 536).

192. 7° La condamnation à une peine correctionnelle de plus de trois mois de prison peut entraîner

la cassation. Le cas échéant, la réhabilitation qui effacerait cette condamnation laisserait subsister la cassation (Fouilloux, 28 décembre 1900, p. 819).

193. L'organisation et le fonctionnement des conseils d'enquête sont déterminés par un décret qui porte la même date (8 novembre 1903) que celui relatif aux officiers. La procédure est à peu près la même, sauf que le conseil a conservé pour les sous-officiers le caractère de conseil régimentaire.

Précédemment le président, ayant voix prépondérante, pouvait, par cela même, faire connaître son vote, sans que cette divulgation eût pour effet de vicier la délibération (Nicaise, 17 mai 1895). Il n'en serait plus de même aujourd'hui : le secret du vote s'impose à tous les membres (décret du 8 novembre 1903, art. 21).

194. Sous l'empire de la législation précédente (loi du 18 mars 1889, art. 5), les autorisations de rengagement ou les commissions ne pouvaient être refusées aux sous-officiers, dans les limites de nombres fixées par le ministre, qu'en cas d'avis défavorable du conseil de régiment.

La loi du 21 mars 1905 se borne à dire (et c'est une disposition commune à tous les grades) : « Les militaires de toutes armes peuvent, avec le consentement du conseil de régiment, contracter des rengagements, etc. »

Ce texte, bien que différent du premier, consacre *le droit* au rengagement ; car si la loi avait entendu laisser à l'autorité militaire la faculté d'opposer son *veto* nonobstant le consentement du conseil de régiment, elle aurait dit : « *peuvent être admis à contracter...* » et non : « *peuvent contracter* ».

Le droit reste subordonné : d'une part, au consentement du conseil de régiment ; d'autre part, aux limites de nombres fixées par le législateur lui-même (art. 59 modifié par la loi du 16 juillet 1906).

Quant au commissionnement, il ne peut plus être revendiqué comme un droit, et cela s'explique aisément. La commission, dans la loi de 1889, n'impliquait pas nécessairement la spécialisation dans un emploi ; c'était une simple modalité dans la situation du sous-officier. Dix années de service et le grade de sous-officier suffisaient pour créer l'aptitude au commissionnement. Il n'en est plus ainsi aujourd'hui. « Les commissionnés ne peuvent remplir d'autres emplois que ceux prévus aux tableaux H et I », c'est-à-dire des emplois spéciaux, impliquant des aptitudes spéciales, inconciliables avec le droit de revendiquer lesdits emplois.

Les commissionnés peuvent à tout instant, sauf en cas de guerre, offrir leur démission. Le ministre doit statuer dans le délai de deux mois, augmenté hors de France des délais de distance.

§ 7. — Droit à certains emplois civils.

195. Il importe de remarquer tout d'abord que la loi du 21 mars 1905 s'applique, en ce qui concerne la collation des emplois civils, non seulement aux rengagements contractés sous l'empire de cette loi, mais à tous les rengagements en cours au moment de sa promulgation (1). (Egraz, 7 août 1906, p. 763).

---

(1) Sauf la disposition transitoire qui fait l'objet de l'article 9 de la loi du 10 juillet 1907. Ajoutons que, suivant un arrêt du 11 janvier 1907 (Polache), les dispositions du titre IV de la loi du 21 mars 1905 relatives aux emplois civils, ne sont entrées en vigueur qu'un an après sa promulgation.
Les auteurs du décret du 26 août 1905 avaient pensé autrement.

Les dispositions y relatives peuvent donner lieu à une action contentieuse dans les cas suivants :

1° Si la commission de classement a méconnu les dispositions de la loi. Il avait été jugé (Say, 7 août 1896, p. 640) que *le classement ne peut être l'objet d'un recours au Conseil d'Etat.* Mais le principe était formulé en termes trop absolus. Sans doute le Conseil d'Etat ne peut pas discuter les appréciations de la commission sur les mérites respectifs de tel ou tel candidat. Mais il est compétent pour reconnaître et dire que tel motif de droit invoqué par la commission pour exclure un candidat est mal fondé ; que, par exemple, celle-ci a faussement interprété la loi en décidant qu'un militaire réformé par congé n° 1 n'est pas susceptible de concourir sous prétexte qu'il n'a jamais été rengagé (Demange, 10 mars 1905, p. 240 : Berrest, 20 mai 1904, p. 404 et conclusions de M. Saint-Paul, commissaire du gouvernement). Cette jurisprudence a été consacrée par l'arrêt précité du 7 août 1906 (Egraz).

2° Le militaire étant classé peut attaquer par la voie contentieuse toute nomination faite au mépris de ses droits. C'est la loi elle-même qui le dit expressément (art. 73, avant-dernier alinéa) et l'administration intéressée invoquerait vraiment un décret réglementaire, même antérieur à cette loi, qui réserverait à une certaine catégorie d'agents les nomina-

---

Se fondant sur l'article 96 de la loi qui déclarait immédiatement applicables les dispositions du titre IV, relatives aux engagements, rengagements et commissions, ils avaient considéré que cette injonction s'étendait à la collation des emplois civils, comprise sous la même rubrique.

Dans l'arrêt Egraz susvisé (7 août 1906), le Conseil d'Etat s'était lui-même rangé à cette manière de voir ; car, se fondant sur le même article 96, il avait déclaré « immédiatement applicables les dispositions relatives aux emplois civils ». L'arrêt Polache, du 11 janvier 1907, marque donc un changement de jurisprudence.

tions de l'espèce. Ces décrets ne peuvent faire obstacle à l'application de la loi (Tixier, 3 août 1906, p. 741) (1).

Les pourvois sont dispensés de l'intervention d'un avocat au Conseil d'Etat.

Le législateur ne s'est pas borné à affirmer le droit · de recours et à en faciliter l'exercice. Il a édicté un ensemble de dispositions qui obligent en quelque sorte l'administration à mettre entre les mains de l'intéressé l'instrument de recours, c'est-à-dire la pièce officielle qui atteste la violation du droit. On pouvait craindre, d'après quelques précédents, que les services n'éludent les obligations de la loi, en omettant de rendre publiques les nominations faites en violation de son texte. On peut espérer qu'il n'en sera plus ainsi à l'avenir ; car tout candidat au titre civil, dont la nomination n'aura pas été insérée au *Journal officiel*, risquera de voir annuler sa nomination et sera ainsi le premier intéressé à réclamer l'accomplissement de cette formalité (2).

---

(1) On a dit à la Chambre des députés qu'en conférant à des militaires, dès la promulgation de la loi de 1905, des emplois sur lesquels pouvaient légitimement compter les agents qui assuraient seuls autrefois le recrutement de ces emplois, on donnait à cette loi un effet rétroactif. Cette assertion est inexacte. Il n'y aurait eu rétroactivité, dans le sens juridique du mot, que si on avait dépossédé des employés de situations acquises; mais l'administration ne viole aucun droit quand, en exécution de la loi, elle brise les espérances même les plus légitimes.

(2) Dans la séance du 11 juin 1903, Sénat, le commissaire du gouvernement (contrôleur général Cretin) insistait en ces termes sur l'efficacité de cette clause : « Puisqu'on n'a pas appliqué la loi de 1889 ni celle de 1897, qu'est-ce qui nous garantit, objecte M. le sénateur Pichon, qu'on appliquera cette disposition additionnelle? Ce qui nous le garantit, c'est que le mandat qui serait indûment payé au profit d'un fonctionnaire illégalement nommé, resterait pour compte à l'agent du Trésor qui l'aurait payé, car la Cour des comptes ne l'admettrait pas à sa décharge.

» M. Pichon nous dira — je vais au-devant de l'objection —

En ajoutant que cette nullité ne pourrait être opposée aux tiers, la loi a envisagé le cas où, s'agissant par exemple d'un receveur des deniers publics, un tiers aurait de bonne foi effectué un paiement entre ses mains.

196. Les candidats militaires à des emplois civils sont autorisés à attendre au corps pendant un an ou deux ans, suivant le cas, leur nomination *à l'emploi pour lequel ils ont été classés* (art. 74 de la loi ; Maincon, 9 juin 1905, p. 527).

Le droit d'attendre au corps sa nomination appartient au sous-officier qui a été classé avant sa radiation des contrôles, et il conserve ce droit même si, après ce classement, il avait été admis à la pension proportionnelle. Le cas échéant, ladite pension devrait être revisée en comptant comme passé au corps le temps pendant lequel il avait le droit d'y attendre sa nomination (Pellegrin, 9 juin 1905, p. 528).

197. Sous l'empire de la loi du 18 mars 1889, le sous-officier, candidat à un emploi civil, pouvait concourir autant de fois que bon lui semblait jusqu'à l'âge de 40 ans.

---

qu'on peut passer outre, que l'ordonnateur a le droit de requérir le paiement et que cet ordonnateur sera précisément le chef de l'administration intéressée ; que sa réquisition aura pour effet de dégager la responsabilité du payeur et de rendre illusoire la mesure que vous voulez prendre.

» Il est vrai qu'en général l'ordonnateur dispose du droit de réquisition : c'est qu'en vertu de la loi fondamentale de 1807 sur la Cour des comptes, l'ordonnateur désigne les pièces justificatives qui doivent être jointes aux mandats, et on en déduit le droit corrélatif pour l'ordonnateur de passer outre à la non-production de la justification exigée. Mais ce droit de réquisition cesse d'exister quand c'est le législateur lui-même qui fixe les justifications à produire. L'ordonnateur ne peut plus passer outre ; sinon il se mettrait en opposition avec la volonté exprimée par le législateur ; sa réquisition serait inopérante et l'agent du Trésor ne serait nullement couvert. »

La loi de 1905 n'autorise le militaire sous les drapeaux à concourir qu'une fois, dans le trimestre qui précède celui de sa libération. S'il n'est pas classé, il est avisé d'avoir à attendre le classement trimestriel suivant, ou d'accepter l'un des emplois qui pourraient lui être offerts faute de ceux qu'il avait demandés (art. 72). Aucune disposition ne l'autorise à attendre un troisième classement (Hugues, 8 mars 1907, p. 232).

Le militaire libéré a cinq ans pour se mettre en instance, mais à la condition qu'il n'ait pas sollicité d'emploi, alors qu'il était encore au service (même arrêt).

S'il n'est pas classé et s'il ne figure pas non plus dans le classement trimestriel suivant, sera-t-il, comme le candidat présent au corps, définitivement forclos ? Bien que l'article 75 ne s'explique pas à ce sujet, il faut, suivant nous, répondre affirmativement. Une différence de traitement ne se justifierait pas (1).

197 *bis*. Pour les militaires réformés ou retraités en raison de blessures ou infirmités contractées au service, il n'y a pas de délai. Tant que le candidat n'a pas atteint la limite d'âge fixée pour l'obtention de l'emploi, il est recevable à formuler sa demande (avis du Conseil d'Etat, 24 juillet 1907).

_____

(1) Nous ne pensons pas que le législateur ait eu l'intention de restreindre, pour aucune catégorie, la faculté de concourir. Une seule chose le préoccupait : on sait que la loi du 18 mars 1889 permettait aux sous-officiers de concourir au corps jusqu'à l'âge de 40 ans (art. 21). Quelques-uns s'obstinant à maintenir leur candidature à des emplois très recherchés, mais peu offerts, engorgeaient les cadres et arrêtaient le jeu normal de l'avancement. La loi, pour parer à ce danger, a dit, ou voulu dire : « Vous pourrez attendre *au corps* le classement trimestriel suivant; mais *non les classements ultérieurs.* » C'est l'omission malencontreuse de ces mots « au corps » qui a fait naître toutes les difficultés.

197 *ter*. Aux termes de l'article 75, l'ex-militaire
qui se démet volontairement d'un des emplois prévus
aux tableaux E, F et G ne peut plus concourir, au
titre militaire, pour un emploi réservé. Bien que l'emploi de gendarme figure auxdits tableaux, l'article 75
n'est pas opposable au militaire qui aurait été admis
dans la gendarmerie suivant les conditions de recrutement qui lui sont propres et non à la suite d'un
classement (Coirnot, 19 avril 1907, p. 342.)

198. Parmi les emplois civils réservés aux anciens
militaires, il en est dont la possession n'est garantie
par aucune disposition réglementaire ; d'où il résulte
qu'une action contentieuse est ouverte à l'intéressé
pour revendiquer l'emploi, et que toute action lui est
fermée s'il en est dépossédé le lendemain par le pouvoir discrétionnaire du chef de service. Il y a évidemment là une grave lacune qui s'impose à l'attention du législateur.

199. « La pension, dit l'article 65 de la loi, s'ajoute
toujours au traitement afférent à l'emploi civil dont
le pensionnaire peut être pourvu aux termes des articles ci-après. » La loi ne vise que les *emplois civils*,
d'où il résulte que le cumul ne s'applique pas aux
emplois militaires (Nivaggioni, 1er juillet 1904,
p. 536). La règle générale, édictée par l'article 4 de
la loi du 28 fructidor an VII, reprend alors son empire.

SECTION III
Avancement.

200. La loi du 14 avril 1832 fixe le temps minimum
qu'un officier doit passer dans chaque grade pour

être promu au grade supérieur (art. 1 à 10). La loi du 17 avril 1906 (art. 41) a ajouté deux autres conditions applicables seulement pour le temps de paix. « A moins de services exceptionnels dont le détail devra figurer au *Journal officiel*, ne peuvent être inscrits au tableau d'avancement pour le grade supérieur que les chefs de bataillon ou d'escadrons; capitaines, lieutenants et assimilés des troupes métropolitaines où coloniales, figurant, au 1ᵉʳ janvier de l'année de la proposition, dans la première moitié de la liste d'ancienneté de leur grade. Les prescriptions relatives au temps de commandement à accomplir par les capitaines, commandants et colonels brevetés, édictées par le paragraphe 3 de l'article 4 de la loi du 20 mars 1880, sur le service d'état-major, modifiée par celle du 24 juin 1890, sont applicables aux capitaines, commandants et colonels non brevetés des troupes métropolitaines et coloniales. Les deux années de commandement doivent être effectives et ne peuvent être cumulées avec aucun autre emploi ou fonction.

En cas d'impossibilité absolue, le temps passé effectivement dans l'état-major particulier du génie ou dans l'état-major particulier de l'artillerie (service des établissements, constructeurs) ou dans l'artillerie coloniale, ou dans le service des remontes, pourra être exceptionnellement compté aux officiers de ces deux armes comme temps de commandement. Les dispositions du présent article... ne seront pas applicables en temps de guerre (1). »

Le temps minimum de service fixé par la loi de 1832 peut être réduit de moitié à la guerre ou dans

---

(1) Pour l'application de ces dispositions, voir le décret du 23 octobre 1907.

les colonies (art. 18). Mais cette disposition ne saurait être invoquée comme constituant un droit ; et si, par exemple, une promotion de capitaine revenant au tour de l'ancienneté est faite au choix, à défaut de lieutenant ayant deux ans de grade, le lieutenant le plus ancien, alors même qu'il aurait un an de grade et serait employé aux colonies, ne serait pas recevable à critiquer cette nomination (Perraud, 18 juin 1846).

Il est également dérogé à la règle posée (art. 18) : 1° pour action d'éclat dûment justifiée ; 2° lorsqu'il n'est pas possible de pourvoir autrement au remplacement des vacances en présence de l'ennemi (art. 19).

La loi détermine (art. 12, 13, 14) la part dévolue dans chaque grade : 1° à l'ancienneté ; 2° au choix. Cette proportion est modifiée, pour le temps de guerre, par l'article 20.

Il a été jugé (Rougé, 7 février 1837) qu'une collation de grade faite d'après la règle établie pour le temps de guerre est valable, bien qu'elle n'ait eu lieu que depuis la rentrée du corps en France, si l'emploi était devenu vacant et si l'officier avait été proposé pour le remplir avant ladite rentrée, et qu'une irrégularité dans le travail ait seule fait retarder sa nomination.

201. Le rang d'ancienneté fait partie de l'état de l'officier (Casse, etc., 20 avril 1888, p. 343). Si une erreur est commise dans la détermination de ce rang, l'intéressé n'a pas besoin d'attendre, pour réclamer, qu'un préjudice matériel lui ait été causé par des promotions faites en violation de ces droits (Thibaut, 1er juin 1906). Il devra même se pourvoir dans les délais légaux contre la décision qui lui assigne ce

rang, faute de quoi il ne sera pas recevable à contester, en dehors de ces délais, les nominations des
officiers à la suite desquels il a été classé (Robert,
11 juillet 1902, p. 520).

202. Les officiers autorisés à changer d'arme re-
noncent par ce seul fait à leur ancienneté (Ordonn.
du 16 mars 1838, art. 56).

La loi du 26 mars 1891, en disposant que les sous-
lieutenants de toutes armes seront promus lieutenants après deux ans d'exercice dans le grade de
sous-lieutenants, n'a pas eu pour effet de modifier ce
principe. Le sous-lieutenant qui change d'arme en
entrant dans la gendarmerie, par exemple, ne peut
donc faire entrer en ligne de compte le temps passé
antérieurement dans ce grade, et il ne pourra prétendre à être promu lieutenant qu'après avoir exercé
pendant deux ans, dans la gendarmerie, l'emploi de
sous-lieutenant (Coste, 8 juillet 1892, p. 603).

203. Par dérogation à l'article 56 de l'ordonnance
du 16 mars 1838, les capitaines et les lieutenants de
gendarmerie qui rentrent dans leur ancienne arme
ne perdent que le temps qu'ils ont passé dans la gendarmerie (décis. impériale du 11 janvier 1854) ; mais
ils ne peuvent, dans aucun cas, occuper dans l'arme
réintégrée un rang supérieur à celui de leurs permu
tants (Nolan, 22 février 1889, p. 241).

204. La règle générale établie par l'article 56 de
l'ordonnance du 16 mars 1838 n'est pas applicable
lorsqu'il s'agit de pourvoir à la formation d'un corps
nouveau ou à la création de nouveaux emplois dans
des corps anciens. Ainsi, lorsqu'en 1884 ont été créés
des corps de tirailleurs tonkinois rattachés à l'infanterie de marine, le décret de formation a pu légale-

ment appeler les officiers de l'armée de terre à entrer dans ces régiments, en conservant leur ancienneté de grade. Il a pu légalement décider de même pour les officiers de l'armée de terre appelés à occuper les emplois nouveaux qui étaient créés dans les régiments d'infanterie de marine anciens, pour assurer la relève normale des officiers européens des régiments de tirailleurs tonkinois (Casse et autres, 20 avril 1888, p. 343).

205. Il avait été jugé (Le Bozec, 29 juin 1877) que la réclamation d'un officier n'était recevable qu'à la condition que son droit fût *né* et *actuel;* que, par conséquent, un officier, à moins qu'il ne fût le premier de la liste d'ancienneté, ne serait pas fondé à critiquer une nomination faite au choix, en alléguant le retard qui en résulterait pour sa propre nomination. Le développement qu'a reçu depuis lors la notion de l'excès de pouvoir s'opposerait aujourd'hui à une solution semblable. Sans doute, l'officier qui n'est pas le premier de la liste ne peut se plaindre qu'on ait violé un droit en sa personne ; mais, s'il y a eu violation de la loi, et si son intérêt est directement en cause (ce qui était évidemment le cas dans l'espèce), il peut, comme nous l'avons vu, déférer au Conseil d'Etat, pour excès de pouvoir, l'acte qui le lèse.

Pour exercer cette action, il n'est même plus nécessaire que son intérêt soit *certain;* il suffit que *ses chances d'avenir* soient diminuées ou même simplement menacées.

Supposons, par exemple, qu'une inscription soit faite au tableau d'avancement en violation de la loi ; que, contrairement à l'article 41 de la loi de finances du 17 avril 1906, un capitaine y soit porté, alors qu'au 1ᵉʳ janvier de l'année, il ne figurait pas dans la première partie de la liste d'ancienneté. Cette inscription pourra être attaquée par tous les capitaines de l'arme ; car tous ont vocation au grade supérieur et leurs chances d'accès à ce grade sont nécessairement diminuées par une mesure qui augmente indûment celles de leurs concurrents. Tel est évidemment le caractère de l'inscription au tableau, puisqu'elle est la condition nécessaire de l'avancement au choix. En vain dira-t-on que l'inscription n'est qu'une mesure préparatoire ; qu'elle n'entraîne pas nécessairement la promotion ; que le dommage ne sera effectif et que la réclamation n'aura d'objet réel que le jour de cette promotion. Elle arriverait trop tard, car un officier promu au grade supérieur, même irrégulièrement, ne peut être frappé de rétrogradation (de la Taste, 15 décembre 1905, p. 940) (1).

206. On sait que la loi du 23 juillet 1847 permet de nommer capitaines au choix hors tour les lieutenants proposés pour les emplois d'adjudant-major, de trésorier, d'officier d'habillement et d'officier instructeur, à défaut de capitaines susceptibles d'y être appelés. Mais ce n'est pas pour le ministre une obligation et le fait même qu'un lieutenant aurait été pourvu d'un de ces emplois n'entraînerait pas sa nomination immédiate, s'il n'est pas porté au tableau d'avancement (Fournet, 8 juin 1895, p. 645).

207. L'officier qui, par suite d'erreur, n'a pas obtenu l'avancement auquel son ancienneté lui donnait droit, a six mois pour réclamer ; ce délai est porté à neuf mois pour les officiers employés hors du territoire.

---

(1) V. la note sous le n° 209.

Comme les promotions d'officiers devaient, suivant les termes de la loi du 14 avril 1832, être insérées au *Journal militaire officiel*, le délai devait courir du jour de l'insertion. Le décret du 11 juin 1887 ayant supprimé cette insertion, le délai court aujourd'hui du jour de l'insertion au *Journal officiel* de la République, ou plutôt, pour rester dans les termes du décret-loi du 5 novembre 1870, un jour franc après que le *Journal officiel* est parvenu au chef-lieu de l'arrondissement.

La loi du 13 avril 1900 (art. 24) n'a pas modifié ce délai ; car elle n'a pas dérogé « aux dispositions de lois ou de règlements qui ont fixé des délais spéciaux pour les pourvois au Conseil d'Etat ». La réclamation peut donc être, dans ce délai, soit adressée au ministre sauf recours au Conseil d'Etat (Lafeuillade, 7 août 1883), soit même adressée directement au Conseil d'Etat (Labussière, 2 juin 1876, p. 505 ; Casse, 20 avril 1888, p. 343. — V. conclusions du commissaire du gouvernement dans cette dernière affaire). La requête peut être formée collectivement par tous les officiers, bien que n'ayant le même intérêt, s'ils invoquent le même mobile (V. conclusions ci-dessus visées).

L'officier qui, par erreur, n'a pas obtenu l'avancement auquel il avait droit, est nommé à la première vacance qui survient à quelque titre que ce soit, et il compte son ancienneté dans son nouveau grade du jour où l'emploi qui lui revenait a été conféré à un officier moins ancien que lui, et ce dernier conserve son ancienneté (Ordonn. du 16 mars 1838, art. 36 ; Viaud, 30 novembre 1900, p. 681).

208. Le chef de l'Etat peut-il faire remonter la promotion d'un officier à une date antérieure à la signa-

ture du décret de nomination, alors même que des promotions auraient eu lieu dans l'intervalle ?

L'affirmative est certaine, ainsi qu'on vient de le dire (n° 207), lorsque la nomination s'applique à un officier qui n'a pas été nommé à son tour d'ancienneté ; mais en serait-il ainsi pour une promotion au choix ? Le chef de l'Etat, informé d'une action d'éclat restée ignorée pendant plusieurs mois et voulant la récompenser par une promotion au choix, peut-il en faire remonter les effets à la date où cette action a été accomplie ?

Le ministre a soutenu l'affirmative devant le Conseil d'Etat (Faidherbe, 27 mars 1874). Bien que ce haut tribunal ait évité de résoudre la question, il ne nous paraît pas douteux qu'une telle nomination serait entachée d'illégalité. Aucun intérêt, si respectable soit-il, ne saurait prévaloir contre des droits acquis.

209. Toute nomination est définitivement acquise à l'intéressé dès qu'elle a été insérée au *Journal officiel*, alors même qu'il n'aurait pas été mis en possession de son brevet et qu'il y aurait eu erreur commise (Mercier, 13 mars 1852 ; Honnax, 6 février 1874) (1).

Remarquons cependant que la nomination ne sera pas définitive si celui qui, par erreur, en a été l'objet, n'a pas l'aptitude légale nécessaire ; si, par exemple, il sert au titre étranger (Allegro, 23 juin 1849) (1).

---

(1) Dans les considérants de l'arrêt susvisé du 15 décembre 1905 (de la Taste), il est dit que « l'officier promu au grade supérieur, même irrégulièrement, ne peut être frappé de rétrogradation que dans les cas prévus par la loi.

Cette affirmation n'est pas sans causer tout d'abord quelque surprise. Si un officier est recevable, comme cela ressort de l'arrêt *de la Taste*, à critiquer une inscription irrégulière au tableau d'avancement, à plus forte raison le sera-t-il à critiquer la nomination qui s'ensuivra ; et, si cette nomination est annulée par le

SECTION IV

Légion d'honneur.

210. Pendant longtemps, les décisons du chef de l'Etat en cette matière ont été considérées par le Conseil d'Etat comme des actes gouvernementaux non susceptibles de recours contentieux ; mais, à partir de 1859, un revirement s'est produit à cet égard dans la jurisprudence et l'assemblée a fréquemment déclaré recevables les actions exercées devant elle.

211. Les nominations aux divers grades de la Légion d'honneur sont faites par le chef de l'Etat sur la proposition des ministres et du grand chancelier. Les décrets portant nomination ou promotion sont insérés sous peine de nullité au *Journal officiel* et au *Bulletin des lois* (loi du 25 juillet 1873, art. 2).

Le décret, une fois publié, ne peut être rapporté, alors même que la nomination aurait été faite par erreur (Pignot, 11 juillet 1873 ; Weiss, 12 janvier 1877).

Conseil d'Etat comme entachée d'excès de pouvoir, on ne voit pas à quel titre l'officier promu resterait en possession d'un grade irrégulièrement conféré. Sans doute un officier ne peut être rétrogradé que dans les cas prévus par la loi ; mais, dans l'espèce, il n'y aurait pas rétrogradation, puisque, par le fait même de l'annulation, l'intéressé serait réputé n'avoir jamais été promu. La vérité est que, pour conserver son grade et son ancienneté dans ce grade, l'officier illégalement nommé ne peut invoquer que l'ordonnance du 16 mars 1838 (art. 36 précité), ordonnance dont la force légale, même dans les parties qui affectent les droits des personnes, ne semble pas être mise en doute par le Conseil d'Etat, bien qu'elle ait été rendue en dehors de toute délégation législative. Encore faut-il admettre, pour que l'officier bénéficie de l'erreur commise, qu'il avait *aptitude légale* à être nommé. Personne ne soutiendra qu'un sous-lieutenant nommé capitaine par erreur doive rester en possession de ce grade.

212. La qualité de membre de la Légion d'honneur se perd :

1° Par les causes qui font perdre la qualité de Français (décret du 24 nov. 1852, art. 1er) ;

2° Par la condamnation à une peine afflictive ou infamante ou entraînant la dégradation militaire.

L'exclusion peut être prononcée par le chef de l'Etat :

a) Contre tout individu condamné par jugement pour crime ou délit. Le président de la République a un pouvoir discrétionnaire pour apprécier si la condamnation doit entraîner ou non la radiation des cadres (Grillet, 2 février 1883 ; Vallet de Lubriat, 3 décembre 1886 ; de Laizer, 3 décembre 1897).

En admettant que l'article 5 du décret du 24 novembre 1852 ait apporté une limitation à ces pouvoirs, cette disposition a été abrogée par le décret du 9 mai 1874. En conséquence, le président de la République n'excède pas ses pouvoirs en radiant des cadres le légionnaire condamné correctionnellement à une simple amende pour distribution de dividendes fictifs (Belleville, 1er mai 1891, p. 324).

b) Contre tout officier mis en réforme ou mis à la retraite d'office, sur avis d'un conseil d'enquête, pour inconduite habituelle ou fautes contre l'honneur (décret du 14 avril 1874, art. 9).

Si, en suite d'un avis défavorable à l'officier, celui-ci a été mis en non-activité, la *suspension* peut être prononcée *pour un temps égal à celui de la non-activité* (Id., art. 9). Néanmoins, lorsque, en vertu de la décision du chef de l'Etat, l'officier est mis en non-activité pour attendre dans cette position la liquidation de sa retraite, la radiation définitive ne constitue pas un excès de pouvoir (Lamarque, 22 novembre 1889, p. 1064).

c) Contre les officiers de réserve ou de l'armée territoriale révoqués, à la suite de l'avis d'un conseil d'enquête, pour inconduite habituelle ou fautes contre l'honneur (décret du 19 mai 1896) ;

d) Contre les militaires non officiers frappés de peines disciplinaires pour faits portant atteinte à l'honneur (décret du 14 avril 1874, art. 10).

e) Contre toute personne à raison d'actes portant atteinte à l'honneur, bien que non susceptibles d'être déférés à un tribunal (loi du 25 juillet 1873 ; décret du 14 avril 1874, art. 1er).

Il faut, pour l'application de ce paragraphe, que les faits attentatoires à l'honneur ne puissent être l'objet d'aucune poursuite (1). S'ils en sont susceptibles, c'est le paragraphe *a* qui devra être appliqué.

Remarquons toutefois que le fait incriminé peut tomber sous l'application du Code pénal et ne pouvoir cependant, en raison de la prescription acquise, être l'objet de poursuites. On retomberait, le cas échéant, dans le paragraphe *e* (Fontan, 7 mai 1897, p. 359). La radiation pourra également être prononcée en vertu de ce dernier paragraphe si le légionnaire est inculpé de plusieurs faits dont un ou quelques-uns seulement pourraient être qualifiés crimes ou délits (Paulet, 7 août 1897, p. 614).

Dans les cas *b, c, d* et *e,* l'exclusion ne peut être prononcée que sur l'avis conforme du conseil de l'ordre, pris à la majorité des deux tiers des votants.

---

(1) Si donc la justice reste inactive, la radiation des cadres de la Légion ne pourra pas être prononcée. C'est une dérogation au principe de l'indépendance des pouvoirs judiciaire et disciplinaire (V. n° 169).

Aucune disposition légale ne confère à l'inculpé le droit de comparaître devant le conseil de l'ordre, d'y faire entendre des observations orales ou comparaître des témoins.

213. Il y a, en matière disciplinaire, des différences caractéristiques entre les légionnaires civils et les légionnaires appartenant à l'armée. Le conseil de l'ordre a, pour l'appréciation des faits qui, sans avoir donné lieu à une condamnation, peuvent motiver l'exclusion des premiers, un pouvoir discrétionnaire. Il est seul juge de la gravité de ces faits (décret de 1874, art. 1 à 8).

Au contraire, lorsqu'il s'agit d'un militaire en activité ou en non-activité, il faut, pour motiver l'exclusion, que les faits incriminés aient déjà subi l'examen d'un conseil d'enquête et entraîné la réforme de l'officier. « Le texte de 1874 fait obstacle à ce que l'officier, appelé à reprendre ses fonctions militaires, reparaisse devant l'armée sans ses insignes » (Conclusions de M. Marguerie, commissaire du gouvernement dans l'affaire Brissy, 13 mai 1881).

Autre différence : l'inculpé, s'il est civil, doit être invité à présenter au préalable ses explications devant une commission d'enquête, et l'inobservation de cette formalité entraîne la nullité du décret de radiation (Feraudy, 24 décembre 1897). Cette instruction préalable n'existe pas pour l'officier, et cela se comprend aisément puisque le conseil de l'ordre n'est appelé à délibérer qu'à l'égard d'officiers dont la mise en réforme ou la révocation a été discutée et qu'il peut consulter, pour éclairer sa religion, toutes les pièces de la procédure (1) (Thiéry, 7 juin 1878).

(1) *Quid* si l'officier, ayant des droits acquis à la retraite, n'est pas susceptible d'être mis en réforme ? Sauf pour les officiers gé-

214. La question s'est posée de savoir si, lorsque la radiation a pour cause un jugement de condamnation, l'amnistie qui intervient ensuite entraîne *ipso facto* la réintégration dans les cadres. Elle a été résolue affirmativement par le Conseil d'Etat (Brissy, 13 mai 1881) ; mais la réhabilitation n'aurait pas cet effet (Delahourde, 20 février 1885).

215. La *suspension* peut être prononcée dans les mêmes conditions que l'exclusion. Toutefois il suffit que le conseil de l'ordre ait émis un avis conforme à la majorité simple des voix (décret de 1874, art. 8). Il en est de même pour la censure.

216. Les décrets portant radiation ou suspension sont rendus sur le rapport du grand chancelier. Ils doivent être contresignés par un ministre (Loi constitutionnelle du 25 février 1875, art. 3 ; conclusions du commissaire du gouvernement dans l'affaire Brissy susvisée).

La censure est prononcée par le grand chancelier. Les recours contre ses décisions doivent être soumis

---

néraux et assimilés, la mise à la retraite d'office peut être prononcée, comme nous l'avons vu (n° 177) sans aucune formalité préalable. Mais si les faits paraissent de nature à motiver *en outre* la radiation des cadres de la Légion d'honneur, il sera nécessaire, pour que cette dernière mesure puisse être légalement prise, que, préalablement à la mise à la retraite, les faits aient été soumis à l'examen d'un conseil d'enquête; et si ce conseil se prononce en faveur de l'officier, celui-ci, non seulement ne pourra pas être rayé des cadres de la Légion d'honneur, mais il ne pourra plus être mis d'office à la retraite, au moins pour les motifs qui ont entraîné sa comparution devant le conseil.

Quant aux sous-officiers et soldats, il suffit, comme on l'a dit, qu'une peine disciplinaire ait été prononcée contre eux pour des faits portant atteinte à l'honneur. Peut-être les garanties accordées par la législation actuelle aux sous-officiers rengagés et aux commissionnés, justifieraient-elles pour ces catégories une modification du décret de 1874. On concevrait difficilement qu'un sous-officier fût exclu de la Légion d'honneur et conservât néanmoins son grade dans l'armée.

au ministre avant d'être déférés au Conseil d'Etat
(La Maurinie, 1er mai 1874 ; Weiss, 12 janvier 1877 :
Gisbert, 14 novembre 1884).

Il est défendu par le ministre et non par le grand
chancelier aux recours portés devant le Conseil d'Etat
en matière de légion d'honneur (26 mai 1876, p. 493).

217. On sait qu'un traitement est accordé aux membres de la Légion d'honneur nommés au titre militaire. La déchéance quinquennale édictée par la loi
du 29 janvier 1831 s'applique au paiement des arrérages (De Chabannes, 22 juin 1900, p. 422).

218. Toutes les dispositions du décret du 14 avril
1874 ont été rendues applicables, par le décret du
9 mai suivant, aux décorés de la médaille militaire,
aux titulaires de médailles commémoratives, ainsi
qu'aux Français autorisés à porter des ordres étrangers.

219. L'accession aux divers grades de la Légion
d'honneur, l'obtention de la médaille militaire ne peuvent dans aucun cas constituer un droit susceptible
d'ouvrir une action contentieuse. Il en est autrement
des médailles commémoratives (notamment la médaille coloniale), pour lesquelles la loi a déterminé les
conditions auxquelles cette distinction *doit* être accordée. Tous ceux qui les remplissent ont un droit
qu'ils peuvent faire valoir devant le Conseil d'Etat
(Bastard, 11 novembre 1904, p. 692, et note sous
l'arrêt).

220. Aucune décoration étrangère ne peut être acceptée et portée par un Français que sur l'autorisation du chef de l'Etat (décret du 10 juin 1853). Le
refus qui serait opposé à une demande de cette nature ne serait pas susceptible d'être déféré au Con-

seil d'Etat par voie contentieuse. Le président de la République a, en cette matière, un pouvoir discrétionnaire (Fontenelles, 21 novembre 1879).

SECTION V
Des prestations.

§ 1. — Des prestations en deniers. — Solde.

221. C'est au président de la République qu'il appartient en principe de réglementer en matière de solde. Lorsque le législateur croit devoir intervenir en supprimant ou restreignant une allocation réglementaire, dont il maintient toutefois le bénéfice, à titre de dispositions transitoires, à ceux qui étaient en possession au jour de la promulgation de la loi, cela ne fait nul obstacle à ce que le chef de l'Etat, usant de ses prérogatives, supprime immédiatement et pour tous ladite allocation, comme il avait le droit de le faire avant la loi (Willy, 1er juillet 1904, p. 527 ; indemnité de résidence en Algérie).

222. On distingue : la solde d'activité, la solde de non-activité, la solde de réforme. La solde d'activité se subdivise elle-même en solde de présence, solde d'absence, solde de disponibilité, solde des généraux du cadre de réserve.

La solde de présence est due à tout militaire présent à son corps, à son poste ou en mission. Elle est également due aux officiers, sous-officiers rengagés ou commissionnés, traités à l'hôpital pour blessures ou maladies résultant de campagnes de guerre.

La solde d'absence est due aux officiers, sous-officiers rengagés ou commissionnés qui sont en congé ou à l'hôpital, aux officiers en détention ou en captivité.

L'officier blessé qui est resté au pouvoir de l'ennemi doit être considéré comme prisonnier de guerre, alors même qu'il n'a pas quitté le territoire français. Il ne peut donc prétendre à la solde de présence (Mohammed ben Hacem, 18 décembre 1874).

223. Aucune solde d'activité ou de non-activité ne peut être cumulée avec une pension civile ou militaire, ni avec un traitement quelconque à la charge de l'Etat, des départements ou des communes.

La loi du 1er juin 1878 a fait exception à cette règle en faveur des officiers de réserve et de l'armée territoriale qui, pendant les périodes de convocation, peuvent cumuler la solde militaire avec le traitement de leur emploi.

Il a été jugé que, par application de la loi du 8 juillet 1852 (art. 28), et nonobstant les dispositions contenues dans le décret du 3 avril 1869 (art. 43) (1), les professeurs et savants peuvent cumuler, jusqu'à concurrence de 20.000 francs, le traitement militaire qui leur est dû avec celui de professeur (général Morin, 11 avril 1872).

Enfin les officiers retraités employés dans les services du recrutement, etc., cumulent avec leur pension une indemnité fixée par des tarifs spéciaux.

---

(1) Ainsi conçu : « Les dispositions ci-dessus (loi du 8 juillet 1852) sont seulement limitatives de la mesure dans laquelle le cumul peut être autorisé et ne forment pas obstacle aux dispositions plus restrictives ou complètement prohibitives du cumul que le ministre de la guerre jugerait convenable d'adopter. » D'après le Conseil d'Etat, cet article doit s'entendre en ce sens que le ministre peut, par des raisons de discipline et de service, mettre l'officier en demeure d'opter entre les deux positions ; mais que si, en fait, les emplois sont cumulés, les traitements doivent l'être également.

224. La solde de disponibilité, la solde des généraux du cadre de réserve sont dues aux officiers généraux qui se trouvent dans ces positions.

La loi de finances du 31 mars 1903 (art. 67) fixe les conditions dans lesquelles doit être calculée la solde du cadre de réserve, lorsque les officiers généraux qui sont versés dans ce cadre ont des droits acquis à la pension de retraite. Elle est égale à la pension qui serait due à l'officier général s'il avait été retraité à la même date, et n'est pas susceptible de la retenue de 5 p. 100 au profit du Trésor.

225. La solde de non-activité est due aux officiers placés dans cette position et comporte deux fixations : la première s'applique à la non-activité prononcée pour infirmités temporaires, rentrée de captivité, licenciement ou suppression d'emploi ; la deuxième, à la non-activité par retrait ou suspension d'emploi.

La solde de non-activité n'est due ni pour le temps passé par l'officier hors de sa résidence sans autorisation, ni pour le temps qu'il a passé sans faire connaître au ministre le lieu de sa résidence (Arnould-Rivière, 2 mai 1866).

Il a été jugé (Dumont, 20 novembre 1903) que les officiers généraux du cadre de réserve en non-activité n'ont droit qu'à la solde afférente à cette position et passible de retenue, alors même que la solde du cadre de réserve, calculée dans les conditions susindiquées (n° 224), serait supérieure à la première.

226. *Solde de réforme.* — « Nul officier réformé n'a droit à un traitement s'il n'a accompli le temps de service (1) imposé par la loi de recrutement. Tout offi-

_____

(1) Il faut entendre « service actif », soit deux ans sous le régime de la loi du 21 mars 1905 (Goureau, 17 juillet 1885).

cier réformé ayant moins de vingt ans de services recevra, pendant un temps égal à la moitié de ses services effectifs, une solde de réforme égale aux deux tiers du minimum de la pension de retraite de son grade. La solde ne sera que de la moitié de ce minimum, si l'officier a été réformé pour cause de discipline. L'officier ayant, au moment de sa réforme, vingt ans ou plus de services effectifs, recevra une pension de réforme dont la quotité sera déterminée d'après le minimum de la retraite de son grade, à raison de 1/30 pour chaque année de service effectif. Si l'officier a été réformé par mesure de discipline, la pension ne sera que de la moitié de ce minimum, augmentée, par chaque année de services effectifs au delà de vingt ans, de l'annuité d'accroissement fixée pour la pension d'ancienneté. »

« La solde ou la pension des officiers réformés pour prolongation de la non-activité au delà de trois ans seront réglées conformément aux dispositions qui précèdent, suivant qu'ils auront été mis en non-activité pour cause d'infirmités ou pour cause de discipline » (loi du 17 août 1879, art. 2).

Dans le décompte des services servant à la détermination de la solde ou pension de réforme, il n'y a lieu de faire entrer ni les services civils (d'Escrivan, 16 avril 1841), ni les campagnes (Menuet, 11 juillet 1884), ni les années d'études préliminaires (Claoué, 9 novembre 1906).

Le traitement de réforme peut se cumuler avec un traitement civil (loi du 19 mai 1834, art. 19).

L'officier en réforme peut changer de résidence, voyager et se marier sans autorisation. Il peut même résider à l'étranger, mais avec l'autorisation du gouvernement.

Le droit à la solde ou pension de réforme se perd dans les mêmes circonstances que le droit à la pension de retraite. (V. ci-après, *Pensions*).

227. La loi du 21 mars 1905 (art. 65) a institué pour les sous-officiers rengagés une solde temporaire de réforme, dans le cas où, après avoir servi cinq ans au moins *comme rengagés*, ils seraient réformés avant d'avoir acquis des droits à une pension proportionnelle. La solde est perçue pendant un temps égal à la moitié de la durée des services ; elle est égale au montant de la pension proportionnelle du grade.

La question s'est posée de savoir si l'engagé volontaire de trois, quatre ou cinq ans, rengagé après libération, serait admis à compter comme années de rengagement le temps pendant lequel, en vertu de son engagement, il est resté sous les drapeaux au delà de la durée légale du service.

Malgré un avis contraire du Conseil d'Etat (section des finances, 19 mars 1907), nous inclinons pour l'affirmative. Nous ne pensons pas qu'il y ait lieu d'attacher aux mots « après avoir servi cinq ans *comme rengagés* » un sens trop littéral. La loi elle-même, détournant le mot de son véritable sens, considère comme *rengagé*, alors qu'il n'est, à proprement parler, qu'un *engagé*, celui qui, après ses deux années de service obligatoire, reste volontairement sous les drapeaux. L'engagé volontaire pour trois, quatre ou cinq ans ne fait pas autre chose que prendre *d'avance* cet engagement, et cette circonstance ne saurait lui faire une situation moins avantageuse.

228. En dehors des positions que nous avons énumérées (présence sous les drapeaux, congé régulier, traitement à l'hôpital, détention, captivité, disponibi-

lité, non-activité, réforme), il n'en est aucune donnant droit à un traitement quelconque.

Ainsi l'absence irrégulière, alors même qu'elle ne constitue pas la désertion, fait perdre tout droit à la solde pour les journées d'absence.

L'officier privé de son grade par une condamnation, et qui est ensuite amnistié, doit être, avons-nous dit, rétabli dans son grade (n° 151). Mais peut-il réclamer un traitement pour le temps écoulé entre la condamnation et l'amnistie ? Non, car si l'amnistie efface le crime ou le délit, elle ne peut cependant effacer les faits matériels qui ont mis l'officier en dehors des situations définies par la loi du 19 mai 1834 et qui, seules, donnent droit à un traitement (Brissy, 13 mai 1881).

Il devrait logiquement en être de même lorsque, la réforme ayant été prononcée contre un officier, le décret est ultérieurement annulé (Le Cadre, 24 mai 1889), ou lorsqu'un sous-officier est réintégré dans son grade après cassation irrégulière (Le Berre, 29 mai 1903). Dans ces deux cas cependant, l'administration a admis que la solde d'activité du grade devait être rappelée en faveur des intéressés. Le Conseil d'Etat, se trouvant en présence de décisions prises *motu proprio* par le ministre, n'a pas eu à se prononcer sur le fond. Mais, des considérants de la deuxième affaire (Le Berre), on peut inférer que, si le ministre n'avait pas pris les devants, le Conseil d'Etat eût jugé dans le même sens. « Considérant que les réparations qui précèdent (à savoir le rappel des allocations que le requérant aurait perçues en activité de service) sont les seules auxquelles il était *en droit* de prétendre. »

Cela ne diminue pas, à notre sens, la portée de l'arrêt Brissy ; car, dans les espèces qui précèdent, il y avait annulation d'actes entachés d'excès de pouvoir, partant faute du service public, et on peut admettre, suivant les termes mêmes des considérants ci-dessus rappelés, que les allocations étaient dues à titre de *réparation* et non à titre de *traitement*. La situation est tout autre lorsque le militaire est réintégré par l'effet d'une loi d'amnistie.

229. On sait que, suivant les termes de l'article 580 du Code de procédure civile, les traitements ne peuvent être saisis que dans la proportion déterminée par les lois. C'est la loi du 19 pluviôse an III qui, pour les officiers et employés militaires, limite la saisissabilité à 1/5 des appointements. Il faut toutefois en combiner les dispositions avec celle du 12 janvier 1895, qui limite à 1/10 la saisissabilité des traitements des employés et des fonctionnaires, lorsqu'ils ne dépassent pas 2.000 francs par an, le tout sans préjudice des dispositions du Code civil relatives aux dettes alimentaires.

§ 2. — Prestations en nature.

230. Les prestations en nature qui, pour quelque cause que ce soit, n'ont pas été perçues en temps utile, ne donnent pas lieu à rappel et restent acquises à l'Etat (1).

Les raisons mêmes qui ont paru justifier cette règle, et qu'exprime un peu brutalement la formule connue : « L'homme a vécu », en limitent l'application aux cas où les besoins en vue desquels la prestation était accordée ont cessé d'exister.

---

(1) Les règlements admettent des dérogations à cette règle pour certaines prestations collectives. Mais elle reste rigoureusement applicable aux prestations individuelles.

L'officier désigné pour une destination outre-mer qui, même par sa faute, manquerait le bâtiment de l'Etat qui doit le transporter, n'en conserverait pas moins le droit au transport gratuit, et c'est à tort que le ministre exigerait de lui le remboursement du prix de la traversée sur un paquebot du commerce où il aurait reçu l'ordre de s'embarquer (Jarnowski, 11 février 1898, p. 83).

SECTION VI
Des pensions militaires de retraite.

§ 1er. — Dispositions générales.

231. Le droit à pension est acquis soit pour ancienneté de services, soit pour blessures reçues ou infirmités contractées au service. La loi qui doit être appliquée est celle qui est en vigueur au moment de la cessation de l'activité, et non à celui où l'intéressé est entré au service (Géneau, 4 août 1905, p. 760 ; Ahmed, 9 juin 1905, p. 542 ; Abd el Kader, 16 février 1906, p. 150), alors même qu'il serait lié au service par un rengagement contracté sous l'empire d'une loi antérieure.

§ 2. — Pensions pour ancienneté de services.

232. Le droit à pension pour ancienneté de services est acquis :

1° A trente ans de services actifs pour les officiers des troupes métropolitaines ;

2° A vingt-cinq ans de services actifs (dont six ans de séjour à la mer ou dans les colonies ou pays de protectorat) pour les officiers des troupes coloniales (loi du 7 juillet 1900, art. 22) ;

3° A vingt-cinq ans de services pour les officiers qui y sont admis exceptionnellement chaque année, *sur leur demande*, en nombre limité par celui des officiers de l'arme en excédent des cadres (loi du 7 avril 1905, dont l'application doit cesser avec les causes qui l'ont motivée) (1) ;

4° A vingt-cinq ans de services pour les officiers en non-activité pour infirmités temporaires qui ont été reconnus par un conseil d'enquête non susceptibles d'être rappelés à l'activité (loi du 25 juin 1861) (2) ;

5° A vingt-cinq ans de services pour les sous-officiers et soldats de toutes armes.

233. On ne doit compter comme service effectif :

Ni le temps passé en détention à la suite d'un jugement (art. 27 de la loi du 19 mai 1834 ; art. 34 de la loi du 21 mars 1905) ;

Ni le temps passé sous les drapeaux pendant les exercices ou manœuvres auxquels sont convoqués les hommes des réserves (loi du 1er juin 1878); ni même les services rendus par un officier de réserve rappelé à l'activité par décret individuel, en dehors du cas de mobilisation (Brou, 13 juin 1890, p. 563) ;

---

(1) La loi de finances du 31 décembre 1907 a étendu cette disposition exceptionnelle aux officiers des troupes coloniales ayant vingt ans de services, dont six aux colonies.
(2) On doit remarquer que l'officier mis en réforme pour *infirmités incurables* après vingt-cinq ans, mais moins de trente ans de services, n'a droit qu'à une pension *de réforme*, s'il n'est pas dans la position prévue par la loi de 1861, c'est-à-dire si, étant en non-activité, il n'a pas comparu devant un conseil d'enquête. Il y a là dans la législation une lacune à laquelle un projet de loi, déposé depuis 1899, a eu pour objet de pourvoir. Notons toutefois que, bien que la pension de réforme ne soit pas réversible sur la veuve, celle-ci pourrait, dans le cas susvisé, se prévaloir de la loi du 13 avril 1898 (*infrà* n° 288) pour revendiquer un droit personnel à pension.

Ni le temps passé au service avant l'âge où la loi permet de contracter un engagement volontaire, à moins cependant que l'engagement n'ait été contracté en vertu d'une loi de circonstance autorisant les engagements à tout âge (exemple : loi du 10 août 1870, art. 5 ; Ressègue, 24 juin 1898) ;

Ni le temps passé dans la deuxième portion du contingent (Lefeuve, 6 juillet 1894) ;

Ni le temps passé dans ses foyers par un jeune homme congédié comme soutien de famille (Boisson, 19 février 1904) ;

Ni le temps passé sous les drapeaux après liquidation de la retraite pour remettre le service à un successeur (Tapie, 15 décembre 1899) ;

Ni le temps passé hors de l'activité avec jouissance d'une pension de retraite.

La jurisprudence applique cette dernière disposition :

1° A l'officier en retraite employé comme rapporteur ou commissaire du gouvernement près les conseils de guerre (Jacquet, 23 décembre 1881) ;

2° A l'officier en retraite qui fait partie du service du recrutement (Cravin, 4 avril 1879) ou a été maintenu dans son emploi après liquidation de sa retraite ;

3° Aux militaires retraités employés dans les prisons militaires (Eichenberger, 30 janvier 1891).

Mais, si les réserves étaient mobilisées, les officiers retraités qui en font partie seraient admis à demander la revision de leur pension en raison des campagnes qu'ils feraient en cette qualité (loi de 1831, art. 6, 2° paragr., et art. 7).

Le temps passé en non-activité compte pour la retraite, ainsi que le temps passé en congé de longue durée, ou le temps passé dans le cadre de réserve, avant que l'officier général ait atteint la limite d'âge.

Compte également pour la retraite le temps passé
en congé provisoire de libération (Dehoux, 13 décembre 1895, p. 822).

L'officier rayé des cadres pour condamnation, puis
amnistié et réintégré dans son grade, n'est pas admis
à compter pour la retraite le temps écoulé entre la
condamnation et l'amnistie (Brissy, 13 mai 1881).

234. Les militaires qui ont le temps de service exigé
par la loi sont admis à compter les campagnes en sus.
Cette disposition ne s'applique pas aux retraités de
la catégorie 4° (V. n° 232, application de la loi du
25 juin 1861) (Desprels, 27 juillet 1888 ; Forget, 23 décembre 1892 ; Dabezies, 4 mai 1900).

Les campagnes sont actuellement supputées suivant la règle établie par la loi du 15 mars 1904 et
depuis longtemps en usage dans la marine (1) : « On
comptera pour une année entière la campagne dans
laquelle le militaire aura été blessé et mis hors de
service. En tout autre cas, la campagne sera comptée
pour sa durée effective, en considérant toutefois
comme acquis en entier le mois pendant lequel la
campagne a pris fin. Si par l'application des règles
qui précèdent, il arrive que deux périodes de campagne chevauchent l'une sur l'autre, la partie commune
ne sera attribuée qu'à l'une des campagnes et, au cas
où elles seraient de nature différente, à celle qui ouvre
les droits les plus élevés. Pour les campagnes anté-

---

(1) Les campagnes accomplies avant la loi de rattachement des
troupes coloniales au département de la guerre (loi du 7 juillet
1900), doivent être décomptées suivant les règles établies par la
loi du 18 avril 1831 (armée de mer) et non celle du 11 avril 1831
(armée de terre). (Labrousse, 16 janvier 1903 ; Charoppin, 21 janvier 1903 ; Mayolle, 11 décembre 1903.)

rieures à la promulgation de la loi, la bonification sera supputée suivant les règles en vigueur. »

On continue d'ailleurs, suivant l'article 7 de la loi du 11 avril 1831, toujours en vigueur, à compter :

Comme campagne simple, le temps passé sur le pied de guerre ou dans un corps d'occupation à l'étranger (temps de paix ou de guerre) ; ou à bord en cas de guerre maritime, ou enfin hors d'Europe en temps de paix pour les militaires envoyés d'Europe ;

Comme campagne double, le temps passé hors d'Europe en temps de guerre (pour les militaires envoyés d'Europe) ;

Comme demi-campagne, le service sur la côte en temps de guerre maritime ou à bord pour les troupes embarquées en temps de paix.

Le bénéfice de campagne n'est acquis hors d'Europe qu'aux militaires envoyés d'Europe. Il ne peut donc être réclamé par celui qui résidait en Algérie au moment où il a été incorporé dans un régiment d'Algérie (Gabrielli, 15 mai 1903, p. 366).

235. La question s'est posée de savoir si un militaire, originaire d'une colonie et envoyé dans une autre colonie, devait être considéré comme envoyé d'Europe. La même difficulté se présente pour l'application aux fonctionnaires civils de l'article 10 de la loi du 9 juin 1853 (bonification coloniale).

Le Conseil de l'Etat l'a résolue affirmativement pour un fonctionnaire originaire de la Réunion et envoyé au Sénégal (Dalleau, 9 juillet 1904, p. 586). On peut d'ailleurs se référer actuellement, pour déterminer quels sont les territoires qui, à ce point de vue, doivent être considérés comme des colonies distinctes, au règlement d'administration publique du 25 septembre 1905 (art. 3) sur les pensions des militaires indigènes des troupes coloniales.

236. On ne doit pas considérer comme accomplis en temps de guerre les services rendus en qualité d'attaché militaire auprès d'un gouvernement étranger en guerre avec un autre pays.

Pour qu'il y ait « temps de guerre » au point de vue de la législation française, il faut que la France soit elle-même engagée dans les hostilités (de Fleurac, 19 mai 1905, p. 456).

237. Il appartient au ministre de la guerre, après entente, s'il y a lieu, avec les ministres de la marine et des colonies, de faire connaître quels sont les territoires qui doivent être considérés comme étant en état de guerre, l'époque où commence, celle où finit l'état de guerre. Les décisions de l'espèce n'ont pas, ou plutôt ne devraient jamais avoir le caractère d'actes gracieux, considérant le bénéfice de campagne ou de double campagne comme un avantage accordé en compensation de tels ou tels services. La campagne de guerre ne doit et ne peut être que la conséquence d'une *situation de fait* que le ministre de la guerre a compétence pour *constater*, mais non pas pour *créer* (1).

Les campagnes faites au service d'une puissance étrangère, même avec l'autorisation du gouvernement, conservant à l'officier son rang et sa position d'activité, ne sauraient compter pour la retraite (Gallice, 6 janvier 1853).

_____

(1) C'est à tort, par exemple, que le décret du 9 décembre 1894, sur l'organisation des troupes sahariennes, indique (art. 14) le bénéfice de la campagne double comme un *avantage spécial* fait aux Français.

238. On sait que la loi accorde, pour la supputation des services donnant droit à pension, et à titre d'études préliminaires, un certain nombre d'années de service effectif, au moment où les élèves de certaines écoles (polytechnique, santé, vétérinaire, etc.) entrent comme officiers dans l'armée : quatre années pour l'Ecole polytechnique (loi du 11 avril 1831, art. 5) ; cinq pour les médecins et pharmaciens (décret du 23 mars 1852) ; quatre pour les vétérinaires (décret du 30 avril 1875), etc.

Il avait été jugé (Raynaud, 25 novembre 1892, p. 814) que les services *militaires* rendus au cours des années d'étude doivent être considérés comme se confondant avec celles-ci ; que ceux effectués avant la période d'études doivent seuls être comptés en sus.

Mais le Conseil d'Etat paraît être revenu sur cette jurisprudence : car d'un arrêt plus récent (Bastian, 7 août 1903, p. 641) il résulte que le temps de service effectif accompli avant la nomination au grade d'officier doit être compté en sus des études préliminaires. Cette question acquiert, par la loi du 21 mars 1905 sur le recrutement, une grande importance, puisque, aux termes de cette loi, l'entrée à l'Ecole polytechnique, à l'Ecole de santé, etc., devra être précédée d'une année de service effectif accomplie comme soldat.

239. Après trente années de service (officiers) ou vingt-cinq années (sous-officiers et soldats), les militaires ont droit au minimum de la pension d'ancienneté.

Chaque année de service au delà de trente ans ou vingt-cinq ans, suivant le cas, et chaque année de campagne ajoutent à la pension 1/20 de la différence du minimum au maximum. Le maximum est **atteint** à 50 ans (officiers) et 45 ans (troupe), campagnes comprises (loi du 11 avril 1831, art. 9 ; loi du 18 août 1879, art. 5).

240. L'article 10 de la loi du 11 avril 1831 est ainsi conçu :

« La pension d'ancienneté se règle sur le grade dont le militaire est titulaire. Si néanmoins il demande sa retraite avant d'avoir au moins deux ans d'activité dans ce grade, la pension se règle sur le grade immédiatement inférieur. »

De ce texte il résulte que les deux années de grade ne sont pas nécessaires lorsque la mise à la retraite est prononcée d'office. Cette règle, toujours en vigueur pour les officiers de toutes armes et pour les militaires de la gendarmerie, ne s'applique plus aux sous-officiers et caporaux ou brigadiers.

Aux termes de la loi du 21 mars 1905 (art. 65), leurs pensions ne peuvent jamais être liquidées que sur le grade ou l'emploi dont ils sont titulaires depuis deux années consécutives, quelles que soient les conditions dans lesquelles s'opère la mise à la retraite (1).

Le grade doit avoir été occupé sans discontinuité. Ainsi un sergent qui quitte l'armée sans avoir deux années de grade n'a droit qu'à la pension de caporal, alors même qu'il aurait été une première fois titulaire du grade de sergent pendant deux années consécutives (Fourreau, 4 décembre 1896, p. 807 ; Preudhomme, 26 janvier 1900, p. 61). A plus forte raison le sous-officier qui, ayant quitté l'armée avec une pension de ce grade, y rentrerait comme caporal commissionné, ne pourrait-il, à raison de ses nou-

(1) Il en était déjà ainsi sous l'empire des lois des 18 mars et 15 juillet 1889.

veaux services, demander la revision de sa pension sur le grade de sous-officier (Tourneix, 5 décembre 1890, p. 918).

241. On peut se demander si la mise à la retraite par limite d'âge constitue une retraite d'office. La question, comme nous venons de le voir, n'a pas d'intérêt pour les sous-officiers et caporaux. Elle n'en a que rarement pour les officiers, parce que toute promotion dont ils bénéficient recule en général de deux années la limite d'âge. Elle se pose cependant pour le sous-lieutenant et le lieutenant, qui peuvent être atteints par la limite d'âge avant d'avoir atteint deux années dans leurs grades respectifs.

Le Conseil d'Etat a résolu négativement la question (Girardin, 17 juin 1904, p. 487). Il semble toutefois, d'après les conclusions de M. Teissier, commissaire du gouvernement, que la retraite par limite d'âge a le caractère de retraite d'office, lorsque cette limite d'âge résulte non d'une disposition impérative de la loi elle-même, mais de simples décrets par lesquels l'administration se trace en quelque sorte à elle-même une règle de conduite.

S'il en est ainsi, cette jurisprudence ne doit, en aucune manière, préoccuper même les officiers des grades de lieutenant et de sous-lieutenant, puisque, pour tous les officiers et assimilés de l'armée de terre, les limites d'âge sont fixées par un simple décret (décret du 29 juin 1863). Elle n'a pas non plus d'intérêt sérieux pour les militaires de la gendarmerie, dont la limite d'âge n'est législativement fixée qu'à 60 ans (loi du 21 mars 1905, art. 58).

Le fait que, sur l'invitation de ses chefs, un officier ou sous-officier proposé pour la retraite d'office est amené à formuler une demande de pension pour régulariscr sa situation, n'enlève pas à la mesure dont il est l'objet le caractère de mise à la retraite d'office (Bressaud, 17 juin 1898, p. 455).

La décision portant annulation d'une cassation ou rétrogradation replace le militaire dans sa situation antérieure. Si donc sa pension a été liquidée sur le grade auquel il a été rétrogradé, il est fondé à demander la revision de sa pension (Launay, 22 juillet 1898, p. 571).

242. Les militaires gradés entrant dans la gendarmerie jouissent d'un privilège particulier (Ordonn. du 20 janvier 1841) (1).

« Ils sont considérés, pour la retraite, comme étant restés titulaires de leur ancien grade jusqu'à promotion à un grade supérieur à celui-ci dans la gendarmerie (art. 1er).

» Ils comptent comme activité dans leur ancien grade, pour le bénéfice de l'article 11 de la loi du 11 avril 1831, le temps de service pendant lequel ils en seront restés titulaires en vertu de la disposition ci-dessus (id.).

» Il sera fait application des dispositions de l'article qui précède aux sous-officiers, caporaux et brigadiers admis dans la gendarmerie après une interruption de service (art. 2).

» Le grade dont ces militaires sont pourvus, indépendamment de l'emploi qu'ils occupent dans la gendarmerie, se perd : 1° par démission ou congé de service de la gendarmerie ; 2° par rétrogradation

---

(1) Cette ordonnance est toujours en vigueur ; car l'article 65 de la loi du 21 mars 1905 ne s'applique pas aux militaires de la gendarmerie « dont les pensions sont régies par des dispositions spéciales ».

ou cassation ; 3° par réforme pour inconduite ou pour inaptitude au service de l'arme. » (Art. 3.)

L'interprétation de ces dispositions a soulevé quelques difficultés.

Il a été jugé :

Qu'un gendarme qui, ayant été sous-officier dans un corps de troupe, passe ensuite dans la gendarmerie, puis quitte cette arme pour y rentrer quelques mois après, sans avoir, dans cet intervalle, servi dans un autre corps, conserve le bénéfice de l'ordonnance de 1841 (Hapert, 2 décembre 1898, p. 757) ;

Même solution si, ayant été admis à la pension proportionnelle et rayé des contrôles, il est ensuite de nouveau nommé gendarme (Kermarrec, 18 novembre 1904, p. 724) ;

Même solution s'il sort de la gendarmerie pour être nommé sergent surveillant dans un pénitencier militaire (François, 3 août 1904, p. 656) ;

Que le bénéfice de l'ordonnance de 1841 doit être refusé :

A celui qui, après avoir servi comme sous-officier dans l'armée, est passé dans la gendarmerie, est rentré ensuite dans l'armée et en est sorti comme simple soldat (Wittmann, 22 juillet 1887, p. 597) ;

A celui qui, ayant été sous-officier, a volontairement rendu ses galons ; est redevenu simple soldat et n'est entré dans la gendarmerie qu'après avoir accompli en cette qualité ses derniers mois de service (Héart, 7 avril 1905, p. 353) ;

Au gendarme qui a été réformé pour faute contre la discipline (Launay, 12 mai 1905, p. 428), ou pour inconduite (Dupont, 26 décembre 1903, p. 836), ou cassé de son grade (Larrieu, 16 mai 1902).

243. Est compté pour les pensions militaires de retraite le temps passé dans un service civil donnant droit à pension, pourvu toutefois que la durée des services militaires soit au moins de vingt ans (loi du 11 avril 1831, art. 4).

Les services civils ne donnent pas droit à la revision d'une pension militaire lorsqu'ils ont été rendus après la concession de ladite pension.

244. La pension militaire pour ancienneté de services diffère profondément de la pension civile accordée au même titre.

Le militaire qui réunit le nombre d'années de services exigées par la loi a un droit acquis à la pension ; celle-ci ne peut lui être refusée. Quant à la pension de retraite civile, la loi du 9 juin 1853 dispose aussi, à la vérité (art. 5), que le droit est acquis par ancienneté à 60 ans d'âge et après trente ans de services ; mais cette disposition doit être entendue en ce sens que le fonctionnaire remplissant cette double condition ne peut être congédié sans pension. Rien ne s'oppose, s'il est encore valide, à ce que l'administration le retienne, même contre son gré, au service.

§ 3. — Pensions pour blessures ou infirmités.

245. Les blessures donnent droit à la pension de retraite lorsqu'elles sont graves et incurables et qu'elles proviennent d'événements de guerre ou d'accidents éprouvés dans un service commandé.

Les infirmités donnent le même droit lorsqu'elles sont graves et incurables et qu'elles sont reconnues provenir des fatigues où dangers du service militaire.

Il faut en outre :

1° Pour l'officier, que les blessures ou infirmités le mettent hors d'état de rester en activité :

2° Pour le sous-officier ou soldat, qu'elles le mettent hors d'état, non seulement de servir, mais encore de pourvoir à sa subsistance.

246. L'interprétation des mots « accidents éprouvés dans un service commandé » a donné lieu à d'assez graves difficultés, et la jurisprudence s'est peu à peu modifiée dans un sens favorable aux intéressés.

Elle considère comme accident de service, non seulement celui qui se rattache à l'exécution même du service, mais aux actes préparatoires ou consécutifs ; ainsi le militaire qui, se rendant à l'exercice ou en revenant, est victime d'un accident de voiture, est considéré comme blessé en service commandé (Psalmon, 7 juillet 1905, p. 622) (1) ; de même, celui qui, revenant du quartier, fait une chute dans l'escalier de sa maison (Le Moal, 2 février 1906, p. 100), ou qui, à la sonnerie de la soupe, se rendant à la cantine où il doit prendre son repas, fait une chute dans l'escalier de la caserne (Benetière, 19 mai 1905, p. 456 ; Firmin, 3 août 1906, p. 752), ou qui fait une chute en descendant de la grange où il était cantonné, par l'échelle qui en constitue la seule voie d'accès (Viannet, 8 mars 1907, p. 245).

On considère aussi comme accident de service, l'accident indépendant de l'exécution du service, mais occasionné pendant le service par l'imprudence d'un tiers (2) (Dupond, 7 août 1886, p. 737 : blessure à l'œil

---

(1) Dans l'espèce, la voiture, appartenant en propre à l'officier requérant, était attelée de son cheval d'armes et conduite par l'ordonnance.

(2) Voir cependant l'arrêt Faivre du 11 janvier 1889 : le requérant, qui se trouvait dans la chambre des sous-officiers, avait été blessé par l'imprudence de ses camarades, se livrant à un jeu

par un éclat de verre provenant d'un carreau brisé par un camarade ; — Robin, 6 décembre 1901, p. 867; Fittipaldi, 22 mai 1896, p. 422 : soldat en service blessé par un coup de feu à blanc que, par plaisanterie, avait tiré un de ses camarades).

Quand la blessure est due uniquement à l'imprudence de la victime, ou lorsque celle-ci a agi sans ordre, le droit à pension n'est pas reconnu (Lévêque, 17 janvier 1890, p. 37 : soldat blessé à la salle d'armes pour avoir contrevenu à la défense du prévôt aux ordres duquel il devait se conformer ; — Bougenot, 5 août 1898, p. 633 : imprudence commise par ce militaire avec son arme ; — Jarry, 28 juin 1901 : ouvrier armurier manipulant sans ordre et en dehors du service un engin explosif).

Le Conseil d'Etat a cependant accordé la pension dans un cas où, la victime ayant agi sans ordre (feu allumé dans une casemate en dehors des périodes de chauffage), l'accident était imputable à un défaut de surveillance (cartouche à blanc enfouie dans la poussière de charbon : Boyer, 27 mars 1903, p. 277). La pension a bien plutôt, dans ce cas, le caractère d'une réparation civile (V. n° 28).

247. Les blessures reçues par les militaires détenus en vertu d'un jugement n'ouvrent pas droit à pension. Les services militaires étant interrompus par le fait même de la détention, il ne peut y avoir accident de service.

La question s'est présentée au contentieux devant le Conseil d'Etat (Thomazou, 28 mars 1890), mais n'a pas été résolue au fond. La solution que nous indi-

---

auquel il ne participait pas. Il convient d'ajouter que la victime ne faisait, à ce moment, aucun service, et c'est sans doute pour ce motif que la pension lui a été refusée.

quons est conforme à la jurisprudence de la section des finances (avis des 12 février 1823 et 18 septembre 1835).

248. Une question assez délicate se présente pour les soldats-ordonnances. Les accidents survenus dans l'exécution d'un service personnel à l'officier n'ouvrent pas, en principe, droit à pension (Foulquier, 6 mars 1903, p. 190 : nettoyage de l'appartement de l'officier ; — Parbeau, 23 mars 1906, p. 250 : préparation de paraffine pour l'appropriation du parquet ; — Vidal, 3 août 1906 : chute de bicyclette en faisant une course pour l'officier). Mais il en serait autrement si le soldat était employé à un service qu'autorise le règlement, par exemple : soins aux chevaux de l'officier, nettoyage de ses armes, etc. (V. les considérants de l'arrêt susvisé du 23 mars 1906 ; V. aussi l'arrêt du 15 février 1907 : Urbin, p. 161 : accident survenu en posant des rideaux dans la chambre servant de bureau à un capitaine trésorier. — Droit à pension reconnu).

249. Les infirmités ouvrent droit à pension lorsqu'elles sont graves et incurables et qu'elles sont reconnues provenir des fatigues ou dangers du service militaire.

Ainsi il a été jugé :

Qu'un militaire atteint, dès son arrivée au corps, d'une épidémie qui sévit dans la localité et auquel cette maladie laisse une infirmité incurable, doit être considéré comme l'ayant contractée dans le service (Jarry, 6 août 1878 ; Simonet, 2 avril 1898 ; Dupré, 30 mars 1900) ;

Que la perte de l'œil gauche, consécutive à une ophtalmie purulente contractée dans un casernement défectueux, ouvre droit à pension (Salleberry, 1er juillet 1892 ; Cazavielhe, 23 novembre 1906, p. 846). De même la perte de l'œil amenée par une conjonctivite purulente à laquelle il n'a pas été possible d'attribuer d'autre cause que la contagion par un camarade atteint quelque temps avant (Brodre, 27 juillet 1906). De même la maladie des voies respiratoires consécutive à une pleurésie persistante contractée à la suite d'un séjour prolongé sous la tente (Varette, 1er février 1907).

Le droit est dénié quand l'infirmité, bien que contractée au cours du service, ne peut être rattachée aux fatigues ou dangers inhérents à la vie militaire (Redon, 25 janvier 1895, p. 85) (1).

250. La pension était autrefois refusée lorsque la blessure, l'infirmité ou leurs conséquences avaient été aggravées, soit par une blessure ou infirmité antérieure ne provenant pas du service, soit par la prédisposition constitutionnelle de l'individu.

Le Conseil d'Etat ne s'arrête plus à cette circonstance quand il se trouve en présence d'un fait de service bien caractérisé.

Déjà, dans une affaire Bourdon (12 mars 1886, p. 232), il avait, malgré l'avis contraire du comité de santé, accordé la pension dans un cas où des contusions répétées, produites par le recul du fusil, avaient, en raison du tempérament lymphatique de l'intéressé, amené une tumeur blanche, puis l'ankylose de l'articulation.

---

(1) Une infirmité, bien qu'étrangère par son origine aux fatigues et dangers du service (mal de Pott), peut cependant ouvrir droit à pension si, par la faute des médecins (défaut de traitement immédiat malgré les demandes réitérées de l'intéressé à la visite), le mal s'est aggravé et est devenu incurable (Delaunay, 1er février 1907).

Cette jurisprudence s'est constamment affirmée depuis (Buisson, 26 février 1897, p. 170 ; Esnault, id. ; Devernois, 1ᵉʳ juin 1906, p. 524 : entorse antérieure à l'incorporation, aggravée par suite des fatigues du service et ayant entraîné l'amputation ; — Chambin, 27 juillet 1906, p. 697 : accident diminuant la vision de l'œil droit, alors que l'œil gauche, antérieurement à l'incorporation, était déjà défectueux). Notons en passant qu'en matière d'accidents du travail (loi du 9 avril 1898), la Cour de cassation a consacré la même jurisprudence (chambre civile, 23 juillet 1902).

251. Les militaires des réserves sous les drapeaux ont les mêmes droits que ceux de l'armée active. Le Conseil d'Etat a même reconnu le droit à pension d'un officier de réserve rappelé à l'activité *par mesure individuelle* pour la campagne du Tonkin et blessé dans cette période de service (Guyard, 26 juillet 1895, p. 617) (1). Il en serait de même pour l'officier de réserve faisant un stage volontaire et blessé au cours de ce stage (Bérenger, 29 décembre 1893, p. 888).

Mais l'officier qui, après son admission à la retraite, serait conservé dans un emploi des services

---

(1) Nous avons vu plus haut (nᵒ 233) que le Conseil d'Etat avait refusé de considérer comme services d'activité ceux qui avaient été rendus *en dehors du cas de mobilisation*, par suite de *rappel individuel*. Il s'agissait, dans cette espèce (Brou, 13 juin 1890), d'une pension pour ancienneté de services. On conçoit, en effet, que les services résultant d'un rappel individuel ne comptent pas plus que les services rendus pendant les périodes de convocation; mais, alors qu'une blessure reçue au cours de ces périodes ouvre droit à la retraite (loi du 1ᵉʳ juin 1878, art. 2), il était conforme à la jurisprudence que le même droit fût reconnu dans le cas où la blessure était reçue au cours d'un service volontairement accompli sur appel individuel. Contrairement à l'avis exprimé sous l'arrêt Guyard (Lebon, p. 617), nous ne voyons pas qu'il y ait contradiction entre les deux arrêts susvisés.

du recrutement, des écoles, etc., et qui, dans l'exercice de cet emploi, contracterait des infirmités, ne serait pas recevable à demander la revision de sa pension (Trappier, 18 novembre 1892, p. 779).

252. Les blessures reçues ou les infirmités contractées au cours de leur service par les militaires détachés dans les compagnies de chemins de fer, en vertu de la loi du 13 mars 1875, doivent être considérées comme reçues ou contractées au service militaire (Canaple, 3 février 1888) (1).

253. Nous n'avons examiné jusqu'à présent qu'un des éléments du droit, l'origine des blessures ou infirmités. La nature et les suites desdites blessures ou infirmités constituent le second élément.

Lorsqu'elles ont occasionné la cécité, l'amputation d'un membre ou la perte absolue de l'usage d'un ou de plusieurs membres, le droit à pension est immédiatement ouvert, et dans tous les cas, à l'homme de troupe comme à l'officier.

Il suffit donc, le cas échéant, de constater l'origine des blessures on infirmités, sans qu'il y ait lieu d'examiner si elles ont ou non pour conséquence l'incapacité relative ou absolue de travail. Le droit est définitivement acquis alors même que le militaire serait, à titre exceptionnel, maintenu au service. Ainsi il a été jugé qu'un officier amputé d'un membre et resté

(1) L'Etat serait-il fondé, si l'accident est survenu par la faute de la compagnie ou de ses agents, à réclamer de celle-ci une indemnité représentative de la pension tombant à la charge du Trésor? Cette question se rattache à une autre plus générale et qu'on peut formuler ainsi : lorsqu'un militaire en service a été blessé ou tué par la faute d'un tiers, celui-ci est-il tenu à réparation du dommage causé à l'Etat, soit par les frais d'hospitalisation, soit par le paiement d'une rente à l'intéressé ou à sa veuve? Elle a été résolue affirmativement par plusieurs tribunaux et notamment par la cour de Paris (Compagnie du Midi, 22 mai 1903).

en activité ne peut plus être ultérieurement réforme.
Le ministre ne peut que liquider sa retraite d'office
(Rinderhagen, 22 août 1853).

Mais si la blessure (ou l'infirmité) n'est pas de celles
qui, aux termes de l'article 13 de la loi du 11 avril
1831, ouvrent un droit immédiat à pension et si le
militaire, restant néanmoins au service, ne le quitte
que longtemps après, pour des motifs étrangers à
son état de santé, il ne sera plus admis ultérieurement à invoquer des droits à la retraite à raison desdites blessures ou infirmités (Loubat, 16 avril 1886,
p. 364).

254. Dans les cas autres que ceux visés par l'article 13 de la loi du 11 avril 1831 (cécité, amputation,
perte absolue de l'usage d'un membre), les blessures
ou infirmités n'ouvrent droit à pension, au profit du
militaire *non officier*, que si elles réduisent de telle
sorte ses facultés de travail, qu'il soit dans l'impossibilité de pourvoir à sa subsistance.

Y a-t-il lieu, dans cette appréciation, d'avoir égard
à la profession de la victime ?

Le Conseil d'Etat avait accordé la pension dans
un cas (Thiéry, 25 février 1881) où il était reconnu
que l'infirmité dont le requérant était atteint le mettait hors d'état de continuer *sa profession* (vitrier
ambulant) ; mais, dans une affaire ultérieure (Tri-
caud, 8 juillet 1887, p. 564), il a déclaré le requérant
mal fondé, même en admettant « que la blessure
reçue par lui en service commandé ne lui permette
pas de continuer son métier de tisseur ».

255. En principe, celui qui a droit à une pension
pour ancienneté de services ne peut réclamer une
pension pour infirmités (Lantelme, 20 janvier 1888 ;
Laigneau, 15 février 1901 ; Cazambon, 21 avril

1904) (1). Cependant, la jurisprudence n'applique pas cette règle aux pensions militaires, et cela est aisé à justifier. D'une part la pension pour blessures ou infirmités, si celles-ci sont d'une certaine gravité, sera plus élevée que la pension pour ancienneté de services ; d'autre part, et alors même que le montant devrait en être le même, il y aura toujours intérêt pour le requérant à faire constater ses blessures ou infirmités avant la cessation de l'activité, puisque, en cas d'aggravation, il pourra demander la revision de sa pension (2) (Jean, 5 décembre 1890 ; Sarret de Grozon, 25 novembre 1892 ; Duprat, 1er juin 1894 ; Riolacci, 31 mai 1895).

256. Les causes, la nature et les suites des blessures ou infirmités sont justifiées dans les formes et les délais déterminés par l'ordonnance du 2 juillet 1831.

Nous ne suivrons pas cette ordonnance dans ses détails multiples. Rappelons seulement :

1° Que l'origine des blessures ou infirmités doit être établie, soit par des rapports officiels ou autres documents authentiques, soit par des certificats délivrés par l'autorité militaire ou enquêtes dirigées par elle ;

2° Que la nature et les suites des blessures ou infirmités sont constatées :

Par un examen fait en présence du sous-intendant militaire par deux officiers de santé que désigne le général commandant la subdivision ;

Par un contre-examen fait, en présence du général

---

(1) La jurisprudence s'est modifiée sur ce point. Un arrêt récent (Marchau, 1er février 1907) reconnaît aux intéressés le droit qui leur avait été jusqu'alors contesté.

(2) Si la pension était accordée pour ancienneté de services, le militaire ne pourrait plus, même en cas d'aggravation, demander la revision de sa pension (V. n° 260).

de division et du sous-intendant, par deux autres officiers de santé que désigne cet officier général ;

3° Que les procès-verbaux constatant cet examen et ce contre-examen sont, avec toutes autres pièces constatant l'origine, la nature et les suites des blessures ou infirmités, communiqués au comité de santé, lequel donne son avis.

Les blessures ou infirmités n'ouvrent droit à pension que si elles ont été constatées avant la cessation de l'activité (Grad, 1er mai 1891 ; Sénac, 11 juillet 1900): Mais les causes, la relation de cause à effet peuvent être établies après cette date, soit par des rapports officiels, soit par des procès-verbaux, certifications ou autres pièces authentiques (Duclos, 14 mai 1897 ; Pératoux, 17 mai 1895).

257. Le ministre est-il tenu de soumettre à l'examen médical, prescrit par les articles 10 et 13 de l'ordonnance du 2 juillet 1831, toutes les demandes de pension qui lui sont adressées à raison de blessures ou d'infirmités, et la décision portant refus de liquidation sera-t-elle entachée d'excès de pouvoir si elle n'a pas été précédée des formalités ci-dessus décrites ?

D'après le dernier état de la jurisprudence, il faut répondre affirmativement (Boucher, 3 août 1906, p. 751 ; Cavoret, 3 août 1906, p. 754). Mais l'intéressé doit, sous peine de rejet, se soumettre à l'examen médical réglementaire (Angenot, 28 février 1902, p. 165) et produire, à sa diligence, les pièces constatant l'origine des blessures ou infirmités (Dabezies, 4 mai 1900).

L'opinion des médecins qui procèdent à l'examen et au contre-examen a seule valeur légale et ne saurait être détruite par celle de médecins civils appelés par le requérant (Vernet, 6 août 1887, p. 663).

<h2>§ 4. — Tarifs. — Délais d'instance.</h2>

258. Les tarifs des pensions, variables suivant l'ancienneté des services et la gravité des blessures ou infirmités, sont indiqués dans le tableau annexé à la loi du 22 juin 1878, modifié, en ce qui concerne les sous-officiers et soldats, par le tarif annexé à la loi du 11 juillet 1899. Le taux de la pension est indépendant de la durée des services lorsqu'elle est accordée pour blessures ou infirmités ayant occasionné la cécité, l'amputation d'un membre ou la perte absolue de l'usage de deux membres (loi du 25 juin 1861, art. 5).

259. Tout militaire a un délai de cinq années, comptant de la cessation de l'activité (1), pour se pourvoir en liquidation auprès du ministre de la guerre (loi du 17 avril 1833, art. 6) (2).

Cette règle s'applique dans tous les cas, que le droit résulte de l'ancienneté des services ou de blessures ou infirmités contractées au service, et sans qu'il y ait lieu de distinguer, comme disposait autrefois le décret du 20 août 1864, si les blessures ou infirmités avaient, dès la cessation de l'activité, la gravité voulue, ou si elles n'ont acquis cette gravité qu'ultérieurement (décret du 10 août 1886, modifié par celui du 15 mai 1889).

----

(1) Il faut entendre par là l'activité proprement dite et non le temps passé dans la réserve de l'armée active (Cuvillier, 1er février 1907).

(2) Les déchéances établies par la loi du 17 avril 1833 ne sont opposables qu'à ceux qui négligent de faire valoir leurs droits et non à ceux qui peuvent justifier d'un retard dû à l'administration (Hébert, 7 mai 1875 ; veuve Meunier, 16 mars 1870 ; de la Brousse, 1er août 1902).

Si la blessure a été reçue ou l'infirmité contractée par un homme des réserves au cours d'une période d'instruction, le délai court du jour de son renvoi dans ses foyers (Legaye, 26 juillet 1901, p. 695). La réforme prononcée après la cessation de l'activité et alors que le requérant est déjà dans la réserve ne rouvre pas le délai d'instance (Mougenot, 11 février 1898, p. 104 ; Baudou, 24 décembre 1897, p. 846).

260. Celui dont la pension a été liquidée à raison de blessures ou infirmités peut, dans le même délai (cinq ans à partir de la cessation d'activité), demander, en cas d'aggravation, la revision de cette pension.

La demande de revision n'est ouverte : ni au militaire qui a obtenu une pension proportionnelle après quinze ans de services (Moulin, 12 janvier 1894, p. 30), ni à celui qui a obtenu une pension pour ancienneté de services (Coyaux, 17 juin 1898, p. 454), ni à l'officier réformé pour infirmités incurables (Guimond, 23 novembre 1900).

261. Les délais ne peuvent être interrompus que par une demande adressée à l'autorité compétente, soit pour instruire, soit pour transmettre les demandes (conseils d'administration, fonctionnaires de l'intendance, officiers généraux).

Le dépôt de pièces chez un officier trésorier n'aurait pas ce caractère et n'arrêterait pas la déchéance (Caubet, 6 août 1881), non plus que le dépôt de pièces à la gendarmerie (Larrey, 18 janvier 1884 ; Humbert, 16 avril 1886) ou la comparution de l'intéressé devant une commission de réforme chargée de se prononcer sur le maintien de la gratification renouvelable (Berrier, 13 novembre 1891, p. 654).

Le délai serait, au contraire, interrompu par la demande adressée au général en tournée de revision (Antoin, 22 février 1884).

Il ne s'applique qu'à la demande de liquidation et non à la production des pièces justificatives (Guyonnard, 11 mars 1892).

§ 5. — Concession de la pension. — Recours.

262. Les pensions sont liquidées par décret rendu en Conseil d'Etat (section des finances) (1) (2).

Le droit court du jour de la cessation de l'activité. A quelque époque que soit rendu le décret de concession, l'intéressé pourra réclamer le paiement des arrérages échus, sans que cependant il puisse être réclamé plus de trois années d'arrérages antérieurs à l'insertion du décret au *Journal officiel* (loi du 16 avril 1895, art. 40 ; Berton, 17 janvier 1879 ; Foata, 1ᵉʳ juin 1900).

Si les blessures ou infirmités n'avaient pas, au moment de la cessation de l'activité, la gravité requise, l'entrée en jouissance serait fixée à la date du procès-verbal de vérification dont l'établissement est prévu par l'article 13 de l'ordonnance du 2 juillet 1831 (dé-

---

(1) L'avis du Conseil d'Etat ne lie pas le ministre; mais, si celui-ci rejette la demande de pension conformément à cet avis, et croit devoir revenir ensuite sur sa décision première, la pension ne pourra être accordée sans que le Conseil d'Etat ait été de nouveau consulté (Le Ler, 25 mai 1906).

Le ministre des finances n'intervient également qu'à titre consultatif. Contrairement à ce qui est prescrit pour les pensions civiles (loi du 9 juin 1853, art. 24), le décret de concession n'est pas contresigné par lui.

(2) Les pensions liquidées et notifiées aux parties ne peuvent être l'objet d'une revision par la voie administrative, même à raison d'une erreur matérielle (Dauriac, 9 mars 1888, p. 241), et le ministre des finances ne pourrait, sous le même prétexte, en suspendre le paiement (Aigle, 1ᵉʳ avril 1887, p. 298).

cret du 10 août 1886, art. 5, modifié le 15 mai 1889 ;
Puget, 14 février 1902 ; Canazin, 7 décembre 1906).

263. « Tout pourvoi contre la liquidation d'une
pension militaire doit être formé, à peine de déchéance, dans le délai de deux mois à partir du jour
du premier paiement des arrérages, pourvu que,
avant ce premier paiement, les bases de la liquidation
aient été notifiées à l'intéressé. » (Loi du 11 avril
1831, art. 25 ; loi du 13 avril 1900, art. 24.)

Ce pourvoi doit être formé devant le Conseil
d'Etat (1). Il est recevable tant qu'aucun arrérage n'a
été payé, encore bien que les bases de la liquidation
aient été notifiées (Valentin, 2 juillet 1880).

Le délai de deux mois s'applique même si la réclamation est fondée sur une prétendue omission ou
erreur matérielle (Gréterin, 2 avril 1898. — V. note 2
sous le n° 262.

Le même délai de deux mois est accordé, en cas de
refus de pension, du jour où le refus a été notifié.

Le retrait de la gratification (Baud, 31 juillet 1885)
ou le refus de cette allocation (Allain, 22 mars 1902)
impliquent le refus de pension. Il en est de même du
refus de congé de réforme n° 1, puisque, par ce refus,
le ministre dénie la relation de cause à effet qui est la
base du droit à pension (2) (Bénétière, 19 mai 1905 ;
Plé, 23 mars 1906 ; Devernoix, 1er juin 1906 ; Nogué,
7 décembre 1906).

---

(1) La matière appartient, comme celle des traitements, des
liquidations de marchés, etc., au contentieux *de pleine juridiction* (n° S). Le Conseil d'Etat ne se borne pas, comme en matière
d'excès de pouvoir (contentieux de l'annulation) à annuler la
décision prise : il y substitue sa propre décision, affirmant, s'il
y a lieu, les droits du requérant ou déterminant les bases de
la nouvelle liquidation.

(2) Voir cependant, en sens contraire, l'arrêt Camut, du 17 novembre 1905.

Quid de la décision portant concession de gratification ?

Il faut distinguer : si l'intéressé a adressé une demande de pension et s'il lui est répondu par la concession d'une gratification, cette réponse équivaut à un refus (Castagné, 26 juin 1885) (1) ; mais, si l'allocation est concédée avant que l'intéressé ait formulé une demande de pension, on ne saurait la considérer comme un rejet implicite (Achard, 18 mai 1888 ; Réjon, 13 mars 1903 ; Embarck, 17 février 1905).

264. On sait que les décisions confirmatives ne rouvrent pas le délai de pourvoi. Mais, si la seconde demande était fondée sur l'aggravation des infirmités, survenue depuis le rejet de la première, la décision qui interviendrait serait en réalité une décision nouvelle qui pourrait être l'objet d'un recours, en supposant, bien entendu, que le requérant soit toujours dans les délais fixés par le décret du 10 août 1886 (Bégaud, 12 mars 1880).

265. La décision du Conseil d'Etat est définitive et, à moins que le requérant ne soit dans les cas prévus par la loi pour une demande en revision, l'offre de produire de nouvelles justifications serait non recevable (Ficonetti, 27 juillet 1888).

266. Nous avons vu que la mise à la retraite d'office peut être attaquée par voie contentieuse si elle est entachée d'excès de pouvoir. L'annulation d'une telle décision entraîne, par voie de conséquence, l'annu-

(1) D'un arrêt plus récent (Warin, 21 décembre 1906, p. 952), il semble résulter que, même au cas où une demande de pension a été antérieurement formulée, la décision accordant une gratification n'implique le rejet de cette demande que si les termes dans lesquels elle est conçue ne laissent pas de doute sur les intentions du ministre.

lation du décret portant liquidation de pension (Fontas, 20 mai 1904).

§ 6. — Comment se perd le droit à pension.

267. L'article 26 de la loi du 11 avril 1831 est ainsi conçu :

« Le droit à l'obtention ou à la jouissance des pensions militaires est suspendu : par la condamnation à une peine afflictive ou infamante, pendant la durée de la peine ; par les circonstances qui font perdre la qualité de Français, durant la privation de cette qualité ; par la résidence hors du territoire français sans l'autorisation du chef de l'Etat. »

La condamnation à une peine infamante entraîne la dégradation militaire (art. 189 du Code du 9 juin 1857) et celle-ci la déchéance de tout droit à pension pour les services antérieurs (art. 190, . ibid.). Mais, si l'intéressé a déjà des droits acquis à la jouissance, celle-ci est seulement suspendue pendant la durée de la peine (Montfort, 15 novembre 1895).

La réhabilitation ne saurait d'ailleurs rendre à l'officier le grade qu'il a définitivement perdu, ni par conséquent lui restituer son droit à pension (même arrêt).

L'officier destitué perd également le droit d'obtenir une pension à raison de ses services antérieurs (art. 192 du Code du 9 juin 1857). Quant à la perte du grade résultant *ipso facto* des condamnations correctionnelles pour l'un des délits prévus par les articles 401 à 408 du Code pénal, elle laisse subsister le droit à pension (cassation, 11 mars 1881, Burelly). Les déchéances ne se présument pas ; et, si la perte du grade devait entraîner nécessairement la perte du droit à pension, l'article 190 précité du Code de jus-

tice militaire n'aurait pas séparé et distingué ces deux
conséquences de la dégradation militaire.

267 *bis*. Le condamné amnistié est réputé n'avoir
jamais été dépossédé de ses droits. Mais l'amnistie
n'efface pas les faits accomplis, et, si le titulaire a été
rayé des livres du Trésor pour n'avoir pas réclamé
pendant trois années les arrérages de sa pension, il
ne peut réclamer que les arrérages échus depuis la
demande en rétablissement (loi du 9 juin 1853,
art. 30 (1) ; Souvras, 23 janvier 1880).

§ 7. — Questions de cumul.

268. Les pensions militaires ne peuvent se cumuler
avec un traitement militaire (Nicolini, 24 janvier
1890, p. 62). Exception est faite pour les officiers de
réserve et de l'armée territoriale convoqués à des
exercices (loi du 17 juin 1878).

Elles peuvent se cumuler avec un traitement civil
(loi du 25 mars 1817), sous la réserve (applicable aux
officiers seulement) que le total du traitement civil et
de la pension militaire sera inférieur (ou au plus égal)
au montant de la solde (sans les accessoires) dont
jouissait le titulaire au moment de son admission à
la retraite. Cette disposition limitative ne s'applique
pas lorsque la pension a été concédée pour blessures
ou infirmités contractées au service et équivalant à
la perte d'un membre (loi de finances du 26 décembre
1890, art. 31).

L'article 31 de la loi de 1890 est également inapplicable lorsque le total des allocations ne dépasse
pas 6.000 francs, et la retenue à exercer en cas de

(1) Il a été jugé que cet article de la loi sur les pensions civiles
doit s'appliquer aux pensions militaires (Fass, 14 janvier 1876).

dépassement doit toujours laisser au pensionnaire un revenu total de 6.000 francs au moins (loi du 31 décembre 1897).

269. « Les pensions militaires dans la fixation desquelles il sera fait application de l'article 4 de la loi du 11 avril 1831 ne pourront, en aucun cas, être cumulées avec un traitement civil. » (Loi du 11 avril 1831, art. 27.)

Cette disposition doit être entendue en ce sens qu'un traitement civil d'activité ne peut être cumulé avec une pension militaire, dans laquelle des services civils *ont dû* être réunis aux services militaires pour la constitution même du droit à pension (6 avril 1906, Lebon, p. 345) ; mais la prohibition du cumul ne s'étend pas au cas où, les services civils n'étant pas nécessaires pour établir le droit, il en a été cependant tenu compte pour fixer le taux de la pension (avis du Conseil d'Etat, 11 octobre 1853).

270. Il n'appartient qu'au ministre des finances d'appliquer les lois sur le cumul, et les communications que pourrait faire à ce sujet le ministre de la guerre seraient sans effet juridique et ne pourraient être déférées au Conseil d'Etat par la voie contentieuse (Tourneix, 5 décembre 1890, p. 918).

§ 8. — Décompte des services militaires, dans la liquidation des pensions civiles.

271. « Les services militaires concourent avec les services civils pour le droit à pension et sont comptés pour leur durée effective, pourvu toutefois que la durée des services civils soit au moins de douze ans dans la partie sédentaire, dix ans dans la partie active.

» Si les services militaires ont été déjà remunérés

par une pension, ils n'entrent pas dans le calcul de la liquidation.

» S'ils n'ont pas été rémunérés par une pension, ils seront calculés séparément d'après le minimum affecté au grade par les lois en vigueur à la date où ils ont été terminés. » (Loi du 9 juin 1853, art. 8 et loi du 28 avril 1893, art. 50).

Il n'y a lieu de tenir compte que des années de services effectifs, à l'exclusion des campagnes (Chevalme, 23 avril 1880 ; Dupuy, 30 novembre 1894, p. 638 ; Martz, 26 mars 1897, p. 201).

Les services militaires rémunérés par l'allocation d'une solde temporaire de réforme doivent entrer en compte dans la liquidation d'une pension civile (Agel, 11 janvier 1895, p. 20), ainsi que le temps passé en congé sans solde (Rollin, 20 mai 1898, p. 408, par analogie).

Le Conseil d'Etat a jugé que le temps passé à l'Ecole polytechnique par un fonctionnaire civil ne doit pas entrer en compte (Tarot, 19 mars 1897) ; mais, à l'époque où l'intéressé était à ladite Ecole, l'admission n'impliquait pas l'engagement militaire. Nous pensons qu'une autre solution s'imposerait pour les élèves entrés à l'Ecole sous le régime des lois du 15 juillet 1889 et 21 mars 1905. Quant aux deux autres années comptées à titre d'études préliminaires, elles ne sont acquises, comme service effectif, qu'aux élèves qui sortent de l'Ecole comme officiers dans les armes spéciales.

272. On sait que la loi du 9 juin 1853 sur les pensions civiles distingue les services *sédentaires* et les services *actifs*. Le fonctionnaire qui a passé quinze ans dans la partie active peut, après vingt-cinq ans de service (au lieu de 30), et à 55 ans d'âge (au lieu

de 60), faire valoir ses droits à la retraite. Les années de service militaire ne peuvent être invoquées pour compléter les années de service actif (Bordes, 26 décembre 1903 ; Baumgarten, 7 janvier 1887 ; Gravel, 18 novembre 1887).

273. Il a été jugé que les services militaires rendus dans l'armée active comme sergent, et les services rendus comme capitaine de la garde mobile pendant la guerre de 1870, doivent donner lieu à une double liquidation. Le décret du 27 janvier 1872, qui a assimilé ces derniers services à ceux de l'armée active, n'a pu, en effet, réagir sur les services antérieurs (Picarlé, 28 décembre 1906, p. 975). Si, au contraire, les services successifs avaient été, les uns et les autres, accomplis dans l'armée active, l'ensemble des services militaires aurait dû être liquidé d'après la situation occupée en dernier lieu dans cette armée, c'est-à-dire le grade de capitaine (Guermeux, 24 avril 1885).

§ 9. — Des pensions proportionnelles.

274. Les militaires commissionnés peuvent seuls accomplir vingt-cinq années de service ; car les rengagements ne sont renouvelables que jusqu'à une durée totale de quinze années de service, au maximum. Mais le législateur a institué des pensions proportionnelles en faveur des sous-officiers, caporaux et soldats rengagés ou commissionnés justifiant de quinze années de services effectifs et liquidées à raison, pour chaque année de service et pour chaque campagne, de 1/25 du minimum de la pension d'ancienneté afférente au grade ou à l'emploi (ou au grade ou emploi immédiatement inférieur si le premier n'a pas été obtenu depuis deux ans au moins) (Loi du 11 juil-

let 1899 et tarif y annexé ; loi du 21 mars 1905, art. 65).

275. « Les militaires qui obtiendraient d'être commissionnés après avoir quitté les drapeaux ne pourront réclamer la pension de retraite ou la pension proportionnelle qu'après avoir servi cinq ans en cette nouvelle qualité. » (Loi de 1905, art. 65.)

Ainsi le commissionné qui, après douze ans de service, quitterait les drapeaux, puis obtiendrait ultérieurement d'être à nouveau commissionné, ne pourrait pas, après avoir servi trois ans en cette qualité, prétendre à la pension proportionnelle, bien qu'il eût à ce moment quinze années de services. Le droit ne s'ouvrira que s'il reste pendant cinq années ininterrompues dans sa situation de commissionné (Roussel, 15 juillet 1887 ; Leclercq, 12 avril 1889 ; Babad, 21 décembre 1894) ; et l'intéressé alléguerait vainement qu'il a été contraint de quitter le service par une circonstance indépendante de sa volonté, la réforme par exemple (Husson, 18 novembre 1887).

Mais cela ne fait pas obstacle à ce qu'un ancien militaire, titulaire d'une pension proportionnelle et rentré au service en qualité de commissionné, obtienne la revision de sa pension à raison de ses nouveaux services, quand même la durée en serait inférieure à cinq ans (Guilpart, 30 décembre 1887).

276. Le temps passé dans la légion étrangère par un soldat français compte pour la retraite proportionnelle (Atgier, 20 juillet 1894 ; Amann, 6 avril 1895) (1).

Quant aux pensions des militaires indigènes des régiments d'Afrique et à celles des militaires indi-

---

(1) Dans cette espèce, le requérant avait été naturalisé Français au cours de ses quinze années de service.

gènes des troupes coloniales, elles sont régies par des textes spéciaux (loi du 11 juillet 1903 pour les premiers ; règlement d'administration publique du 25 septembre 1905 pour les autres).

277. La loi du 21 mars 1905 (art. 65) étend aux sous-officiers admis à la pension pour ancienneté de service ou à la pension proportionnelle la disposition, déjà en vigueur pour les officiers, qui met ceux-ci pendant cinq ans, à la disposition du ministre pour les cadres de la réserve et de l'armée territoriale.

Les militaires de la gendarmerie échappent quant à présent à cette obligation, les dispositions dudit article 65 ne leur étant pas applicables.

278. La pension proportionnelle peut se cumuler avec le traitement d'un emploi civil, mais non avec celui d'un emploi militaire, tel que gendarme, portier-consigne, etc. (loi du 28 fructidor an VII, art. 4). Les dispositions contraires de la loi du 10 juillet 1874 ont été abrogées par les lois ultérieures (Nivaggioni, 1er juillet 1904, p. 536).

Enfin nous rappelons que la pension proportionnelle ne peut être convertie en une pension pour infirmités, à raison de l'aggravation d'infirmités contractées au service (Petitfour, 28 décembre 1900, p. 861).

§ 10. — Pensions des veuves et des orphelins.

279. La question est complexe, en raison des modifications assez nombreuses qui ont été apportées à la législation, et qu'il n'est pas toujours aisé de relier les unes aux autres.

Avant de passer à l'examen des divers cas qui peuvent se présenter, rappelons tout d'abord une condition qui leur est commune : aucun droit n'est ouvert au profit de la veuve si le mariage n'a pas été autorisé dans les conditions prévues au décret du 16 juin 1808 (loi du 11 avril 1831, art. 9, § 4 ; Giabicani, 1er mars 1907, p. 213).

1er cas : Le mari a été tué sur le champ de bataille.

La pension est fixée à la moitié du maximum de la pension affectée au grade du mari, s'il était officier ; aux trois quarts de ce maximum s'il était sous-officier ou soldat (loi du 26 avril 1856, art. 1er confirmé par la loi du 20 juin 1878 ; loi du 10 août 1879, art. 15.)

280. 2e cas : Le mari a trouvé la mort dans un événement de guerre (1).

Même fixation que dans le 1er cas.

Il a été jugé qu'un officier décédé *le jour même* des suites d'une insolation dont il a été frappé au moment où il conduisait ses troupes à l'assaut d'une redoute, doit être considéré comme rentrant dans ce cas (Chapuis, 14 mai 1886, p. 411).

Décision contraire à l'égard d'un officier ayant eu à subir de grandes fatigues au cours d'une reconnaissance, mais ne succombant à une hémorragie cé-

---

(1) Le sens de ces mots a été donné ainsi qu'il suit par l'exposé des motifs de la loi du 26 avril 1856 :

« Dans le cours d'une guerre, il se produit quelquefois, en dehors du champ de bataille, des actes de courage, suivis de mort glorieuse, et qui, se rattachant aux opérations des armées, contribuent souvent au succès d'une campagne. Pour le rendre plus sensible par des exemples, on pourrait citer : une reconnaissance des positions de l'ennemi ; le transport d'un ordre à travers le terrain occupé par ses tirailleurs ; le passage d'une rivière ; l'explosion d'un magasin à poudre causée par les projectiles de l'ennemi et une foule d'autres circonstances de guerre dont l'énumération serait trop longue, dans lesquelles des militaires et marins peuvent trouver un trépas digne de figurer à côté de celui du champ de bataille, s'il ne lui est quelquefois supérieur par le dévouement qui l'a causé. »

rébrale qu'un mois après (Mason, 23 juillet 1886, p. 651).

281. 3ᵉ cas : Le mari a été blessé soit sur le champ de bataille, soit dans un événement de guerre, et il meurt ultérieurement de ses blessures.

1/2 du maximum, sans qu'il y ait lieu de distinguer si le mari était officier ou non (loi du 26 avril 1856).

Le droit de la veuve est subordonné à une double condition :

1° Il faut que le mariage soit antérieur aux blessures ;

2° Il faut, en outre, que les blessures aient été constatées par un certificat d'origine et que, d'année en année, le service médical ait constaté les effets persistants desdites blessures (loi du 8 décembre 1905).

La veuve est sans droit si une année révolue s'est écoulée depuis la dernière constatation médicale (1).

Il a été jugé qu'on ne peut assimiler aux blessures provenant d'événements de guerre une bronchite ou phtisie contractée dans les factions ou les tranchées et à laquelle succombe ultérieurement le militaire (veuve Vignet, 15 novembre 1872 ; Burée, 18 juin 1877), Labrousse, 8 avril 1892) ou une dysenterie contractée à la guerre (Malifaud, 23 mai 1884).

282. 4ᵉ cas : Le mari (sous-officier ou brigadier de gendarmerie ou gendarme) a péri par suite de lutte ou combat soutenu dans l'exercice de ses fonctions.

3/4 du maximum (loi du 18 août 1879, art. 17).

---

(1) Aux termes de l'ordonnance du 2 juillet 1831 (art. 21), la veuve était sans droit si le décès survenait plus d'un an après la blessure. Cette disposition a été abrogée par le décret portant règlement d'administration publique du 23 août 1903.

Rentre dans ce cas le gendarme mort au cours d'un incendie, en essayant de faire évacuer l'immeuble atteint par le feu (Jobert, 5 décembre 1902, p. 730).

283. 5ᵉ cas : Le mari a été tué en service commandé, en dehors de tout événement de guerre (1).

1/3 du maximum (officiers) ; 1/2 du maximum (sous-officiers et soldats) (loi du 20 juin 1878 ; loi du 18 août 1879).

Le mot « tué » implique l'action soudaine et violente d'une cause extérieure. L'officier qui, au cours d'un service commandé (séance d'escrime, par exemple), serait atteint d'hémorragie cérébrale et succomberait quelques heures après, n'ouvrirait pas de droits à sa veuve (veuve Forjonnel, 13 mai 1898, p. 387).

284. 6ᵉ cas : Le mari a été blessé en service commandé et meurt ensuite de ses blessures (1).

1/3 du maximum (officiers) ; 1/2 du maximum (sous-officiers et soldats).

Comme dans le 3ᵉ cas, le droit de la veuve est subordonné à la double condition : 1° que le mariage ait été contracté avant les blessures ; 2° qu'un certificat d'origine ait été établi et les effets des blessures dûment constatés d'année en année (décret du 23 août 1903).

L'assimilation qu'on a souvent essayé de faire entre les maladies et les blessures n'a jamais été admise par la jurisprudence. C'est ainsi que l'application de la disposition dont il s'agit a été refusée dans les cas suivants :

---

(1) Le droit est ouvert dans les mêmes conditions aux veuves des militaires des réserves blessés au cours des périodes d'instruction. Il a même été jugé (veuve Bérenger, 29 décembre 1893, p. 888) que la circonstance qu'un officier accomplit une période à titre de stage volontaire ne modifie pas la situation de droit.

Refroidissement contracté au cours d'une marche militaire (Poucy, 9 mars 1894 ; Beau, 23 novembre 1906, p. 847) ;

Bronchite contractée en accomplissant un acte de sauvetage (Barachet, 3 juillet 1891 ; Picot, 14 décembre 1894) ;

Congestion pulmonaire survenue après une nuit passée au bivouac (Legot, 17 janvier 1896 ; Emond, 25 avril 1902) ;

Asphyxie à la caserne par une fuite de gaz (Jacquemard, 26 décembre 1891) ;

Maladie de foie provenant d'un refroidissement contracté aux manœuvres (Sanard, 16 avril 1886) ;

Péritonite tuberculeuse consécutive à un refroidissement contracté en poursuivant des malfaiteurs (Laurichesse, 9 février 1906) ;

Paralysie générale attribuée aux fatigues du service (Lajugie, 16 février 1906) ;

Crise cardiaque survenue au cours du service (Martin, 6 juillet 1906) ;

Crise d'appendicite aiguë suite d'un refroidissement contracté au service (Aurran, 6 juillet 1906), etc.

285. 7e cas : Le mari est mort d'une maladie contagieuse ou endémique aux influences de laquelle il a été soumis par les obligations de son service (loi du 8 décembre 1905) (1).

1/3 maximum (officiers) ; 1/2 maximum (sous-officiers et soldats.

C'est sur ce point que la législation a reçu, depuis quelques années, les améliorations les plus heureuses. Sous l'empire de la loi du 11 avril 1831, le droit

---

(1) Cette loi n'est applicable qu'aux veuves de militaires décédés après sa promulgation (veuve Roydot, 8 février 1907).

n'était pas ouvert si la maladie avait été contractée
en France, ou même si, la maladie ayant été contractée aux armées ou hors d'Europe, le décès avait
eu lieu en France (V. note sous l'arrêt Niaux, 4 février 1887). Déjà la loi du 15 avril 1885 avait supprimé cette dernière condition ; celle du 8 décembre
1905 a été plus loin encore en étendant le droit au cas
où la maladie contagieuse a été contractée en France.
Elle a fait disparaître ainsi de regrettables anomalies,
parmi lesquelles on peut citer le refus de pension à
la veuve d'un infirmier qui avait contracté la variole
dans son service à l'hôpital (Gauthier, 7 août 1885) ;
à la veuve d'un gendarme décédé des suites du choléra dont il avait été atteint en concourant aux mesures de désinfection (Imbert, 18 décembre 1885) ; à la
veuve d'un brigadier de gendarmerie décédé de la
fièvre typhoïde qu'il avait contractée en allant constater l'état d'un réserviste atteint de cette maladie
(Colombier, 20 décembre 1889) ; à la veuve d'un médecin militaire qui avait contracté la diphtérie au che-
vet d'un malade, etc., etc.

Les maladies qui ne sont ni contagieuses ni endé-
miques restent donc seules en dehors des prévisions
de la loi.

Pour faire valoir le droit que confère la loi du 8 décembre 1905, il faut que le mariage soit antérieur à
la maladie (de Touchebeuf-Baumont, 8 août 1895),
que celle-ci ait donné lieu à un certificat d'origine ;
qu'enfin les officiers de santé aient constaté d'année
en année que les effets de la maladie subsistaient encore.

Le droit existe encore que la maladie (contagieuse
ou endémique) ait été, dans la dernière période, com-
pliquée d'une autre maladie (Quillien, 26 décembre
1891 ; Guigens, 6 mars 1891 ; Le Maçon, 8 août 1890 ;

Gourvennec, 30 janvier 1891 ; Le Bouler, 12 décembre 1890, etc.).

286. 8ᵉ cas : Le militaire est mort en jouissance d'une pension de retraite pour ancienneté de services ou en possession de droits à cette pension.

1/3 du maximum (officiers) ; 1/2 du maximum (sous-officiers et soldats).

Il faut que le mariage ait été contracté deux ans au moins avant la cessation de l'activité ou du traitement militaire du mari, ou qu'il y ait un ou plusieurs enfants issus du mariage antérieur à cette cessation (loi du 11 avril 1831, art. 19-4°).

Peu importe d'ailleurs que l'activité ait cessé par la mise à la retraite d'office. La loi ne distingue pas et, même dans ce cas, si le mariage n'est pas antérieur de deux ans et s'il n'y a pas d'enfants, la veuve n'aura aucun droit (veuve Caradec, 1ᵉʳ février 1901).

287. 9ᵉ cas : Le militaire est mort en jouissance d'une pension de retraite acquise pour blessures ou infirmités. Dans ce cas, la veuve aura droit à pension sous la seule condition que le mariage soit antérieur auxdites blessures ou infirmités (loi du 28 décembre 1895, art. 41).

Le taux est le même que dans le cas précédent.

La jurisprudence considère comme mort en possession du droit à pension le militaire qui, avant son décès, avait fait constater que sa maladie réunissait les conditions requises pour ouvrir à son profit le droit à pension. Il ne suffit pas qu'il ait manifesté l'intention de demander sa retraite (veuve Ferra, 28 mai 1897), ou même fait établir un certificat d'origine (Cadilhac, 8 février 1907). Il faut qu'il se soit mis en instance, c'est-à-dire qu'il ait fait constater, dans les formes prescrites par l'ordonnance du 2 juillet 1831, l'origine de la maladie et l'incapacité qui en dérive (Antoine, 9 avril 1886 ; Cizeville, 28 janvier 1887 ; Toqué, 8 juin 1888 ; Caroux, 26 octobre 1888 ; Lainé, 14 mars 1890 ; Ponard, 12 décembre 1890 ; Floriat, 10 février 1893 ; Castel, 30 novembre 1894 ; Hugues, 21 mai 1897, etc.) (1).

288. 10e cas : Le mari (même officier) est mort après vingt-cinq ans de services. La loi du 10 avril 1869 n'avait ouvert ce droit à la veuve que dans le cas où l'officier était mort en non-activité pour infirmités temporaires, et le Conseil d'Etat s'était refusé à l'étendre par analogie à l'officier mort en activité de service après le même temps (veuve Borelly, 11 mars 1892, p. 268).

Mais l'article 44 de la loi de finances du 13 avril 1898 a levé toutes difficultés en décidant que les veuves des militaires, marins, fonctionnaires civils, etc., auront droit à pension lorsque le mari réunira, au jour de son décès, vingt-cinq ans de services, tant militaires que civils, et que la condition de durée du mariage requise par la loi sera remplie (2).

Le taux de la retraite est le même que dans les deux cas précédents.

289. La veuve a, pour faire valoir ses droits à la

---

(1) Voir cependant veuve Simonet, 1er mars 1907, p. 213. L'origine de la maladie n'était pas douteuse ; mais les visites d'examen et de vérification prescrite par l'ordonnance du 2 juillet 1831 n'avaient pas eu lieu.

(2) La loi de 1898 a créé au profit de la veuve un droit *personnel* indépendant de la durée *relative* des services militaires et des services civils. On ne peut donc pas opposer à la veuve du militaire ex-employé civil le minimum de vingt années de services militaires (art. 4 de la loi du 11 avril 1831), pas plus qu'on ne peut opposer à la veuve de l'employé civil ex-militaire le minimum de douze années de services civils (art. 8 de la loi de 9 juin 1853) (V. n° 292 *infrà*).

retraite, un délai de cinq ans *dans tous les cas* (loi du 17 avril 1833). Le dernier alinéa de l'article 21 de l'ordonnance du 2 juillet 1831, qui limitait à six mois le délai d'instance lorsque le mari était mort des suites de blessures reçues au service, a été abrogé par l'article 8 du décret du 10 août 1886.

290. La pension proportionnelle n'est pas réversible sur la veuve. La disposition explicite que contenait dans ce sens la loi du 23 juillet 1881 n'a pas, il est vrai, été reproduite dans les lois ultérieures; mais le silence de ces lois ne suffit pas pour créer des droits ; un texte formel serait nécessaire, et ce texte n'existe pas (Cacciaguerra, 8 juillet 1904, p. 571).

Lorsque le mariage a été contracté sans autorisation (décret du 16 juin 1808), la veuve, dans aucun cas, n'a droit à pension (loi du 11 août 1831, art. 19 *in fine* ; Ribouchon, 26 février 1892).

En cas de séparation de corps, la veuve d'un militaire ne peut prétendre à aucune pension, à moins que la séparation n'ait été prononcée contre le mari (loi du 25 juin 1861, art. 6).

Le droit à pension est perdu pour la veuve si, encore bien que la demande de séparation ait été formée par elle seule, un jugement passé en force de chose jugée l'a prononcée à la fois contre le mari et la femme (veuve Allais, 26 février 1870).

Si, postérieurement au jugement de séparation, il y a cohabitation et réconciliation entre les deux époux, l'épouse, devenue veuve, peut faire valoir ses droits à la retraite (veuve Maziau, 7 avril 1841).

S'il y a eu divorce, la femme n'a aucun droit, alors même que le jugement de divorce aurait été prononcé à son profit. Elle n'a plus, en effet, la qualité de veuve de militaire (Dame Leblanc, 21 décembre 1894, p. 709).

291. Supposons qu'un ancien militaire, titulaire d'une pension militaire, obtienne un emploi civil, se marie et meure en possession de droits à une pension civile.

Nous savons que la veuve ne peut prétendre à la réversibilité de la pension militaire, puisqu'elle s'est mariée après la cessation des services militaires de son mari (loi du 11 avril 1831, art. 19, § 5). Pourra-t-elle au moins demander que ces services militaires entrent en compte dans la liquidation de la pension civile ? Non encore, car on ne doit pas tenir compte des services militaires déjà rémunérés par une pension (loi du 9 juin 1853, art. 8 ; veuve Marchadier, 14 mars 1873).

La même solution devra prévaloir si le militaire, marié au cours de ses services militaires, est admis à la retraite proportionnelle et pourvu ensuite d'un emploi civil. D'une part, la pension proportionnelle n'est pas réversible, et, d'autre part, les services qui ont été rémunérés par ladite pension ne peuvent pas entrer en compte dans la liquidation de la pension civile (loi du 9 juin 1853, art. 8). Un projet de loi avait été préparé en 1906 pour atténuer la rigueur de cette règle.

292. Nous avons vu que les services militaires ne peuvent concourir à l'établissement de la pension civile (loi du 9 juin 1853, art. 8). Un projet de loi avait douze ans dans la partie sédentaire, dix ans dans la partie active. Cette condition n'est pas imposée à la veuve dont le mari est décédé après ving-cinq années de services, tant civils que militaires. La loi du 13 avril 1898 (art. 44) lui confère un droit personnel,

indépendant de la durée des services civils. La législation précédente (loi du 28 avril 1893) avait laissé la question indécise et donné lieu à un arrêt (Veuve Barthélemy, 26 mars 1897) qui n'a plus d'intérêt aujourd'hui.

293. Le droit à pension se perd, pour la veuve, dans les mêmes circonstances que pour le militaire pensionné.

Remarquons que la veuve d'un militaire qui épouse un étranger perd la qualité de Française (art. 19 du Code civil) et, par conséquent, son droit à pension.

Aucune disposition de loi ne s'oppose à ce que la veuve d'un militaire, remariée à un militaire qui meurt lui-même en possession du droit à pension, cumule l'une et l'autre pension (1). Toutefois, et conformément à la règle générale posée par l'article 31 de la loi du 9 juin 1853, le cumul ne sera possible que jusqu'à concurrence de 6.000 francs au maximum (de Gressot, 29 juillet 1898).

294. Après le décès de la mère, ou lorsqu'elle est déchue de ses droits, l'enfant ou les enfants mineurs ont droit à un secours annuel égal à la pension de la veuve. Ce secours leur est payé jusqu'à ce que le plus jeune ait atteint 21 ans. La part des majeurs est réversible sur les mineurs (loi du 11 avril 1831, art. 21).

Ces dispositions ne s'appliquent qu'aux enfants légitimes. La loi du 25 mars 1896 (2) n'a pas innové à cet égard (Lagarde, 25 mars 1901).

---

(1) La loi du 5 août 1879, relative aux personnels de la marine, dispose (art. 11) que les veuves ne seront plus admises à cumuler plusieurs pensions militaires; mais cette disposition n'a pas été étendue aux personnels de la guerre.

(2) Cette loi appelle les enfants naturels reconnus à la succession de leurs père et mère décédés.

295. L'article 48 de la loi de finances du 25 février 1901 a pris des dispositions protectrices à l'égard de la veuve et des orphelins des militaires déclarés absents par jugement, ou des pensionnés militaires disparus de leur domicile et restés plus de trois ans sans réclamer les arrérages de leur pension. Les droits de réversion sont provisoirement liquidés.

296. Lorsqu'un militaire meurt en cours d'instance devant le Conseil d'Etat, la veuve peut reprendre l'instance ; mais elle n'est pas recevable à demander au Conseil d'Etat, au cours de cette instance, son renvoi devant le ministre pour liquidation de sa pension en qualité de veuve, alors qu'elle n'a pas encore saisi le ministre de cette demande (Dame Ressègue, 24 juin 1898, p. 482).

§ 11. — Gratifications de réforme et secours.

297. Lorsque des blessures reçues ou des infirmités contractées au service par un militaire non officier ne remplissent pas les conditions requises par l'article 14 de la loi du 11 avril 1831 pour lui donner droit à la pension de retraite, mais qu'elles sont cependant de nature à réduire d'une façon appréciable ses facultés de travail, le ministre est autorisé à lui concéder une gratification renouvelable dont le taux annuel est fixé, selon la gravité de la blessure ou de l'infirmité, à 1/2, 1/3, 1/6 du minimum de la pension du grade.

La gratification, concédée en principe pour deux années, peut être renouvelée pour une période d'égale durée, et même convertie en gratification permanente, lorsque les infirmités sont devenues incurables.

Les règles prohibitives du cumul en matière de pensions militaires s'appliquent dans les mêmes conditions à la gratification de réforme. Elle ne peut se cumuler avec la solde de réforme des sous-officiers (loi du 21 mars 1905, art. 65).

La gratification peut être retirée pour inconduite (décret du 13 février 1906, art. 1, 2, 4 et 5).

Le refus de gratification ne peut donner lieu à une action contentieuse (Lartilley, 24 mars 1899 ; Drouilly, 27 juillet 1900 ; Hugueny, 23 novembre 1900 ; Voissier, 30 janvier 1903). Toutes ces décisions sont antérieures au décret de 1906 ; mais les termes mêmes de ce décret, pas plus que ceux de la décision impériale du 3 janvier 1857, ne font naître l'idée de véritables droits. Ils autorisent le ministre, mais ne l'obligent pas (1).

§ 12. — Non-rétroactivité des lois sur les pensions.

298. Les lois et les décrets sur les pensions n'ont pas d'effet rétroactif (d'Angeliès, 15 juin 1894). Mais il arrive parfois que des lois transitoires interviennent pour accorder des suppléments aux anciens militaires ou à leurs veuves, dont les pensions ont été liquidées par application des anciens tarifs, lorsque ceux-ci sont moins avantageux que les nouveaux. Telle a été la loi du 26 janvier 1892, rendue en faveur des officiers, des sous-officiers et de leurs veuves retraités avant les lois de 1878 et de 1881. Les suppléments accordés par cette loi sont soumis aux mêmes conditions de droit que les pensions.

---

(1) Il en devrait être autrement de la gratification temporaire de réforme accordée aux militaires de la gendarmerie réformés pour cause d'infirmités, sans avoir droit à pension (décret du 29 mai 1890, art. 146). Cette allocation constitue un véritable traitement analogue à la solde temporaire de réforme que la loi du 21 mars 1905 (art. 65) accorde aux sous-officiers rengagés. Un arrêt du 22 mars 1907 (Gouin) a cependant déclaré non recevable une action ayant cet objet.

En ce qui concerne les officiers seulement, ces suppléments ne peuvent se cumuler avec un traitement civil que jusqu'à concurrence du montant de la solde (sans accessoires) dont jouissait l'intéressé au moment de son admission à la retraite.

Les mots « traitement civil » excluent les allocations temporaires calculées d'après la journée de travail (note sous l'arrêt Comyn, 7 août 1886, p. 736).

CHAPITRE III

DU CONTENTIEUX RELATIF AUX IMMEUBLES

SECTION Ire

Domaine militaire. — Conservation. Acquisitions. — Aliénations.

§ 1er. — Domaine militaire. — Conservation.

299. Les expressions « domaine public » et « domaine de l'Etat » ne sont pas synonymes. La seconde a une acception beaucoup plus large que la première : elle embrasse tous les immeubles, quelle que soit leur affectation, qui sont la propriété de l'Etat.

Suivant la doctrine la plus généralement acceptée, le domaine public (1) ne comprend que les portions de territoire affectées à un *usage public*, et non pas seulement à un *service public*. Il y a lieu d'y classer en outre, en vertu de textes spéciaux, certaines constructions déterminées, non affectées à un usage public, notamment les fortifications et leurs dépendances (art. 540 du Code civil).

Ainsi, d'après cette théorie, les casernes, manutentions, hôpitaux, magasins font partie du domaine de l'Etat, mais non du domaine public.

Les fortifications et leurs dépendances (parapets,

---

(1) A côté du domaine public national, il y a le domaine public départemental et le domaine public communal. Nous ne nous occupons ici que du premier et spécialement du domaine public militaire.

fossés, chemins couverts, esplanades, glacis, ouvrages avancés, terre-pleins, canaux, digues, écluses, batteries, casernes défensives) appartiennent au domaine public.

200. Cette question, qui divise beaucoup les auteurs, a un intérêt pratique considérable. On sait que l'ordonnance de Moulins, rendue en 1566 (1), avait proclamé l'indisponibilité du domaine de l'Etat, mais que cette règle n'a été consacrée par le Code Napoléon (art. 538) qu'en ce qui concerne le domaine public.

Or, du principe de l'indisponibilité découlent les conséquences suivantes :

1° Le domaine public ne peut être aliéné tant qu'il conserve ce caractère. Ainsi nul terrain de fortification ne peut être vendu s'il n'a été préalablement déclassé par une loi ;

2° Il n'est pas susceptible d'expropriation pour cause d'utilité publique (Cassation, préfet de la Seine-Inférieure, 3 mars 1862 ; id., 29 octobre 1900) ;

3° Nulle partie n'en peut être acquise par prescription.

Il ne peut être grevé, soit par prescription, soit autrement, d'aucun droit réel : usufruit, usage, hypothèque, servitudes, sauf les droits et servitudes établis antérieurement à 1566 (Guérard-Deslauries, 10 février 1865).

Toute anticipation ou usurpation sur le domaine public constitue une contravention permanente dont

(1) Cette ordonnance est devenue *ipso facto* applicable aux provinces réunies ultérieurement à la France (par exemple à l'Artois, réuni en 1640 ; — Labitte, 15 décembre 1886).

la répression peut être poursuivie à toute époque. La démolition des constructions, la destruction des plantations seront toujours ordonnées ;

4° L'article 661 du Code civil, autorisant l'acquisition forcée de la mitoyenneté des murs séparatifs, est inapplicable aux constructions dépendant du domaine public ; mais le domaine public peut, à l'inverse, réclamer l'application dudit article (Cassation, Dubreuil, 14 février 1900) ;

5° Le domaine public ne peut être utilement l'objet d'aucune revendication ni action possessoire. Si un particulier prétend qu'un immeuble lui appartenant a été indûment incorporé dans le domaine public, il lui appartient de faire constater l'empiétement par les tribunaux judiciaires, et de se faire indemniser de l'expropriation indirectement subie (Lacombe Saint-Michel, 7 août 1891).

301. La conservation des fortifications et de leurs dépendances appartient, sous l'autorité du ministre de la guerre, au corps des officiers du génie. Le terrain militaire est limité par un bornage exécuté conformément aux articles 19, 20 et 21 du décret du 10 août 1853 (art. 25). Le chef du génie et l'ingénieur des ponts et chaussées y procèdent en présence du maire ou de son adjoint et contradictoirement avec les propriétaires intéressés. Les bornes sont rattachées à des points fixes et rapportées sur un plan spécial dit *de circonscription du terrain militaire*. Ce plan est, avec le procès-verbal de bornage, déposé à la mairie pendant trois mois. Les parties intéressées peuvent, pendant ce temps, se pourvoir devant le conseil de préfecture, sauf recours au Conseil d'Etat, contre l'opération matérielle du bornage. Lorsqu'il a été sta-

tué sur les diverses réclamations formulées, le plan
est homologué et rendu exécutoire par décret (1).

302. Les anticipations sur le terrain militaire sont
constatées par les procès-verbaux des officiers d'administration du génie et donnent lieu, comme en matière de grande voirie, à des poursuites exercées devant le conseil de préfecture, à la diligence du directeur des fortifications. Ce tribunal est doublement
compétent :

1° Pour ordonner la remise des lieux en l'état ;

2° Pour prononcer contre le contrevenant les peines
édictées par la loi en matière de grande voirie (loi du
29 floréal an X ; loi du 29 mars 1806).

Si le contrevenant allègue qu'il est propriétaire
des terrains au point où il a fait les travaux incriminés, cette prétention ne fait pas obstacle à ce que
le conseil de préfecture, après avoir vérifié que le
terrain est bien englobé dans le domaine public (2),
réprime la contravention, sauf à l'intéressé à faire
reconnaître ses droits devant l'autorité judiciaire et à
obtenir, s'il y a lieu, une indemnité (Dame Bachelard,
30 mars 1884, p. 480).

Cette solution suppose qu'il y a eu incorporation
effective au domaine public. S'il s'agit de terrains
acquis par l'Etat pour être ultérieurement affectés à

---

(1) Le décret qui homologue le plan de circonscription et le
procès-verbal de bornage d'un fort n'a d'autre portée que celle
d'un acte de délimitation et ne fait pas obstacle à ce que l'autorité judiciaire détermine l'étendue des droits pouvant appartenir
à des tiers sur les eaux prenant leur source à l'intérieur dudit
fort (Lacombe Saint-Michel, 7 août 1891).

(2) Pour faire cette vérification, le conseil de préfecture se re-
portera au plan de délimitation. En l'absence de ce plan, il aurait
à rechercher les limites légales d'après les règles posées au titre III du décret du 10 août 1853 ; mais il n'a pas à attendre
que les tribunaux judiciaires aient tranché la question de propriété
(Loisnel, 15 juin 1888).

un service public, mais que cette affectaion n'ait pas eu lieu, il ne saurait y avoir contravention et le conseil de préfecture devrait relaxer l'inculpé (Roland, 28 juin 1901, p. 595).

303. Sont du ressort de l'autorité judiciaire les poursuites pour dégradations, vols, etc., commis sur les ouvrages défensifs. Le délit ou la contravention, constaté par procès-verbal d'un officier d'administration du génie, est dénoncé, le cas échéant, au procureur de la République, qui fait, au nom de l'Etat, les diligences nécessaires (circ. du 1er brumaire an IX)

304. L'entretien des fortifications et de leurs dépendances a lieu par les soins et aux frais du département de la guerre. La décision par laquelle le ministre refuserait de consacrer des fonds à l'entretien d'une chaussée ou d'un pont prétendus militaires, ne serait évidemment pas susceptible d'être attaquée au contentieux par les habitants de la commune intéressée ; mais celle-ci pourrait se pourvoir contre la déclaration du ministre si, déniant à ces ouvrages le caractère d'ouvrages militaires, elle impliquait pour la ville l'obligation de les entretenir elle-même (ville de Perpignan, 13 août 1840).

305. Les immeubles qui, tout en étant affectés à un service militaire, ne rentrent pas dans le domaine public (casernes, manutentions, magasins, hôpitaux, etc.) sont entièrement soumis au droit commun. Les questions de bornage, de servitudes ou autres droits réels, d'usurpation, de dégradation, ressortissent à l'autorité judiciaire et doivent être portées devant les tribunaux de cet ordre à la diligence des services qui ont la garde des établissements.

306. Nous avons vu que les terrains des fortifica-

tions ne peuvent être déclassés que par la loi. Ils rentrent alors dans le domaine privé (malgré la rédaction vicieuse de l'article 541 du Code civil) et sont soumis aux règles ordinaires en matière de prescription, de bornage, etc.

§ 2. — Aliénations. — Cessions.

307. Lorsqu'un terrain de fortifications a été déclassé ou lorsqu'un immeuble a cessé d'être affecté au service militaire, il peut être vendu (1) ; mais l'aliénation est opérée par les soins de l'administration des domaines. Les difficultés qui peuvent naître de l'exécution du contrat de vente sont du ressort des conseils de préfecture (loi de pluviôse an VIII), sauf recours au Conseil d'Etat, et le département de la guerre n'a pas à intervenir.

308. Les contrats de *concession* ont un caractère essentiellement administratif. Aussi n'appartient-il qu'à l'autorité et aux tribunaux administratifs de les interpréter et de résoudre les difficultés auxquelles peut donner lieu leur exécution. Aucune loi n'a donné, en cette matière, compétence aux conseils de préfecture. C'est le Conseil d'Etat qui doit être saisi (département de la Moselle, 5 mars 1841 ; ville de Bayonne, 15 septembre 1843).

Nous citerons comme exemple de ce mode d'aliénation la cession faite à certaines villes ouvertes par le décret du 23 avril 1810 et l'ordonnance du 5 août 1818 (art. 13) de la nue propriété des casernes, à charge de conserver à ces bâtiments leur destination pour le service de la guerre.

---

(1) La vente d'îles, ilots, forts, châteaux forts ou batteries du littoral déclassés ne peut être autorisée que par une loi (loi du 29 août 1905).

Aux termes de la susdite ordonnance, « les villes seront mises en possession et auront la libre jouissance desdits immeubles si, par suite de leur inutilité absolue pour le service, ils sont abandonnés par le département de la guerre ».

Le Conseil d'Etat a jugé que « la décision par laquelle le ministre de la guerre refuse cet abandon, en se fondant sur ce que les immeubles ne sont pas d'une inutilité absolue pour le service militaire, n'est pas de nature à être attaquée par voie contentieuse » (ville de Rouen, 30 mars 1846).

§ 3. — Acquisitions. — Expropriations.

309. Les acquisitions d'immeubles faites par le ministre de la guerre, dans la limite des crédits qui lui sont ouverts, donnent lieu à des contrats de droit commun dont le contentieux appartient aux tribunaux judiciaires.

Il est un mode spécial d'acquisition qui doit appeler particulièrement l'attention : c'est celui qui a lieu par voie d'expropriation publique.

La loi du 3 mai 1841 donne à l'administration la faculté d'acquérir, même contre le gré des propriétaires, les terrains qui lui sont nécessaires pour l'exécution des travaux d'utilité publique. Nous allons exposer en quelques mots la procédure suivie pour les travaux militaires.

Un décret déclare l'utilité publique et fait connaître en même temps les terrains à exproprier. Cette désignation n'est pas précédée, comme en matière de travaux publics ordinaires, (routes, canaux, etc.), d'une enquête *de commodo et incommodo ;* et cela se conçoit : l'intérêt de la défense étant engagé dans la question, l'administration doit être souverain juge.

Le jugement d'expropriation est ensuite poursuivi par le procureur de la République, sur la requête du préfet du département. Il peut être aussi provoqué par le propriétaire si l'administration laisse passer une année sans agir.

Le jugement ne peut être attaqué ni par voie d'appel, ni par voie d'opposition. La loi n'admet que le recours en cassation pour incompétence, excès de pouvoir ou vice de forme.

310. Le jugement rend l'expropriant propriétaire ; il affranchit l'immeuble de tous droits ou actions réels (actions en revendication, droits de servitudes, hypothèques, privilèges, etc.). Toutefois, comme l'indemnité doit être payée préalablement à la prise de possession, l'exproprié conserve jusqu'à ce moment la jouissance de l'immeuble. Les baux sont de plein droit résolus.

311. Si les intéressés n'acceptent pas les offres amiables de l'administration, l'indemnité à payer est fixée par un jury composé de douze jurés désignés par le tribunal sur une liste que dresse tous les ans, pour chaque arrondissement, le conseil général. Le jury est assisté, dans ses opérations, d'un magistrat directeur nommé également par le tribunal. L'indemnité est fixée à la majorité des voix ; elle ne peut être ni inférieure aux offres de l'administration, ni supérieure à la demande de l'intéressé. Le jury doit tenir compte de la plus-value apportée au reste de la propriété.

La décision du jury est rendue exécutoire par une ordonnance du magistrat directeur, qui statue sur les dépens et envoie l'administration en possession, à charge par elle d'effectuer le paiement préalable de l'indemnité.

La décision du jury et l'ordonnance du magistrat directeur ne peuvent être attaquées qu'en cassation pour certaines violations de formes et dans le délai de quinze jours.

312. L'administration se libère, soit en payant directement le prix aux ayants droit, si leur qualité n'est pas contestée et s'il n'y a pas de créanciers opposants, soit en le versant à la Caisse des dépôts et consignations.

S'il y a contestation au sujet de l'attribution de l'indemnité fixée par le jury, c'est à l'autorité judiciaire qu'il appartient de statuer (Ouvrard, 17 novembre 1882).

313. Telle est la marche normale qui, en cas d'urgence, est modifiée ainsi qu'il suit :

Le décret qui déclare l'utilité publique prononce en même temps l'urgence.

Rien n'est changé dans la procédure jusqu'au jugement d'expropriation ; mais l'administration est envoyée en possession des terrains *non bâtis*, avant le paiement et même avant la fixation de l'indemnité. A cet effet, le tribunal, après avoir reconnu ou fait reconnaître l'état des lieux, détermine la somme à consigner par l'administration. Sur le vu du procès-verbal de consignation, le président du tribunal rend une ordonnance de prise de possession. L'indemnité est ensuite fixée par le jury, ainsi qu'il a été expliqué ci-dessus.

314. Tout ce que nous venons de dire s'applique à la généralité des travaux militaires. S'il s'agit de fortifications et si, en outre, l'urgence est déclarée, la procédure est encore plus expéditive (loi du 30 mars 1831 ; art. 76 de la loi du 3 mai 1841). Le

jugement d'expropriation ordonne en même temps l'envoi en possession.

Il est précédé de la reconnaissance des lieux et fixe la somme à consigner par l'administration avant la prise de possession. L'indemnité est ensuite réglée par le jury comme dans les autres cas. La prise de possession avant paiement s'applique, dans ce cas spécial, aux terrains bâtis comme aux terrains non bâtis.

315. *Du contentieux des expropriations.* — Disons tout d'abord qu'aucun recours *au fond* n'est possible contre le décret déclaratif d'utilité publique. Il n'appartient aux particuliers de contester : ni l'utilité publique (Boncenne, 26 avril 1847 ; Gérard, 26 février 1870), ni l'urgence (de Rochetaillée, 8 janvier 1864), ni le choix du terrain et, par suite, la désignation des parcelles soumises à l'expropriation.

Le décret ne pourrait être attaqué, suivant la règle générale, que pour excès de pouvoir et pourvu que le jugement d'expropriation ne soit pas passé en force de chose jugée (de Fresne, 31 juillet 1885, p. 741 ; Commune de Chapois, 29 juillet 1892, p. 664).

316. Le jugement d'expropriation ou (s'il s'agit de fortifications) le jugement prononçant l'envoi en possession ne peuvent être attaqués que devant la Cour de cassation. Il en est de même de la décision du jury. Mais si, après cette décision, il s'élève, dans un procès administratif touchant les dommages qui résultent de l'exécution des travaux, une contestation sur le sens et la portée de cette décision, à qui appartiendra-t-il d'en connaître? C'est à l'autorité judiciaire, c'est-à-dire au tribunal de l'arrondissement dans lequel aura siégé le jury (chemin de fer de Lyon, 15 décembre 1876 ; d'Houdeman, 11 juin 1874).

317. Si l'indemnité, au lieu d'être fixée par le jury, a été arrêtée à l'amiable entre l'administration et l'intéressé, c'est aussi à l'autorité judiciaire qu'il appartiendra de résoudre les difficultés qui pourront s'élever sur l'exécution, sur le sens et la portée de l'acte de cession (Conflit, 15 mars 1850 ; veuve Chauvet, 19 décembre 1868 ; ville de Brest, 21 juillet 1876).

Il en serait ainsi alors même que la cession aurait été faite, sous la condition, acceptée par l'administration, de réparer, aux frais de celle-ci, un immeuble du cédant, par exemple un mur de soutènement. Ce travail n'aurait pas le caractère d'un travail public, et le conseil de préfecture serait incompétent pour décider si les travaux effectués répondent à la commune intention des parties (Battle, 12 mars 1881 ; Cousin, 15 novembre 1895).

Enfin, c'est à l'autorité judiciaire qu'il appartient de statuer sur les contestations que soulèverait le paiement de l'indemnité, sauf le cas où l'Etat soutiendrait que la créance est frappée par la déchéance spéciale aux dettes de l'Etat (Conflit, 14 juin 1862 ; Le Chevallier, 8 mars 1865).

318. Lorsque l'administration a indûment occupé des terrains non compris dans le jugement d'expropriation, le propriétaire peut les revendiquer dans les délais ordinaires de la prescription. Mais, lorsque l'immeuble a été incorporé au domaine public, le droit de propriété se trouve forcément converti en un droit à indemnité dont il appartient à l'autorité judiciaire de fixer le quantum et qui, comme toute autre créance, sera susceptible d'être atteint par la déchéance quinquennale.

Mais de quel instant le délai de cinq années commencera-t-il à courir? L'administration a plusieurs

fois soutenu que le point de départ devait être l'exercice au cours duquel avait eu lieu l'occupation ; mais
le Conseil d'Etat ne s'est pas rallié à cette manière
de voir. Jusqu'à ce que le prix ait été fixé d'un commun accord ou par les tribunaux compétents, le propriétaire conserve sur les terrains un droit réel, auquel la déchéance n'est pas opposable. Celle-ci ne
commence à courir qu'à partir du premier jour de
l'exercice où il y a eu *créance*, c'est-à-dire indemnité
fixée dans les formes légales (Compagnie Port-Saint-
Louis-du-Rhône, 21 mars 1902, p. 230 ; Sandrique,
5 décembre 1902, p. 726).

319. Lorsqu'un terrain a été exproprié et qu'il ne
reçoit pas la destination d'intérêt public prévue par
le décret, le propriétaire a le droit d'en demander la
rétrocession. La même faculté appartient aux ayants
droit, c'est-à-dire aux héritiers, mais non aux ac-
quéreurs de la propriété morcelée par l'expropriation
(Dalloz, R. P., 1867, I, p. 247 ; 1868, II, p. 204).

La valeur du terrain rétrocédé est fixée par le jury
et ne peut excéder le prix d'acquisition.

Le ministre excéderait ses pouvoirs si, après avoir
déclaré qu'une parcelle ne sera pas utilisée et avoir
fait des offres pour la rétrocession, il revenait sur sa
décision et en revendiquait la possession, se fondant
sur ce que l'avis prescrit par l'article 61 de la loi du
3 mai 1841 n'aurait pas été publié (Ancelle, 11 décembre 1871).

Il y aurait également excès de pouvoir si un particulier, débouté par l'autorité judiciaire d'une demande en rétrocession, pour le motif que l'administration compétente ne s'est pas encore prononcée sur
la destination de l'immeuble exproprié, et s'adressant
au ministre pour obtenir cette déclaration, celui-ci

lui opposait une fin de non-recevoir (Chanteau, 7 août
1900, p. 567).

La Cour de cassation a d'ailleurs jugé, depuis, « que
l'autorité judiciaire est compétente pour constater
qu'en fait le terrain n'a pas reçu la destination en
vue de laquelle il avait été exproprié » (Cassation,
chambre civile, 26 novembre 1901).

§ 4. — Affermage des propriétés de l'État.
Prêt. — Affectation temporaire.

320. L'indisponibilité du domaine public ne s'oppose point à ce que l'Etat tire parti des produits accessoires de ce domaine (droit de pêche dans les fossés des fortifications, coupe d'herbes sur les remparts, etc.).

Cette perception, formellement autorisée par la loi
du 10 juillet 1790 (art. 27, titre 1er), a lieu par les
soins de l'administration des domaines, qui en fait
recette au profit du Trésor. L'affermage a lieu sur
expertise ou aux enchères, dans les conditions déterminées par le règlement du 15 fructidor an IX. Un
cahier des clauses et conditions générales, en date
du 26 janvier 1901, règle les droits et obligations respectifs du preneur et de l'administration. Celle-ci se
réserve de résilier à toute époque si les besoins du
service l'exigent et sauf indemnité s'il y a lieu.

Le procès-verbal dressé par le sous-intendant militaire devant l'autorité civile, pour constater l'affermage, constitue le bail et est timbré et enregistré.

321. Les difficultés auxquelles peuvent donner lieu
les affermages consentis par l'Etat sont du ressort
de l'autorité judiciaire (Conflit Maisonnabe, 11 décembre 1875 ; Cahen d'Anvers, 13 juin 1890 et 21 mars
1891 ; Dewischer, 14 février 1902).

Cette compétence ne peut être modifiée par le caractère des faits qui auraient causé la privation partielle ou totale de la jouissance. Ainsi l'adjudicataire du droit de chasse dans une forêt domaniale, se prétendant troublé dans sa jouissance par des manœuvres militaires, ne pourrait demander la résiliation de son bail ou une réduction de prix qu'aux tribunaux de droit commun, bien que l'auteur du dommage, dans la circonstance, fût l'Etat agissant comme puissance publique (Conflit Jacquinot, 29 novembre 1884, p. 853).

Le tribunal une fois saisi et le dommage étant constaté, une autre difficulté se présente pour en imputer la réparation. Devra-t-il considérer l'administration de la guerre comme un tiers vis-à-vis de l'administration qui a passé le bail (celle des forêts dans l'espèce) et décharger celle-ci de toute garantie en vertu de l'article 1725 du Code civil ? ou, l'Etat étant considéré comme une seule personne juridique représentée à un certain point de vue par le ministre de l'agriculture, à un autre par le ministre de la guerre, pourra-t-il être condamné directement en la personne du ministre de l'agriculture ?

La question est délicate et n'offre guère, au surplus, qu'un intérêt théorique ; car, s'il était fait application de l'article 1725 du Code civil, le preneur pourrait ensuite, en vertu du même article, se retourner contre l'auteur responsable du dommage, c'est-à-dire le ministre de la guerre.

La juridiction ordinaire, incompétente *en principe* pour statuer sur cette action en garantie (n° 34), sera néanmoins valablement saisie lorsque le dommage aura été causé par l'exécution des tirs ou des grandes manœuvres ; car, ainsi qu'on le verra ci-après (363 et 365), des lois spéciales lui ont attribué compétence en ces matières (V. n° 365 *h*, note).

Si la contestation porte, non pas sur l'exécution du bail, mais sur un acte administratif qui a précédé l'affermage, la juridiction administrative (ministre, sauf appel au Conseil d'Etat) sera compétente pour en connaître (V. conclusions du commissaire du gouvernement dans l'affaire Morel, 12 janvier 1870).

Ajoutons qu'il appartient au ministre seul, et sans recours possible, de décider si les besoins du service exigent une résiliation anticipée.

322. Lorsqu'un immeuble momentanément inutile au service militaire a été provisoirement et à titre gracieux affecté à un autre service public (départemental ou communal), le décret d'affectation peut être rapporté à toute époque, sans que, sous prétexte d'impenses ou d'améliorations pouvant d'ailleurs donner lieu à l'application de l'article 555 du Code civil, aucun obstacle puisse être opposé par l'autorité judiciaire (Ducrocq, *Droit administratif*, n° 1026).

323. Il arrive fréquemment que l'administration de la guerre prête des locaux aux entrepreneurs, soit pour obtenir des conditions plus avantageuses, soit pour faciliter l'exécution des services. Un état des locaux qui seront mis à la disposition de l'adjudicataire est communiqué aux soumissionnaires avant la passation du marché.

Une fois le marché conclu, aucune concession de cette nature ne peut plus avoir lieu, au moins à titre gratuit.

Le cessionnaire est soumis, vis-à-vis de l'Etat, à toutes les obligations d'un locataire vis-à-vis de son propriétaire. En cas d'incendie, il ne saurait donc,

en l'absence de clause spéciale au marché, être tenu
des frais de reconstruction, mais seulement de la réparation du dommage causé (Heid, 13 mars 1891,
p. 210). Sa responsabilité ne s'étend d'ailleurs qu'aux
immeubles et meubles pris en charge en vertu de
procès-verbaux (Henry, 10 février 1893, p. 124).

Les contestations relatives à l'occupation de ces
immeubles échappent aux tribunaux de droit commun. Le Conseil d'Etat considère, en effet, les prêts
de l'espèce comme un accessoire du contrat principal
et étend à cette clause accessoire la compétence administrative (Lucq-Rosa, 29 novembre 1851).

§ 5. — Des baux où l'État est preneur.

324. Lorsque l'Etat prend à bail un immeuble, il
est tenu, relativement à la jouissance des lieux, aux
réparations, etc., à toutes les obligations édictées à
cet égard par le Code civil (art. 1713 et suiv.).

Il est généralement inséré dans les baux, en ce qui
concerne les risques d'incendie, une clause déroga-
toire au droit commun et ainsi conçue :

« Le bailleur déclare affranchir l'administration
de la guerre de toute responsabilité en cas d'incendie,
prendre à sa charge tous les risques généralement
quelconques (risques locatifs et recours des voisins)
et renoncer au bénéfice des articles 1733 et 1734 du
Code civil. »

Il faut se garder de donner à cette clause une extension qu'elle ne comporte pas. Nul ne peut s'affranchir à l'avance des conséquences de sa propre faute ;
toute stipulation insérée dans un contrat et contraire
à ce principe serait nulle (V. Lanciaux, 11 mars 1881).

Si donc le bailleur établit que l'incendie est le fait
de l'administration, il n'en aura pas moins recours

contre elle. La clause susvisée n'aura d'autre effet que de dégager l'administration : 1° de la solidarité édictée par l'article 1734 ; 2° de l'obligation de faire la preuve, cette obligation étant reportée sur le bailleur.

Les difficultés relatives à l'exécution des baux ressortissent aux tribunaux de droit commun.

325. L'occupation *de fait* qui dérive non d'un bail écrit ou verbal, mais d'un accord tacite entre le département de la guerre et une commune, ne peut être appréciée, au point de vue des conséquences juridiques qu'elle a pu engendrer, que par l'autorité judiciaire (Commune de Saint-Géréon, 24 mars 1905, p. 297).

326. Les affectations imposées aux villes par le décret du 15 octobre 1810 ont pris fin de plein droit par l'ordonnance du 5 août 1818 (1), et les terrains qu'elles concernaient, devenus libres de toutes charges, s'ils ont continué en fait à être occupés par la guerre, ne le sont plus au même titre (même arrêt).

Quant aux affectations nouvelles que les villes ont pu volontairement consentir, par application de la loi du 5 avril 1884, elles constituent des actes administratifs dont le contentieux appartient à la juridiction administrative.

§ 6. — Logement chez l'habitant et réquisitions.

327. A défaut de bâtiments appartenant à l'Etat ou pris à loyer, l'administration de la guerre peut

(1) Sauf en ce qui concerne les casernes cédées aux villes par le décret du 23 avril 1810, à charge de conserver leur destination pour le service de la guerre (n° 308).

recourir soit au logement ou cantonnement chez l'habitant, soit à la réquisition d'immeubles.

Le logement et le cantonnement sont gratuits dans les cas suivants :

1° Troupes en marche. Logement ou cantonnement assurés par un même habitant pendant moins de trois nuits dans le même mois. L'indemnité est due pour toutes les nuits en excédent de ce chiffre.

Les municipalités doivent veiller à ce que la charge du logement soit répartie avec équité sur tous les habitants. Si des contestations s'élèvent à cet égard, l'autorité militaire n'a pas, en principe, à intervenir. C'est affaire à régler entre le maire et ses administrés.

Il était à craindre, cependant, que les conséquences d'une inégale répartition n'atteignissent indirectement les intérêts de l'Etat. Aussi le décret du 23 novembre 1886 a-t-il décidé qu'aucune indemnité ne sera due à la commune si « le nombre de lits ou de places occupés dans le même mois n'excède pas le triple du nombre des lits ou places portés au susdit état (état des ressources dressé par les maires, sous le contrôle de l'autorité militaire) » (art. 31) ;

2° Cantonnement des troupes qui manœuvrent ;

3° Logement ou cantonnement des troupes rassemblées dans les lieux de mobilisation, pendant la période de mobilisation dont un décret fixe la durée.

328. Si l'on se réfère à l'article 31 du décret du 23 novembre 1886, il semblerait que, « dans tous les cas où il y a lieu à indemnité pour le logement et le cantonnement », et par conséquent dans le cas de simple rassemblement de troupes, en dehors de toute mobilisation, cette indemnité n'est due, comme pour les troupes en marche, « qu'autant que le nombre de

lits ou de places occupés dans le courant d'un mois
excède le triple du nombre des lits ou places portés
sur l'état des ressources » et que l'excédent seul ouvre droit à indemnité. Mais cette extension était ma-
nifestement en opposition avec le texte de la loi, et,
sur l'avis du Conseil d'Etat (section de l'intérieur),
l'administration de la guerre a, depuis quelque temps,
renoncé à s'en prévaloir.

329. « Les contestations qui pourraient s'élever au
sujet du règlement de l'indemnité (1) sont jugées conformément aux dispositions des articles 26 de la loi
du 3 juillet 1877 et 56 du présent décret » (art. 32 du
décret du 2 août 1877 modifié le 23 novembre 1886),
c'est-à-dire par les tribunaux ordinaires (juge de paix
ou tribunal de première instance, suivant l'importance du litige).

330. Il arrive cependant que, dans certains cas, la
juridiction administrative est saisie de difficultés relatives au logement des troupes. Aux termes de l'article 27 du décret du 2 août 1877, « toutes les fois
qu'un maire est obligé, par application du 2e paragraphe de l'article 12 ou du 3e paragraphe de l'article
13 de la loi du 3 juillet 1877, de loger des militaires
aux frais ou pour le compte de tiers, il prend à cet
égard un arrêté motivé qui est notifié aussitôt que
possible à la personne intéressée et qui fixe la somme
à payer ». Les articles 12 et 13 visent : le premier,
le cas des habitants dispensés de fournir le logement
en nature (détenteurs de caisses publiques, veuves

(1) La contestation peut porter, non sur le taux de l'indemnité,
qui est fixé par le décret lui-même (art. 33), mais sur le nombre
de nuits pour lesquelles l'indemnité est réclamée.

ou filles vivant seules, etc.) ; le deuxième, le cas des personnes absentes.

La loi ajoute : « Le payement en est recouvré comme en matière de contributions directes », ce qui donne compétence au conseil de préfecture pour connaître de l'opposition au recouvrement des frais dont il s'agit (loi de pluviôse an VIII, art. 4).

L'administration avait cru pouvoir appliquer, par analogie, la même procédure au cas où l'habitant refusant de fournir le logement militaire, met le maire dans la nécessité de prendre un arrêté pour pourvoir aux conséquences de ce refus. Mais le Conseil d'Etat s'est prononcé en sens contraire (Courtin, 10 mars 1894, p. 194). Le cas échéant, c'est donc devant les tribunaux ordinaires qu'il devrait être fait opposition à l'état de recouvrement dressé par le maire en exécution de l'article 154 de la loi du 5 avril 1884.

331. Le droit de l'habitant à être indemnisé des dégâts commis dans sa demeure par les troupes qui y sont logées ou cantonnées est affirmé par la loi du 3 juillet 1877 (art. 14).

La même loi (art. 14) et le décret du 2 août 1877 (art. 28 et 29) font également connaître le délai dans lequel les réclamations doivent être formulées sous peine de déchéance (trois heures qui suivent le départ de la troupe).

Mais quel sera le juge des contestations qui pourront naître à ce sujet ?

Aux termes de l'article 28 du décret susvisé, le procès-verbal de reconnaissance des dégâts sert à l'intéressé, *en cas de mobilisation*, comme une réquisition ordinaire, et l'indemnité allouée est réglée *comme en matière de réquisition ;* d'où l'on paraît fondé à conclure que, s'il s'agit du simple passage de troupes *en temps de paix*, l'indemnité sera réglée dans les formes habituelles, c'est-à-dire par le ministre, sauf recours au Conseil d'Etat.

Cette conclusion serait, suivant nous, inexacte.

Le logement des troupes en marche chez l'habitant, bien qu'en pratique il ne soit pas réclamé sous forme de réquisition, n'en est pas moins une réquisition. Il suffit, pour s'en convaincre, de rapprocher les articles 5 et 9 de la loi du 3 juillet 1877.

Le logement chez l'habitant, dit l'article 9, est fourni aux troupes de passage, *aux termes de l'article 5*, c'est-à-dire dans les conditions prévues par l'article 5, et ce dernier article s'exprime ainsi : « Est exigible, *par voie de réquisition*, le logement chez l'habitant, etc... »

C'est donc devant l'autorité judiciaire que doivent être réglées, suivant le principe général, les indemnités de toute nature. Si le règlement du 2 août 1877 prescrit de remettre le procès-verbal des dégâts *en temps de paix* à l'autorité militaire, c'est afin que celle-ci soit à même de prescrire, s'il y a lieu, les imputations nécessaires aux fonds de masses. Mais cela ne fait pas obstacle à ce que l'habitant, si l'autorité militaire ne lui donne pas satisfaction, s'adresse à l'autorité judiciaire.

332. La loi du 3 juillet 1877 donne à l'administration le droit de requérir, en temps de paix comme en temps de guerre, non seulement le logement chez l'habitant, mais encore tous les bâtiments nécessaires pour le personnel et le matériel des services de toute nature qui dépendent de l'armée (art. 5, 1°).

Les moulins et les fours et autres établissements

industriels (1) ne peuvent être requis qu'en cas de mobilisation. L'ordre du ministre ou d'un commandant d'armée ou de corps d'armée est en outre nécessaire si ces établissements sont requis pour la fourniture de produits autres que ceux qui résultent de leur fabrication normale (art. 6).

332 *bis.* Les mesures prises par les autorités françaises pour assurer le logement des troupes ennemies ne sauraient donner lieu à contestation soit devant les tribunaux ordinaires, soit devant les tribunaux administratifs. Les actes de cette nature rentrent dans la catégorie des faits de guerre ne pouvant donner lieu à une action contentieuse (Goulet, 14 mars 1873 ; Conflit Villebrun, 30 juin 1877). L'intéressé ne peut que s'adresser au ministre (juridiction gracieuse) ou, par voie de pétition, aux Chambres. Il en serait de même si des dommages avaient été causés à l'immeuble par cette occupation (Villebrun, 23 juillet 1875).

Quant aux prisonniers de guerre de passage, leur logement est assimilé à celui des troupes nationales et a lieu suivant les mêmes règles (ville de Montpellier, 28 octobre 1829).

§ 7. — Abonnement des villes.

333. Pour terminer la question du logement des troupes, il nous reste à dire quelques mots de l'abonnement des villes de garnison.

On sait que la loi de finances du 15 mai 1818

---

(1) Les établissements industriels autres que les fours et les moulins ne sont pas compris dans l'énumération de l'article 5; mais cette énumération n'est pas limitative, ainsi que le spécifie le § 11°, et, d'ailleurs, l'article 6 précité ne laisse aucun doute à cet égard.

(art. 46) a déchargé les communes des frais de casernement, moyennant un prélèvement fait sur leurs re-
venus, au profit de l'Etat, de 7 francs par homme et
de 3 francs par cheval pour chaque année d'occupation. L'ordonnance du 5 août 1818 (1), rendue pour
l'exécution de cette loi, règle le mode de prélèvement
dans les villes qui perçoivent des octrois ; mais il
résulte d'un avis du Conseil d'Etat en date du 5 août
1902, que la suppression des octrois ne peut avoir
pour effet d'affranchir les villes où cette mesure a été
autorisée de l'obligation de contribuer aux frais de
casernement.

L'abonnement est dû pour les troupes casernées en
dehors du rayon de l'octroi (ville de Lyon, 29 juillet
1846 ; ville de Lourdes, 10 janvier 1873 ; Cassation,
15 décembre 1897). Mais les troupes casernées dans
un fort de ceinture situé sur le terrain d'une commune
voisine de la place n'y seraient pas comprises (Solut.
minist. du 14 septembre 1874).

C'est aux tribunaux de droit commun qu'il appartient de statuer sur l'opposition formée par les villes.
L'abonnement dont il s'agit a, en effet, le caractère
d'un impôt indirect (ville de Paris, 6 mars 1891,
p. 103 ; Conflit ville de Lorient, 24 novembre 1888).

§ 8. — Occupation temporaire de terrains.

334. Nous voulons parler ici de l'occupation temporaire prévue par la loi du 30 mars 1831 (art. 13) et
qu'il ne faut pas confondre avec celle qu'autorise la loi
du 29 décembre 1892 (2) pour faciliter l'exécution de
travaux publics.

---

(1) Cette ordonnance s'applique aux troupes de la marine (Cassation, ville de Cherbourg, 28 novembre 1900).
(2) La loi du 29 décembre 1892 (at. 20) maintient expressément en vigueur celle du 30 mars 1831.

La première a pour objet l'exécution, en cas d'urgence, de fortifications temporaires destinées, par exemple, à attendre l'achèvement des places et forts en voie de construction. Elle est autorisée par décret et ne peut s'appliquer qu'à des propriétés non bâties.

L'état des locaux est constaté contradictoirement avant la remise. L'indemnité est réglée à l'amiable ou par les tribunaux ordinaires.

Si, dans le cours de la troisième année, l'occupation n'a pas cessé, le propriétaire a le droit d'exiger la cession complète. Le prix est alors réglé comme en matière d'expropriation, en prenant pour base l'état de l'immeuble au moment où il a été occupé et tel qu'il ressort du procès-verbal descriptif établi avant l'occupation.

L'autorité judiciaire est compétente alors même que les terrains occupés dépendraient d'une place de guerre (Conflit de Pomereu, 1er janvier 1873).

L'autorité judiciaire est également compétente lorsque, en dehors des cas prévus soit par la loi du 30 mars 1831, soit par celle du 29 décembre 1892, l'autorité militaire fait occuper des terrains, par exemple pour l'installation d'un camp temporaire (Béraud, 3 août 1888 : installation du camp du Pas-des-Lanciers).

SECTION II

Charges ou servitudes imposées à la propriété foncière (1).

Ire SOUS-SECTION

SERVITUDES DÉFENSIVES

§ 1er. — État de paix.

335. Les propriétés situées, soit dans l'intérieur des places fortes, soit dans le rayon de ces places, sont soumises à certaines charges. Ce rayon de défense est divisé en trois zones.

Les zones commencent aux fortifications (crête du mur d'escarpe) et s'étendent respectivement : la première à 250 mètres, la seconde à 487 mètres, la troisième à 974 mètres (places de guerre proprement dites) ou 584 mètres (postes militaires).

336. C'est à la loi seule qu'il appartient de décider que telle ville, telle enceinte, sera considérée soit comme place de guerre, soit comme poste militaire, et, dès l'instant où cette loi est promulguée, les terrains situés dans le rayon de défense sont de plein droit soumis aux servitudes, alors même que les fortifications ne seraient pas encore exécutées, mais pourvu que le plan en ait été dressé (Glotin, 30 mars 1870), et que ce plan, indiquant avec le tracé de la fortification les limites des terrains qui doivent être soumis aux servitudes militaires, ait été publié dans

---

(1) Nous étudierons plus loin les charges imposées à la propriété pour l'exécution des travaux publics.

la commune intéressée et dans les formes prescrites par l'article 4 du décret du 10 août 1853 (Duvernois, 22 novembre 1895, p. 748).

Inversement, si les fortifications existent, la répression des contraventions n'est subordonnée, ni à l'exécution du bornage, ni à la confection et à l'homologation du plan de circonscription prévu par l'article 25 du même décret (Banque foncière du Jura, 7 juillet 1899, p. 518).

337. Le propriétaire qui, par suite du classement d'une place de guerre ou d'un poste, voit son terrain englobé dans une zone de servitudes, n'a droit à aucune indemnité, bien que son droit de propriétaire reçoive, ainsi qu'on va le voir, une atteinte sérieuse ; mais, dans le silence de la loi, la jurisprudence s'est prononcée formellement en ce sens (Conseil d'Etat, six arrêts du 24 juillet 1856).

338. 1re *zone* (*places des deux classes et postes*). — Défense de faire aucune construction, de quelque nature qu'elle puisse être, à l'exception toutefois des clôtures en haies sèches ou en planches à claire-voie, sans pans de bois ni maçonnerie. Les constructions existantes au moment de l'établissement des servitudes sont respectées ; mais le propriétaire ne peut, à partir de ce moment, ni augmenter la masse des constructions, ni employer pour les réparations des matériaux autres que ceux précédemment mis en œuvre. Si la construction vient à périr, en tout ou en partie, par une cause quelconque (vétusté, malveillance, accident fortuit, etc.), il lui est défendu de la rétablir dans l'état primitif. La défense subsiste alors même que cette démolition aurait été nécessitée par l'état de guerre (V. § 2) et ordonnée par l'administration. Le cas échéant, le propriétaire peut, comme

nous le verrons, se faire indemniser ; mais il ne peut reconstruire (Quidor, 7 août 1873 ; Balland, 9 juillet 1875 ; Petit, 18 mai 1877).

La preuve de l'antériorité des constructions est à la charge du propriétaire et doit être faite devant les tribunaux ordinaires. Il ne suffirait pas d'établir que la construction était antérieure au décret du 10 août 1853 ; car ce décret n'a fait que codifier une législation qui remonte aux lois des 22 novembre 1790, 8-10 juillet 1791 (Banque foncière du Jura, 7 février 1902, p. 92).

339. Il a été jugé que le fait, par le propriétaire d'un immeuble sis dans la première zone, d'avoir consolidé au moyen de solives la terrasse de son bâtiment qui menaçait ruine, constitue une contravention (Forget, 19 juillet 1889, p. 873) ; de même le fait d'avoir surélevé une baraque en bois préexistante (Lannier, 9 novembre 1888, p. 816), ou d'y avoir établi des cloisons en briques (Bianchero, 16 novembre 1888, p. 846), ou d'avoir construit un abri en voliges avec papier goudronné, ou un abri en planches jointives adossé à une baraque autorisée (Houssin, 14 février 1890, p. 171).

Constituent également des contraventions : le fait d'établir en première zone des appentis en bois et des caves en maçonnerie entourées d'une palissade en planches à claire-voie (Kremer, 16 novembre 1894, p. 605), ou la plantation d'une haie vive en brins d'épine (Favril, 24 mai 1889, p. 658).

Mais ne constituent des contraventions : ni des abris en toile supportés par des montants en bois non scellés (Leclerc, 2 avril 1898, p. 304), ni une clôture en roseaux liés par des fils de fer (assimilable à une haie sèche) (Aduy, 6 mars 1885, p. 292).

L'article 13 du décret du 10 août 1853 tolère, *sous certaines conditions*, les baraques en bois mobiles sur roulettes. La question s'est présentée de savoir si ces restrictions au droit de propriété peuvent être considérées comme légales, alors qu'aucune des lois (10 juillet 1791 - 17 juillet 1819) que le règlement de 1853 avait pour objet de codifier ne les avait prévues. Le Conseil d'Etat ne s'est pas prononcé en droit (Guédé, 4 janvier 1884, p. 19, et note sous l'arrêt), et la question reste douteuse.

340. 2ᵉ *zone* (*places de* 1ʳᵉ *classe*). — Interdiction d'exécuter aucune construction en maçonnerie ou en pisé. Faculté d'élever des constructions en bois ou en terre, à charge de démolir sans indemnité et à première réquisition dans le cas où la place, déclarée en état de guerre, serait menacée d'hostilités.

(*Places de* 2ᵉ *classe et postes*). — Faculté d'élever des constructions quelconques, mais sous les mêmes restrictions que ci-dessus.

Les constructions existantes avant l'établissement des servitudes, et qui viennent à périr par vétusté ou autrement, ne peuvent être rétablies que si le propriétaire souscrit une soumission de démolir à première réquisition.

Dans la 2ᵉ zone des places de 1ʳᵉ classe, les bâtisses en maçonnerie préexistantes ne peuvent être reconstruites, même avec soumission de démolir.

Les constructions que la loi permet en 1ʳᵉ et 2ᵉ zones ne sont subordonnées à aucune autorisation préalable, mais doivent être précédées d'une déclaration au chef du génie (décret du 10 août 1853, art. 26).

341. 3ᵉ *zone*. — On peut y construire et se clore librement ; mais il est défendu d'établir un chemin,

une chaussée, une levée, un fossé, une fouille, un dépôt de matériaux, sans que leur alignement et leur position aient été concertés avec le génie militaire ou le ministre de la guerre.

Le refus pur et simple opposé par l'autorité militaire ne pourrait être l'objet d'un recours contentieux (magasins de Bercy, 7 avril 1865). Mais serait entachée d'excès de pouvoir, et pourrait être, de ce chef, déférée au Conseil d'Etat la décision ministérielle qui subordonnerait l'autorisation à une condition évidemment étrangère à l'intérêt de la défense, par exemple au paiement d'une redevance (Dehaynin, 29 novembre 1878).

Le propriétaire d'une carrière ouverte avant l'établissement des servitudes ne peut continuer à l'exploiter que dans les conditions autorisées par l'administration (Bouchet, 24 mai 1878).

Si défense est faite de continuer l'exploitation de la carrière, une indemnité est due dont la fixation appartient, non au conseil de préfecture, mais au ministre, sauf recours au Conseil d'Etat. La déchéance quinquennale a pour point de départ, le cas échéant, l'ouverture de l'exercice au cours duquel a été notifiée l'interdiction d'exploiter (Favril, 24 mars 1899, p. 267).

Les autorisations de construire délivrées par l'administration ont un caractère *réel* susceptible de se transmettre *ipso facto* avec les responsabilités et les obligations qu'elles entraînent, à tous les détenteurs successifs de l'immeuble (Brunel, 11 février 1887, p. 149 ; conclusions de M. Marguerie, commissaire du gouvernement).

Il ne saurait être suppléé à l'autorisation que doit délivrer, suivant le cas, le directeur des fortifications ou le ministre de la guerre. Seraient donc, au point de vue spécial qui nous occupe, considérées comme inopérantes les demandes exigées par la législation des établissements insalubres (Mikalef, 9 avril 1886, p. 331).

342. Les règles générales que nous venons d'exposer sont modifiées, dans quelques centres importants, par la création de polygones exceptionnels qu'autorise un décret du chef de l'Etat.

Quelques exceptions, applicables à toutes les places et concernant quelques constructions spéciales telles que fours, cheminées, murs de soutènement, caves, citernes, puits, cimetières, etc., sont indiquées à l'article 13 du décret du 10 août 1853. Nous ne nous y arrêterons pas ; mais nous dirons quelques mots de la situation particulière de la ville de Paris.

343. La loi du 3 avril 1841 (art. 8) a décidé que la première zone de servitude serait seule appliquée à l'enceinte de Paris et aux forts extérieurs. D'autre part, et aux termes de l'article 7, « Paris sera classé place de guerre par une loi spéciale ». Cette loi, annoncée, n'est pas encore intervenue, et la combinaison de ces deux textes a fait naître quelques difficultés. On pouvait, en effet, les interpréter de deux manières :

1re interprétation : Paris n'est pas encore place de guerre ; lorsqu'une loi l'aura déclarée telle, la 1re zone lui sera seule applicable.

2e interprétation : Paris n'est pas encore place de guerre. *En attendant* qu'une loi l'ait déclarée telle, la 1re zone lui sera seule applicable.

Le Conseil d'Etat, se fondant sur ce que, depuis l'achèvement des fortifications, l'enceinte et les forts détachés ont été compris dans le tableau annexé à la

loi du 10 juillet 1851, a jugé que la législation des
places de guerre était applicable à Paris, sous la seule
restriction contenue dans l'article 8 de la loi du
3 avril 1841. Les arrêts les plus récents sont ceux du
4 juin 1886 (Henricy), du 21 juin 1895 (Boyer), du
13 mars 1896 (Thiébaut), du 1er décembre 1905 (Cau-
blet).

Un décret du 13 juillet 1901, rendu par application
de l'article 15 du décret du 10 août 1853, a autorisé,
sous réserve de la permission du directeur du génie
et de la soumission de démolir sans indemnité en
cas d'hostilités, l'établissement de certaines constructions et notamment de caves dans la zone de Paris.

Ce décret spécifie, de plus, que les constructions
existantes seront conservées. Le Conseil d'Etat en a
déduit : 1° que le propriétaire d'une cave établie antérieurement audit décret de 1901 avait pu, sans commettre de contravention, la reconstruire, alors que
les dimensions n'en avaient pas été changées ; 2° que
le revêtement en briques d'une cloison en bois, bien
que cette construction n'ait pas été prévue au décret
du 13 juillet 1901, ne pouvait être l'objet d'un arrêté
de démolition, alors que ce revêtement existait avant
ledit décret (Gondin, 28 juillet 1905, p. 700).

344. Le terrain soumis aux servitudes est délimité
par un bornage. Les bornes rattachées à des points
fixes sont rapportées sur un plan dit de délimitation.

345. *Rue militaire*. — La rue militaire est établie pour
assurer intérieurement une libre communication le
long des remparts, et sa largeur est déterminée par le
décret du 10 août 1853 (art. 23).

Les propriétés qui bordent cette rue sont soumises
à la servitude d'alignement. Les maisons, clôtures ou
bâtisses quelconques qui existaient avant l'établisse-

ment des servitudes sont laissées en l'état, alors même
qu'elles empiéteraient sur la rue militaire ; mais si,
pour une cause quelconque (vétusté, accident fortuit
ou autre), la construction vient à être démolie, le propriétaire est tenu de reculer sur l'alignement fixé.
Le terrain qu'il occupait en dedans de l'alignement
est réuni de plein droit à la fortification (10 août 1853,
art. 24). En cas de contestation, l'indemnité serait
réglée par le jury (ainsi décidé en matière de grande
voirie : Lecoq, 27 janvier 1853 ; Bourette, 5 février
1857, etc.).

On sait que la servitude de reculement, en matière
de voirie, emporte l'interdiction de faire aux constructions qui empiètent sur la voie publique, quelle
que soit d'ailleurs leur ancienneté, tous travaux con-
fortatifs ou reconfortatifs de nature à en prolonger la
durée.

Cette interdiction s'applique-t-elle aux riverains de
la rue militaire dont les constructions sont antérieures
à l'établissement des servitudes ? Les dispositions
combinées des articles 12, 24, 26 (3° et 4°) du décret
du 10 août 1853 nous paraissent résoudre négativement la question. Mais, si l'autorité militaire n'a pas
le droit d'interdire ces travaux, il nous semble que
l'autorité civile peut l'exercer par voie d'alignement
et dans l'intérêt général de la circulation (art. 23,
in fine).

La rue militaire est grevée d'un droit de jouissance
au profit des habitants, indépendamment de toute
opération de bornage ou de remise à l'autorité municipale. Le ministre commettrait un excès de pouvoir
si, pour agrandir une caserne ou installer des services, il supprimait tout ou partie de la rue militaire
(ville de Bergues, 23 novembre 1888, p. 878).

346. Nous avons vu plus haut que, par dérogation à la règle en vertu de laquelle aucune construction particulière ne peut être maintenue sur le domaine public, le décret du 10 août 1853 autorise, sous certaines conditions, les propriétaires des constructions anciennes débordant la limite intérieure de la rue militaire à conserver la jouissance de ces bâtiments. Cette exception ne s'étend pas aux propriétés comprises dans la partie extérieure de la zone des fortifications. Le propriétaire qui justifie que l'existence de la construction est antérieure soit à la loi de classement, soit à la loi du 10 juillet 1791, n'en est pas moins tenu de la démolir, mais moyennant une indemnité à fixer par l'autorité judiciaire. La preuve de l'antériorité est à la charge du propriétaire et l'offre de faire cette preuve devant les tribunaux ne fait pas obstacle à ce que la démolition soit immédiatement ordonnée (Banque foncière du Jura, 7 février 1902, p. 92).

347. *Des contraventions.* — Les contraventions en matière de servitudes militaires sont constatées par procès-verbaux des officiers d'administration du génie. Ces procès-verbaux font foi jusqu'à inscription de faux. Ils doivent être affirmés, dans les vingt-quatre heures, devant le juge de paix ou le maire (10 août 1853, art. 40).

Ces officiers sont assermentés. Aucune disposition ne les oblige, lorsqu'ils sont appelés à un nouveau poste, à prêter un nouveau serment devant le tribunal du lieu où ils sont employés (Aublet, 1er décembre 1905, p. 898).

La contravention doit être réprimée quel que soit le titre en vertu duquel le contrevenant détient l'immeuble, propriétaire, usufruitier ou simple locataire (Bianchero, 16 novembre 1888, p. 846).

Lorsqu'elle a été commise par le locataire, la poursuite peut être exercée tout à la fois contre celui-ci et contre le propriétaire (Houssin, 14 février 1890, p. 171).

L'action publique, en ce qui concerne la peine de l'amende, est prescrite après une année révolue, à compter du jour où la contravention a été commise ; mais l'action principale à l'effet de faire prononcer la démolition des travaux indûment entrepris est imprescriptible, dans l'intérêt toujours subsistant de la défense de l'État (10 août 1853, art. 49 ; Société le Sport français, 12 janvier 1900, p. 28).

348. *Questions de compétence : 1° Compétence des conseils de préfecture sauf recours au Conseil d'État.* — Le conseil de préfecture est compétent : 1° pour ordonner la démolition des ouvrages faits en contravention de la loi ; mais il excéderait ses pouvoirs s'il autorisait le contrevenant à remettre les lieux dans l'état primitif, par exemple à construire un mur en pisé au lieu et place du mur en maçonnerie dont il a justement ordonné la démolition. L'autorité militaire a seule compétence à cet effet.

Il est compétent : 2° pour prononcer les peines encourues pour contraventions dûment constatées. La contravention existe et doit être réprimée, alors même qu'au moment où il comparaît devant le conseil, l'inculpé serait nanti de l'autorisation qui lui faisait auparavant défaut ; mais, le cas échéant, la suppression des travaux ne serait pas ordonnée (Ranglaret et Desportes, 12 mai 1882).

Il n'y aurait, au contraire, pas lieu à répression si, au moment de l'établissement du procès-verbal, les

travaux effectués se bornaient à une simple palissade
à claire-voie, alors même que, des circonstances de
la cause et de la déclaration du propriétaire, résulterait l'intention d'y enfermer un dépôt de combustible
(Concedieu, 10 février 1882)

Le conseil de préfecture doit, s'il en est requis par
l'administration, ordonner immédiatement, avant faire
droit et nonobstant toute inscription de faux, la suspension des travaux prétendus irréguliers (décret du
10 août 1853, art. 42).

Enfin le conseil de préfecture est compétent :
3° pour statuer sur les réclamations formulées contre
l'opération matérielle du bornage des zones (*ibid.*,
art. 20).

349. 2° *Compétence de l'autorité judiciaire.* — Il
appartient à l'autorité judiciaire de vérifier si telles
constructions existaient, dans leur nature et leurs
dimensions actuelles, avant que le sol sur lequel elles
se trouvent fût soumis aux servitudes (*ibid.*, art. 32).

350. *Compétence du ministre de la guerre sauf recours au Conseil d'Etat.* — Le ministre de la guerre
est seul compétent, sauf recours au Conseil d'Etat :
1° pour dire, en cas de contestation, si une place est
ou non classée comme place de guerre ; 2° pour déterminer l'époque à laquelle remonte un ouvrage de
fortification.

Si l'une de ces questions est préjudicielle à la solution d'une affaire ressortissant aux tribunaux judiciaires, ceux-ci doivent surseoir à statuer. Si, au
contraire, un conseil de préfecture est compétent pour
statuer sur le fond, il pourra aussi statuer sur l'exception, l'un et l'autre relevant au second degré du Conseil d'Etat (Henricy, 4 juin 1886, p. 493).

§ 2. — État de guerre.

351. Il n'existe pas, à proprement parler, d'*état de guerre* pour les parties du territoire qui ne sont pas enclavées dans les places de guerre ou dans leurs zones de servitude. Sauf en ce qui concerne l'exercice du droit de réquisition, qui devient plus étendu, le fait de la déclaration de guerre n'aggrave en rien, sinon en fait, du moins en droit, les charges imposées à la propriété foncière. Cette aggravation ne résulte, même pour les places fortes et les zones de servitude, que de *l'état de guerre*, tel qu'il est défini par l'article 38 du décret du 10 août 1853, *état* qu'il ne faut pas confondre avec le *fait* de guerre ; car il peut exister même en l'absence d'hostilités ouvertes.

« L'état de guerre est déclaré, par une loi ou **par** un décret, toutes les fois que les circonstances obligent à donner à la police militaire plus de force et d'action que pendant l'état de paix (décret du 10 août 1853, art. 38).

» Il résulte en outre *ipso facto* de la publication dans la place de l'ordre de mobilisation (décret du 4 octobre 1891, art. 178) (1). »

---

(1) D'après l'article 38 du décret du 10 août 1853, *l'état de guerre* résultait en outre de diverses circonstances indépendantes du fait de guerre : travaux ouvrant une place ou un poste situé sur la côte ou en première ligne ; rassemblements séditieux formés dans le rayon de cinq journées de marche.

Le décret du 4 octobre 1891 sur le service des places n'a pas reproduit ces dispositions, et comme, d'autre part, elles ne figuraient pas dans la loi du 10 juillet 1791, on doit les considérer comme ayant cessé d'être en vigueur. Par contre, et bien que le décret du 4 octobre 1891 n'en fasse pas mention, nous croyons que l'état de guerre peut, même en dehors du cas de mobilisation, et si les circonstances le rendent nécessaire, être déclaré par une loi ou par un décret dans les conditions prévues par la loi du 10 juillet 1791. Une loi ne peut être en effet abrogée que par une autre loi.

352. Lorsqu'une place, déclarée en état de guerre, est menacée d'hostilités, le gouverneur militaire peut, s'il y est autorisé par décret et même en cas d'urgence, de sa propre initiative :

1° Inonder ou occuper les terrains nécessaires à la défense, sans qu'il y ait à distinguer s'ils font ou non partie des zones de servitudes ;

2° Ordonner la destruction ou la démolition totale ou partielle des maisons, clôtures ou autres constructions situées sur le terrain militaire et dans les zones de servitudes.

Indemnité est due :

1° Aux habitants dont les propriétés non bâties ont été détériorées par les inondations ou par l'occupation des troupes ;

2° A ceux dont les propriétés bâties ont été démolies ou endommagées, mais à la condition que la bâtisse ne soit située ni sur le terrain militaire, ni dans la première ou la deuxième zone ; ou que, dans le cas contraire, son existence soit antérieure à l'établissement des servitudes.

353. L'indemnité, lorsqu'il y a lieu, est fixée par l'autorité judiciaire (loi du 17 juillet 1819, art. 15) dans les formes déterminées par la loi du 3 mai 1841 sur les expropriations.

Cette autorité serait également compétente si, dans l'intérêt général de la défense du territoire, des propriétés privées étaient occupées, même en dehors du rayon des places fortes, par exemple pour l'établissement de lignes ou d'ouvrages temporaires. Le défaut des formalités prescrites par la loi du 30 mars 1831, qui prévoit de telles occupations, ne saurait dessaisir l'autorité judiciaire de la compétence que cette loi lui attribue (Conflit Brac de la Perrière, 13 mai 1872).

§ 3. — État de siège.

354. L'état de siège d'une place de guerre ou d'un poste militaire est déclaré par une loi ou par un décret.

La déclaration de l'état de siège peut être faite aussi par le commandant militaire dans l'une des circonstances suivantes :

1° Investissement par des troupes ennemies qui interceptent les communications du dehors en dedans et du dedans en dehors ;

2° Attaque de vive force ou par surprise ;

3° Sédition intérieure de nature à compromettre la sécurité de la place ;

4° Enfin lorsque des rassemblements armés se sont formés dans un rayon de 10 kilomètres sans autorisation.

L'état de siège est levé, suivant le cas, par une loi, par un décret ou par une décision du commandant militaire, quand les circonstances qui l'ont fait déclarer ont cessé (décret du 10 août 1853, art. 39 ; décret du 10 octobre 1891, art. 189).

355. Pendant la durée de l'état de siège, le gouverneur fait occuper tous les terrains, ordonne toutes les démolitions, prescrit toutes les mesures de défense qu'il juge nécessaires pour assurer la conservation de la place.

« Toute occupation, toute privation de jouissance, toute démolition, destruction et autre dommage, résultant d'un fait de guerre *ou d'une mesure de défense prise, soit par l'autorité militaire pendant l'état de siège*, soit par un corps d'armée ou un détachement en face de l'ennemi, *n'ouvre droit à aucune indemnité.* » (Décret du 10 août 1853, art. 39.)

Malgré les termes généraux de cet article, nous croyons que l'atteinte si grave qu'il apporte au droit de propriété n'est légitimée que si l'état de siège résulte d'une guerre extérieure. La loi du 9 août 1849 dispose en effet (art. 10) que, « dans les lieux énoncés à l'article 5 (c'est-à-dire les places de guerre) les effets de l'état de siège continuent, *en cas de guerre étrangère*, à être déterminés par les dispositions de la loi du 10 juillet 1791 et du décret du 24 décembre 1811 » ; ce qui exclut évidemment l'application de ces dispositions, reproduites et codifiées par le décret du 10 août 1853, dans les cas *où il n'y a pas guerre étrangère*, où l'état de siège n'a été motivé que par des rassemblements séditieux.

356. Tout droit à indemnité est également refusé lorsque les dommages résultent des mesures de défense prises par un corps d'armée ou un détachement *en face de l'ennemi* (art. 39 ci-dessus).

Ainsi s'agit-il d'actes intentionnels, réfléchis, de la part de l'autorité militaire, exécutés en prévision de l'approche de l'ennemi, mais alors que cette approche n'est ni certaine, ni imminente, une indemnité est due et l'autorité judiciaire est compétente pour la déterminer.

S'agit-il au contraire d'actes de défense qui s'imposent comme une nécessité immédiate de la lutte, aucun dédommagement n'est dû et ceux dont les propriétés ont souffert ne peuvent s'adresser ni aux tribunaux judiciaires, ni aux tribunaux administratifs.

Cette distinction a été souvent et vivement critiquée.

« Une maison occupée et démolie en vue d'un sys-

tème combiné de défense sera payée au propriétaire ;
si elle est occupée ou démolie peu de temps après, au
moment où la lutte est engagée, le propriétaire n'aura
droit à rien !

» Nous comprenons que, dans le dernier cas, il est
quelquefois difficile de savoir qui a causé le dommage : si c'est l'armée défendant le territoire ou si
c'est l'ennemi.

» Mais cette incertitude est-elle un motif suffisant
pour dénier d'une manière absolue tout droit à indemnité ? Il pourra arriver qu'un immeuble, occupé
subitement au moment de l'action et transformé en
citadelle, soutienne un siège en règle, retienne l'ennemi par cette diversion utile et préserve les immeubles voisins et toute la localité menacée. Cependant
le propriétaire de cet immeuble criblé de projectiles,
incendié et ruiné, n'aura droit à rien !

» On lui objecte qu'il a été victime d'un fait accidentel de guerre, tandis que les propriétaires voisins,
dont les immeubles auront été occupés à l'amiable
quelques jours plus tôt, auront posé leurs conditions
et seront désintéressés. Tout cela nous semble arbitraire et peu logique. » (Recueil Lebon, note au sujet
des arrêts cités ci-après.)

Quoi qu'il en soit, cette distinction a toujours été
admise par la jurisprudence. Dans plusieurs affaires
(Batteux, 13 février 1874 ; conflits, 11 janvier 1873
affaires Coignet, Royer, Charret ; Fiéreck, 15 mars
1873 ; Dumont, 28 juin 1873), le Conseil d'Etat et
le tribunal des conflits ont dénié, aux faits qui leur
étaient soumis, le caractère de faits de guerre et renvoyé les intéressés à se pourvoir devant l'autorité
judiciaire.

Dans d'autres, au contraire, où ce caractère paraissait bien établi (Collot, 13 mars 1874 ; Lamotte,

23 mai 1873 ; Hérouard, même date), le principe de non-indemnité a été formellement reconnu.

357. Il appartient au ministre de la guerre, sauf recours au Conseil d'Etat, lorsqu'il y a doute sur le caractère des mesures de défense, de décider si ces mesures constituent, ou non, des faits de guerre accomplis en dehors des cas pour lesquels une indemnité est due. Si donc cette question préjudicielle est soulevée devant un tribunal de droit commun, il doit surseoir à statuer jusqu'à ce qu'elle ait été résolue (Brac de la Perrière, 13 mai 1872 ; Quidor, 8 août 1873.)

358. La jurisprudence assimile aux dommages causés par des faits de guerre et n'ouvrant droit par suite à aucune indemnité :

1° Ceux causés par des bandes d'émeutiers et par les troupes employées à les réprimer (1) (Conflits, 25 janvier 1873, Planque et Papelard) ;

2° Ceux causés par l'ennemi, en quelque circonstance que ce soit, et même en dehors des luttes et des combats (Conseil d'Etat, 9 juin 1830, 30 août 1842, etc.).

La loi du 6 septembre 1871, rendue « pour faire supporter par toute la nation les contributions de guerre, réquisitions et dommages matériels de toute nature causés par l'invasion », a formellement con-

---

(1) Mais la responsabilité *des communes*, à l'égard des dégâts et dommages résultant des crimes ou délits commis à force ouverte ou par violence sur leur territoire par des attroupements armés ou non armés, a été inscrite dans la loi du 5 avril 1884 (art. 106). Cette responsabilité cesse évidemment quand les municipalités ne disposent pas de la police (Paris et Lyon) ou que le préfet prend en main les opérations de police. Dans cette hypothèse, le droit commun reprend son empire et ni l'Etat ni la commune ne sont responsables (*Droit administratif*, Berthelemy, p. 535).

sacré ces principes ; car, ainsi qu'on l'a dit à la tribune de l'Assemblée nationale, « si la créance existait, une loi n'eût pas été nécessaire ».

359. Pour terminer ce sujet, il nous reste à dire un mot de l'état de siège spécial qu'a organisé la loi du 9 août 1849, modifiée, dans quelques-unes de ses dispositions, par celle du 3 avril 1878.

Cet état de siège, que quelques auteurs appellent état de siège *fictif*, pour le distinguer de l'autre, ne peut être déclaré que par la loi ou dans des cas exceptionnels par décret, en cas de péril imminent résultant d'une guerre étrangère ou d'une insurrection armée. Il s'applique à la portion de territoire que désigne l'acte déclaratif.

L'état de siège fictif n'a guère que des conséquences politiques et ne porte aucune atteinte à la propriété. Cela résulte de l'article 11 de la loi de 1849, non abrogé par celle de 1878, et qui est ainsi conçu :

« Les citoyens continuent, nonobstant l'état de siège, à exercer tous ceux des droits garantis par la constitution, dont la jouissance n'est pas suspendue en vertu des articles précédents. »

Il est donc entendu que, si une place de guerre se trouve englobée dans la portion du territoire soumise à l'état de siège fictif, aucune modification n'est apportée à la situation des propriétaires (1). Ceux qui possèdent des terrains dans les zones de servitude, soit qu'ils aient souscrit ou non la soumission de démolir, soit que leur possession précède ou non l'établissement des servitudes, ne doivent pas être inquiétés. Leur situation ne serait modifiée que si

---

(1) On peut regretter que le décret du 4 octobre 1891 sur le service des places ne fasse pas cette distinction essentielle.

l'état de siège fictif venait à se compliquer de l'état de guerre (conclusions de M. David, commissaire du gouvernement, dans l'affaire Brac de la Perrière ; Conflit, 13 mai 1872).

§ 4. — Travaux mixtes.

360. On désigne sous le nom de travaux mixtes les travaux publics (routes, chemins de fer, canaux) qui s'exécutent au compte de l'Etat, des départements ou des communes :

1° Dans la zone frontière délimitée par les décrets des 16 août 1853, 15 mars 1862, 3 mars 1874 et 8 septembre 1878 ;

2° Dans les places fortes et dans un rayon de 10 kilomètres.

Un décret du 12 décembre 1884 y a ajouté divers travaux exécutés dans les concessions minières. Il faut y comprendre aussi certains travaux d'ordre privé, comme le défrichement de bois appartenant à des particuliers.

Les travaux mixtes ne peuvent être entrepris qu'après avoir été soumis à l'examen d'une commission mixte composée de membres civils et militaires.

Les chemins vicinaux et ruraux peuvent être exécutés librement, sauf dans le rayon myriamétrique des places fortes et dans certains territoires dits *réservés* de la zone frontière.

Les contraventions sont constatées par procès-verbaux des officiers d'administration du génie et poursuivies devant les conseils de préfecture, comme en matière de servitudes, si le contrevenant est un simple particulier ou une commune. Il en est autrement si les travaux sont exécutés au compte de l'Etat ou d'un département par un ingénieur de l'Etat ; la difficulté ne saurait être tranchée dans ce cas par le conseil de préfecture. Chacun des fonctionnaires intéressés en réfère à son supérieur hiérarchique, et les ministres compétents, s'ils ne parviennent à se mettre d'accord, soumettent le litige à la commission mixte.

361. Le régime particulier auquel est soumise la zone frontière constitue une sorte de servitude d'une nature particulière, qui s'impose comme une nécessité d'ordre supérieur et qui ne saurait jamais être ni discutée, ni compromise directement ou indirectement. Les mesures prises pour la défense par les autorités compétentes dans l'exercice des pouvoirs spéciaux qu'elles tiennent de la loi ne peuvent donc être l'objet d'une action contentieuse. Mais cela implique que ces autorités agissent dans les limites de leurs pouvoirs. Par exemple, le décret du 8 septembre 1878 classe au nombre des travaux mixtes « les alignements et le tracé des places publiques. qui sont consacrées par le temps et l'usage aux exercices et aux rassemblements des troupes ». Il est impossible d'admettre qu'il suffise d'une simple appréciation de l'autorité militaire pour frapper d'indisponibilité, même au profit de la défense nationale, les rues ou places d'une ville. Si donc cette jouissance de fait est contestée par la commune, le contentieux pourra naître sous forme d'excès de pouvoir (ville de Dijon, 6 août 1886, p. 692, et conclusions du commissaire du gouvernement). Il en serait de même s'il était allégué que le ministre, pour refuser l'autorisation demandée, s'est inspiré de considérations autres que celles dont il avait le droit de tenir compte.

Les prohibitions ou formalités édictées par la loi ne s'appliquent pas aux travaux d'entretien ou de simple réparation (Lemaire, 11 décembre 1896, p. 835).

II° SOUS-SECTION

DES ÉTABLISSEMENTS DANGEREUX OU INSALUBRES

362. On sait qu'en droit commun, et aux termes d'un décret du 15 octobre 1810, certains établissements dangereux ou insalubres ne peuvent être établis qu'après une enquête *de commodo et incommodo* et dans des conditions préalablement déterminées par l'autorité administrative (éloignement des habitations, surveillance de la police, etc.).

Cette législation n'est dans aucun cas applicable aux établissements de l'Etat. Cela a été jugé pour les fabriques de dynamite (Bouveret, 17 mai 1878), pour les poudreries (ville de Metz, 17 septembre 1844), et il en serait de même, croyons-nous, pour les buanderies militaires (établissements de 3° classe).

Il y a plus : non seulement l'administration est libre d'installer où il lui convient les établissements dangereux, mais encore, et par le fait même de cette installation, elle grève parfois de servitudes les propriétés voisines. Ainsi, dans une zone de 25 mètres autour des murs d'enceinte des magasins à poudre (1), la servitude *non œdificandi* est absolue, sauf pour les murs de clôture. Tous dépôts de bois, fourrages, combustibles sont également interdits (loi du 22 juin 1854).

Les propriétaires des terrains ainsi grevés n'ont droit à aucune indemnité à raison du seul fait de l'établissement de la servitude. Mais si l'administration, usant du droit qui lui est conféré par la loi,

---

(1) Ou 50 mètres s'il s'agit d'usines ou établissements pourvus de foyers. La distance, quand le magasin est protégé par un remblai, doit être calculée du pied de ce remblai (Joly, 4 décembre 1885, p. 930).

ordonne soit la démolition de constructions, soit la
suppression de plantations ou dépôts de fourrages,
combustibles, etc., une indemnité est due et fixée :
dans le premier cas, par le jury d'expropriation ;
dans le deuxième cas, par le conseil de préfecture.

Ce dernier tribunal est compétent comme en matière de servitudes, pour réprimer les contraventions
constatées par procès-verbaux des officiers d'administration d'artillerie (loi de 1854) ou des gardiens de
batterie (loi du 21 mai 1858).

IIIe SOUS-SECTION

DES GRANDES MANŒUVRES

363. La loi du 24 juillet 1873 dispose (art. 28) que
l'instruction progressive et régulière des troupes de
toutes armes se termine chaque année par des mar-
ches, manœuvres et opérations d'ensemble de bri-
gades, de divisions, et, quand les circonstances le
permettront, de corps d'armée.

On conçoit que l'exécution de ces manœuvres est
incompatible avec le respect absolu de la propriété
privée ; elles entraînent inévitablement des dégâts
sur les terrains parcourus ou occupés pour le campe-
ment. Ces dégâts donnent lieu à des indemnités réglées comme en matière de réquisitions (loi du 3 juillet 1877 ; décret du 2 août 1877, modifié le 17 avril
1901).

La loi donne délégation à une commission (composée de membres civils et de membres militaires) pour
évaluer, dans chaque cas, l'indemnité due et faire
des offres au propriétaire lésé. Si ce dernier accepte, tout est terminé et le paiement a lieu séance
tenante ; s'il ne trouve pas l'indemnité suffisante, il
peut se pourvoir devant le juge de paix ou devant

le tribunal de première instance, suivant l'importance de la réclamation.

Les indemnités ne s'appliquent qu'aux dégâts *matériels* causés aux propriétés. Les réclamations doivent être formées dans les trois jours qui suivent le passage des troupes, et les intéressés ont un délai de quinze jours pour accepter les offres de l'administration ou les refuser.

364. Cette législation est spéciale aux grandes manœuvres ; elle ne s'applique aux exercices en terrain varié faits par les régiments : ni en ce qui concerne la compétence qu'elle établit au profit de l'autorité judiciaire ; ni en ce qui concerne les formalités et les délais qu'elle fixe pour les réclamations et le règlement des indemnités. De plus, et alors qu'au cas de grandes manœuvres l'administration militaire ne doit que la réparation des dégâts, c'est-à-dire des dommages matériels causés aux propriétés, cette obligation s'étend, pour les autres exercices militaires, à la simple privation de jouissance, par exemple aux entraves apportées au droit de chasse ou de pêche (Rabourdin, 25 juillet 1884, p. 655, et conclusions de M. Le Vavasseur de Précourt, commissaire du gouvernement).

IVᵉ SOUS-SECTION
CHAMPS DE TIR

365. La loi du 17 avril 1901 (complétée par le décret du 29 décembre 1901) a, pour la première fois, réglementé l'usage des propriétés privées en vue des exercices de tir.

« Pour l'exécution des exercices de tir, l'autorité militaire a le droit, soit d'occuper momentanément les propriétés privées, soit d'en interdire l'accès pendant les tirs, à l'exception toutefois des habitations et des bâtiments, cours et jardins y attenant. » (Art. 1er.)

Des indemnités sont dues, non seulement comme aux grandes manœuvres, en cas de dégâts matériels, mais encore à raison de la simple privation de jouissance (art. 2). Elles sont évaluées par des commissions mixtes, et les contestations sont du ressort des tribunaux ordinaires (1).

La matière est donc sortie du contentieux administratif, et nous n'aurions pas à nous y arrêter. Nous reproduirons cependant quelques solutions intéressantes qui se dégagent des arrêts du Conseil d'Etat et dont, sans doute, s'inspirera la jurisprudence des tribunaux.

a) Le dommage causé par les exercices de tir n'étant pas nécessairement permanent, et pouvant cesser par suite de mesures prises par l'autorité militaire, il n'y a pas lieu d'accorder aux riverains une indemnité en capital pour dépréciation définitive de la propriété (Saradin, 28 novembre 1890, p. 876 ; Batiot, 15 mai 1891, p. 390 ; Viard, 25 mars 1892 ; Crespel, 9 juillet 1897 ; Mathieu, 3 décembre 1897 ; Verdier, 18 janvier 1907, p. 49).

b) Une indemnité est due même pour l'année au cours de laquelle aucun projectile n'est tombé sur la propriété, si, pendant ladite année, les tirs n'ont pas cessé, ni par suite le trouble apporté à la jouissance (de Narbonne, 17 juillet 1896, p. 579 ; Mollat, 29 avril 1898, p. 333).

---

(1) Les dégradations aux chemins vicinaux ou ruraux, provenant de l'exécution des tirs ou des charrois qu'ils occasionnent, sont cependant réglées dans les conditions prévues par les lois des 21 mai 1836 et 20 août 1881, c'est-à-dire par les conseils de préfecture.

c) Alors même qu'une ville, en mettant à la disposition de l'Etat un champ de tir, aurait garanti celui-ci contre les dommages que pourraient causer aux habitants les exercices à feu, l'Etat ne saurait se soustraire à l'action en responsabilité engagée contre lui ; mais il conserve son recours contre la ville (Villard, 29 janvier 1892, p. 78 ; Robert, 29 janvier 1892, *ibid.*).

d) Lorsqu'une indemnité a été allouée pour privation de jouissance pendant une certaine période, les intérêts ne peuvent être alloués qu'à partir de cette date. L'allocation des intérêts pendant la période de trouble ferait double emploi avec l'indemnité elle-même (Saradin, 22 juillet 1892, p. 640 ; Viard, 16 juin 1893, p. 479).

e) La circonstance que l'acquéreur (ou le locataire) d'un immeuble aurait connu avant l'achat (ou le bail) les inconvénients pouvant résulter du voisinage d'un champ de tir, ne fait pas obstacle à l'exercice de son droit de demander réparation du préjudice par lui éprouvé (Sempé, 1er avril 1898, p. 282).

f) Une commune n'est pas fondée à réclamer une indemnité à raison de la gêne causée aux habitants par l'interdiction du passage dans un chemin pendant les exercices de tir (commune de Sennecé-lès-Mâcon, 6 avril 1900, p. 284).

g) Les conventions légalement formées tenant lieu de loi à ceux qui les ont faites et ne pouvant être révoquées que de leur consentement mutuel, il n'appartient pas au ministre de dénoncer un contrat intervenu entre lui et un particulier sur le mode de règlement des indemnités pour dommages causés par les exercices de tir (Orcibal, 12 décembre 1902, p. 750).

h) Le propriétaire d'un domaine a qualité pour demander la réparation des troubles apportés à la jouissance de ses locataires, puisqu'il est responsable vis-à-vis d'eux (Batiot, 28 mars 1890, p. 347 ; de Narbonne, 13 juin 1890, p. 560 ; Leblanc, 24 février 1893, p. 166) (1).

Cependant, un propriétaire ne serait pas fondé à reprendre pour son compte la demande d'indemnité formée par ses locataires et dont ceux-ci se seraient régulièrement désistés (Baraton, 7 juillet 1905, p. 615).

i) Lorsque, par suite de dommages causés par le tir, l'adjudication d'une coupe de bois n'a pu se faire à l'époque normale, l'Etat doit payer les intérêts des sommes représentant la valeur des coupes, à partir du jour où elles auraient dû être vendues, sauf réserve d'une indemnité en capital, si, lors de la vente, le prix d'adjudication se trouve inférieur à la valeur d'estimation (Forbin des Issarts, 2 juin 1905, p. 499).

SECTION III
Des travaux publics.

Iʳᵉ SOUS-SECTION
SERVITUDE DE FOUILLE ET D'OCCUPATION TEMPORAIRE

366. L'exécution des travaux publics donne à l'administration le droit : 1° de se procurer, moyennant indemnité, dans les propriétés privées, les matériaux

---

(1) Par cet arrêt, le Conseil d'Etat reconnaît implicitement que les troubles apportés à la jouissance par les exercices militaires, ne doivent pas être considérés comme résultant de voies de fait et échappent, par suite, à l'application de l'article 1725 du Code civil (V. n° 321).

qui lui sont nécessaires ; 2° d'occuper temporairement des terrains pour y installer des chantiers, déposer des matériaux, établir des chemins de service, etc.

Cette servitude a son origine dans des arrêts très anciens ; elle est actuellement régie par la loi du 29 décembre 1892, applicable, suivant son article 3, aux travaux militaires.

367. L'administration peut exercer par elle-même ce privilège ou le transmettre aux entrepreneurs qui se chargent d'exécuter les travaux. L'occupation ne peut être autorisée à l'intérieur des propriétés attenantes aux habitations et closes par des murs ou autres clôtures équivalentes ; et il a été jugé (Delom, 18 mars 1869) que la clôture aurait cet effet alors même qu'elle serait établie postérieurement à la désignation du terrain par l'administration.

Un arrêté du préfet indique les terrains à occuper et est notifié par le maire au propriétaire ; par le service intéressé (artillerie ou génie), à l'entrepreneur.

Si un accord amiable n'intervient pas entre eux, il est procédé à une reconnaissance contradictoire de l'état des lieux par deux experts, dont l'un est désigné par l'entrepreneur, l'autre par le propriétaire et, à défaut, par le maire. En cas de désaccord sur l'état des lieux, le conseil de préfecture statue. Après cette constatation les lieux peuvent être occupés. L'accomplissement de ces formalités est nécessaire, alors même que les terrains feraient partie du domaine de l'Etat, s'ils ont été affermés (Choël, 19 mai 1882).

L'indemnité n'est pas préalable comme en matière d'expropriation ; mais, si l'occupation dure plusieurs années, elle doit être réglée à la fin de chaque campagne (loi du 29 décembre 1892, art. 10). Elle est fixée à l'amiable ou, en cas de contestation, par le conseil de préfecture, après expertise.

368. *Extraction de matériaux.* — Avant la loi de 1892, deux cas étaient à distinguer : si le propriétaire n'exploitait que la surface du sol en la cultivant, l'administration ne devait que la réparation du préjudice causé par les fouilles, sans tenir compte de la valeur des matériaux extraits ; si les matériaux étaient extraits d'une carrière en exploitation, l'administration en payait la valeur, évaluée d'après les prix courants, abstraction faite des besoins créés par le projet de construction. Il n'en est plus ainsi aujourd'hui et, dans tous les cas, on applique les règles édictées par l'article 13 de la loi précitée : « Dans l'évaluation de l'indemnité, il doit être tenu compte, tant du dommage fait à la surface que de la valeur des matériaux extraits. La valeur des matériaux extraits sera estimée (1) d'après les prix courants sur place, abstraction faite des besoins de la route pour laquelle ils sont pris ou des constructions auxquelles on les destine, en tenant compte des frais de découverte et d'exploitation. »

Les constructions, plantations ou améliorations ne donnent lieu à aucune indemnité lorsque, en raison de l'époque où elles auront été faites, ou de toute autre circonstance, il peut être établi qu'elles ont été faites dans le but d'obtenir une indemnité plus élevée (art. 15).

On ne doit pas faire entrer en ligne de compte, pour l'évaluation de l'indemnité, l'impossibilité de vendre le terrain occupé et d'y construire pendant la

---

(1) Compte tenu du foisonnement, si le cube a été mesuré au vide de la fouille (Bernard, 3 mars 1893, p. 219).

durée de l'occupation (Rabatel, 26 décembre 1890, p. 1008).

Les préjudices accessoires de l'exploitation d'une carrière (bris de clôtures, amas de décombres sur les parties non exploitées) ne donnent pas lieu à indemnité, s'ils sont la conséquence nécessaire de cette exploitation, à moins qu'il n'y ait eu incurie ou négligence constatées de la part de l'entrepreneur des travaux (chemin de fer du Nord, 20 mars 1874).

369. Si le terrain désigné pour être occupé ou fouillé est pris à ferme, le fermier a qualité, comme le propriétaire, pour soulever la question d'indemnité (1). Il a même été jugé que le renouvellement d'un bail fait après l'arrêté d'occupation ne modifiait en rien les situations respectives de l'entrepreneur et du fermier, et ne faisait pas obstacle à la réclamation d'une indemnité (Jeanne Deslandes, 11 février 1881).

De même l'acquéreur de terrains déjà occupés peut réclamer, en dehors de la réparation des dommages annuels qui lui sont causés personnellement, une indemnité pour dépréciation générale de sa propriété, bien qu'il n'ait pas été subrogé aux droits de son vendeur (de Lareinty, 10 mai 1895, p. 408).

370. C'est à l'entrepreneur qu'il appartient de payer directement les matériaux requis. Les propriétaires ou autres ayants droit ont, à cet effet, « un privilège sur les fonds déposés dans les caisses publiques pour être délivrés aux entrepreneurs » (art. 18). En cas d'insolvabilité de ces derniers, un recours subsidiaire est ouvert contre l'administration qui doit assurer le paiement intégral de l'indemnité (*ibid*).

---

(1) Il appartient aux tribunaux ordinaires de statuer sur la répartition de l'indemnité entre le propriétaire et le fermier (Petit, 17 janvier 1890, p. 39).

Il résulte de ces textes que l'Etat joue, en la circonstance, le rôle de caution, et la question s'est présentée de savoir si l'article 2032 du Code civil lui donne le droit de *provoquer* en justice le règlement des indemnités dues (Aucouturier, 15 mai 1903, p. 374). Elle n'a pas été résolue parce que, en fait, le cautionnement de l'entrepreneur était supérieur au montant de toutes les indemnités d'occupation à payer par lui. Nous inclinerions pour l'affirmative ; car, si les garanties de l'entrepreneur sont insuffisantes ou exposées à disparaître, l'Etat est bien *partie intéressée* dans le sens de l'article 10 de la loi du 29 décembre 1892 (V. cependant note sous l'arrêt précité du 15 mai 1903).

371. L'action en indemnité est prescrite par un délai de deux ans à partir du jour où l'occupation a pris fin (art. 17). Pour que l'indemnité cesse de courir et que s'ouvre en conséquence le délai de prescription, il ne suffit pas que l'entrepreneur ait fait connaître au propriétaire que l'occupation a cessé ; il faut encore que celui-ci ait pu, sans compromettre ses droits, reprendre possession effective de ses terrains, et qu'à cet effet il ait été procédé soit à l'amiable, soit judiciairement, à la constatation de l'état des lieux (Gaye, 21 janvier 1887, p. 67 ; Redon, 20 mars 1896, p. 283).

372. Nous avons dit que les difficultés qui peuvent être soulevées relativement au règlement de l'indemnité sont du ressort des conseils de préfecture (1) ; mais d'autres contestations peuvent naître :

---

(1) Si le terrain est occupé à l'amiable, en vertu d'une convention privée, et non du droit supérieur de l'administration, c'est à l'autorité judiciaire qu'il appartiendra de statuer sur les difficultés d'exécution (Girard, 6 décembre 1889).

1° De la désignation même des terrains ;

2° De l'inaccomplissement des formalités imposées par la loi ;

3° De la durée de l'occupation.

La désignation des terrains est un acte d'administration pure qui ne peut être l'objet d'aucun recours contentieux, à moins cependant qu'il ne soit entaché d'excès de pouvoir. Le propriétaire d'un terrain désigné ne saurait donc attaquer l'arrêté préfectoral, en soutenant que tel autre terrain eût mieux convenu, eût fourni des matériaux meilleurs ou à meilleur compte. Mais son pourvoi sera recevable (sauf à en examiner le bien fondé) s'il prétend que son terrain est exempt de la servitude, comme étant entouré d'une clôture. Ce pourvoi, bien que formé pour excès de pouvoir, devrait être déféré au conseil de préfecture et non directement au Conseil d'Etat, d'après la jurisprudence que nous avons exposée (n° 21) (Salins du Midi, 13 décembre 1878; Larose, 1ᵉʳ mai 1885, p. 478 ; Ladouceur, 13 juillet 1892, p. 629).

373. Lorsque l'occupation d'un terrain n'a pas été précédée des formes prescrites par la loi, la jurisprudence attribue à l'autorité judiciaire le règlement de l'indemnité (Labat et Claverie, 28 mai 1880 ; Girard, 6 décembre 1889, p. 1138 ; Lebel, 9 mai 1891, p. 354 ; conflit Trani, 2 juillet 1898, p. 521).

Lorsque l'ouvrage public est terminé ou que la carrière est épuisée, l'occupation cesse également d'être régulière et les dommages qui en résultent à partir de ce moment doivent être évalués et fixés par les tribunaux ordinaires (Compagnie des chemins de fer du Midi, 18 février 1887, p. 161).

374. Nous avons supposé jusqu'ici que l'occupation irrégulière était le fait de l'entrepreneur ; mais

si, pour des motifs d'urgence ou autres, elle est ordonnée par l'administration elle-même (ingénieur ou
autre agent de l'Etat), l'autorité judiciaire sera-t-elle
aussi compétente? Le Tribunal des conflits répond
affirmativement (Gagne, 12 mai 1877). Mais les tribunaux civils pourraient seulement fixer, le cas échéant,
le chiffre de l'indemnité. Ils ne pourraient ordonner
ni la destruction des travaux, ni la remise des lieux
en l'état (Duernet, 27 mai 1865 ; Dunède, 7 décembre
1867).

Lorsqu'un terrain est occupé en vertu d'un arrêté
préfectoral qui est ultérieurement annulé pour excès
de pouvoir, l'occupation antérieure à cette annulation doit-elle être considérée comme irrégulière et
donnant lieu, par suite, à la compétence judiciaire
pour règlement de l'indemnité due ? Dans un arrêt
du 30 juin 1877, le Conseil d'Etat avait affirmativement résolu la question, malgré les conclusions du
commissaire du gouvernement soutenant que l'annulation d'un acte administratif n'a d'effet que pour
l'avenir, attendu qu'en matière administrative « pro-
vision est due à l'acte ». Mais, dans une affaire plus
récente, l'assemblée est revenue sur cette jurisprudence (Salins du Midi, 5 août 1881).

375. Avant la loi de 1892, aucune limite n'était
fixée à la durée de l'occupation. D'après cette loi
(art. 9), « l'occupation des terrains ou des carrières
nécessaires à l'exécution des travaux publics ne peut
être ordonnée pour une durée supérieure à cinq années. Si l'occupation doit se prolonger au delà de ce
délai, et à défaut d'accord amiable, l'administration
devra procéder à l'expropriation, qui pourra être
aussi réclamée par le propriétaire dans les formes
prescrites par la loi du 3 mai 1841. »

Mais le propriétaire ne serait pas fondé à réclamer l'expropriation sous prétexte que l'occupation de ses terrains, par les dommages permanents qui en sont la conséquence, équivaut à une dépossession définitive (Gravey, 20 janvier 1893, p. 53).

376. Les matériaux extraits par l'entrepreneur des propriétés privées ne peuvent être employés que pour l'ouvrage public auquel ils sont destinés. S'il en fait tout autre usage, il perd à cet égard sa qualité d'entrepreneur, et la fixation du prix à payer, ainsi que des dommages-intérêts, s'il y a lieu, appartient aux tribunaux judiciaires (Baussan, 23 mars 1870).

377. *Occupation temporaire.* — La simple occupation temporaire est soumise aux mêmes règles de compétence que l'occupation pour extraction de matériaux.

Il en est encore ainsi des études préalables à l'exécution des travaux et qui obligent les agents de l'administration à pénétrer dans les propriétés privées. L'article 1er de la loi de 1892 indique les formalités à remplir suivant qu'il s'agit de terrains clos ou non clos. Un arrêté préfectoral est, dans tous les cas, nécessaire et ne peut jamais autoriser à pénétrer dans les habitations.

Lorsque les agents sont munis de pouvoirs réguliers, ils sont protégés dans leurs opérations par l'article 438 du Code pénal, ainsi conçu : « Quiconque, par des voies de fait, se sera opposé à la confection des travaux autorisés par le gouvernement, sera puni d'un emprisonnement de trois mois à deux ans et d'une amende qui ne pourra excéder le quart des dommages-intérêts ni être au-dessous de 16 francs. »

378. Le propriétaire frappé de la servitude d'extrac-

tion de matériaux ou d'occupation temporaire, perd,
pendant ce temps, le droit d'user de son terrain ou
du moins d'en faire tel usage qui serait incompatible
avec l'exercice de la servitude, par exemple d'y pra-
tiquer des fouilles pour son propre compte. Mais, ce
faisant, il ne commettrait pas néanmoins une contravention de grande voirie ; car le terrain occupé n'a
pas cessé d'appartenir au propriétaire et ne constitue
pas une dépendance du domaine public (Magne,
11 janvier 1889, p. 61).

II° SOUS-SECTION

TRAVAUX PUBLICS MILITAIRES

§ 1ᵉʳ. — **Modalité des marchés.**

379. Les travaux militaires peuvent, comme tous
travaux publics, s'exécuter soit en régie, soit à l'entreprise. Dans ce dernier cas, les marchés sont *à
forfait, par devis* ou *sur séries de prix* (1).

Le signe caractéristique d'un marché à forfait est

---

(1) En 1884, nous faisions remarquer que le mode de passation
des marchés du génie introduisait dans les entreprises un aléa
considérable qui, suivant l'administration elle-même, « plaçait
les adjudicataires dans sa dépendance presque absolue » (lettre
minist. du 25 novembre 1876). « Le système, ajoutions-nous, est
mauvais pour les entrepreneurs, qui ne savent pas à quoi ils s'engagent et peuvent être ruinés sans qu'il y ait de leur faute ;
mauvais pour l'administration, qui paye d'autant plus cher que
l'aléa est plus considérable et que la jurisprudence prive des seuls
avantages qu'elle pourrait parfois retirer de cet état de choses ;
mauvais enfin pour les officiers, dont la ligne de conduite vis-à-
vis de l'entrepreneur n'est pas toujours nettement tracée et auxquels il faut bien du tact et de la prudence dans l'application des
clauses du cahier des charges. » Ces critiques ne seraient plus
fondées aujourd'hui ; car le cahier des charges en vigueur (19 avril
1902) s'est efforcé de faire disparaître, ou tout au moins d'atténuer, dans une large mesure, toutes ces dispositions draconiennes
ou aléatoires, d'où étaient nés tant d'onéreux procès.

la détermination d'un prix fixe et invariable pour l'ensemble d'un ouvrage dont la nature et les dispositions ne peuvent recevoir de modifications d'aucune des parties contractantes.

Dans le marché par devis, le devis donne, pour toutes les parties du travail, l'indication des matériaux qui les composent, leurs dimensions principales, leur mode d'exécution, leur évaluation suivant les unités adoptées pour les métrés, l'application des prix correspondant à chaque nature d'ouvrage, et il fait ressortir le montant approximatif de la dépense.

Enfin dans le marché sur série de prix, on se borne à prévoir, dans une série ou bordereau, tous les genres d'ouvrages que l'entrepreneur s'engage à exécuter, pendant une certaine période, aux prix du bordereau, sans connaître exactement à l'avance les travaux à entreprendre (décret du 27 avril 1889 (art. 9) sur les travaux de constructions militaires).

380. Les marchés à forfait sont peu usités dans l'administration militaire et, comme ils donnent lieu aux mêmes règles de compétence que les marchés sur devis ou série de prix, nous n'en dirons que peu de mots.

Deux cas peuvent se présenter :

Ou bien l'administration établit elle-même le plan et le devis de l'ouvrage qu'il s'agit d'exécuter ; dans ce cas, l'entrepreneur n'est responsable que de la bonne exécution du travail prescrit ;

Ou bien le plan est établi par l'entrepreneur lui-même, et alors ce dernier assume la double responsabilité d'entrepreneur et d'architecte.

Ainsi l'industriel qui s'engagerait à exécuter une conduite d'eau d'après un plan conçu par lui, serait tenu d'assurer non seulement la bonne exécution de ce plan, mais encore le fonctionnement de la conduite. Si ses mesures ont été mal prises ; si, pour faire arriver l'eau, il faut recourir à des engins non prévus au marché (par exemple colonne ascensionnelle avec cuvette), c'est à ses frais qu'ils doivent être établis (ville de Nîmes, 10 décembre 1880).

§ 2. — Adjudication des travaux.

381. Les règles relatives aux conditions d'admission des candidats, aux justifications à fournir, aux formalités de l'adjudication, aux difficultés contentieuses qu'elles peuvent soulever, seront examinées plus loin à l'occasion des marchés de fournitures (503 à 517).

Nous nous bornerons à indiquer ici que, contrairement à ce qui se passait autrefois, ce n'est plus le chef de service qui donne l'autorisation de concourir ; c'est la commission d'adjudication elle-même qui, dans une séance préparatoire, se prononce à ce sujet.

§ 3. — Conditions des marchés.

382. Les conditions des marchés sont indiquées pour les travaux militaires dans le cahier des clauses et conditions générales du 19 avril 1902, le cahier des charges spéciales à l'entreprise, et toutes autres pièces telles que bordereau des prix, devis estimatif, etc., que ledit cahier des charges spéciales désignerait comme éléments du contrat.

Jusqu'à la complète exécution du marché, il est fait application des clauses et conditions générales sous l'empire desquelles il a été passé.

Les modifications qui y seraient apportées, même celles relatives à la procédure des réclamations, comme les délais à observer, etc., seraient sans influence sur les marchés en cours (Lamotte, 8 mai 1896, p. 383).

S'il a été fait un devis estimatif et qu'il y ait contradiction entre cette pièce et le cahier des charges, c'est le cahier des charges qui fait foi (Ferrucci, 28 juillet 1893, p. 638).

§ 4. — Personnels de l'entreprise.

383. L'entrepreneur doit exécuter personnellement son marché, à moins d'une autorisation expresse de l'administration. Si un sous-traité est passé contrairement à cette clause, l'administration peut, soit prononcer la résiliation, soit passer un marché par défaut. Le sous-traitant non agréé par l'administration ne peut être admis à discuter avec celle-ci et toute réclamation formée devant les tribunaux au nom et pour le compte de l'entrepreneur serait non recevable (Bélier et Wafflard, 30 juin 1881).

Quant aux créanciers (1), bailleurs de fonds ou cessionnaires de créances, ils sont recevables, s'ils justifient de leur qualité, à intervenir dans les instances engagées entre l'entrepreneur et l'administration, pour la sauvegarde de leurs droits (Prost et Soipteur, 7 août 1886, p. 744 ; Matteï, 14 décembre 1894, p. 692). Mais ils ne peuvent demander que le conseil de préfecture (ou le Conseil d'Etat) leur adjuge le bénéfice des conclusions prises par ledit entrepreneur (Mazoyer, 2 avril 1898, p. 307 ; Volais, 12 novembre 1897, p. 690). La juridiction adminis-

---

(1) L'article 1166 du Code civil donne aux créanciers le droit d'exercer les actions de leur débiteur ; mais si la créance est contestée par le ministre, il n'appartient pas à la juridiction administrative d'en reconnaître la validité. La question est du ressort des tribunaux ordinaires (Ramon-Zorilla, 9 août 1870 ; Mouren, 29 juin 1877).

trative est, en effet, incompétente pour procurer à ces créances ou cessions de créances les effets de droit civil qu'elles comportent.

384. Lorsqu'un sous-traitant est accepté par l'administration, l'entrepreneur titulaire reste néanmoins responsable de la bonne exécution des ouvrages.

385. L'entrepreneur est tenu de fixer sa résidence habituelle et d'élire domicile dans la place ou à proximité des travaux. Il doit avoir un nombre d'ouvriers de chaque profession proportionné à la quantité d'ouvrages à faire. Le chef de service a le droit d'exiger le changement ou le renvoi des agents et ouvriers de l'entrepreneur pour insubordination, incapacité ou défaut de probité (art. 13).

386. Les ouvriers doivent être payés tous les mois ou à des époques plus rapprochées si l'administration le juge nécessaire.

La loi du 26 pluviôse an II leur accordait un privilège sur les sommes dues à l'entrepreneur par l'Etat. Mais ils le partageaient avec les fournisseurs et l'entrepreneur était sans droit pour créer au profit des uns ou des autres, par conventions particulières, des causes de préférence (Cassation, 22 janvier 1868, Berthelot). La loi du 25 juillet 1891 a maintenu le privilège, mais accordé aux ouvriers un droit de priorité.

Si, en conséquence de cette loi, les sommes dues à l'entrepreneur ne peuvent être frappées de saisies-arrêts au préjudice de ces créanciers privilégiés, l'entrepreneur ne peut, dans son propre intérêt, se prévaloir de cette prohibition (Cassation, chambre civile, 24 janvier 1906).

387. Le Conseil d'Etat avait jugé (entrepreneurs de la ville de Paris, 21 mars 1890) que l'insertion, dans

les cahiers des charges, de clauses relatives à la fixation d'un minimum de salaires et d'un maximum d'heures de travail, était illégale comme portant atteinte à la liberté du travail et des conventions entre patrons et ouvriers. Un décret du 10 août 1899 a cependant rendu ces clauses obligatoires dans les marchés de l'Etat. Il décide en effet :

1° Qu'il sera payé aux ouvriers un salaire normal égal, pour chaque profession et, dans chaque profession pour chaque catégorie d'ouvriers, au taux couramment appliqué dans la région :

2° Que la durée du travail journalier sera limitée à la durée normale du travail en usage, pour chaque catégorie, dans la région ; que cependant, en cas de nécessité absolue, il pourra être dérogé à cette règle si l'administration en donne l'autorisation, et à condition que les heures supplémentaires soient payées aux prix fixés par le cahier des charges (1).

388. Le décret du 10 août 1899 édicte en outre les prescriptions suivantes :

1° *Le cahier des charges assurera aux ouvriers et employés un jour de repos par semaine, sauf dérogation en cas de nécessité absolue et si l'administration l'autorise.*

Cette disposition doit aujourd'hui se combiner avec la loi du 13 juillet 1906 sur le repos hebdomadaire, d'où il résulte que ce jour de repos doit être le dimanche et que, même pour les travaux intéressant la

---

(1) Et sous condition, bien entendu, de rester dans les limites fixées par le décret-loi du 9 septembre 1848 et par les lois des 2 novembre 1892 et 30 mars 1900 et le règlement d'administration publique du 28 mars 1902, relatifs au travail des femmes et enfants dans les établissements industriels.

défense nationale, le repos hebdomadaire ne pourra être suspendu plus de quinze fois par an (art. 7 de cette loi).

389. 2° *Les ouvriers étrangers ne doivent être employés que dans une proportion fixée par l'administration selon la nature des travaux et la région où ils sont exécutés.*

Si, dans un but de sécurité publique, l'administration civile, en vertu des pouvoirs de police que lui confère la loi, croyait devoir, même en cours d'exécution des travaux, interdire complètement la main-d'œuvre étrangère, il n'en résulterait pas pour l'entrepreneur droit à résiliation ni à indemnité (Gilles et Bellet, 29 avril 1898, p. 341).

390. 3° Enfin une clause du cahier des charges doit rappeler l'interdiction du marchandage telle qu'elle résulte du décret du 2 mars 1848. On sait que ce décret a eu pour but de supprimer tout intermédiaire entre l'employeur et l'employé. De la jurisprudence de la Cour de cassation et notamment de l'arrêt du 31 janvier 1901 rendu par les chambres réunies, il résulte que le marchandage ne constitue un délit et, partant, n'est punissable que s'il y a eu chez son auteur intention de nuire par l'avilissement du salaire.

Cette jurisprudence rend en fait à peu près illusoire l'interdiction édictée par le décret de 1848. Mais on peut se demander si l'insertion, dans les cahiers des charges, de cette clause prohibitive n'a pas pour effet de lui donner le caractère contractuel et d'y attacher, à défaut de sanction pénale, les sanctions d'ordre administratif prévues au marché. La question nous paraît devoir être résolue négativement ; car ce qu'aux termes du décret du 10 août 1899 le cahier des charges doit rappeler, c'est l'interdiction du marchan-

dage, *telle qu'elle résulte du décret du 2 mars* 1848,
c'est-à-dire avec le caractère délictueux qu'il attache
à l'opération, et il n'appartient qu'aux tribunaux de
répression d'affirmer ce caractère.

391. Toutes difficultés entre l'entrepreneur, ses
agents, fournisseurs ou ouvriers sont du ressort des
tribunaux civils ou de commerce, ou des conseils de
prud'hommes, suivant le cas. Il appartient notamment à ces derniers de statuer sur les difficultés qui
peuvent s'élever entre l'entrepreneur et les ouvriers
relativement à la stipulation du salaire minimum
journalier et de déterminer si, dans les travaux à la
tâche, le prix de la pièce correspond à cette fixation,
d'une part, et, d'autre part, à la production normale
journalière (1).

392. Les militaires et détenus militaires peuvent
être employés à l'exécution des travaux et sont alors
payés directement par l'administration. Aucune réclamation ne peut être élevée au sujet de l'emploi de
la main-d'œuvre militaire, à moins cependant que les
prévisions du contrat ne soient modifiées dans des
conditions telles qu'il en résulte pour l'entrepreneur
un préjudice sérieux (art. 32 et 58 combinés du cahier
des clauses et conditions générales).

393. Le marché est résilié de plein droit par le
décès ou la faillite de l'entrepreneur (art. 37 et 38).

---

(1) La question a été posée de savoir s'il ne conviendrait pas
que, dans les bordereaux des salaires, à côté des prix de journée, on fixât des prix minima pour les salaires à la tâche. Il
y aurait à cela un inconvénient : c'est que, dans le cas où l'expérience ferait reconnaître l'insuffisance du salaire à la tâche
par rapport aux prix de journée, l'Etat assumerait, vis-à-vis de
l'entrepreneur, obligé de relever les tarifs, la responsabilité des
erreurs commises (Chambre des députés, séance du 19 mars 1906).

Le cahier des charges du 25 novembre 1876, tout en stipulant aussi la résiliation de droit, ajoutait que la résiliation n'aurait d'effet que trois mois après le décès ou la déclaration de faillite ; et la question s'était posée de savoir si une telle clause pouvait créer un lien de droit entre l'administration et les héritiers ou créanciers de l'entrepreneur (art. 1795 du Code civil ; art. 443 du Code de commerce). Le Conseil d'Etat paraît en avoir admis la légalité dans une affaire Deltheil (19 juin 1891, p. 463).

Les requérants demandaient qu'à partir de la déclaration de faillite, ou tout au moins du décès du sieur Deltheil, le marché de ce dernier fût considéré comme résilié purement et simplement. Le Conseil d'Etat refusa de faire droit à ces conclusions, considérant que « même en cas de résiliation par suite de faillite ou de décès de l'entrepreneur, l'administration, en vertu du cahier des charges (il s'agissait de travaux publics départementaux) avait le droit d'ordonner la continuation des travaux par régie et qu'aucun article n'autorisait les créanciers à prétendre que les conséquences de la régie ne leur étaient pas opposables ».

La Cour de cassation décide au contraire (15 janvier 1900 - 4 avril 1903) qu'on ne peut imputer à la masse des créanciers les conséquences d'une régie ou d'un marché par défaut postérieurs à la faillite, alors même que le cahier des charges n'aurait pas stipulé, dans ce cas, la résiliation.

Quoi qu'il en soit, le texte du cahier des charges de 1902 coupe court à toutes difficultés. Il doit être entendu désormais que le décès ou la déclaration de faillite mettent fin aux obligations de l'entrepreneur et que, si un marché par défaut est passé ou si les travaux sont continués par voie de régie, il n'en pourra résulter aucune charge pour la succession ou la masse des créanciers.

Mais il en serait autrement si un marché par défaut avait été passé avant le décès ou la faillite ; car l'adjudication au défaut de l'entrepreneur a pour effet de constituer celui-ci immédiatement débiteur de l'Etat pour une somme déterminée par la différence entre le rabais accepté par l'entrepreneur primitif et celui accepté par le nouveau sur les travaux restant à exécuter. Le cautionnement et la retenue de garantie doivent donc être compensés, le cas échéant, avec les sommes dues par suite de la réadjudication (Pechwerty, 31 mai 1889, p. 686 ; Tissier, 29 juin 1900, p. 444).

394. On sait qu'aux termes de l'article 446 du Code de commerce, le tribunal de commerce peut déclarer nuls et sans effet, relativement à la masse des créanciers, certains actes faits par le failli depuis l'époque de la cessation des paiements ou dans les dix jours qui ont précédé cette époque. Si le syndic de la faillite prétendait faire déclarer nulle, en vertu de cet article, une convention consentie avec l'Etat, c'est le conseil de préfecture (et non le tribunal de commerce) qui devrait être saisi du litige (Fontenelle, 12 juillet 1890 ; Conflit, p. 677).

En fait il a été jugé qu'un désistement pur et simple, s'il est fait à titre transactionnel, c'est-à-dire à titre onéreux, ne peut être annulé par application de l'article précité (Compagnie des vidanges militaires, 17 juillet 1891, p. 561).

395. Le cahier des charges ne prévoit pas le cas de mise en liquidation judiciaire (loi du 4 mars 1889).

Si l'entrepreneur est autorisé par le tribunal à poursuivre l'exploitation de son industrie, il n'y a évidemment pas lieu à résiliation. Dans le cas contraire, la liquidation judiciaire doit, suivant nous, entraîner les mêmes effets que la faillite.

396. En cas de décès ou de faillite, les héritiers, les créanciers ou le liquidateur, suivant le cas, peuvent être agréés par le ministre pour continuer l'entreprise (art. 37 et 38) ; mais ce n'est pas pour eux un droit, et le refus opposé par le ministre ne pourrait être attaqué au contentieux, non plus que la décision approuvant une nouvelle adjudication (Compagnie de navigation, 22 juin 1906, p. 565).

La caution (si le marché en comporte une) est également dégagée de toute obligation par le décès ou la faillite de son co-obligé ; car la résiliation du contrat principal entraîne celle du contrat accessoire.

397. Dans le cas où une société a obtenu l'adjudication des travaux, la mort de l'un des associés entraîne la dissolution de la société (art. 1865 du Code civil), et, par suite, la résiliation du marché ; mais le contrat serait maintenu si chacun des associés s'était engagé pour le tout (Guernet, 7 février 1873).

§ 5. — Matériel et approvisionnements.

398. L'entrepreneur doit avoir des moyens de transport en assez grand nombre pour procéder activement et sans interruption à l'exécution des ouvrages. Il est tenu de fournir à ses frais les machines, outils et instruments nécessaires ; d'établir les magasins, chantiers, chemins de service ; en un mot de tout ce que l'on nomme faux frais d'une entreprise (art. 17).

Il est tenu, en outre, de réunir à l'avance tous les matériaux nécessaires pour que les travaux soient menés à bien sans interruption et dans le délai fixé.

Ces matériaux doivent être acceptés par le chef du génie. Au surplus, les contestations à cet égard seraient, comme toutes autres, résolues par le conseil de préfecture, sauf recours au Conseil d'Etat.

399. Le matériel de l'entreprise et les matériaux refusés ou en excédent après la construction ou en fin de marché, doivent être enlevés des chantiers dans le délai imparti par le chef de service, faute de quoi ils pourraient être vendus aux enchères pour le compte de l'entrepreneur, ou déposés sur des terrains pris en location à ses frais (art. 22).

En cas de résiliation, l'administration n'est pas tenue d'acquérir le matériel, ni l'entrepreneur d'en faire cession. Dans la même hypothèse, les matériaux approvisionnés par ordre et déposés sur les chantiers, s'ils remplissent les conditions du marché, sont acquis par l'Etat aux prix de l'adjudication (1) (art. 44).

On doit entendre par « matériaux approvisionnés par ordre » non seulement les matériaux dont la réunion sur le chantier a fait l'objet d'un ordre explicite, mais encore les approvisionnements constitués en vue de l'exécution des travaux *commandés* avant la résiliation (Instruction du 22 novembre 1902, art. 44).

Les mesures à prendre et les dépenses à faire pour conserver les matériaux approvisionnés incombent à l'entrepreneur ; mais, si la détérioration provient de ce que l'extraction a été faite en mauvaise saison, sur l'ordre de l'administration, celle-ci est tenue à indemnité (Papon, 15 juin 1888, p. 526).

La clause de reprise des matériaux approvisionnés par ordre est conçue dans l'intérêt de l'administra-

---

(1) Le cahier des charges de 1876 laissait, contre toute équité, ces matériaux à la charge de l'entrepreneur (Instr. du 22 novembre 1902, art. 44).

tion comme dans celui de l'entrepreneur. La cession que celui-ci aurait consentie avant la résiliation, dans le but par exemple de garantir le remboursement de sommes empruntées, ne saurait ni préjudicier, ni profiter à l'Etat. L'Etat serait donc mal fondé à se prévaloir de cette cession pour refuser la reprise aux héritiers qui la demanderaient (Pastrie, 19 juillet 1889, p. 874).

Le prix des matériaux repris porte intérêt, non du jour de la prise de possession, mais du jour de la demande de paiement (Rodies, 16 mai 1890) (1).

400. L'entrepreneur est tenu, quand il en reçoit l'ordre, d'employer dans les travaux les matériaux appartenant à l'Etat, neufs ou provenant de démolitions. Le cas échéant, il n'est payé que des frais de main-d'œuvre et d'emploi (art. 26). L'entrepreneur est responsable de la conservation de ces matériaux et il supporte les frais qui en résultent (Méric, 5 avril 1895, p. 337).

§ 6. — Exécution des ouvrages.

401. Les travaux ne doivent être commencés qu'après notification de l'approbation du marché. Si des travaux préparatoires étaient exécutés auparavant sous la direction des agents de l'administration, ils devraient être intégralement payés à dire d'experts, sans tenir compte des prix soumissionnés, mais sans donner lieu à indemnité pour perte d'installation ou manque à gagner (Martineau, 13 janvier 1888, p. 33) (2).

---

(1) L'arrêt disait « du jour de la demande en justice »; mais la modification apportée à l'art. 1153 du Code civil par la loi du 7 avril 1900, oblige de dire « du jour de la demande de paiement ».
(2) Jugé cependant (Monin, 15 février 1907, p. 163) que « l'entrepreneur n'était pas fondé à invoquer l'omission de cette for-

Les ordres ou instructions relatifs à l'exécution des travaux sont donnés par écrit à l'entrepreneur. A cet effet, un registre d'ordres est déposé dans les bureaux du service. Chaque nouvel ordre, daté et signé, est aussitôt présenté à l'entrepreneur ou à son représentant dûment accrédité, qui est également tenu de le signer et de le dater. En cas de refus ou d'absence, l'ordre est notifié à l'entrepreneur, à son domicile, par un agent assermenté (officier d'administration du génie ou d'artillerie), qui en dresse procès-verbal.

Lorsque l'entrepreneur ne signe le registre d'ordres qu'avec réserves ou refuse de le signer, il doit formuler par écrit ses observations dans un délai de dix jours francs. Passé ce délai, l'entrepreneur est réputé avoir accepté l'ordre avec toutes ses conséquences (art. 10).

Il a été jugé que cette clause n'est pas opposable à l'entrepreneur en cas de difficultés ou de circonstances imprévues au moment de la notification des ordres (Fortier, 1er avril 1887, p. 301 ; Woelflé, 7 juillet 1893, p. 576 ; Guillot, 7 juillet 1905, p. 631).

Jugé aussi que l'acceptation d'un ordre de service ne peut être opposée à l'entrepreneur qui a agi sous la menace d'un agent de l'administration (Guillot, 7 juillet 1905).

402. L'adjudicataire d'un marché a un droit acquis à l'exécution intégrale des ouvrages qui font l'objet du contrat, que leurs éléments y soient ou non explicitement prévus. Si, dans une entreprise déterminée, l'administration entend distraire du marché certains

---

malité (approbation du marché) pour demander que les ouvrages exécutés par lui fussent payés à des prix différents de ceux qu'il avait formellement acceptés ». La solution de 1888 nous paraît préférable. Voir dans cette dernière affaire (1888, p. 33) les conclusions de M. Valabrègue, commissaire du gouvernement.

travaux ou fournitures tels qu'ouvrages d'art, de précision, etc., le cahier des charges spéciales à l'entreprise doit le mentionner expressément (art. 29, cahier des charges et instr.).

Les ouvrages ou matériaux non prévus au marché sont payés aux prix que fixe l'administration, sauf recours au conseil de préfecture (art. 29).

Si les nouveaux prix peuvent être formés exclusivement avec des éléments empruntés au bordereau, ils seront évidemment passibles du rabais ou de la surenchère de l'adjudication. La difficulté serait plus grande si, ce mode de détermination n'étant pas possible, les prix étaient fixés d'après les usages du pays. Il a été jugé (Rateau, 14 décembre 1894, p. 688), que, dans ce cas, les prix ne devaient subir aucune majoration ni réduction ; mais cela suppose, bien entendu — et c'est un point de fait à vérifier par le juge — que, dans la fixation ainsi opérée, il n'a pas été tenu compte par avance du rabais ou de la surenchère de l'adjudication (commune de la Forêt, 12 juin 1896, p. 477).

403 Le chef de service règle l'ordre de succession des travaux et l'époque de leur exécution. Il détermine, s'il le juge nécessaire, l'importance des moyens à employer en hommes, en matériaux et en approvisionnements.

L'entrepreneur se conforme strictement aux plans, profils, tracés qui lui sont donnés (art. 10).

404. L'entrepreneur est responsable des pertes, avaries et dommages causés par sa négligence, son imprévoyance ou ses fausses manœuvres.

Conformément à l'article 1788 du Code civil, les pertes ou dommages occasionnés par des événements de force majeure sont aussi supportés par lui. Aucune indemnité n'est donc due à l'entrepreneur même dans le cas où, par exemple, des crues exceptionnelles viendraient désorganiser les chantiers et causer, tant au matériel qu'aux travaux entrepris, les plus graves dégâts.

L'entrepreneur peut seulement, quand se produit un événement fortuit, susceptible d'entraver l'exécution des travaux, obtenir un sursis sous la condition de signaler le fait au chef de service, dans un délai maximum de trois jours. Ce délai ne lui est pas opposable s'il résulte des circonstances que l'administration a connu l'événement dès qu'il s'est produit (Lenepveu, 8 juillet 1898, p. 538 ; Alquier, 30 mars 1900, p. 258).

405. Au fur et à mesure que les travaux sont exécutés, ils sont relevés et consignés au *registre des attachements*. L'entrepreneur n'est plus admis à réclamer contre les attachements qu'il a signés sans réserves. S'il refuse sa signature ou ne la donne qu'avec réserves, un délai de dix jours lui est accordé pour formuler par écrit ses observations.

Ce délai écoulé, les attachements sont censés acceptés par lui (art. 40) ; mais cela ne fait pas obstacle, si les attachements ne font pas mention des prix, à ce que l'entrepreneur discute ultérieurement ceux qui seront appliqués aux travaux relevés (dame Petit, 31 juillet 1885, p. 746).

§ 7. — Garanties de la bonne exécution des marchés.

406. L'entrepreneur est responsable de la bonne exécution des ouvrages qu'il a construits et de leur achèvement dans le délai imparti. Pour rendre cette responsabilité efficace, le cahier des charges stipule

des mesures préventives et des mesures d'exécution ou de coercition.

Les mesures préventives consistent ou peuvent consister :

1° Dans la présentation d'une caution solidaire. Le cahier des clauses et conditions générales ne fait plus mention de cette obligation ;

2° Dans la réalisation d'un cautionnement matériel dont le cahier des charges spéciales fixe, s'il y a lieu, l'importance et qui peut être remplacé, si l'entrepreneur le préfère, par la retenue du premier dixième (V. *Marchés de fournitures*, Cautionnements).

3° Dans la retenue exercée sur les sommes dues et qui est au moins d'un sixième ou d'un douzième des droits constatés, suivant qu'il s'agit de travaux ordinaires ou extraordinaires.

La valeur des approvisionnements réunis pour les besoins de l'entreprise n'entre pas dans le décompte des sommes dues. Ces approvisionnements ne deviennent en effet la propriété de l'Etat et n'ouvrent un droit de créance que lorsqu'ils sont incorporés à l'ouvrage ou qu'ils sont repris par l'administration.

407. Mesures d'exécution. — Le chef de service a le droit d'ordonner la démolition des ouvrages ou parties d'ouvrage dans les cas suivants :

1° Si les dimensions ou les dispositions ne sont pas conformes aux ordres de service ou aux dessins d'exécution. Au cas où le chef de service jugerait possible de conserver les ouvrages tels quels, l'entrepreneur n'aurait droit à aucune augmentation de prix, à raison des dimensions plus considérables données à l'ouvrage. Il ne serait payé, dans l'hypothèse inverse, que d'après les dimensions réelles ;

2° Si l'entrepreneur a employé des matériaux de mauvaise qualité.

Il en est ainsi alors même que le chef de service les aurait vérifiés et préalablement acceptés, si cette mauvaise qualité se manifeste avant la réception définitive des travaux (art. 21).

L'entrepreneur n'est pas recevable à discuter devant la juridiction contentieuse l'opportunité de la démolition. Il doit l'exécuter, sauf à saisir ultérieurement le conseil de préfecture des conséquences dommageables des ordres qui, en fait, ne seraient pas reconnus justifiés (Benard, 21 février 1890, p. 202).

L'entrepreneur qui a employé des matériaux défectueux ne peut invoquer le bénéfice de l'article 1646 du Code civil, c'est-à-dire être déchargé de toute autre obligation que la restitution du prix. Il doit supporter toutes les conséquences des dégradations qui ont pour cause cette mauvaise qualité (Lahaye, 3 juin 1892, p. 539) ;

3° La démolition peut encore être ordonnée si, avant la réception définitive, le chef de service reconnaît ou seulement soupçonne un vice de construction.

Les frais de démolition et de reconstruction incomberaient à l'Etat s'il était établi que le mauvais état de l'ouvrage est dû, non à un vice de construction, mais à toute autre cause indépendante de la volonté de l'entrepreneur, par exemple la défectuosité des plans, ou un vice caché du sol à l'emplacement choisi par les agents de l'administration (Société franco-algérienne, 6 décembre 1895, p. 802).

408. La réception définitive qui, à moins de stipulation contraire, doit suivre d'un an la réception provisoire, met fin à la responsabilité de l'entrepreneur,

sauf ce qui sera dit ci-après de l'article 1792 du Code civil.

La prise de possession de constructions terminées équivaut à la réception provisoire et fait courir le délai de garantie (Rodier, 24 mars 1893, p. 289). Si ce délai expire sans qu'aucune malfaçon ou erreur ait été relevée par l'occupant, les travaux doivent être tenus pour définitivement reçus (hospice de Roubaix, 14 juin 1901, p. 542).

409. Les articles 1792 et 2270 du Code civil ne dégagent les entrepreneurs qu'après un délai de dix ans de la garantie des gros ouvrages qu'ils ont exécutés. Ce délai court de la réception définitive ou de la prise de possession si celle-ci lui est antérieure (Brun, 19 mai 1893, p. 444 ; Pocheville, 26 juillet 1901, p. 696).

Il ne s'applique, d'après la jurisprudence, ni à la qualité des matériaux (ville de Paris, 18 mai 1888, p. 469), ni à de prétendues malfaçons, ni au défaut de conformité avec les plans ou devis (commune de Frasseto, 7 décembre 1900, p. 743).

Ces défectuosités, si elles existent, sont couvertes par la réception définitive. Seuls, des vices de construction, susceptibles de compromettre la solidité de l'édifice, permettraient de mettre en cause la responsabilité décennale de l'entrepreneur.

410. *Mesures de coercition.* — 1° *Clauses pénales* : Les marchés de travaux publics stipulent parfois une clause pénale, c'est-à-dire une amende dont l'entrepreneur est passible pour chaque jour de retard. — Le cahier des clauses et conditions générales ne renferme aucune disposition de cette nature ; mais elle pourrait trouver place dans le cahier des charges spéciales à l'entreprise.

Dans ce cas, et par application des articles 1139, 1146 et 1230 du Code civil, l'amende n'est applicable que du jour de la mise en demeure, à moins que le contrat ne porte expressément que, « sans qu'il soit besoin d'acte et par la seule échéance du terme, le débiteur sera en demeure » (commune de Vivières, 4 août 1870 ; Laurent, 12 novembre 1880 ; Valadier, 5 mai 1882 ; Sabatier, 16 mai 1890, p. 506 ; commune de Luzarches, 19 avril 1907, p. 359). Il a même été jugé que la simple mise en demeure ne donne pas lieu à l'application de la clause pénale, si elle ne vise celle-ci expressément (ville de Bordeaux, 9 mars 1877).

411. 2° *Régie* : La régie est prononcée en cas d'impuissance, de mauvaise volonté ou de négligence persistante de l'entrepreneur. Elle a pour effet « de substituer à celui-ci un régisseur qui, avec le matériel, les ouvriers de l'entrepreneur, avec les matériaux approvisionnés, et en y joignant au besoin d'autres moyens d'action, continue les travaux aux risques et périls de l'adjudicataire (Aucoc, *Droit administratif*, t. II, p. 331)

Les formes à suivre sont réglées ainsi qu'il suit par le cahier des charges :

Si l'entrepreneur ne se conforme pas aux ordres du chef de service, un ordre du directeur le met en demeure d'y satisfaire dans un délai déterminé, qui, sauf le cas d'urgence, ne peut être inférieur à dix jours. A l'expiration de ce délai, si les dispositions prescrites n'ont pas été exécutées (1), le directeur ordonne l'établissement d'une régie aux frais de l'entre-

---

(1) Jugé que la régie a été prononcée à tort si l'entrepreneur a satisfait, *dans une mesure importante*, à la mise en demeure (Mounot, 8 mars 1907, p. 251).

preneur et rend compte au ministre, qui peut, selon les circonstances, soit prescrire la continuation de la régie, soit résilier le marché purement et simplement, soit ordonner la passation d'un marché par défaut.

Préalablement à la mise en régie, il est procédé, en présence de l'entrepreneur ou lui dûment appelé, à l'inventaire descriptif du matériel de l'entreprise. Aucune autre forme n'est prescrite. Il n'est donc pas indispensable que l'état des travaux ait été constaté par procès-verbal ni que l'ordre de mise en régie en règle les conditions et nomme un régisseur (Gautier, 16 janvier 1874 ; Guernet, 12 janvier 1877 ; Glanaques, 9 juin 1882).

La mise en demeure doit être expresse et précise ; il ne suffirait pas, pour faire courir les délais, « d'inviter par une note l'entrepreneur à faire en sorte que le service soit mieux exécuté à l'avenir » (Société parisienne du Crédit, 4 février 1887, p. 121).

Une mise en demeure préalable ne serait pas nécessaire en cas de fraude constatée. Nous pensons que, le cas échéant, la mise en régie pourrait être immédiatement prononcée en attendant les ordres du ministre (Cassation, 8 mai 1832 ; id., 30 novembre 1858).

412. Il n'appartient pas aux tribunaux administratifs d'annuler un ordre de mise en régie (Raoult, 7 janvier 1864 ; Crété, 3 janvier 1881) ; mais ils sont compétents pour examiner la légitimité et la régularité de cet acte, et pour apprécier si les conséquences de cette mesure doivent être à la charge de l'entrepreneur ou si celui-ci a droit à indemnité (Woelflé, 7 juillet 1893, p. 576).

413. La régie est irrégulière si elle est prononcée avant que dix jours au moins se soient écoulés depuis

la mise en demeure ; mais peu importe que la mise en demeure ait assigné un délai inférieur si, en fait, il a dépassé dix jours (Gautier, 16 avril 1880).

La régie n'en est pas moins régulière si elle n'est prononcée que quelques jours après l'expiration du délai (même affaire) ; mais il en serait autrement si l'administration laissait écouler plusieurs mois et prononçait la régie sans nouvelle mise en demeure (Gautier, 16 janvier 1874).

414. Le régisseur continue les opérations de l'entrepreneur ; il est fait usage, si le directeur en donne l'ordre, des matériaux approvisionnés et de tout ou partie du matériel d'installation. La dépréciation qui résulte de l'usage normal de ce matériel est à la charge de l'entrepreneur (Sogno et Mottet, 13 mai 1881).

Aucun prix de location n'est dû ; l'entrepreneur doit être indemnisé seulement des pertes ou détériorations provenant de la faute des agents de l'administration ; ou de l'emploi qui en serait fait à des travaux d'un autre lot (Frayssinet, 28 juin 1889, p. 810) ; ou de la non-restitution après l'exécution des travaux (Sabourin, 17 mai 1895, p. 427).

Pendant toute la durée de la régie, l'entrepreneur est autorisé à en suivre les opérations, sans qu'il puisse toutefois entraver l'exécution des ordres donnés par les officiers ou par le gérant. Il peut d'ailleurs en être relevé s'il justifie des moyens nécessaires pour reprendre les travaux et les mener à bonne fin ; mais c'est à l'administration seule qu'il appartient d'apprécier s'il y a lieu de l'admettre au bénéfice de cette clause. « L'entrepreneur ne peut pas contraindre juridiquement l'administration à le remettre à la tête de son chantier. » (Aucoc, *loc. cit.*, t. II, p. 335.)

415. Lorsque le compte des marchés exécutés en régie accuse une dépense plus forte que celle qui serait résultée de l'application des prix contractuels, l'excédent de dépenses tombe à la charge de l'entrepreneur, à l'exclusion de tous autres dommages-intérêts (Flicoteaux, 3 février 1893, p. 101).

Toutefois, si l'entrepreneur justifie que ledit excédent provient en tout ou partie de fautes lourdes, de négligences ou d'imprudences du régisseur, il en sera déchargé (Richard, 18 janvier 1845).

S'il résulte de la régie une diminution de dépenses, le bénéfice reste acquis à l'administration.

416. Lorsque la régie est déclarée irrégulière, l'entrepreneur doit être déchargé de toutes ses conséquences onéreuses et des pertes qu'elle lui a causées (Gadouleau, 20 février 1885, p. 229).

Il doit être, en outre, indemnisé à raison des bénéfices qu'il aurait pu réaliser dans la partie de l'entreprise qui lui a été enlevée (Joret, 10 décembre 1875). A plus forte raison, l'administration ne saurait-elle retenir à son profit les économies que la régie a pu réaliser par rapport aux prix du marché (Nobilet, 12 août 1848 ; Martine, 9 avril 1868) ; mais il n'y a pas lieu de tenir compte à l'entrepreneur du prétendu préjudice moral que la mesure lui aurait causé (Joret, 10 décembre 1875 ; Hardy, 1er décembre 1899, p. 698).

417. L'administration peut-elle légalement mettre en régie une partie seulement des travaux adjugés à un entrepreneur ?

La question s'est posée devant le Conseil d'Etat et n'a pas été résolue par l'arrêt (Autixier, 21 mars 1884, p. 231). Mais, dans un avis du 31 janvier 1883, le conseil général des ponts et chaussées s'est prononcé

pour la négative. Il peut se faire que le soumissionnaire ait calculé son rabais de manière à se contenter,
sur certains genres de travaux, d'un bénéfice moindre,
pensant que, par compensation, des travaux d'une
autre espèce lui procureront une plus grande rémunération. La régie partielle aurait pour conséquence,
en bouleversant ses calculs, de consacrer à son égard
une injustice flagrante (V. note sous l'arrêt susvisé).

418. Lorsque des travaux sont exécutés en régie
par un entrepreneur en dehors des prévisions du
marché, celui-ci doit être considéré comme un simple
mandataire faisant des avances pour le compte de
l'administration, ayant droit dès lors à l'intérêt de
ses débours à dater du jour où la dépense a été constatée (C. civ., art. 2001 ; Lachenaud, 30 mars 1900,
p. 257).

419. 3° *Résiliation et marché par défaut.* — Il a
été dit ci-dessus que, si l'entrepreneur n'exécute pas
ses obligations, le directeur du service, après avoir
ordonné la mise en régie, rend aussitôt compte au
ministre qui peut, si les circonstances lui paraissent
justifier la mesure, prononcer la résiliation pure et
simple ou la passation d'un marché par défaut. La
mise en régie apparaît, dans ce cas, comme une mesure transitoire, dont le but est de laisser au ministre
le temps d'examiner la situation. C'est, pour l'administration, *une faculté, non une obligation,* et rien
ne fait obstacle à ce que, dès l'expiration du délai
qui suit la mise en demeure, la résiliation, et, s'il
y a lieu, la réadjudication soient immédiatement prononcées (Laprie, 14 février 1890, p. 173).

L'administration pourrait-elle, afin d'éviter le risque d'avoir à payer une indemnité, s'adresser au
conseil de préfecture pour faire prononcer la résilia-

tion, au lieu de la prononcer elle-même ? La réponse paraît devoir être affirmative (V. note sous l'arrêt Prévost, 3 février 1888, p. 124, et conclusions du commissaire du gouvernement). Quant à la réadjudication sur folle-enchère, c'est un acte d'administration qu'il ne peut appartenir au conseil de préfecture d'ordonner (même arrêt).

420. Le marché par défaut comprend tous les travaux restant à exécuter au jour de son approbation. Le nouvel adjudicataire n'est donc pas fondé à se plaindre de ce que la régie a continué après l'adjudication et à soutenir que des travaux lui ont été indûment retirés (Goupil, 24 avril 1885, p. 439).

Le marché par défaut doit être passé aux mêmes conditions de forme et de fond que le marché primitif (1) (Mortier, 18 novembre 1904, p. 726).

C'est donc à tort, suivant nous, que l'instruction ministérielle prévoit, même à titre exceptionnel, la forme de gré à gré. Si l'entreprise a été concédée par adjudication publique avec concurrence restreinte, c'est dans la même forme qu'il doit être traité aux risques et périls du défaillant. Du même principe il résulte que les conditions relatives à la constitution du cautionnement doivent être les mêmes, ou du moins n'être pas plus onéreuses que celles imposées lors de la première adjudication. Il a été jugé cependant, mais contrairement aux conclusions du commissaire du gouvernement (Pechwerty, 31 mai 1889, p. 686) qu'une réadjudication sur folle-enchère n'avait pas été viciée par l'obligation imposée aux concurrents de verser un cautionnement préalable, alors que, dans l'adjudication primitive, on s'était contenté d'une simple promesse de cautionnement.

(1) Voir cependant n° 543.

Si le cahier des charges a stipulé au profit de l'entrepreneur la faculté de résiliation dans le cas où la masse des travaux dépasserait un quantum déterminé, cette clause l'autorise à demander à être déchargé des conséquences du marché par défaut pour la partie des travaux en excédent (Ratié, 13 décembre 1901, p. 879).

421. 4° Enfin le cahier des charges rappelle (art. 59) les peines édictées par le Code pénal (art. 430 et suiv.) contre les entrepreneurs des armées qui, par mauvais vouloir, ont fait manquer les travaux ou fournitures dont ils étaient chargés, ou qui, par négligence, ont occasionné des retards préjudiciables à leur exécution ou à leur livraison, ou qui se sont rendus coupables de fraudes, soit sur la nature, la qualité ou la quantité des travaux faits ou des objets fournis, soit sur la main-d'œuvre. D'après l'article 433, la poursuite ne peut avoir lieu que sur la dénonciation du gouvernement.

Remarquons qu'au point de vue des sanctions purement administratives telles que l'exclusion, la résiliation, etc., le ministre sera lié par l'autorité de la chose jugée si le jugement au criminel dénie la matérialité des faits. Il aura au contraire toute liberté d'action si le tribunal s'est borné à écarter l'intention délictueuse (Cassation, 10 janvier 1893, 28 avril 1903).

§ 8. — De la résiliation facultative. — Quand peut-elle être demandée. — Quand donne-t-elle lieu à indemnité.

422. Aux causes de résiliation déjà examinées (sous-traités sans autorisation, décès ou faillite, inexécution des clauses du marché, inobservation du décret du 10 août 1889 sur les conditions du travail), il faut ajouter les suivantes :

a) Le cahier des charges spéciales peut stipuler que le marché est passé pour une durée déterminée (généralement trois, six années) avec faculté de résiliation pour chacune des parties à l'expiration du premier ternaire, sous la condition de prévenir l'autre par écrit tant de mois à l'avance.

433. *b*) *Cessation des travaux.* — On sait qu'aux termes de l'article 1794 du Code civil, « le maître peut résilier, par sa seule volonté, le marché à forfait, quoique l'ouvrage soit déjà commencé, en dédommageant l'entrepreneur de toutes ses dépenses, de tous ses travaux et de tout ce qu'il aurait pu gagner dans cette entreprise ».

La jurisprudence a toujours appliqué cette disposition aux marchés sur devis ou séries de prix (Duflos, 9 février 1882, etc.), et il n'est pas douteux que l'autorité militaire puisse user de cette faculté. Mais l'obligation de dédommager l'entrepreneur « de tout ce qu'il aurait pu gagner » la rend très onéreuse et l'administration avait tenté de s'y soustraire en stipulant, dans le cahier des charges de 1876 (art. 66), qu'en cas de cessation des travaux, l'entrepreneur pourrait *demander* la résiliation *avec indemnité*, mais que, dans aucun cas, cette indemnité ne pourrait être basée sur des éventualités de bénéfices que l'entrepreneur aurait pu réaliser.

Le Conseil d'Etat s'était toutefois refusé à appliquer cette clause dans un cas où, le projet de construction ayant été complètement abandonné, le droit éventuel à l'exécution des travaux, le jour où ils seraient repris, était en fait illusoire (Pastrie, 3 février 1888, p. 126). Il ne crut pas devoir appliquer non plus l'article 1794 du Code civil et alloua une indemnité *ex æquo et bono*, dans laquelle était compris un quantum pour pertes de bénéfices.

Le cahier des charges actuel n'exige plus qu'en cas de cessation absolue des travaux, l'entrepreneur demande la résiliation. Cette résiliation est *de droit* (art. 35) et aucune disposition ne limite le taux de l'indemnité. Celle-ci ne serait pas due si la cessation ou l'interruption des travaux étaient causées par des événements de force majeure mettant les parties dans l'impossibilité réciproque d'exécuter leurs engagements (Lobereau, 27 décembre 1878).

424. *c) Ajournement des travaux*. — L'entrepreneur a droit à la résiliation de son marché, s'il la demande, lorsque le ministre prescrit pour plus d'une année l'ajournement des travaux. En outre, une indemnité lui est due.

La même solution s'impose évidemment lorsqu'en fait, sans qu'un ordre du ministre l'ait fait connaître à l'avance, les travaux sont interrompus pendant plus d'une année. L'indemnité sera même plus forte dans ce cas, car l'entrepreneur n'aura pas eu la possibilité de prendre des mesures pour l'utilisation de son personnel et de son matériel.

Jugé :

Que des suspensions de travaux ordonnées à diverses reprises et n'ayant pas duré chacune plus d'une année, ne peuvent donner lieu à résiliation (Bové, 22 décembre 1893, p. 867) ;

Qu'une suspension de dix-huit mois n'ouvre pas droit à indemnité si l'entrepreneur a repris les travaux sur un ordre de service, sans faire aucune réserve (même arrêt) ;

Que, par application du cahier des charges, aucune indemnité n'est due si les travaux ont été suspendus pendant une durée inférieure à une année (Dutour, 16 janvier 1903, p. 22 ; Favril, 17 février 1905, p. 173).

425. d). *Augmentation de la masse des travaux.* — L'entrepreneur a droit à la résiliation sans indemnité, lorsque la masse des travaux est augmentée de plus d'un sixième ou d'un quart, suivant qu'il s'agit de travaux de création, grosses réparations ou améliorations, ou qu'il s'agit de travaux de réparation ou d'entretien (art. 30).

Le sixième est calculé sur le montant total de la dépense indiquée au cahier des charges spéciales ; le quart, sur le montant évaluatif des dépenses par exercice.

426. e) *Diminution de la masse des travaux* — L'entrepreneur peut obtenir la résiliation sans indemnité lorsque, s'agissant de travaux de réparation ou d'entretien réglés par exercice, le décompte définitif d'un exercice fait ressortir que le montant total de la dépense est resté inférieur de plus d'un quart à l'évaluation donnée au cahier des charges (art. 31).

S'il s'agit d'un marché sur devis ou même sur série de prix pour travaux *déterminés* de création, grosses réparations ou améliorations, ayant fait l'objet d'une évaluation totale, il n'y a pas lieu pour l'entrepreneur de demander la résiliation ; car, tant que le marché suit son cours, il n'est pas fondé à prétendre que la masse des travaux est diminuée ; mais, le marché étant terminé, il a droit à indemnité, s'il est constaté que le montant total de la dépense est resté inférieur de plus d'un sixième à l'évaluation.

Cette indemnité n'est pas due lorsque la réduction provient, non des changements ordonnés au cours des travaux, mais de la résiliation prononcée par le ministre (Moussart, 6 février 1891, p. 88).

427. *Modifications à l'importance de certaines natures d'ouvrages.* — Quand les changements ordonnés
ont pour résultat de modifier l'importance de certaines natures d'ouvrages, de telle sorte que les quantités prescrites diffèrent de plus d'un quart en plus
ou en moins des quantités portées au devis estimatif
(marchés sur devis), une indemnité peut être demandée par l'entrepreneur s'il justifie d'un préjudice à
lui causé (art. 32). Cette indemnité est due alors même
que l'entrepreneur aurait demandé et obtenu la résiliation de son marché par application des dispositions
ci-dessus (nos 425 et 426). Elle s'ajoute à l'indemnité
accordée pour diminution de la masse des travaux
(n° 426).

Il peut se faire que l'augmentation d'une certaine
nature d'ouvrages entraîne la diminution d'une autre
nature d'ouvrages ; que la première soit avantageuse
à l'entrepreneur et la seconde désavantageuse, ou inversement. L'administration sera-t-elle fondée à opposer la compensation et à refuser, pour l'augmentation, tout ou partie de l'indemnité prévue par l'article 32 du cahier des charges ? Le Conseil d'Etat répond négativement (Chupin, 23 décembre 1898, et
arrêts cités en note, p. 849).

Mais il va de soi que, pour une nature d'ouvrage
donnée, il n'y a pas lieu à indemnité, même au cas
d'augmentation ou de diminution de plus d'un quart,
si *en fait* l'entrepreneur n'a éprouvé aucun préjudice
(Lachenaud, 30 mars 1900, p. 257).

Lorsque le cahier des charges spéciales stipule
expressément que la diminution de certains ouvrages
ne pourra donner lieu à aucune réclamation, il n'y a
pas lieu de tenir compte des diminutions sur ces
ouvrages, pour le calcul des diminutions sur la
masse. Si, cette déduction étant faite, la diminution

sur la masse ressort à moins d'un quart ou d'un sixième suivant le cas, il n'y a pas lieu d'appliquer l'article 31 (Gélis, 6 novembre 1891, p. 638).

428. j) *Augmentation du prix des matériaux.* — Enfin l'augmentation du prix des matériaux entraîne, si l'entrepreneur en fait la demande, la résiliation sans indemnité, pourvu que la dépense totale des ouvrages à exécuter se trouve augmentée d'un sixième comparativement aux estimations du projet (marché sur devis), ou, dans le cas d'un marché sur série de prix, que l'application des prix courants au décompte de l'exercice fasse ressortir un total supérieur d'au moins un sixième au montant du même décompte, calculé d'après les prix de la série et compte non tenu du rabais ou de la surenchère (art. 33).

429. Le cahier des charges ne prévoit aucune autre cause de résiliation. Mais il va de soi que, si des événements de force majeure mettaient l'entrepreneur dans l'impossibilité absolue de remplir ses obligations, comme une guerre par exemple, une inondation, etc., il en serait dégagé, au moins temporairement, comme l'Etat le serait lui-même des siennes propres (art. 1148 du Code civil).

Un accident éprouvé par l'entrepreneur n'entraînerait pas cette conséquence ; car il peut se faire remplacer (Perrin, 14 avril 1905, p. 392), non plus une épidémie de choléra désorganisant les chantiers (Lacroix, 26 juillet 1889). Voir au surplus ce qui est dit ci-dessus (n° 404) pour les événements fortuits susceptibles d'entraver la marche des travaux.

§ 9. — Autres circonstances susceptibles de mettre l'entrepreneur en perte. — Quand donnent-t-elles lieu à indemnité ?

430. Ces circonstances peuvent affecter : 1° les personnels ; 2° les matériaux et leur transport ; 3° l'importance, la marche et la conduite des travaux.

a) « Les variations dans le taux des salaires peuvent donner lieu à la révision des prix conformément aux prescriptions des règlements en vigueur sur les conditions du travail » (art. 43 du cahier des charges).

Cette disposition a dû être introduite dans le cahier des charges par application du décret du 10 août 1899 dont l'article 3 dispose « que les bordereaux pourront être revisés sur la demande des patrons ou des ouvriers, lorsque des variations dans le taux des salaires ou la durée du travail journalier auront reçu une application générale dans l'industrie en cause ».

Pour que la révision soit obligatoire, il faut que ces variations dépassent une limite fixée par le cahier des charges spéciales ; il faut, en outre, qu'elles aient reçu une application générale et persistante. Des variations peu importantes, ou dues à des circonstances locales ou accidentelles, doivent être considérées comme un des aléas de l'entreprise. Il en serait ainsi, par exemple, si la hausse des salaires était provoquée par une épidémie de fièvre paludéenne (Cathelot, 27 janvier 1888, p. 101) ou de choléra (Lacroix, 26 juillet 1889).

431. *b)* Les variations dans les prix des matériaux peuvent motiver la résiliation (n° 428), non la révision des prix.

Mais des indemnités ont été accordées lorsqu'il a été constaté que de fréquents changements avaient été apportés par les ingénieurs à la provenance des matériaux et que l'entrepreneur, prévenu trop tard, n'était pas à même d'en organiser économiquement les transports (Sogno, 31 juillet 1891, p. 587) ;

Ou lorsque, en vertu des dispositions prescrites par les ingénieurs au cours du marché (ouverture d'un fossé isolant les matériaux du lieu d'emploi), ceux-ci ont dû être transportés dans des conditions plus oné-reuses que celles qui pouvaient être prévues lors de l'adjudication (Fortier, 1er avril 1887, p. 301) ;

Ou lorsque l'emploi de matériaux autres que ceux prévus au marché a eu pour cause l'impossibilité ab-solue d'approvisionner en quantités suffisantes les chantiers des matériaux prévus (Perrichont, 19 mars 1886, p. 270) ;

Ou lorsqu'un ordre de service a obligé l'entrepre-.neur de s'approvisionner à des carrières plus éloi-gnées (Papon, 15 juin 1888, p. 526 ; Bureau, 8 août 1890, p. 785) ;

Ou lorsque le cahier des charges spéciales ayant prévu en certain lieu l'extraction de matériaux d'une espèce et qualité déterminées (grès rouge), il a été constaté qu'on n'y trouvait que du grès vosgien exi-geant l'emploi d'une quantité supérieure de mortier (Delzant, 24 janvier 1890, p. 65) ;

Ou lorsque, le cahier des charges prévoyant le transport des matériaux au tombereau, l'insuffisance d'un pont de service a rendu impossible l'emploi de ce moyen de transport sur la totalité du parcours (Omnès, 29 novembre 1889, p. 1104) ;

Ou lorsque les dispositions du cahier des charges faisant prévoir que certains matériaux (les pierres de taille de petite dimension) ne seront employés qu'exceptionnellement, ils l'ont été au contraire en quantité considérable (Vernaudon, 9 juillet 1886, p. 597).

Par contre, toute indemnité a été refusée lorsque l'interdiction d'une carrière sise dans les zones de servitude, et d'abord autorisée, a eu pour cause le refus de l'entrepreneur de se soumettre aux sujétions que, par application du décret du 10 août 1853 et dans l'intérêt de la défense de la place, lui imposait le chef du génie (Thouvenot, 8 mars 1895, p. 233) ;

Ou lorsque la carrière, substituée à celle que prévoyait le cahier des charges, était à la même distance que celle-ci et présentait les mêmes facilités d'accès (Bayle, 12 janvier 1894, p. 32).

432. Il est tenu compte à l'entrepreneur, en plus ou en moins, des augmentations ou des diminutions apportées aux droits d'octroi (1) après la passation du marché.

Les droits de douane ne donnent jamais lieu à compensation (art. 43).

La répercussion de ces droits sur les produits similaires français est fort difficile à déterminer avec quelque précision (V. ci-après *Marchés de fournitures*, n° 557), et c'est sans doute à raison de ces difficultés qu'il a semblé préférable de laisser au nombre des aléas de l'entreprise les variations qui viendraient à se produire.

433. c) *Travaux distraits de l'entreprise.* — L'adjudicataire a, comme il a été déjà dit, un droit acquis

---

(1) Les anciens cahiers des charges ne stipulaient d'indemnité qu'à raison *des droits nouveaux* établis pendant la durée du marché. Il avait été jugé (Mazoyer, 2 avril 1898, p. 327) qu'on ne pouvait considérer comme droits nouveaux les variations de taux dans les droits déjà existants.

Le texte actuel ne permet pas de douter que l'indemnité soit due en cas de simple variation.

à l'exécution intégrale des ouvrages qui font l'objet du contrat. Réciproquement, il est tenu d'exécuter, aux prix de son marché, tous les éléments accessoires de ces ouvrages, même ceux qui n'auraient pas été explicitement prévus au contrat, encore que la dépense dût en être imputée ultérieurement à un service autre que le service constructeur (par exemple, frais de construction d'une maison d'habitation annexe d'une batterie, remboursables par l'artillerie au génie : Colombani, 29 juin 1900, p. 446).

Lorsque des travaux sont indûment retirés à un entrepreneur et donnés à un autre, une indemnité est due au premier, et ce, alors même que la portion indûment retranchée ne représenterait pas le sixième des travaux prévus (Lachenaud, 30 mars 1900, p. 257).

Au terme fixé pour l'expiration du marché (1), et à moins qu'il n'y ait eu prorogation, l'entrepreneur n'est plus tenu d'exécuter aucuns travaux. S'il y est cependant contraint, l'administration n'est pas fondée à prétendre qu'ils doivent être soumis au rabais d'adjudication (Bureau, 8 août 1890, p. 785).

434. *d) Difficultés d'exécution.* — Le cahier des charges de 1876 spécifiait (art. 57) que « les difficultés prévues ou imprévues rencontrées dans l'exécution des travaux ne donnent droit à aucune indemnité ».

Bien que cette clause n'ait pas été reproduite dans le cahier des charges de 1902, elle doit y être réputée sous-entendue ; car les contrats de l'espèce ont nécessairement tous un caractère plus ou moins aléatoire. L'entrepreneur, si les circonstances le favori-

---

(1) Le cahier des charges (art. 61) donne à l'administration la faculté de proroger, pendant trois mois au plus, les marchés *d'entretien* seulement.

sent, n'en doit aucun compte à l'administration, et,
dans l'hypothèse inverse, celle-ci n'est tenue elle-
même à aucune réparation (Laurent, 21 janvier 1881 ;
Gautier, 18 juillet 1890, p. 687 ; Fornacciari, 14 novembre 1890, p. 826 ; Legrand, 13 décembre 1895,
p. 824 : difficultés exceptionnelles des déblais ; Giroux, 28 juillet 1893, p. 627 : crue de rivière ayant
augmenté les difficultés des fouilles, etc.).

435. Dans diverses affaires, les tribunaux administratifs ont accordé des indemnités à l'entrepreneur
lorsque l'administration n'avait pas opéré de sondages préalables ou qu'ils avaient été reconnus insuffisants (Delord, 21 février 1873 ; Puymory, 6 mars
1874). Mais des indemnités ont été refusées dans des
affaires plus récentes, en présence d'une clause for-
faitaire du devis portant que « le prix des terrasse-
ments est fixé à forfait, quelle que soit la nature des
terrains rencontrés » et que « l'entrepreneur ne saurait être admis à réclamer pour insuffisance de sondages » (Pagès, 19 mars 1897, p. 242 ; Ballas, 23 janvier 1903, p. 54), ou qu' « il ne sera admis de réclamation sur le prix sous aucun prétexte, quelles que
soient la nature du terrain et les difficultés qu'on y
pourra rencontrer » (Trunel, 25 mai 1900, p. 367).

Nous croyons cependant que, nonobstant toute
clause de ce genre, l'entrepreneur devrait être indemnisé, si l'état réel des terrains à fouiller ayant été
révélé à l'administration par les sondages pratiqués
avant l'adjudication, celle-ci s'était abstenue de le
prévenir de l'inexactitude des chiffres du devis estimatif (Danchaud, 20 mai 1892, p. 463).

Lorsque, après une résiliation pure et simple (au
cas, par exemple, du décès de l'entrepreneur), l'administration procède à une réadjudication et fixe des

prix plus élevés en raison de nouveaux sondages, les ayants droit de l'entrepreneur primitif ne sont pas recevables à demander la revision du décompte (Chaumeil, 8 août 1892, p. 717).

436. *e*) *Marche imprimée aux travaux. Changements ordonnés.* — Le chef de service règle l'ordre de succession des travaux et l'époque de leur exécution. Il détermine, s'il le juge nécessaire, l'importance des moyens à employer en hommes, en matériaux et en approvisionnements. L'entrepreneur se conforme aux changements qui lui sont prescrits en cours d'exécution des travaux (art. 10).

Les ordres sont donnés par écrit et, dans aucun cas, l'entrepreneur n'est admis à invoquer des ordres verbaux (*id.*).

Il a été jugé que la remise du dessin d'un ouvrage équivaut à un ordre écrit (Serratrice, 27 avril 1888, p. 385) ;

Que l'absence d'ordre écrit n'entraîne pas la déchéance si l'exécution du travail dans des conditions autres que celles prévues au projet a été la conséquence nécessaire de modifications précédemment ordonnées à une autre partie de l'ouvrage (Rouyer, 5 août 1904, p. 675 ; commune de Molity, 19 avril 1907, p. 355).

437. L'entrepreneur ne peut, sous prétexte qu'il a reçu des ordres aggravant les charges de l'entreprise, refuser de les exécuter et abandonner le service. Ce faisant, il serait à juste titre mis en régie (Auray, 23 décembre 1892, p. 960). Il lui appartient seulement de faire valoir ses droits à indemnité.

Le droit à indemnité est en effet reconnu :

Soit que les nouvelles conditions imposées à l'entrepreneur rendent les travaux plus onéreux. Exemples : transports de matériaux sur des pentes plus raides que celles prévues au marché et rendant impossible l'emploi du tombereau (Malègue, 6 mars 1891, p. 193) ; sujétions résultant de la forme courbe des radiers pour la pose des cintres des voûtes (Favril, 1er mars 1901, p. 242), etc. ;

Soit qu'il y ait eu fausse manœuvre provenant du fait de l'administration. Exemples : Abandon (par suite d'erreur commise dans l'établissement du projet) de l'emplacement désigné pour l'exécution des travaux (Barruel, 30 juin 1905, p. 602) ; occupation par les troupes des ouvrages en cours d'exécution, gêné dans les travaux (Nercam, 24 avril 1885, p. 444) ; ordres contradictoires donnés par les officiers (Guillot, 7 juillet 1905, p. 631) ; ordre de ne monter la façade d'une caserne qu'après l'achèvement de la partie postérieure (Perrichont, 19 mars 1886, p. 270) ;

Soit qu'il y ait eu, de la part de l'administration ou de ses agents, toute autre erreur ou faute dommageable (Pierquin, 20 janvier 1893, p. 53 ; Delose, 6 août 1888, p. 649 : écroulement de maçonneries par suite d'un vice du plan, etc.) ; et c'est vainement que, par un article du devis, l'administration aurait, par avance, dénié à l'entrepreneur tout droit à indemnité. Un tel article ne saurait avoir pour effet de dégager la responsabilité du service, en cas de faute commise par lui (Vanel, 8 mars 1907, p. 253).

Il va sans dire que les modifications autorisées sur la demande de l'entrepreneur ne donnent lieu à aucun supplément de prix (Connard, 18 décembre 1885, p. 982).

438. Le chef de service devant, aux termes mêmes du cahier des charges, régler la marche des travaux,

l'entrepreneur n'est pas fondé à se plaindre de l'accélération qui leur est imprimée, alors surtout que la nature et la destination des travaux l'avertissent de l'urgence de l'exécution (Morel, 18 décembre 1874 ; Monier, 8 décembre 1882 ; Pechwerty, 3 juillet 1885, p. 646 ; Paume, 21 mai 1897, p. 401 ; Lapeyre, 9 juillet 1897, p. 536 ; Gouy, 4 mai 1900, p. 318 ; Derick, 30 janvier 1891, p. 18 ; Delzant, 24 janvier 1890, p. 65, etc., etc.).

439. Il en est de même du retard apporté à l'exécution des travaux, à moins que ces retards ne puissent être imputés à l'administration, soit en raison des lenteurs apportées à l'expropriation ou à la remise des terrains, ou au piquetage (Foy, 25 février 1887, p. 183 ; Rodiès, 18 mars 1904, p. 242 ; Bence, 25 janvier 1907) ; ou de la remise tardive des plans et dessins (Diard, 8 août 1884, p. 797) ; ou de toute autre cause (1), auquel cas une indemnité pourrait être basée sur la privation de l'industrie, ou sur le chômage, l'augmentation des frais généraux, la perte de l'intérêt, etc., ou encore l'augmentation survenue dans les prix des matériaux ou de la main-d'œuvre, depuis l'époque où les travaux devaient être terminés (note sous l'arrêt Foy, du 25 février 1887, p. 183).

440. L'entrepreneur n'est pas fondé à se plaindre de la durée excessive des travaux, si leur marche a été réglée d'après l'importance des crédits alloués

---

(1) Il peut arriver que le retard soit le fait d'un autre entrepreneur qui n'a pas livré en temps utile l'ouvrage nécessaire à la mise en train ou à l'achèvement du premier. L'Etat ne serait pas moins directement mis en cause par l'entrepreneur de ce dernier ouvrage ; car il ne peut lui opposer un contrat qui est, à son égard, *res inter alios acta;* et il en serait ainsi alors même que le cahier des charges stipulerait « que les entrepreneurs des divers lots doivent s'occasionner la moindre gêne possible, sans recours contre l'Etat » (ville de Brest, 11 janvier 1907).

chaque année par le Parlement, et si d'ailleurs aucun délai n'a été fixé (Escande, 20 novembre 1885, p. 863).

§ 10. — Constatation des droits de l'entrepreneur. Liquidation. — Paiement.

441. Les travaux, au fur et à mesure de leur exécution, font l'objet d'attachements pris contradictoirement. Les éléments de dépenses fournis par les carnets d'attachements sont reportés sur un registre de comptabilité. En fin d'entreprise et à la fin de chaque exercice, il est dressé par le chef de service un décompte des travaux exécutés pendant l'exercice. L'entrepreneur est invité à en prendre connaissance et à le signer pour acceptation.

S'il refuse d'accepter ou s'il ne signe qu'avec réserves, il doit, dans les trente jours qui suivent, formuler ses réclamations.

Il a été jugé :

1° Que, s'il n'y a pas eu d'attachements contradictoires pris au cours des travaux et si ces attachements ont été dressés après coup, l'administration n'est pas fondée à refuser le prix de travaux qui y auraient été omis et seraient reconnus avoir été réellement exécutés (Bureau, 8 août 1890 ; Ormières, 11 mars 1892, p. 272) ;

2° Que, si les registres de comptabilité et carnets d'attachements ont été tenus irrégulièrement, la comptabilité tenue par l'entrepreneur et dont les experts ont reconnu la sincérité, fait foi des travaux exécutés (Gérard, 5 juin 1891, p. 415; Candas, 1er février 1895, p. 109) ;

3° Qu'un entrepreneur ayant par erreur exécuté pour partie des déblais qui devaient être faits en régie par l'Etat et dont celui-ci était tenu de lui rembourser le prix, la comptabilité de l'entrepreneur fait foi du cube déblayé, si, par la faute des ingénieurs avertis en temps utile, toute vérification contradictoire est devenue impossible (Giroux, 28 juillet 1893, p. 626) ;

4° Que l'entrepreneur est recevable dans ses réclamations s'il n'a pas signé les carnets d'attachements et s'il n'a pas été invité à les signer alors même qu'il aurait eu connaissance de leurs mentions (Brossier, 5 juillet 1902, p. 505).

442. Le décompte est établi d'après les prix du bordereau (1) affectés du rabais (ou de la surenchère) de l'adjudication. S'il n'y a pas concordance entre le devis estimatif et le bordereau des prix, c'est ce dernier document qui fait foi (Moreau, 16 janvier 1891, p. 10).

443. Lorsqu'un décompte a été accepté et signé sans réserves par l'entrepreneur, ou que trente jours se sont écoulés depuis que le décompte lui a été présenté, il ne peut plus être admis à réclamer que pour cause d'omissions ou *d'erreurs matérielles*, faux ou doubles emplois (Code de procédure civile, art. 541).

Il ne faut pas se méprendre sur le sens de ces mots : il s'agit ici d'erreurs de calcul ou de transcription des articles du décompte, et non de fausse application du devis ou d'erreurs de métrage (Emery, 26 juillet 1851 ; Gouvenot, 21 février 1867).

Ne constituent à proprement parler des erreurs ou omissions matérielles, suivant la jurisprudence constante du Conseil d'Etat, que celles dont l'existence se révèle par le seul examen des livres de comptabilité, sans qu'il soit nécessaire de procéder

---

(1) L'entrepreneur ne peut réclamer contre les prix du bordereau, même s'ils ont été établis d'après des données inexactes (faillite Jacques, 9 février 1883).

à des visites de lieux ou à de nouveaux mesurages (Connard, 18 décembre 1885, p. 982).

444. Le décompte ne devient définitif à l'égard de l'État qu'après qu'il a été approuvé par le ministre de la guerre.

Le ministre ne peut pas revenir sur un décompte accepté par lui, ni rapporter une décision par laquelle il a reconnu fondée une réclamation de l'entrepreneur (Lartigue, 22 novembre 1878 ; Monier, 8 décembre 1882), ou accordé une indemnité, alors même que l'allocation aurait été faite à titre gracieux (Perrichont, 27 mai 1887, p. 455).

Exception est faite pour le cas d'erreurs matérielles (art. 541 du Code de procédure civile).

445. Le cahier des clauses et conditions générales stipule le paiement d'acomptes tous les deux mois. Ces acomptes ne doivent pas excéder les cinq sixièmes ou les onze douzièmes des droits constatés, suivant qu'il s'agit de travaux ordinaires ou de travaux extraordinaires (art. 45). A l'appui sont produits des certificats dans lesquels le chef de service évalue l'importance des travaux exécutés. Le cahier des charges ajoute « *et des approvisionnements réalisés* ». Cela ne veut pas dire que la valeur des approvisionnements réalisés entre en compte dans l'évaluation des droits ; car rembourser la valeur de matériaux qui, jusqu'à ce qu'ils aient été incorporés dans l'ouvrage, restent la propriété de l'entrepreneur, reviendrait à faire à celui-ci des avances, ce qu'interdisent les règlements sur la comptabilité publique ; mais le cahier des charges spéciales peut stipuler qu'aucun acompte ne sera payé avant que tels approvisionnements aient été réunis, et il faut bien que, dans ce cas, les certificats en justifient.

On peut concevoir cependant que, dans certains marchés où le prix des matériaux l'emporte de beaucoup sur les frais de main-d'œuvre, l'administration, pour faciliter l'exécution du service, en rembourse la valeur après les avoir vérifiés et reçus. Mais alors ces matériaux devraient être pris en charge par l'administration et individualisés par une marque de propriété, afin qu'ils ne fussent pas compris, le cas échéant, dans l'actif de la faillite (Cassation, 31 décembre 1894 ; Tribunal de la Seine, 8 octobre 1901).

446. Les acomptes sont délivrés dans la limite des crédits disponibles, et sans que le retard puisse donner lieu à l'allocation d'indemnités (art. 49) (Chevalier, 15 novembre 1901, p. 806). L'avis donné par l'ingénieur qu'il dispose des crédits nécessaires pour la campagne ne saurait être considéré comme impliquant, de la part de l'administration, renonciation à l'application de cette clause (Bajolot, 9 avril 1897, p. 327).

Mais une indemnité serait due si le retard dans le paiement provenait, non d'un manque de fonds disponibles, mais de l'affectation à d'autres dépenses des fonds spécialement affectés aux travaux entrepris (Comolli, 14 novembre 1902, p. 668) (1).

Le Conseil d'Etat a accordé également une indemnité dans une espèce où il était établi que les découverts de l'entrepreneur avaient excédé notablement l'avance exigible, et où le retard dans les paiements avait entraîné sa faillite (Malègue, 6 mars 1891, p. 193) (1).

_____

(1) Dans les espèces susvisées, il y avait lieu d'appliquer l'article 49 du cahier des clauses et conditions générales du 6 décembre 1870, dont les dispositions ont été empruntées par celui des travaux militaires.

L'entrepreneur qui aurait reçu à titre d'acomptes des sommes supérieures au montant du service fait, peut être condamné à rembourser la différence, sans qu'il y ait à rechercher s'il a personnellement profité de l'excédent, ou s'il en a fait un emploi avantageux pour l'Etat.

Le remboursement peut être demandé au conseil de préfecture directement, et non par voie de décompte rectificatif, alors même que le conseil serait déjà saisi d'une réclamation de l'entrepreneur sur le décompte des travaux (Calmettes, 29 juin 1888, p. 591 ; Millet, 16 novembre 1888, p. 851).

447. Le paiement pour solde est effectué au plus tard dans un délai de trois mois après la réception provisoire des travaux ; mais il est subordonné à la condition que l'entrepreneur ait au préalable justifié de l'accomplissement des obligations mises à sa charge envers les tiers (dommages occasionnés par les travaux, indemnités aux propriétaires des terrains où des carrières ont été ouvertes, etc.).

En cas de retard, l'entrepreneur a droit à des intérêts calculés d'après le taux légal ; mais ces intérêts ne seront payés que sur sa demande et à partir du jour de cette demande (art. 49).

Dans l'affaire ci-dessus rappelée (Malègue, 6 mars 1891), le Conseil d'Etat a également accordé, pour retard dans le paiement du solde, une indemnité plus élevée que le taux légal, *en raison des emprunts onéreux qu'avait dû contracter l'entrepreneur.* Le Conseil d'Etat semble considérer comme inapplicable, dans la circonstance, la prohibition de l'article 1153 du Code civil. Dans une affaire Ponsot (15 novembre 1901, p. 807), il a refusé une indemnité en sus des intérêts légaux, non par application du susdit article 1153, mais parce qu'il résultait de l'instruction « que le retard apporté au règlement provenait de l'exagération des demandes du sieur Ponsot et n'était pas, dès lors, de nature à justifier cette allocation » (V. aussi Cassation, 11 juillet 1895).

448. Le Conseil d'Etat étant saisi tout à la fois : par l'entrepreneur, d'une demande en rectification de décompte, et par le maître de l'ouvrage, d'une demande en indemnité pour malfaçons, a jugé qu'il devait être fait compensation des deux sommes et n'a alloué les intérêts que pour la différence, ce qui revenait à rendre l'indemnité pour malfaçons productrice d'intérêts dans le passé (1) (Langlade, 21 février 1896, p. 178).

§ 11. — Contestations. — Compétence.

449. Les conseils de préfecture sont compétents, aux termes de la loi du 28 pluviôse an VIII, pour connaître de toutes les contestations entre l'administration et les entrepreneurs, relativement à l'exécution des travaux publics. Cette compétence s'applique même en matière de responsabilité décennale (art. 1792 du Code civil) encore bien que les travaux soient terminés (Legrand, 9 décembre 1852 ; Mathieu, 16 mars 1857).

Mais elle ne s'étend :

Ni aux contestations entre l'entrepreneur et ses ouvriers au sujet, soit du paiement de leurs salaires, soit des indemnités qu'ils réclameraient à raison d'accidents survenus dans le service (Maugeant, 4 février

---

(1) C'est-à-dire avant que la malfaçon ait été constatée par jugement (V., dans le *Recueil* Lebon, une note critique sous cet arrêt, p. 178).

1858 ; Nachon, 23 juillet 1868 ; Bouhellier, 13 mars 1880) ;

Ni aux contestations entre l'entrepreneur et ses sous-traitants, associés ou fournisseurs (1) (Lépaulle, 7 mars 1857 ; Lébelin (conflit), 23 novembre 1878) ;

Ni aux faits qui, bien que dommageables à l'entrepreneur, ne se rattachent ni à l'exécution du marché, ni aux conséquences nécessaires de sa résiliation (Hallier, 11 décembre 1891, p. 756) (2).

450. On doit considérer, non comme marché de fournitures, mais comme marché de travaux publics, entraînant par suite la compétence du conseil de préfecture, le contrat ayant pour objet l'extraction, le transport et le triage des matériaux d'entretien d'une route (Soulé, 26 décembre 1890, p. 998), ainsi que le marché restreint à une seule nature d'ouvrages, telle que couvertures, charpentes, etc. (Chabert, 4 août 1876), ou encore le marché relatif à la pose et à l'entretien de tentes-abris, avec obligation pour l'entrepreneur de les reprendre en fin de marché (Cauvin-Yvose, 30 juin 1893, p. 548).

451. L'entrepreneur, avant de porter sa réclamation devant le conseil de préfecture, doit d'abord s'adresser au ministre par l'intermédiaire du directeur local (3) (Albertolli, 9 août 1880 ; Lapeyre, 6 août 1881 ; Hardy, 1er décembre 1899, p. 698). Le Conseil d'Etat a, par ces décisions, annulé les arrêts

---

(1) Toutefois, les difficultés relatives à la reprise du matériel entre un entrepreneur sortant et un entrepreneur entrant, relèvent du conseil de préfecture (Girardeau, 21 août 1845).

(2) Le requérant se plaignait qu'après résiliation on eût indûment pénétré sur sa propriété et enlevé des matériaux lui appartenant.

(3) Cette règle ne s'applique pas aux demandes qui tendent à obtenir un simple constat (instances en référé) (Fortier, 29 mars 1889, p. 438).

de divers conseils de préfecture qui, saisis contrairement à cette règle, avaient néanmoins statué.

Si la décision du ministre ne donne pas satisfaction à l'entrepreneur, celui-ci doit, à peine de déchéance, saisir le conseil de préfecture dans le délai
de trente jours francs qui suit la notification de cette
décision. Il peut également saisir le conseil de préfecture dans le cas où le ministre n'aurait pas répondu, dans un délai de trois mois, aux réclamations
à lui adressées (art. 50 du cahier des charges).

452. Les allocations supplémentaires accordées par
le conseil de préfecture pour les travaux dont les prix
étaient prévus au bordereau sont passibles du rabais
de l'adjudication (Paume, 27 mai 1898 (p. 440) ; mais
n'en sont pas passibles les indemnités allouées pour
suppression de travaux et représentant le bénéfice
dont l'entrepreneur a été privé (Barthélémy, 6 août
1898, p. 654).

453. Les expertises ordonnées par les conseils de
préfecture pour s'éclairer sur la légitimité des réclamations qui sont portées devant eux sont soumises
aux règles générales édictées par la loi du 22 juillet
1889.

Jugé que la mission conférée par le conseil de préfecture à un individu, à l'effet de vérifier les réclamations après avoir prêté serment, constitue une véritable expertise et que, si les parties n'ont pas été mises
en demeure de désigner leurs experts, ou de déclarer
si elles entendent se contenter d'un seul expert, il y
a eu violation des formes substantielles (Molinier,
20 mars 1891, p. 248 ; Bessineton, 29 juillet 1892,
p. 667).

Que lorsque l'expert nommé par une partie ne
remplit pas sa mission, le conseil de préfecture ne

peut pas le remplacer d'office, sans avoir mis au préalable cette partie en demeure de désigner un nouvel expert (Saffrey, 3 août 1906, p. 754).

§ 12. — Des déchéances.

454. Les réclamations des entrepreneurs sont soumises, indépendamment de la déchéance quinquennale édictée par la loi du 29 janvier 1831 et qui atteint toutes les créances de l'Etat (V. n° 100), aux déchéances spéciales que stipule le cahier des clauses et conditions générales.

Le ministre peut renoncer à se prévaloir des déchéances contractuelles (Janin, 17 mai 1889, p. 621) ; mais il conserve le droit d'opposer devant le Conseil d'Etat les déchéances qu'il s'est abstenu de faire valoir devant le conseil de préfecture (Rouyer, 5 août 1904, p. 672).

La renonciation doit être expresse ou résulter de faits bien établis, par exemple du consentement à procéder à une expertise sur des réclamations frappées de déchéance (Pechwerty, 3 juin 1902, p. 525) ; et encore faut-il que ces actes émanent du ministre lui-même et non de ses agents. Ainsi la circonstance que les officiers ou le chef du génie ont consenti à discuter au fond une demande tardive ne fait pas obstacle à l'application de la déchéance (Germain, 5 janvier 1894, p. 12 ; Queille, 6 août 1886, p. 723 ; Woelflé, 26 février 1897, p. 174).

Ajoutons que l'admission par le ministre de certaines réclamations tardives ne peut avoir pour conséquence de relever, pour le surplus, l'entrepreneur de la déchéance par lui encourue (Gouy, 2 avril 1886, p. 302 ; Janin, 17 mai 1889, p. 621).

455. Les déchéances contractuelles n'ont pas les

effets rigoureux de la déchéance quinquennale, qui a, ainsi que nous l'avons dit, un caractère d'ordre public. Aussi admet-on que le recours formé devant un conseil de préfecture incompétent interrompt les déchéances contractuelles (Labour, 15 décembre 1899, p. 744), alors que l'article 2246 du Code civil ne s'applique ni à la déchéance quinquennale, ni au délai de recours au Conseil d'Etat (V. conclusions du commissaire du gouvernement dans l'affaire Gaillot, 16 décembre 1904, p. 814).

456. a) L'entrepreneur a un délai de dix jours pour formuler par écrit ses réserves sur les attachements (art. 40). Ces réserves doivent préciser exactement les points litigieux. Elles ne peuvent se borner à des allégations vagues à l'égard desquelles le chef de service ne pourrait se prononcer (Instr. minist. du 22 novembre 1902, art. 40 ; Gautier, 16 avril 1880).

La déchéance n'est pas encourue si les attachements n'ont pas été pris régulièrement au fur et à mesure de l'avancement des travaux, mais après coup et en bloc (Moulin, 13 novembre 1891, p. 658 ; Favril, 13 mars 1896, p. 262).

Les réclamations formées au sujet des attachements, et sur lesquelles il n'a pas été statué lors du règlement de l'exercice, n'ont pas besoin d'être renouvelées dans le délai imparti pour la discussion dudit règlement (Favril, 13 mars 1896, p. 262), et la signature apposée à la suite dudit règlement n'implique pas renonciation au bénéfice de ces réclamations si, du moins, il résulte des circonstances que telle n'a pas été l'intention de l'entrepreneur (même arrêt).

Inversement, le règlement de l'exercice ne saurait être pour l'entrepreneur l'occasion de contester des attachements signés par lui sans réserves (Barbaroux, 16 décembre 1898, p. 813).

457. *b)* L'entrepreneur a un délai de trente jours pour formuler ses réserves sur le décompte des travaux (art. 42 du cahier des charges).

Ce délai court du jour où lui a été notifié l'ordre de service qui l'invite à venir prendre connaissance, dans les bureaux du chef de service, de ce décompte, auquel sont joints les carnets et les pièces à l'appui, et à le signer pour acceptation (*id.*) (1).

La déchéance ne serait pas encourue si les pièces utiles (attachements, croquis) n'étaient pas jointes à ce décompte (Vinciguerra, 9 juillet 1886, p. 593 ; Foy, 25 février 1887, p. 183).

Les réserves concernant les décomptes doivent, pour interrompre la déchéance, être motivées et préciser d'une manière suffisamment nette les éléments que l'entrepreneur entend contester (Colombani, 29 juin 1900, p. 440).

La production d'un compte dont la comparaison avec le décompte de l'administration ferait, au dire de l'entrepreneur, ressortir ses prétentions, ne saurait suppléer à des réclamations motivées (Fiollin, 25 janvier 1884, p. 91).

Les réserves n'interrompent la déchéance qu'à l'égard des chefs sur lesquels elles ont porté (Vernaudon, 9 juillet 1886, p. 597).

458. *c)* L'entrepreneur qui s'est borné à formuler des réserves en temps utile doit d'ailleurs, sous peine de déchéance, présenter ses réclamations avec con-

---

(1) Le cahier des charges de 1876 faisait courir ce délai du jour de la signature du chef du génie, ce qui était peu juridique; car il est inadmissible que les délais courent, à l'insu de l'une des parties, par le fait de l'autre partie.

clusions chiffrées dans le délai de six mois (art. 50 du cahier des charges ; Woelflé, 26 février 1897, p. 174).

Il lui est donné récépissé de ses réclamations. A défaut de récépissé, le Conseil d'Etat a admis comme preuve le fait que la lettre contenant la réclamation avait été inscrite à sa date sur le registre de copies de l'entreprise et que, dans une lettre ultérieure, elle avait été visée sans que les officiers du génie eussent contesté avoir reçu la première (Papon, 15 juin 1888, p. 526).

Le désistement ne se présume pas, ainsi :

1° Le fait d'avoir signé, même sans réserves, le décompte des travaux, ou même d'avoir touché le solde, après que l'entrepreneur s'est pourvu, sur certains chefs de réclamations, devant le conseil de préfecture ou le Conseil d'Etat, n'implique pas désistement des réclamations portant sur ces chefs (Villette, 17 décembre 1886, p. 906 ; Delucca, 18 mars 1887, p. 248);

2° Dans le cas où, la réclamation ayant plusieurs objets, il a été statué seulement sur une partie des demandes, et où l'entrepreneur n'a formulé aucune observation sur les décisions prises, il n'est pas présumé avoir renoncé aux autres chefs de réclamations (Rouyer, 5 août 1904, p. 672).

Mais les réclamations qui auraient été formulées au cours de l'exercice, et rejetées par le chef de service, devraient, sous peine de déchéance, être renouvelées dans les six mois qui suivent la présentation du décompte (Janin, 17 mai 1889, p. 621 ; Favril, 13 mars 1896, p. 262) (1).

_____

(1) Dans ses conclusions sur l'affaire Janin (17 mai 1889), M. le commissaire du gouvernement Valabrègue a donné, sur

Tant qu'il n'a pas été statué sur une réclamation, l'entrepreneur n'est pas tenu de la renouveler (Rouyer, 5 août 1904, p. 672 ; Malen, 14 janvier 1887) : cependant, si le marché se continue pendant plusieurs exercices, le fait d'avoir réclamé en temps utile, contre le règlement d'un exercice, ne le dispense pas de réclamer dans les délais pour les travaux des exercices suivants (Germain, 5 janvier 1894, p. 12).

Lorsque les travaux d'un exercice ont donné lieu à plusieurs décomptes partiels, c'est le dernier qui fait courir les délais de réclamations, même pour les articles contenus dans le premier (Paume, 21 mai 1897, p. 401).

Mais si l'entrepreneur a fait, en temps utile, des réserves motivées sur le premier décompte, il ne sera pas tenu de les renouveler dans les trente jours du décompte définitif. Il devra seulement, dans les six mois, donner un corps à ces réserves, en formulant une réclamation chiffrée (Ruth, 4 décembre 1891, p. 733).

459. Pour que les déchéances contractuelles puissent être utilement opposées par l'administration, il faut que le décompte soit *définitif et sincère ;* et il n'en est pas ainsi lorsque le règlement comprend des travaux non encore exécutés (Delore, 6 août 1898, p. 649 ; Brossier, 5 juillet 1902, p. 505), ou exécutés après la clôture de l'exercice (Pechwerty, 20 juin 1884, p. 507 ; Nercam, 24 avril 1885, p. 444).

Il est arrivé en effet quelquefois que, sous prétexte d'épuiser les crédits, le service constructeur comprenait comme exécutés pendant une année des travaux qui n'étaient faits que l'année suivante : mode

l'application des déchéances contractuelles, des explications détaillées auxquelles nous engageons le lecteur à se reporter (Recueil Lebon, 1889, p. 621).

de procéder qui, comme le faisait remarquer M. le commissaire du gouvernement Gomel dans l'affaire Pechwerty susvisée, est non seulement contraire aux clauses du marché, mais encore aux dispositions du décret du 31 mai 1862 sur la comptabilité publique. Le cas échéant, le Conseil d'Etat s'est toujours refusé à appliquer les déchéances organisées par le cahier des charges.

Il en est autrement quand il s'agit, non plus d'inscriptions anticipées, mais d'inscriptions tardives, c'est-à-dire lorsque l'administration porte au décompte suivant les travaux exécutés dans un exercice précédent, réparant ainsi une omission commise. Il y a bien sans doute encore irrégularité ; mais elle ne porte aucune atteinte aux droits de l'entrepreneur au point de vue du délai des réclamations et n'altère « ni la sincérité, ni le caractère définitif des comptes auxquels elle se rapporte » (Janin, 17 mai 1889, p. 621 ; Pechwerty, 28 mars 1890, p. 368).

460. Les demandes d'indemnité, soit pour diminution dans la masse des travaux (art. 31), soit pour cessation ou ajournement des travaux, doivent être formées dans un délai de six mois (Mourier, 2 mai 1884, p. 344).

Toutefois, ni cette déchéance contractuelle, ni même la déchéance quinquennale ne seraient opposables si, par le fait de l'administration, l'entrepreneur s'était trouvé dépourvu des éléments lui permettant de déterminer le chiffre de sa créance (Compagnie P.-L.-M., 9 décembre 1904, p. 804).

461. Le même délai de six mois s'applique :

Aux demandes en paiement de travaux dont les attachements auraient été omis (Guillot, 7 juillet 1905, p. 631) ;

Aux demandes en redressement d'erreurs matérielles, faux ou doubles emplois (art. 51 du cahier des charges) et plus généralement à toutes les réclamations concernant des travaux ou des dépenses de l'entreprise qui doivent ou auraient dû figurer à ce titre aux comptes de l'exercice ; mais il ne s'applique pas aux demandes d'indemnités pour travaux distraits de l'entreprise (Brossier, 5 juillet 1902, p. 505):

462. Lorsque l'entrepreneur a signé le décompte sans réserves, il est présumé s'être désisté de toutes ses réclamations antérieures (1). (Lallemand, 23 novembre 1900, p. 666), et il ne peut plus demander la révision de son compte que pour cause d'erreurs matérielles et s'il est encore dans le délai spécifié au numéro précédent.

Il en est de même s'il touche sans réserve son mandat pour solde (2). Mais si, au préalable, il a soin de faire connaître par écrit à l'administration militaire (chef ou directeur du service, ministre) qu'il persiste dans ses réclamations non accueillies, il réserve tous ses droits et peut les faire valoir nonobstant le paiement qu'il a accepté (Castaings, 16 juillet 1880). Aussi aucun intérêt ne lui sera-t-il dû s'il préfère ne pas toucher son mandat (Cheigneau, 13 mars 1867).

463. Il n'appartient qu'au ministre de la guerre d'opposer les déchéances spéciales consenties au marché. Les conseils de préfecture excéderaient leurs pouvoirs s'ils opposaient au demandeur une dé-

---

(1) A moins qu'il n'y ait déjà une instance engagée (V. n° 458) ou que les circonstances mêmes de l'affaire ne détruisent cette présomption (Favril, 13 mars 1896, p. 262).
(2) A moins qu'il n'y ait déjà une instance engagée (Delucca, 18 mars 1887).

chéance non invoquée par l'administration (Hubaine, 4 février 1858 ; Roumayoux, 28 mai 1862). Mais lorsque l'exception est soulevée devant eux, ils ont le droit et le devoir de statuer, et leur décision est exécutoire, sauf appel au Conseil d'Etat (Bénech, 17 mai 1855).

Lorsque le ministre, tout en opposant la déchéance, offre au créancier, à titre gracieux, une certaine somme, les tribunaux administratifs ne sont pas compétents pour en discuter le chiffre. Ils ne peuvent que donner acte à l'entrepreneur des offres de l'administration (Albertolli, 9 août 1880).

464. Les décisions ministérielles doivent être déférées au conseil de préfecture dans le délai de trente jours qui suit la notification de la décision (art. 50).

Ce délai paraît devoir être considéré comme un délai *utile*, non comme un délai *préfixé*. S'il expire un jour férié et si la réclamation ne peut être enregistrée au greffe que le lendemain, à raison de la fermeture des bureaux, elle est néanmoins recevable (Dubois, 25 mars 1904, p. 290).

Le même article 50 du cahier des charges spécifie que le silence du ministre au delà du délai de trois mois peut être considéré par l'entrepreneur comme impliquant le rejet de ses réclamations, et il lui est alors loisible de saisir le conseil de préfecture ; mais c'est là une pure faculté laissée par le contrat et qui ne fait nullement obstacle à ce que l'intéressé attende la décision du ministre pour se pourvoir devant la juridiction administrative (Mercier, 7 mai 1897, p. 361).

III° SOUS-SECTION

---

§ 1ᵉʳ. — Diverses questions à résoudre.

465. Les personnes qui subissent des dommages par suite de l'exécution des travaux publics doivent être indemnisées.

Le principe est nettement posé dans la loi de pluviôse an VIII et l'application soulève les questions suivantes qui seront successivement examinées :

1° Quels sont les dommages qui doivent donner lieu à réparation ?

2° Qui doit cette réparation ?

3° Qui a qualité pour la réclamer ?

4° Quelle est l'autorité compétente pour en déterminer le chiffre ?

5° Quelles sont les bases de l'indemnité ?

6° Quelle est la procédure à suivre ?

§ 2. — Dommages qui donnent lieu à réparation.

466. On considérait autrefois qu'aucune indemnité n'était due lorsque l'Etat n'avait fait qu'user du droit légitime de tout propriétaire ; lorsque, par exemple, il captait une source jaillissant dans des terrains acquis par lui (art. 641 du Code civil) ou que (art. 552), dans ces terrains, il pratiquait des fouilles, soit pour forer des puits, soit pour exécuter des tranchées ou tunnels ; ou qu'enfin il y élevait des constructions. Si donc ces travaux avaient pour conséquence de couper les veines souterraines qui alimentaient les puits environnants ou de les tarir ; si le captage des sources privait les propriétaires des fonds inférieurs de l'eau

dont ils avaient jusqu'alors profité ; si les constructions élevées sur le domaine public diminuaient les
avantages de jour et d'accès des propriétés voisines,
ces dommages, très réels, ne donnaient lieu, pour
ceux qui les subissaient, à aucune réparation. En
1883 (11 mai, affaire Chamboredon, p. 479), le Conseil
d'Etat inaugura une nouvelle jurisprudence.

« Il n'est pas exact de dire qu'une personne publique (comme l'Etat ou une commune) soit, au regard de ses voisins, dans les mêmes rapports juridiques qu'un particulier vis-à-vis d'un autre particulier. Les personnes publiques peuvent recourir à
l'expropriation, mode d'acquisition qui n'existe pas
pour les particuliers. En revanche, les personnes publiques ne sont pas fondées à invoquer les textes
du Code civil qui se bornent à régler les rapports
des citoyens entre eux. Relativement à la réparation
des dommages causés aux particuliers par l'exécution de travaux publics, il faut appliquer le principe
qui est inscrit dans l'article 4 de la loi du 28 pluviôse
an VIII, à savoir que la juridiction administrative a
mission de statuer sur les réclamations de tous ceux
qui se plaignent d'un préjudice en matière de travaux
publics, sans qu'il y ait lieu de rechercher si le même
préjudice, en le supposant imputable à une entreprise
purement privée, serait de nature à motiver l'allocation d'une indemnité. » (Conclusions de M. Gomel,
commissaire du gouvernement dans l'affaire Viviant,
29 janvier 1886, p. 93.)

S'agissant en particulier de l'ouverture d'un tunnel
à travers des terrains dont le tréfonds avait été acquis
par voie d'expropriation, l'arrêt du 8 août 1885 (Compagnie P.-L.-M., p. 795) dit que « ce travail, à raison
de sa nature et de son importance, n'est pas de ceux
auxquels s'applique l'article 552 du Code civil, et qui

ne peuvent donner ouverture à aucun droit à indemnité, comme constituant l'usage normal du droit de
propriété ». Jugé de même les 4 décembre 1885 (commune de Saint-Ferréol), 7 février 1890 (Compagnie
des Dombes), 21 avril 1893 (Compagnie P.-L.-M.),
14 mars 1902 (chemin de fer du Nord).

Même solution au cas de tranchée profonde ayant
détourné les eaux souterraines qui alimentaient les
puits d'un particulier (Martin-Jouet, 23 juillet 1897,
p. 582).

S'agissant du captage de sources pour l'alimentation publique, l'arrêt du 8 juillet 1898 (Pignerol,
p. 545) dit de même que « ces travaux, effectués dans
un but d'intérêt général, ne sont pas, en raison de
leur nature et de leur importance, au nombre de
ceux auxquels s'appliquent les articles 552 et 641 du
Code civil et qui ne peuvent donner ouverture à aucun droit à indemnité comme constituant l'usage normal du droit de propriété ». Jugé dans le même sens
les 12 juillet 1901 (ville de Paris), 21 décembre 1906
(ville de Carpentras), etc.

Des indemnités ont été accordées également pour
perte de vues et de jour résultant de remblais ou de
constructions élevées (Camallonga, 27 novembre 1891.
p. 712) ; ou lorsque ces remblais ou constructions gê-
naient l'action du vent sur un moulin à vent (Bom-
point, 1er février 1890, p. 111).

On peut admettre, par contre, que l'Etat ne doit aucun dédommagement si les travaux, par leur nature
et leur importance, constituent l'usage *normal* du
droit de propriété ; si, par exemple, un puits est
creusé à l'intérieur d'une caserne pour l'alimentation
des hommes qui l'occupent, ou s'il déverse sur la
voie publique les eaux pluviales ou ménagères de
cette caserne (ville de Mâcon, 11 février 1887, p. 147).

467. Il est deux autres cas dans lesquels les dommages causés par les travaux publics ne donnent lieu à aucune réparation :

1° Celui où les dommages ont été compris dans l'évaluation faite par un jury d'expropriation, et il n'appartient qu'à l'autorité judiciaire d'interpréter les décisions du jury et de décider si l'indemnité par lui allouée à tenu compte des dommages causés à la propriété expropriée (Reynaud, 13 mai 1881 ; Pradines, 9 août 1889, p. 982) (1).

2° Celui où les dommages ont été causés par un cas de force majeure et non aggravés par le fait de l'administration ; par exemple un tremblement de terre a fait écrouler sur une propriété voisine les constructions déjà élevées.

468. En dehors de ces hypothèses, une indemnité est due, suivant la jurisprudence du Conseil d'Etat, si les conditions ci-après sont réalisées : le dommage est : 1° direct ; 2° matériel ; 3° certain et non éventuel ; 4° il s'applique à un droit non précaire.

Le dommage doit être direct, c'est-à-dire qu'il doit être une conséquence directe, non éloignée, de l'exécution des travaux. Ainsi l'exécution d'une tranchée ébranle les fondations d'une maison ; un bloc de pierre détachée par la mine roule dans un champ et endommage les récoltes. Voilà des dommages directs.

N..., propriétaire d'un cabaret, se plaint que les travaux exécutés ont eu pour effet de favoriser des établissements concurrents (Jary, 15 juin 1888, p. 532), ou que la démolition d'une caserne voisine

---

(1) En droit, il n'y a pas indivisibilité; l'autorité judiciaire (et par conséquent le jury) devrait se déclarer incompétente pour statuer sur les dommages n'entraînant pas de dépossession (conflit veuve Estable, 28 novembre 1891, p. 713).

lui a fait perdre une partie de sa clientèle. Ce sont des dommages indirects auxquels n'est due aucune réparation.

Jugé :

Que le dommage causé par le percement d'un tunnel (effondrement de constructions) doit être tenu comme *direct* et par conséquent réparé, alors même qu'il aurait été déterminé par des constructions élevées postérieurement pas le propriétaire des terrains, s'il est établi que le sol, avant le percement du tunnel, aurait pu supporter ces constructions (Rey, 20 mai 1898, p. 411) ;

Que la trépidation produite par des explosions réitérées, ayant occasionné des dégradations à la cheminée d'une usine et nécessité sa reconstruction, il y a lieu de considérer comme dommages directs, non seulement les frais de reconstruction, mais la diminution de rendement qui en est résultée dans la production de l'usine (Leblanc, 28 juillet 1905, p. 692) ;

Que le bruit causé par les manœuvres des locomotives n'est pas un dommage direct, mais qu'il en est autrement de la fumée dégagée par des machines circulant en grand nombre sur des voies de garage (Stractmann, 8 décembre 1899, p. 727) ;

Que la perte de clientèle attribuée au tir de coups de mines effectués à proximité d'un restaurant constitue un dommage direct (Desgeorges, 15 décembre 1905, p. 950) (1).

469. Le dommage doit être matériel, c'est-à-dire appréciable en argent. Le voisinage d'une gare de

(1) Le Conseil d'Etat avait précédemment jugé (Michon-Chauvelin, 7 août 1886) que la perte de clientèle résultant du voisinage d'un champ de tir ne constitue pas un dommage *direct*.

chemin de fer ou de baraques occupées par la troupe
sera pour beaucoup de personnes une cause de gêne
et d'ennui ; car il troublera leur tranquillité, les obli-
gera à plus de surveillance, etc. Mais le dommage,
n'étant pas matériel, ne donne pas lieu à réparation.

Jugé que l'exhaussement de la voie exposant l'intérieur d'un appartement au regard des passants ne
constitue pas un dommage matériel (Japiot, 2 décembre 1898, p. 764) ; ni la construction d'un chemin
restreignant la vue de la rivière dont jouissait un immeuble (Derenusson, 24 février 1893, p. 180) ; ni la
privation temporaire d'accès n'entraînant qu'un allon-
gement de parcours (Abisset, 14 mars 1890, p. 298),
ou l'établissement d'une bouche d'égout provisoire,
bien que nécessitant certaines précautions pour les
chevaux (même arrêt).

470. Le dommage doit être certain, non éventuel.
Ainsi, ne pourrait donner lieu à indemnité le danger d'éboulement du talus d'un chemin (Du Mous-
seau, 24 juillet 1885, p. 726 ; Couture, 2 février 1883,
p. 125) ; ni la perte de bénéfices présumés pouvant
résulter de modifications projetées dans une usine,
mais non encore réalisées (Revol-Delphin, 9 mai
1884, p. 369).

471. Enfin le dommage doit porter atteinte à un
droit non précaire. Ainsi l'établissement d'un barrage
supprime un gué qu'utilisait le propriétaire d'une
ferme voisine. Aucune indemnité ne lui est due, à
moins qu'il ne produise un titre, ou qu'il n'établisse
qu'il a fait des travaux pour s'approprier ce gué, par
exemple un chemin empierré qui y aboutit et dont
l'existence remonte à plus de trente ans .

La précarité des autorisations sur le domaine public n'existe que dans l'intérêt même du domaine sur

lequel elles ont été accordées. Par exemple, lorsqu'elles ont été données sur le domaine militaire, c'est seulement dans un intérêt militaire qu'elles peuvent être retirées (1). Si cet intérêt n'est pas menacé, la précarité ne pourra pas être opposée à celui qui se prétendrait gêné dans sa jouissance par des travaux n'intéressant pas la défense (François, 13 mars 1903, p. 243).

§ 3. — Qui doit la réparation.

472. Le cahier des charges de 1876 mettait à la charge de l'entrepreneur, sans recours contre l'administration, tous dommages quelconques résultant de l'exécution des travaux. La jurisprudence, tout d'abord, applique strictement cette clause ; et c'est seulement dans le cas où le dommage est dû tout au moins pour partie à la négligence ou à l'imprudence des agents administratifs préposés à la surveillance des travaux, qu'elle déclare la responsabilité directe de l'Etat (Chanfroy, 9 novembre 1888, p. 821).

Dans les autres circonstances, l'Etat n'est mis en cause que subsidiairement, en cas d'insolvabilité de l'entrepreneur (Vachier, 13 mars 1880, p. 304).

Mais en 1889 (Peyrot, 29 novembre, p. 1108), le Conseil d'Etat, considérant que les stipulations du cahier des charges sont *res inter alios acta* et ne peuvent pas nuire aux tiers qui n'ont pas été parties à leur rédaction, affirme la responsabilité, non plus subsidiaire, mais directe et principale de l'Etat, sauf le cas cependant où le dommage résulte d'un fait personnel imputable à l'entrepreneur où à ses agents et ne se rattachant pas à l'exécution du travail. Dans cette théorie nouvelle, l'Etat conserve, bien entendu,

---

(1) **A moins d'une clause expresse de résiliation.**

la faculté de réclamer contre l'entrepreneur l'application des stipulations insérées dans le cahier des charges pour le règlement des dommages (dans le même sens, Langlois, 20 mai 1892, p. 467).

Cette jurisprudence enlevait tout intérêt à la clause susvisée du cahier des charges ; car si l'Etat était exposé à payer dans certains cas (1), mieux valait qu'il prît toujours cette obligation à sa charge et fît disparaître du contrat une disposition dont le caractère aléatoire était évidemment de nature à élever les prix de l'adjudication.

Aussi le cahier des charges actuel (1902, art. 18) ne laisse-t-il à la charge de l'entrepreneur que les dommages qu'ont pu occasionner l'extraction des matériaux, leur transport, l'établissement des chantiers et chemins de service (2), disposition opposable aux tiers bien que *res inter alios acta* ; car elle ne fait que rappeler les prescriptions de la loi elle-même (loi du 29 décembre 1892) qui rend l'entrepreneur *débiteur principal* des indemnités auxquelles donnent lieu l'extraction des matériaux et l'occupation temporaire des terrains (n° 370) (3).

(1) Le Conseil d'Etat a même jugé (Desgranges, 15 décembre 1905, p. 949) que cette clause ne saurait être appliquée pour des dommages « qui ont été la conséquence obligée et nécessaire de l'exécution du projet des travaux ».

(2) Bien que le cahier des clauses et conditions générales ne laisse plus à la charge de l'entrepreneur les dommages résultant de l'exécution des travaux, il va sans dire que, suivant les règles générales du droit commun, l'entrepreneur est responsable, vis-à-vis de l'Etat, des conséquences de ses fautes et de celles de ses agents. Il n'est pas douteux non plus que les personnes lésées n'aient une action directe contre l'entrepreneur.

(3) La condamnation prononcée contre l'entrepreneur est opposable à l'Etat si, en raison de la faillite du premier, l'indemnité n'a pas pu être intégralement payée. L'Etat répond du principal et des intérêts, et il prétendrait vainement que le cours des intérêts doit être arrêté au jour de la déclaration de faillite. Il n'en est ainsi qu'à l'égard de la masse des créanciers (Code de commerce, art. 445 ; Nahmens, 9 février 1900, p. 121).

L'Etat, subsidiairement responsable si les travaux sont exécutés à l'entreprise, devient débiteur principal quand ils sont exécutés en régie.

473. Les communes sont seules responsables, et sans recours contre l'Etat, des dommages causés par les travaux qu'elles font exécuter dans un intérêt militaire, par exemple pour assurer, comme elles y sont tenues, l'évacuation des eaux-vannes d'une caserne qui fait partie de l'agglomération urbaine (1) (ville de Bellac, 16 décembre 1904, p. 838).

Mais, si l'Etat fait de sa propre initiative exécuter des travaux au lieu et place d'une commune qui aurait dû normalement en supporter la dépense (rectification et aménagement d'un chemin rural servant d'accès à une caserne), il répond des dommages causés (Durand, 10 mai 1889, p. 587), et la juridiction administrative serait incompétente pour statuer sur le recours formé par l'Etat contre la ville (Verdier, 10 mars 1905, p. 246) (2).

§ 4. — Qui a qualité pour réclamer la réparation.

474. C'est à celui qui a souffert du dommage, quelle que soit d'ailleurs sa qualité (propriétaire, usufruitier, locataire, etc.), qu'il appartient de réclamer l'indemnité. Le locataire a sans doute recours contre son propriétaire, puisque ce dernier est obligé, aux termes du contrat de location, d'assurer la jouissance paisible de l'immeuble loué ; mais il peut aussi action-

---

(1) Il en serait de même si les travaux avaient été exécutés par l'Etat pour le compte et à la charge de la commune (commune de Saint-Georges-d'Hurtières, 20 décembre 1895, p. 846). L'Etat serait mis hors de cause.
(2) Par analogie. Dans l'espèce, il s'agissait de l'engagement pris par une ville de prendre à sa charge les dommages causés par la chute de projectiles (champ de tir).

ner directement l'entrepreneur ou l'administration,
suivant le cas (Grangier, 7 janvier 1858 ; Bertrand,
28 janvier 1865).

Le propriétaire, sous prétexte qu'il est menacé
d'une action en garantie, est-il recevable à demander
réparation du préjudice causé à ses fermiers ?

On peut être tenté de répondre négativement, puisqu'il ne s'agit, dans l'espèce, que d'un dommage
éventuel, et cependant la solution serait fort rigoureuse. Car si le locataire reste inactif, c'est que, arrivé peut-être à l'expiration de son bail, il n'a pas
d'intérêt appréciable à demander la réparation du
dommage ; mais ce dommage risque d'atteindre indirectement le propriétaire en rendant plus difficile la
passation d'un nouveau bail. Peut-être aussi ce dernier se verra-t-il opposer la déchéance quinquennale
lorsqu'il voudra se garantir des effets d'une action
tardive. Quoi qu'il en soit, les arrêts cités plus haut
(de Narbonne, 13 juin 1890 ; Batiot, 28 mars 1890)
semblent devoir être interprétés dans le sens de la
recevabilité de l'action.

475. Lorsque le propriétaire a aliéné sa propriété
postérieurement aux dommages causés, l'acquéreur
n'a pas qualité pour réclamer une indemnité à raison
de ces dommages, si aucune clause spéciale de l'acte
de vente ne lui fait cession du droit à indemnité qui
s'était ouvert au profit du vendeur (ville de Charolles,
1er avril 1881 ; Grosfils, 9 avril 1886, p. 333) (1).

L'acquéreur, même non subrogé, a au contraire
droit à être indemnisé si les travaux, projetés avant

_____

(1) N'y a-t-il pas contradiction entre ces décisions et celle rela-
tée ci-dessus (n° 369; de Lareinty, 10 mai 1895)? On peut répondre que, dans ce dernier cas, où il s'agit de la servitude d'extraction de matériaux et d'occupation temporaire, le montant réel de
la dépréciation n'apparaît qu'après que l'occupation a cessé.

l'acquisition, n'ont été exécutés qu'après (Vauthier, 27 février 1891, p. 166), ou si, les travaux étant exécutés, les dommages ne se sont produits qu'après l'acquisition (Compagnie P.-L.-M., 6 décembre 1889, p. 1136 ; Maistre, 22 mai 1896, p. 436 ; Laget, 18 janvier 1907).

Il a été jugé :

Que, même dans le cas où l'acquisition est postérieure au dommage et où l'acte de vente ne stipule pas subrogation au profit de l'acquéreur, la demande de celui-ci est recevable si, devant le conseil de préfecture, les propriétaires primitifs (déclarent faire abandon de leurs droits au profit de celui qui leur a succédé dans la propriété (Nancel, 27 juillet 1894, p. 523) ;

Que le fait d'avoir concouru sans réserves, par sa souscription et ses travaux, à l'exécution d'un ouvrage public, n'implique pas renonciation à toute action en indemnité pour dommages résultant de ces travaux (Fabre, 2 mai 1884, p. 347).

Une demande en dommages-intérêts ne peut être formée collectivement par plusieurs propriétaires, sous prétexte que la cause est la même : à moins que les immeubles ne soient indivis, les intérêts demeurent distincts (Raoux, etc., 22 février 1889, p. 250).

§ 5. — Questions de compétence.

476. Remarquons tout d'abord que, malgré le texte de l'article 4 de la loi du 28 pluviôse an VIII (1), il n'y a pas lieu de distinguer suivant que les travaux

_____

(1) « Le conseil de préfecture prononcera : ... 3° sur les réclamations des particuliers qui se plaindront de torts et dommages provenant du fait personnel des entrepreneurs, *et non du fait de l'administration.* »

sont exécutés par l'entrepreneur ou en gestion directe. La jurisprudence ne voit, dans l'addition du membre de phrase « *et non du fait de l'Etat* », qu'une erreur de rédaction échappée au législateur qui avait sous les yeux un ancien texte conçu dans ces termes et devenu sans objet (1). (Questels, 30 novembre 1877 ; Serre, 23 janvier 1888, p. 79, etc., etc.).

Sous les réserves qui vont suivre, la compétence appartient, dans l'un et l'autre cas, aux conseils de préfecture.

477. *Nature des dommages.* — Il n'est plus contesté aujourd'hui que les dommages· *permanents*, aussi bien que les dommages temporaires, relèvent de cette juridiction (conflits Thomassin, 29 mars 1850 ; Pâris-Labrosse, 11 janvier 1873 ; Coste et Clavel, 7 avril 1884).

Mais elle ne s'étend pas aux faits de dépossession complète et définitive à l'égard desquels l'autorité judiciaire est seule compétente.

Ainsi les travaux de captage d'une source ont-ils eu pour résultat de dériver un volume d'eau plus considérable que celui prévu par le décret d'autorisation : il y aura, pour le propriétaire de la source, atteinte à son droit de propriété, et le dommage sera apprécié par l'autorité judiciaire (Parazols, Conflit, 7 juin 1902, p. 437). Pour les usiniers riverains, il y aura dommage permanent, relevant de la juridiction administrative (Durand de Fontmagne, Conflit, arrêt rendu le même jour).

Jugé également que l'autorité judiciaire est seule

---

(1) Il est bien rare que la jurisprudence se mette ainsi en opposition manifeste avec la lettre de la loi. A notre connaissance, il n'en existe qu'un autre exemple : l'article 106 du Code d'instruction criminelle, où le membre de phrase final est réputé non écrit par la Cour de cassation.

compétente si l'action en dommages est fondée sur la violation prétendue d'un contrat de droit commun (achat d'une servitude) (dame Champatier, 11 décembre 1903, p. 790).

478. Il peut arriver que les dommages causés par les travaux publics résultent, pour partie tout au moins, de la situation même du fonds endommagé et des servitudes légales auxquelles il est soumis.

Telle est par exemple la situation d'un immeuble qui reçoit les eaux ménagères d'une caserne. Si la servitude est contestée, il y aura question préjudicielle à renvoyer devant les tribunaux civils (Fouan, 9 mai 1884, p. 375, et note sous l'arrêt). Mais le conseil de préfecture sera pleinement compétent si l'Etat ne revendique pas, à l'égard du fonds servant, la servitude de l'article 640 du Code civil (Charreyron, 4 décembre 1897, p. 760), ou si le propriétaire de ce fonds ne met en question ni l'existence, ni l'étendue de la servitude légale qui grève son fonds (Boutet, 8 novembre 1902, p. 648).

Il n'y a en effet, dans l'un ni dans l'autre cas, à résoudre une question de servitude, mais à rechercher en fait si, et dans quelle mesure, les travaux ont eu pour effet de rendre plus onéreuse la charge résultant de la situation des lieux.

La circonstance que, pour l'établissement d'un ouvrage public, des terrains auraient été irrégulièrement occupés ne fait pas perdre aux travaux le caractère de travaux publics, et n'enlève pas compétence au conseil de préfecture pour statuer sur l'indemnité résultant des dommages causés par ces travaux (Tourreix, 4 août 1899, p. 588) ; mais, comme il est dit ci-dessus, cette compétence ne s'étend pas aux indemnités de dépossession.

La formule de la loi de pluviôse an VIII embrasse les dommages aux meubles aussi bien que les dommages aux immeubles (Dalifol, 16 décembre 1863).

479. *Cause des dommages.* — Le dommage peut avoir pour cause, soit l'exécution normale des travaux (exemple : suppression momentanée d'une voie d'accès), soit la négligence, l'impéritie ou l'imprudence des agents ou ouvriers de l'entreprise ou de l'Etat. Dans l'un et l'autre cas, le conseil de préfecture est compétent, et alors même que le dommage résulterait d'un fait constitutif de contravention (absence d'éclairage d'un dépôt, d'un tas de pierres, etc.), mais se rattachant, par un lien indivisible, à l'exécution d'un travail public (conflit Poirier, 8 décembre 1894, p. 684).

Mais cette compétence cesse lorsque les fautes commises par les agents ou ouvriers ne se rattachent pas à l'exécution du travail. Ainsi dans une affaire (syndicat du canal de Vernet, 23 janvier 1903, p. 58), le Conseil d'Etat a déclaré la juridiction administrative incompétente, parce que le dommage résultait de la faute personnelle des entrepreneurs qui, contrairement au projet de travaux, avaient capté l'eau dans une nappe supérieure, alors qu'ils devaient la prendre dans une nappe souterraine. C'était donc *l'inexécution* plutôt que l'exécution du projet de travaux qui était la cause réelle du dommage.

480. La jurisprudence étend la compétence des conseils de préfecture aux dommages survenus après l'exécution des travaux et résultant d'un vice de construction (Compagnie P.-L.-M., 30 décembre 1863 : Conflit), ou d'un défaut d'entretien. « La demande se rattache par un lien indivisible à l'exécution ou à

l'inexécution d'un travail public. » (Carrol, 17 avril 1886 ; Conflit. — V. n° 32 et note.)

L'allégation, faite à l'appui de la demande, que l'administration serait en faute, ne change pas la nature de l'action et ne modifie pas la compétence (V. conclusions dans l'affaire susvisée (Carrol) du commissaire du gouvernement. M. Gomel rappelle à ce sujet un arrêt contraire à cette jurisprudence (Vivarès, 28 mars 1885) et insiste sur l'utilité pratique que présenterait la consécration d'une règle uniforme, soumettant à la juridiction administrative toutes les demandes d'indemnité relatives à l'exécution ou à l'entretien des ouvrages publics) (1).

481. L'autorité judiciaire est compétente pour connaître de l'action en résiliation de bail intentée par le locataire au propriétaire, à raison des dommages causés par les travaux publics ; mais il appartient au conseil de préfecture de statuer sur l'action en garantie intentée à l'Etat par le propriétaire (conflit Delnaud, 8 juillet 1893, p. 594).

§ 6. — Bases de la réparation.

482. Le conseil de préfecture ni le Conseil d'Etat ne peuvent prescrire l'exécution des travaux nécessaires pour faire cesser le dommage (Tabouret, 4 mars 1892, p. 252) ; mais ils peuvent condamner l'Etat au paiement d'une indemnité, à défaut par lui d'exécuter les travaux nécessaires (Baduire, 2 avril 1898, p. 314).

L'indemnité de dommages n'est d'ailleurs pas né-

---

(1) Comme l'honorable magistrat, nous déplorons la confusion qui naît de cette dualité de compétences, et où la jurisprudence s'efforce, non toujours avec succès, à mettre un peu de clarté. Mais le remède nous paraît être plutôt dans l'extension de la compétence judiciaire, ainsi qu'a fait, pour les dommages occasionnés par le tir, la loi du 17 avril 1901.

cessairement l'équivalent de la remise des lieux dans leur état primitif ; elle peut ne représenter que la dépréciation de l'immeuble (Janvier, 13 mars 1885, p. 329).

Lorsqu'un dommage, variable par sa nature, est susceptible d'être supprimé en tout ou en partie et d'être apprécié chaque année, il n'y a pas lieu d'allouer une indemnité pour dépréciation définitive (Damoiseau, 12 avril 1889, p. 535).

Si une indemnité a été accordée pour permettre l'exécution de travaux destinés à empêcher le retour des dommages (inondation), et que le propriétaire ne les exécute pas, il n'est pas fondé, s'il se produit de nouveaux dommages, à en demander la réparation intégrale, mais seulement une indemnité correspondant à ceux dont l'exécution des travaux n'aurait pas mis la propriété à l'abri (Compagnie P.-L.-M., 13 février 1903, p. 139).

Il a été jugé que, dans la fixation de l'indemnité (1), il devait être tenu compte des sommes provenant de souscriptions et dont la victime du dommage aurait déjà bénéficié (Perrimond, 20 mai 1904, p. 422).

Il y a lieu aussi de tenir compte des faits imputables à la victime du dommage ou aux personnes dont elle doit répondre (Leborgne, 15 novembre 1901, p. 802), et de partager, s'il y a lieu, les responsabilités.

483. Le juge doit tenir compte de la plus-value que les travaux exécutés peuvent procurer à l'immeuble. Cette règle se justifie, suivant M. Levavasseur de Précourt (conclusions dans l'affaire Radiguet, 16 avril

---

(1) Il s'agissait de l'explosion d'une poudrerie; mais le principe paraît devoir être étendu à tous les dommages susceptibles de rendre l'Etat débiteur.

1886, p. 372), non par la loi du 3 mars 1841 qui n'offre qu'un argument d'analogie, mais par la loi de pluviôse an VIII elle-même. « Le dommage résulte de la comparaison entre l'état ancien et l'état nouveau, et si, dans l'état nouveau, il y a une plus-value, cette plus-value a pour effet d'atténuer le dommage et, par la force même des choses, et sans qu'un texte spécial soit nécessaire, elle est opposable au propriétaire. »

Dans les mêmes conclusions, l'éminent commissaire du gouvernement résume la jurisprudence du Conseil d'Etat en la matière. Pour qu'il y ait compensation, il faut et il suffit que la plus-value soit *certaine* et *directe* : certaine, c'est-à-dire ne pas consister en un avantage incertain et éventuel ; directe, c'est-à-dire être produite par un travail public exécuté aux abords mêmes de l'immeuble. Mais il n'est pas nécessaire qu'elle soit *spéciale* à l'immeuble litigieux (1) (Camusat, 9 mai 1884, p. 372).

Dans aucun cas, la plus-value ne saurait être opposée par l'entrepreneur qui a causé, par sa faute ou celle de ses ouvriers, un dommage lors de l'exécution des travaux (Rodarie, 21 janvier 1887, p. 70, et conclusions de M. Gauwain, commissaire du gouvernement).

Jugé aussi qu'on ne peut compenser la plus-value procurée à un immeuble avec les dommages causés à un autre immeuble que possède le requérant ; par exemple la plus-value d'un moulin résultant de l'établissement d'un barrage, avec des dommages causés par les mêmes travaux à des prairies appartenant au

---

(1) Cette jurisprudence a été vivement critiquée (**Lebon**, 1874, p. 88). On lui reproche notamment de faire payer au propriétaire qui a subi un dommage une plus-value que ne payera pas son voisin qui n'a éprouvé aucun dommage.

même propriétaire (Briffard, 31 juillet 1891, p. 593 : Guilliet, 13 décembre 1889, p. 1177).

§ 7. — Procédure. — Paiement.

484. Avant la loi du 22 juillet 1889, on appliquait en la matière la procédure instituée par la loi du 16 septembre 1807 sur le desséchement des marais et l'occupation des terrains, et notamment l'article 56, d'après lequel le tiers-expert était de droit l'ingénieur en chef du département. La désignation des experts a lieu aujourd'hui dans les conditions fixées par les articles 13 et suivants de la loi du 22 juillet 1889.

485. L'arrêté qui ordonne une expertise, tous droits et moyens réservés, sans préjuger la question de savoir si une indemnité est due, est purement préparatoire et ne saurait être déféré directement au Conseil d'Etat. L'arrêté serait, au contraire, interlocutoire et pourrait être déféré directement en appel si, tout en désignant des experts pour constater le préjudice et en évaluer le montant, l'arrêté déclarait d'ores et déjà l'Etat responsable du dommage causé (Wallace, 1er août 1890, p. 735 ; Mouly, 17 avril 1891, p. 287).

Jugé cependant (ministère des travaux publics c. Balacciano, 8 août 1892, p. 731) que, si l'Etat ne s'est pas pourvu en temps utile contre l'arrêté qui, tout en le déclarant responsable, *s'est borné, dans le dispositif*, à ordonner une expertise, tous droits et moyens réservés, le propriétaire lésé n'est pas fondé à opposer l'exception de la chose jugée au recours formé contre l'arrêté ultérieur portant condamnation à son profit.

486. Par application de l'article 464 du Code de procédure civile, le conseil de préfecture peut allouer

des indemnités afférentes aux dommages survenus
depuis l'introduction de l'instance.

Serait de même recevable la demande faite au
Conseil d'Etat, saisi en appel, de comprendre dans
l'indemnité réclamée les dommages postérieurs à l'arrêté attaqué (Compagnie P.-L.-M. c. Carrié, 4 janvier 1884, p. 23).

487. En matière de dommages causés par les travaux publics, la déchéance quinquennale court de
l'ouverture de l'exercice pendant lequel le dommage
a été causé, et non du jour où la créance a été reconnue par la juridiction compétente (Lauret, 17 mai
1895, p. 418).

Si le dommage est permanent et non successif (par
exemple prise d'eau pour l'alimentation d'un canal),
l'exercice point de départ est celui où ont été exécutés
les travaux dommageables (Cornaille, 7 février 1896,
p. 120 ; Dansette, 14 janvier 1898, p. 12 ; Wathy,
14 février 1902, p. 107 ; Madelain, 7 décembre 1900),
à moins que le dommage ne se produise longtemps
après la construction de l'ouvrage, auquel cas la déchéance ne commence à courir que de l'année du
dommage (Gorce, 9 mars 1894, p. 189).

Si les dommages ont été successifs, par exemple,
si le plan d'eau d'un bief, au lieu d'être relevé en
une fois, l'a été progressivement d'année en année,
ces dommages donneront lieu à autant de créances
distinctes, et l'Etat arguerait vainement de ce que la
même indemnité a été allouée pour chaque année
comprise dans une période de dix années consécutives,
pour prétendre que le dommage était définitif dès
l'origine de cette période et opposer la déchéance
(Cornaille-Leroy, 23 novembre 1900, p. 657).

§ 8. — Dommages aux personnes.

488. La question de savoir quel est le juge compétent pour connaître des actions en indemnité, à raison de dommages causés aux personnes, par les travaux publics, est des plus controversées et a donné lieu à de fréquentes variations dans la jurisprudence.

« (1) Jusqu'en 1860, la jurisprudence a appliqué l'article 4, § 3, de la loi du 28 pluviôse an VIII à tous les dommages sans distinction, qu'il s'agisse de dommages causés aux personnes ou aux propriétés. De 1860 à 1870, elle a distingué et attribué aux tribunaux judiciaires la connaissance des dommages causés aux personnes. De 1871 à 1880, on est revenu à la compétence générale des conseils de préfecture pour tous les dommages ; mais, depuis 1886, le Tribunal des conflits, tout en maintenant la compétence des conseils de préfecture pour les dommages aux personnes, a fait une distinction entre le cas où le dommage est causé à des ouvriers, et celui où il est causé à des tiers. Dans cette dernière hypothèse, le conseil de préfecture est toujours compétent ; il s'agit d'un quasi-délit, l'article 4 de la loi de pluviôse an VIII s'applique littéralement.

» Mais si les dommages ont été causés à un ouvrier, il n'y a plus de quasi-délit ; il convient d'examiner le contrat de louage d'ouvrage passé entre le maître et l'ouvrier. En conséquence, si l'ouvrier qui a subi un dommage poursuit l'entrepreneur, l'action est de la compétence du tribunal judiciaire, parce que le contrat de louage d'ouvrage entre ouvrier et entrepre-

---

(1) Nous empruntons cet exposé aux conclusions de M. Romieu, commissaire du gouvernement dans l'affaire Garrigou (24 juin 1892, p. 572).

neur est un contrat de droit civil dont le contentieux
appartient aux tribunaux judiciaires (Conflits Borde-
lier, 15 mai 1886 ; Pichat, 5 juin 1886). Au contraire,
s'il s'agit d'une action formée par l'ouvrier contre
l'Etat, à raison de travaux en régie, le Tribunal des
conflits admet la compétence du conseil de préfecture
par le motif que l'article 4 de la loi de pluviôse an
VIII attribue aux conseils de préfecture la connaissance des contestations entre l'Etat et les entrepreneurs de travaux publics.

» La jurisprudence du Tribunal des conflits n'a été
adoptée ni par le Conseil d'Etat ni par les auteurs
(Garcia, 7 août 1886 ; Gabaude, 11 janvier 1889). »
(Voir aussi note sous l'arrêt Ferrencq, du 11 mai
1894, p. 346.)

489. La loi du 9 avril 1898 sur les accidents du
travail et le risque professionnel a mis fin à cette
controverse, en ce qui concerne les ouvriers employés
aux travaux publics. Cette loi a fait, en effet, disparaître la compétence des tribunaux administratifs en
matière d'accidents survenus aux ouvriers qui tra-
vaillent dans les manufactures de l'Etat et à ceux
qui sont employés à l'exécution des travaux publics
(V. Ricard, rapport de 1892 : Accidents du travail ;
Sachet, n° 102).

Que les travaux soient exécutés en régie ou à l'entreprise ; que l'accident ait pour causes les conditions
mêmes du travail, l'imprudence ou la négligence de
l'entrepreneur, de ses ouvriers ou des agents de
l'Etat, l'autorité judiciaire sera seule compétente.

La seule question qui se pose désormais est celle
de savoir qui doit être considéré comme chef de l'entreprise.

Il n'y a pas de doute si les travaux sont exécutés

à l'entreprise ou en régie. Dans le premier cas, c'est l'entrepreneur ; dans le deuxième cas, c'est l'Etat ; et ce alors même que les ouvriers seraient embauchés et payés directement par un tâcheron (Garrigou, 24 juin 1892, p. 572).

Mais la situation juridique n'est pas toujours aussi simple. S'il y a doute sur l'interprétation des conventions passées entre l'administration et un tiers, pour déterminer si celui-ci doit être considéré comme un simple tâcheron ou comme un entrepreneur, il appartient au conseil de préfecture, seul juge du sens et de la portée des marchés de travaux publics, de procéder à l'interprétation préjudicielle dont il s'agit (Conflit veuve Larolle, 1ᵉʳ août 1903, p. 612).

490. Il n'est pas douteux que, même si les travaux sont exécutés à l'entreprise, et nonobstant la clause du cahier des clauses et conditions générales qui met à la charge de l'entrepreneur les indemnités à allouer aux ouvriers victimes d'accidents de travail, à leurs veuves et à leurs enfants (art. 16), l'Etat aurait, suivant les principes généraux du droit, à répondre des accidents imputables aux fautes de ses agents, par exemple de l'accident arrivé à un ouvrier par suite de l'écroulement d'un mur édifié suivant les prescriptions du service du génie (Gabaude, 11 janvier 1889, p. 60).

L'action qui pourrait être intentée contre lui, soit par l'ouvrier lui-même ou ses ayants cause, soit par l'entrepreneur, serait fondée sur l'article 7 de la loi du 9 avril 1898, modifié par la loi du 22 mars 1902 ; et comme, d'après ledit article, cette action doit s'exercer « conformément aux règles du droit commun », il faut, à notre avis, pour déterminer la compétence, revenir aux règles qui, en matière de travaux publics, constituent le droit commun, c'est-à-dire à la juridiction des conseils de préfecture.

491. Lorsque l'accident est causé, non à un ouvrier mais à un tiers, le conseil de préfecture est compétent (jurisprudence actuelle, n° 488).

Longtemps une exception a été faite par la jurisprudence lorsque l'accident avait pour cause un fait qualifié crime ou délit par la loi pénale, par exemple un homicide par imprudence (Machon, 23 juillet 1868; Bouhelier (conflit), 13 mars 1880).

Cette théorie, déjà très énergiquement combattue par l'avocat général Desjardins dans l'affaire Bruno (conflit, 17 janvier 1880), ne l'avait pas été avec moins de vivacité par l'avocat général Loubers dans l'affaire Mougin (conflit, 17 avril 1886). Le Tribunal des conflits ne se rangea pas à l'opinion du ministère public : mais l'arrêt sur cette dernière affaire restreignit cependant le champ de l'exception en affirmant la compétence administrative, quand le fait n'avait donné lieu à aucune poursuite correctionnelle. De son côté, le Conseil d'Etat (Vaccaro, 1er juillet 1892) a admis, au moins implicitement, la compétence du conseil de préfecture, quand, les poursuites ayant été exercées, elles ont abouti à un acquittement.

Dans ces deux affaires, les commissaires du gouvernement ont fait ressortir « combien il leur paraissait peu rationnel de déterminer la compétence par ce fait que l'accident, objet du litige, aurait ou n'aurait pas donné lieu à une condamnation ou à une poursuite correctionnelle. Il leur a paru que ce dernier point, pouvant dépendre de circonstances et d'appréciations très variables, ne saurait influer en rien sur la question de compétence. Que la partie lésée ou le ministère public jugent à propos de poursuivre ou de s'abstenir, cela ne change pas la nature de l'acte au point de vue de ses conséquences civiles » (Note sous l'arrêt Mougin ; *Recueil* Lebon, 1886, p. 382).

Ces considérations ont certes leur valeur. Mais la circonstance qu'un délit a été commis dans l'exécution d'un travail public ne saurait faire obstacle à ce que les particuliers usent du droit que leur confère le Code d'instruction criminelle de joindre à l'action publique la défense de leurs intérêts et de se constituer à cet effet partie civile.

Restreindra-t-on la compétence administrative au cas où il n'y a pas eu constitution de partie civile ? Ce serait alors reconnaître à la victime du dommage le droit de modifier à son gré l'ordre des juridictions.

492. L'acquittement par le tribunal correctionnel ne fait pas obstacle à ce que le conseil de préfecture statue sur les actions en indemnité formées contre l'entrepreneur. Cette décision n'a pu qu'exonérer ce dernier des conséquences pénales pouvant résulter de l'application des articles 319 et 320 du Code pénal (Vaccaro, 1er juillet 1892, p. 588).

493. Plaçons-nous maintenant dans l'hypothèse où le fait délictueux serait imputable à un agent de l'Etat.

Le cas échéant, il y a *faute personnelle* de l'agent, le rendant en principe justiciable des tribunaux ordinaires (n° 36).

Ou le conflit sera élevé ou il ne le sera pas.

S'il n'y a pas conflit ou si l'arrêté de conflit est annulé, l'action devant ces tribunaux suivra son cours.

Si l'arrêté de conflit est confirmé, cela voudra dire que la responsabilité pécuniaire de l'agent est hors de cause, et la partie lésée n'aura plus devant elle que l'Etat et ne pourra, suivant la règle générale, que l'assigner devant le conseil de préfecture (Garcia, 7 août 1886, p. 746).

C'est également devant le conseil de préfecture que l'agent condamné par les tribunaux à réparer les suites de l'accident devra porter ses griefs s'il prétend que l'administration doit le garantir des effets de cette condamnation (Bardot, 8 août 1892, p. 724).

La responsabilité des accidents causés par les travaux publics peut, suivant les circonstances, être partagée entre l'entrepreneur et l'Etat (Vaccaro, 1er juillet 1892, p. 588).

494. Le conseil de préfecture est également compétent lorsque le dommage est causé par les conditions défectueuses d'un ouvrage public (par exemple défaut de parapet à un pont : Jourdan, 29 janvier 1886), ou un défaut d'entretien (mauvais état d'un trottoir : Bérard, 18 novembre 1893, p. 766) (1) ; ou l'insuffisance des précautions prises (O'Carrol, 17 avril 1886, p. 384).

495. La procédure à suivre pour l'évaluation des indemnités en cas de dommages aux personnes est la même qu'en cas de dommages aux propriétés (Clouzet, 11 décembre 1874).

Toutefois les accidents du travail dont les ouvriers sont victimes donnent lieu, devant les tribunaux judiciaires, à la procédure spéciale qu'a instituée la loi du 9 avril 1898 et dont les traits caractéristiques sont l'obligation qui est faite au patron de déclarer l'accident et la mise en mouvement, en quelque sorte automatique, de l'action judiciaire.

---

(1) Voir cependant n° 32 et note.

IV° SOUS-SECTION

DES OFFRES DE CONCOURS

496. Il arrive parfois que les municipalités et même de simples particuliers s'offrent à concourir à l'exécution de certains travaux militaires qui leur procurent des avantages (par exemple, reculement de fortifications, élargissement de portes, constructions de casernes, etc.).

Le concours peut consister soit dans le paiement d'une somme d'argent, soit dans une concession de terrains ou autres immeubles.

Le contrat qui naît de l'offre ainsi faite et de son acceptation par l'Etat est considéré par la jurisprudence comme un accessoire des travaux publics, et la connaissance des difficultés d'interprétation ou d'exécution est attribuée par elle aux conseils de préfecture, sauf recours au Conseil d'Etat (ville de Bayeux, 2 février 1854 ; ville de Nice, 21 mai 1867 ; de Chargères (conflit), 27 mai 1876, etc., etc.).

497. L'acceptation de l'offre résulte implicitement de l'exécution des travaux (Berne, 7 mars 1890, p. 263).

Jugé également que l'offre de concours engage seulement les héritiers du promettant (Martin, 1er juillet 1893, p. 517) et que, réciproquement, c'est à eux seuls qu'il appartient de réclamer l'exécution des travaux ; qu'en conséquence, si l'offre a consisté en terrains, le contrat reste attaché à la personne de celui qui l'a souscrit, et ne suit pas l'immeuble au profit duquel il a été passé. Sauf le cas où l'acte de vente a transmis à l'acquéreur les droits et obligations du vendeur, l'acquéreur est non recevable à réclamer l'exécution des travaux ou une indemnité en cas

d'inexécution (Gau-Bosc, 9 mars 1906, p. 224, et conclusions de M. Romieu, commissaire du gouvernement). En d'autres termes, l'offre de concours a un
caractère personnel et non réel.

498. Jugé :

Que, lorsqu'une offre de concours a été faite et
acceptée sous condition que les travaux seraient terminés dans un certain délai, l'inexécution dans ce
délai entraîne la résolution du contrat (Morange, 6 décembre 1889, p. 1135 ; Largier, 10 mai 1901, p. 455) ;

Que l'offre de concours n'implique pas renonciation à indemnité pour dommages causés par les travaux (Patry, 14 décembre 1894, p. 696) ;

Que, si un propriétaire a fait une offre de terrains
évaluée en argent, et si une modification apportée au
projet incorpore des terrains pour une valeur supérieure, le promettant n'est tenu que jusqu'à concurrence de la valeur promise (Tourreix, 7 février 1890.
p. 140).

Lorsque des travaux sont exécutés par l'Etat à la
charge d'une ville et que, sur la demande de celle-ci,
des modifications sont apportées au projet arrêté d'un
commun accord, le surcroît de dépenses qui peut en
résulter est à la charge de la ville, alors même qu'aucune nouvelle convention ne serait intervenue pour
le règlement des dépenses, si la ville doit seule bénéficier des modifications apportées au projet primitif
(ville d'Alger, 3 mars 1905, p. 235).

499. Il est arrivé parfois qu'en vertu de conventions
spéciales passées avec le ministre des travaux publics, les compagnies de chemins de fer ont été chargées d'exécuter pour le compte du département de la
guerre, et sauf remboursement par celui-ci, des travaux stratégiques tels que ports secs, etc.

Il a été jugé que l'interprétation de ces conventions, considérées comme des conventions financières, appartient, non au conseil de préfecture, mais au ministre des travaux publics, sauf recours au Conseil d'Etat (Compagnie P.-L.-M., 24 novembre 1905, p. 870).

Les compagnies, agissant dans la circonstance comme de simples mandataires, l'intérêt des avances est dû, sauf convention contraire, du jour des avances constatées (art. 2001 du Code civil ; Lachenaud, 30 mars 1900, p. 257).

CHAPITRE IV
DU CONTENTIEUX RELATIF AUX CHOSES MOBILIÈRES

SECTION Iʳᵉ
Des marchés de fournitures en général.

§ 1ᵉʳ. — Définition. — Mode de passation des marchés.

500. Les marchés de fournitures ont pour objet :

Soit de verser dans les magasins, usines, etc. de l'administration, les denrées, matières ou effets qui lui sont nécessaires (marchés de livraison) ;

Soit de manutentionner, transformer les matières premières ou denrées préalablement achetées par elle (moutures, confections d'effets d'habillement, manufactures d'armes) ;

Soit enfin de pourvoir directement à l'exécution d'un service public, en fournissant non seulement les matières, mais encore l'outillage et le personnel nécessaires pour les mettre en œuvre (marchés à la ration, lits militaires, transports, etc.).

Si la fourniture comporte des travaux à exécuter (comme la pose de conduites d'eau, etc.), ils déterminent, suivant leur importance relative plus ou moins grande, la nature juridique du marché et la compétence de la juridiction qui devra en connaître (marchés de travaux publics ou marchés de fournitures) (V. fabrique de Mirande, 5 août 1904, p. 671 ; note sous l'arrêt).

Les marchés de fournitures sont, comme les marchés de travaux publics, passés par adjudication publique ou de gré à gré.

501. L'adjudication avec publicité et concurrence est la règle. Il peut être traité de gré à gré dans les cas exceptionnels énumérés par l'article 18 du décret du 18 novembre 1882 : fournitures n'excédant pas une certaine somme ; obligation de garder le secret sur les opérations du gouvernement ; marchandises brevetées ou n'ayant qu'un possesseur unique ; ouvrages d'art et de précision ; fournitures faites à titre d'essai ; nécessités de sécurité publique ; insuccès des adjudications ; cas d'urgence évidente amenée par des circonstances imprévues ; fournitures à assurer au défaut des entrepreneurs et à leurs risques et périls ; affrètements ; transports par chemins de fer, etc.

Lorsqu'il s'agit de fournitures, travaux, etc., qui ne peuvent être, sans inconvénients, livrés à une concurrence illimitée, l'administration peut, tout en recourant à l'adjudication publique, restreindre la concurrence et n'admettre à soumissionner que les personnes reconnues capables d'assurer le service (18 novembre 1882, art. 3).

L'administration exerce à cet égard un pouvoir discrétionnaire et les candidats évincés par elle — soit qu'ils ne possèdent pas l'outillage jugé nécessaire ; soit que, dans l'exécution d'un précédent marché, ils aient donné lieu à de graves sujets de plainte ; soit enfin qu'ils ne présentent pas de garanties suffisantes de solvabilité ou de moralité — ne seraient pas recevables à réclamer par voie contentieuse (Corre, 8 février 1864).

Pour s'éclairer à l'avance sur ce dernier point, l'administration exige généralement des candidats un certificat de solvabilité et de moralité délivré par le maire du domicile. Le refus de ce certificat ne peut donner lieu, ni à un recours contentieux, ni à une action civile en dommages-intérêts contre le magistrat auteur du refus (Culhat-Chassis, 19 avril 1835 ; Gorry (conflit), 10 avril 1880).

502. Le ministre peut, d'avance et par mesure générale, exclure un particulier de toute participation aux adjudications de la guerre. Une telle décision n'est pas susceptible d'être discutée par la voie contentieuse (Daurat-Brun, 26 juillet 1901, p. 690 ; Vantilke, 5 juillet 1902, p. 500), à moins cependant que l'exclusion ne soit prononcée pour des motifs étrangers, soit à l'exécution de marchés antérieurs, soit à la situation ou à la capacité professionnelle de l'intéressé, auquel cas la décision serait entachée d'excès de pouvoir et pourrait être attaquée de ce chef (Lespinasse, 4 août 1905, p. 757) (1).

503. L'avis des adjudications est publié vingt jours au moins à l'avance. Il y est procédé en séance publique par les soins d'une commission que préside le maire. Les soumissions, placées sous enveloppes cachetées, sont remises au président, qui, après l'expiration du délai accordé pour les recevoir, les ouvre et en donne lecture à haute voix. Est déclaré ou sont déclarés adjudicataires le ou les soumissionnaires qui, dans les conditions de prix-limite arrêtées par l'administration, ont fait les offres les plus avantageuses pour l'Etat.

Dans le cas où plusieurs soumissionnaires offrent le même prix, et où ce prix est le plus bas de ceux

---

(1) Le requérant avait publiquement dénoncé le mauvais état prétendu des finances publiques et mis en doute la solvabilité de l'Etat. Le ministre avait estimé que, dans ces conditions, l'administration ne pouvait compter être traitée en bon client.

portés dans les soumissions, il est procédé à une réadjudication, soit sur de nouvelles soumissions, soit à l'extinction des feux entre ces soumissionnaires seulement. Si les soumissionnaires se refusent à faire de nouvelles offres, ou si les prix demandés ne diffèrent pas encore, le sort en décide.

504. Le décret du 4 juin 1888 (art. 5) donne cependant, à égalité d'offres, un droit de préférence aux *Sociétés d'ouvriers français*.

Il a été jugé qu'une association coopérative d'ouvriers ne perd pas ce caractère, encore qu'elle comprenne des sociétaires non ouvriers, si ceux-ci, d'après les statuts, n'ont droit qu'à l'intérêt légal de leur participation et peuvent être remboursés au fur et à mesure des ressources de l'association (Société *La Laborieuse*, 19 juillet 1901, p. 662).

505. Les soumissions doivent être, à peine de nullité, rédigées sur papier timbré (Boyer, 4 février 1876). Elles ne doivent contenir aucune clause restrictive ou exceptionnelle. N'aurait pas ce caractère et devrait être acceptée la soumission présentée par un candidat à un deuxième concours et dans laquelle il ferait réserve des droits résultant pour lui d'un premier concours que la commission aurait, selon lui, déclaré à tort nul et sans effet (Motheau, 25 juin 1857). La solution est de toute justice ; car si ce candidat avait pris part à la deuxième adjudication, sans formuler ses réserves, il n'aurait plus été recevable à en demander la nullité (Plon, 7 décembre 1870).

506. La soumission, une fois déposée sur le bureau, ne peut plus être retirée ; elle lie le soumissionnaire (cour de Paris, 28 juin 1901).

Réciproquement, le candidat dont la soumission a

été reçue ne peut plus être évincé, sous prétexte qu'il ne réunirait pas les conditions requises ; que, par exemple, la fourniture soumissionnée ne rentre pas dans son commerce habituel (Pénicaud, 26 avril 1901, p. 401).

507. Le procès-verbal d'adjudication fait foi jusqu'à inscription de faux (commune d'Estivaux, 28 janvier 1887, p. 94).

Les adjudications sont en principe subordonnées à l'approbation ministérielle.

Le pouvoir du ministre est à cet égard discrétionnaire, et le refus opposé par lui ne peut être l'objet d'un recours contentieux (veuve Noel, 13 juillet 1877 ; Salmon, 11 juillet 1879 ; Lhermite, 16 mars 1894, p. 218 ; Crébessac, 17 mai 1895, p. 425), ni d'une demande d'indemnité (Bénac, 28 février 1873 ; Latécoère, 5 décembre 1884, p. 881).

Mais si le ministre, saisi d'une demande tendant à faire annuler une opération d'adjudication, passe outre et lui donne son approbation, sa décision peut être déférée au Conseil d'Etat.

Dans ses conclusions sur l'affaire Ballande (30 mars 1906, p. 279), M. le commissaire du gouvernement Romieu a rappelé les règles générales du recours contre les adjudications, règles établies par la jurisprudence du Conseil d'Etat.

508. a) Le recours est ouvert à tous les soumissionnaires admis à l'adjudication (1). « Sans doute, ils n'ont pas *un droit acquis* à être choisis comme fournisseurs ou entrepreneurs, car c'est le droit absolu

---

(1) Mais il ne l'est qu'à eux. Ne serait pas recevable le pourvoi d'un industriel qui, régulièrement prévenu d'une adjudication, ne s'y serait pas présenté (Barbier, 22 mai 1870).

de l'administration d'approuver ou non l'adjudication ; mais ils ont le droit d'exiger que le résultat de l'adjudication soit légal ; il leur appartient de soutenir que le concurrent proclamé adjudicataire l'a été irrégulièrement, que la décision de la commission ou l'acte d'approbation de l'adjudication émanant de l'autorité administrative sont illégaux. L'administration, si le résultat de l'adjudication ne lui convient pas, peut ne prendre personne, et alors elle fera procéder à une nouvelle adjudication ou passera, le cas échéant, un marché de gré à gré ; mais elle ne peut pas proclamer adjudicataire un des concurrents qui n'avait pas le droit d'être proclamé. »

509. b) « Le recours doit être formé pour excès de pouvoir. Le requérant ne peut prétendre se faire déclarer adjudicataire ; il ne peut que demander l'annulation de l'adjudication irrégulière. »

S'il estime qu'il a droit à des dommages-intérêts, il devra intenter une action distincte. « Il ne pourrait s'agir, bien entendu, d'une indemnité représentant le *lucrum cessans* (puisque le soumissionnaire n'a pas de droit acquis à être chargé de l'entreprise et que l'administration aurait toujours pu discrétionnairement refuser d'approuver l'adjudication à son profit), mais seulement du remboursement des dépenses faites par lui en vue de l'adjudication, et, dans certains cas, de la réparation du préjudice moral. » (Servat, 9 janvier 1868, p. 12 ; Caillette, 21 mars 1890, p. 324 ; Planté, 16 mai 1890, p. 495, etc.).

510. c) Le recours peut être fondé sur le fait que l'on a proclamé adjudicataire un concurrent qui n'était pas le premier ; qui n'avait pas proposé le plus fort rabais ; sur ce qu'on a écarté à tort celui qui était le premier (Caillette, 21 mars 1890, p. 495).

« Il peut l'être, en second lieu, sur la violation des règles de l'adjudication : on a bien proclamé adjudicataire le candidat qui était premier ; mais les règles ont été violées à son profit. On a soutenu, il est vrai, que les règles et les formes des adjudications ont été établies uniquement dans l'intérêt financier de l'administration, et on en a conclu que des concurrents à l'adjudication n'étaient pas recevables à se prévaloir des irrégularités commises. Sauf un cas d'espèce (Gris, 29 novembre 1866), la jurisprudence s'est prononcée nettement en sens contraire. Le soumissionnaire évincé a le droit de demander l'annulation pour inobservation des règles fondamentales de l'adjudication, même si elles ont été édictées dans l'intérêt de l'administration, du moment où une inégalité a été créée entre les concurrents (Servat, 9 janvier 1868 ; Boutry, 1er juillet 1887, p. 535, etc.). »

511. d) L'annulation de l'adjudication ne peut être poursuivie pour des faits se rattachant à l'exécution du marché, étrangers par suite aux rapports des soumissionnaires entre eux : pour ce fait, par exemple, que les fournitures livrées par l'adjudicataire ne proviennent pas des usines indiquées dans sa soumission (Brémond, 4 mars 1892, p. 244), ou que l'adjudicataire a été autorisé à présenter une caution nouvelle à la place de la caution primitive non agréée (Boutry, 1er juillet 1887, p. 535).

Les concurrents à l'adjudication ne seraient pas non plus recevables à intervenir dans l'instance engagée par l'adjudicataire relativement à l'exécution de son marché, sous prétexte que la mesure dont celui-ci demande a être indemnisé (modifications aux tableaux de pointures) avait été annoncée aux concurrents et qu'ils avaient majoré leurs prix en prévision de sa mise à exécution (Collin, 19 juillet 1889, p. 866).

512. Nous avons vu plus haut que le Conseil d'Etat, annulant une adjudication ne pouvait déclarer adjudicataire un autre que celui au profit duquel l'adjudication avait été prononcée. Les droits du ministre sont-ils limités de même à l'approbation ou au refus d'approbation ? Ou, au contraire, le droit que s'est réservé le ministre de sanctionner ou d'infirmer l'adjudication implique-t-il celui de rendre à un soumissionnaire évincé à tort le rang que le chiffre de son rabais devait lui assurer ?

La question a été résolue dans ce dernier sens par l'arrêt du 26 avril 1901 (Pénicaud, p. 401).

513. Les cahiers des charges (travaux publics, art. 5 ; fournitures, art. 15) fixent le temps passé lequel la non-approbation de l'adjudication par le ministre délie l'adjudicataire de ses obligations, à condition qu'il en fasse la déclaration écrite. A défaut de cette déclaration, celui-ci demeure lié jusqu'au jour où notification lui est faite de la décision ministérielle.

Jugé que l'approbation d'un marché résulte implicitement de ce que l'adjudicataire a été invité à verser le cautionnement prévu au marché et à prendre les mesures nécessaires pour assurer le service à dater du jour indiqué au contrat (Lanier, 17 avril 1891, p. 279).

514. Le cahier des clauses et conditions générales (1) et, quand il y a lieu, le cahier des charges spéciales à l'entreprise sont mis, avant l'adjudication, à la disposition des candidats, qui peuvent en prendre

---

(1) Le cahier des clauses et conditions générales aujourd'hui en vigueur est du 16 février 1903.

connaissance. Aussi l'adjudicataire ne pourrait-il exciper d'une erreur de copie ou d'impression dans les exemplaires qui lui sont remis pour se soustraire aux obligations de son marché (Legrand, 7 juillet 1876).

Le cahier des charges, une fois arrêté ou approuvé par le ministre, ne peut être modifié que par lui. Les indications contraires aux dispositions de ce document, qui seraient données, soit avant l'adjudication, soit même en séance par le président de la commission ou par le fonctionnaire du service intéressé, ne lieraient pas le ministre et laisseraient pleines et entières les obligations de l'entrepreneur (Lion, 20 janvier 1859 ; Legrand, 11 décembre 1874).

Le fait même qu'avant l'adjudication le ministre de la guerre aurait fait connaître l'interprétation qu'il donne des clauses du cahier des charges, ne peut avoir pour effet de rendre cette interprétation opposable à l'adjudicataire, alors qu'elle n'a pas été insérée dans le contrat (Brunet, 6 février 1891, p. 85) (1).

515. Lorsqu'un marché a été passé de gré à gré, soit par le ministre, soit par un de ses subordonnés, il ne peut être critiqué ni déféré à la juridiction administrative, sous prétexte que la fourniture aurait dû faire l'objet d'une adjudication publique. Les prescriptions du législateur à cet égard ne visent que l'intérêt de l'Etat et ne peuvent être invoquées par les particuliers (Lefort, 4 juillet 1873 ; Dumortier, 14 juillet 1876 ; Compagnie du gaz de Wazemmes, 18 janvier 1878).

---

(1) Cependant il a été jugé, à propos d'une fourniture de vin dont le cahier des charges ni les soumissions ne spécifiaient la provenance, que l'administration a pu, à bon droit, exiger du vin français, si du procès-verbal d'adjudication il résulte que le fournisseur s'est engagé à livrer du vin de cette provenance (Coste, 4 août 1899, p. 581).

Il n'y a pas non plus de recours possible au cas de marchés dits « sur concours », l'administration se réservant le droit de choisir, et le marché n'étant, en réalité, qu'une variété du marché de gré à gré (Balmier, 16 février 1870, p. 108 ; Société des établissements Sâtre, 9 juin 1905, p. 529).

516. Les marchés de gré à gré sont, en principe, soumis à l'approbation ministérielle. Toutefois il est fait exception, conformément à l'article 19 du décret du 18 novembre 1882, en cas de force majeure ou lorsque l'exception a été spécialement autorisée. Les cas de force majeure et les autorisations spéciales doivent être relatés dans lesdits marchés (*ibid.*).

En dehors de ces circonstances spéciales dont, pour sauvegarder sa responsabilité, le fournisseur peut et doit exiger qu'il soit fait mention dans la décision approbative, nul ne peut exercer une action contre l'Etat, à raison d'un marché non approuvé par le ministre (Olivet, 20 juillet 1854 ; Favrichon-Dubois, 31 janvier 1873) (1).

Inversement, le fournisseur qui refuserait d'exécuter un marché, alors que le fonctionnaire subordonné lui a notifié que, par application du règlement susvisé, il approuvait le marché vu l'urgence, encourrait telles sanctions que de droit (Bonnot, 30 mai 1879).

517. Les marchés de gré à gré ont lieu : soit sur un engagement souscrit à la suite du cahier des char-

(1) Les travaux qui seraient exécutés et reçus ou les fournitures faites et prises en charge sans attendre l'approbation du marché, ne constitueraient pas moins l'Etat débiteur ; car celui-ci ne saurait s'enrichir aux dépens d'autrui. Jugé (Monin, 15 février 1907) que l'entrepreneur ne serait pas fondé, dans ce cas, à se prévaloir du défaut d'approbation pour demander que les ouvrages lui soient payés à dire d'experts, sans tenir nompte du rabais consenti. (*Contrà*, 13 janvier 1888, Martineau, p. 33.)

ges, soit sur une soumission souscrite par celui qui se propose de traiter ; soit sur correspondance, suivant les usages du commerce (décret du 18 novembre 1882, art. 19).

Lorsque les offres faites par l'une des parties ont été acceptées par l'autre, le contrat est formé.

L'acceptation peut être tacite : ainsi un particulier, sur l'offre qui lui est faite par l'administration d'assurer un service à tel prix et à telles conditions, livre, sans formuler de réserves ni d'observations, les fournitures qui lui ont été demandées ; il ne sera plus recevable à attaquer la décision ministérielle portant liquidation de la fourniture aux prix indiqués (ville de Paris, 17 mai 1878).

De même l'invitation adressée au soumissionnaire de réaliser le cautionnement prévu et de prendre les mesures nécessaires pour assurer le service à partir du jour fixé au marché, implique acceptation de ce marché par le ministre (Lanier, 17 avril 1891). Mais on ne saurait considérer comme un engagement la lettre par laquelle le ministre fait connaître à ses subordonnés qu'il a adopté tel modèle présenté par M. N..., industriel, si cette lettre n'a pas été communiquée à celui-ci (dans l'espèce, plans-reliefs destinés aux écoles et aux bibliothèques militaires). Le ministre n'est lié que dans la limite des commandes qui ont été faites en vertu de ses instructions (veuve Giorgio, 22 juillet 1892, p. 642).

§ 2. — Cautionnements.

518. Lorsque le cahier des charges d'une entreprise stipule la réalisation d'un cautionnement matériel, il ne peut être fait aucun paiement avant que l'entrepreneur ait justifié de cette réalisation (décret du 3 avril 1869, art. 181).

Le cautionnement peut être réalisé, à moins que le cahier des charges spéciales n'en dispose autrement, soit en numéraire, soit en rentes sur l'Etat, soit en immeubles. Dans ce dernier cas, l'immeuble doit être libre de tous privilèges ou hypothèques et sa valeur doit excéder d'un tiers le chiffre du cautionnement exigé. Il appartient au préfet de requérir la prise d'inscription hypothécaire au compte de l'Etat.

519. La mainlevée du cautionnement est prononcée par le ministre. Elle ne peut l'être qu'autant que le fournisseur a été reconnu quitte et libéré de toutes ses obligations et qu'il s'est écoulé six mois depuis la cessation de son service.

Ce délai est stipulé dans l'intérêt des tiers (sous-traitants, préposés et agents) qui, aux termes du décret du 12 décembre 1806, ont un privilège de second ordre (l'Etat vient en première ligne) sur les sommes dues aux entrepreneurs et le cautionnement affecté à l'entreprise, pour les livraisons qu'ils auraient faites à ceux-ci ou pour leur compte.

Le retard dans la restitution du cautionnement ne peut donner lieu qu'au paiement de la différence entre l'intérêt légal et l'intérêt servi par la Caisse des dépôts et consignations (Hardy, 1er décembre 1899, p. 698).

Les intérêts du cautionnement ou les arrérages des rentes qui le constituent cessent de courir au profit de l'entrepreneur du jour où le ministre l'a constitué en débet (1).

520. Le cautionnement peut être fourni par une tierce personne ; dans ce cas, il ne peut, sans le con-

---

(1) Il n'en est pas ainsi en matière de travaux publics. Le conseil de préfecture, sauf appel au Conseil d'Etat, a seul qualité pour déclarer l'entrepreneur débiteur envers l'Etat (Legrand, 12 juin 1891, p. 433).

sentement exprès du propriétaire réel, être affecté, soit à une nouvelle entreprise, soit à la gestion d'un successeur que l'entrepreneur aurait fait agréer par l'administration (Mortet, 14 mars 1851). Alors même que le cautionnement serait la propriété de l'entrepreneur primitif, il ne peut, sans le consentement exprès de celui-ci, être affecté à la garantie de l'entreprise du substitué (Rond, 1er avril 1881).

521. Dans certains cas, l'administration autorise l'entrepreneur à présenter, pour tenir lieu de cautionnement, une ou plusieurs cautions personnelles qui s'engagent, solidairement avec lui, à l'exécution de toutes les clauses et conditions du traité. Quelquefois même, l'administration exige double garantie : caution personnelle et cautionnement matériel. Les cautions personnelles doivent être agréées par l'administration et le refus opposé par celle-ci ne pourrait être l'objet d'aucun recours (Gournet, 12 janvier 1877).

522. La déchéance quinquennale ne s'applique pas à la restitution des cautionnements et il en est ainsi, que le cautionnement appartienne à l'entrepreneur ou à un tiers bailleur de fonds (Largey, 4 mai 1854). Mais la prescription de cinq ans atteint bien entendu, selon le droit commun, les intérêts de ces capitaux (art. 2277 du Code civil).

§ 3. — Sous-traitants et préposés. — Ouvriers.

523. A moins d'autorisation spéciale du ministre, l'adjudicataire ne peut céder à des sous-traitants une ou plusieurs parties de son entreprise (cahier des clauses et conditions générales du 16 février 1903, art. 14). Une cession non autorisée pourrait entraîner la résiliation du marché (art. 40, 5°). Dans tous les cas, l'en-

trepreneur titulaire reste seul responsable vis-à-vis de l'administration.

Les cessions de marchés ne doivent être autorisées qu'avec la plus grande réserve ; car l'opération n'a souvent d'autre objet que de soustraire leur gage à des créanciers, et l'acquiescement complaisant de l'administration exposerait celle-ci à une action fondée sur l'article 1167 du Code civil.

524. En fait, la plupart des préposés des entrepreneurs à la ration, dans les petites places surtout, ne sont que des cessionnaires d'une partie du marché ; mais ils ne peuvent invoquer cette qualité vis-à-vis de l'administration, pour laquelle ils ne sont jamais que des préposés, révocables à sa volonté, inaptes à discuter les ordres ou mesures d'exécution et les règlements des comptes de l'entreprise (1).

Lorsqu'un préposé a fait une fourniture pour le compte de l'entrepreneur, il ne peut pas obtenir d'être remboursé directement par l'administration, alors même qu'il serait détenteur de bons de fournitures. Mais l'administration est tenue de lui délivrer, en échange de ces bons, un récépissé dit *bordereau de dépôt*, qui lui permet de faire valoir son privilège sur les sommes dues à l'entrepreneur (décret du 12 décembre 1806). C'est devant les tribunaux civils que ce privilège doit s'exercer (Leleu, 14 août 1852) (2).

C'est également devant cette juridiction que doivent

---

(1) Au sujet de la recevabilité de l'intervention des créanciers, bailleurs de fonds, cessionnaires de créances dans les procès intentés par l'entrepreneur à l'Etat, voir ci-dessus, n° 383 (travaux publics).

(2) Ce privilège ne peut être invoqué par les sous-traitants occultes ; ils doivent avoir été agréés par l'administration ou tout au moins avoir agi ouvertement (Cassation, 16 juin 1900, Parly). Le bordereau de dépôt, s'il facilite l'exercice du privilège, n'est pas cependant indispensable à cet effet (même arrêt).

être portées toutes contestations entre l'entrepreneur et ses préposés, sous-traitants, fournisseurs, etc., alors même qu'il s'agirait d'une action en garantie, à l'occasion d'un acte administratif (Compagnie des transports généraux, 8 février 1866) (1).

525. L'interdiction de se substituer un tiers entraîne celle de constituer une société, sans l'agrément du ministre, pour l'exploitation d'un marché (Laffitte, 28 juillet 1869).

526. Le décret du 10 août 1899, sur les conditions du travail, s'applique en principe aux marchés de fournitures. Toutefois cette réglementation n'est exigée que dans les ateliers spécialement organisés en vue de l'exécution du marché, comme les ateliers de confection d'effets, les manufactures de draps de troupe, les fabriques de conserve, etc. On ne pouvait songer à réglementer les conditions de la main-d'œuvre dans des ateliers où les commandes de l'Etat ne représentent qu'une partie plus ou moins réduite de la production.

§ 4. — Inexécution des clauses du marché. — Retards dans l'exécution. — Cas de force majeure. — Sursis. — Amendes.

527. Lorsqu'un entrepreneur n'exécute pas son marché, l'administration a le droit, non seulement d'en prononcer la résiliation, mais de le faire exécuter aux frais du défaillant (art. 1144 du Code civil, art. 39 et 40 du cahier des clauses du 16 février 1903).

Un simple retard ne suffit pas, en général, pour que l'entrepreneur soit réputé défaillant : une mise en

---

(1) Voir cependant note 2 sous le n° 449. L'arrêt cité s'applique aux marchés de fournitures, sauf que la contestation est du ressort du ministre avec appel au Conseil d'Etat.

demeure avec assignation d'un nouveau délai doit lui être préalablement adressée (art. 39 du cahier des charges).

Jugé dans ce sens par le Conseil d'Etat, même en l'absence de dispositions contractuelles (Vergnon, 11 juillet 1873 ; Rouvière, 20 février 1874).

Mais il en serait autrement s'il résultait, soit de la nature du marché, soit des circonstances, que l'exécution dans les délais stipulés était une condition essentielle du marché (art. 1146 du Code civil). Ainsi un fournisseur s'engage à livrer du pain à une troupe de passage : il est bien clair que, si la livraison n'est effectuée que le lendemain ou même le soir du jour de l'arrivée des troupes, elle sera à bon droit refusée.

Même solution si des effets d'habillement, commandés pour une troupe appelée à faire campagne, n'étaient livrés qu'après ce départ (Tarrides, 16 juillet 1880), ou encore si des denrées destinées à une place qui est menacée d'investissement étaient livrées après l'expiration du délai et la cessation des hostilités (Lecomte-Dupond, 19 juillet 1872).

En vain le fournisseur objecterait-il qu'on a accepté et même payé une partie de sa fourniture : cette circonstance n'implique pas, de la part du ministre, renonciation à son droit de résilier (Clert, 17 décembre 1880).

528. Les cahiers des charges stipulent fréquemment (V. art. 39 du cahier du 16 février 1903) une amende à payer pour l'entrepreneur en cas de retard dans l'exécution, sans préjudice du droit de prononcer la résiliation si les retards sont de nature à motiver cette rigueur.

Le Conseil d'Etat a jugé, conformément aux articles 1139, 1146 et 1230 du Code civil, que l'amende n'est

exigible que si l'entrepreneur a été mis en demeure,
à moins qu'il n'ait été mentionné expressément dans
le cahier des charges que, sans qu'il soit besoin d'acte
et par la seule échéance du terme, l'entrepreneur sera
en demeure (Laurent, 12 novembre 1880).

529. Lorsque l'exécution d'un marché demande un
certain temps (par exemple, transformation ou fabrication d'armes) et qu'il a été stipulé un terme pour
l'achèvement du travail, le ministre peut prononcer
la résiliation du marché, même avant l'échéance, si
l'entrepreneur, mis en demeure de commencer le travail, est resté inactif et s'il est établi que le temps restant à courir est matériellement insuffisant pour le
mener à bien (Joubert, 4 août 1870).

530. Les cahiers des charges stipulent, en général,
que les délais d'exécution courront du jour de la notification de l'approbation ministérielle.

Dans cette hypothèse, aucune difficulté n'est à prévoir. Mais ils fixent aussi quelquefois à une date déterminée le point de départ des délais. Le cas échéant,
l'entrepreneur ne serait évidemment pas en faute, si
l'approbation ministérielle n'intervenait qu'après le
terme fixé. Le Conseil d'Etat a même jugé (Compagnie des hauts-fourneaux de Franche-Comté, 9 février 1872) que, si cette approbation arrivait avant
l'échéance, mais tardivement, il y avait lieu de reporter le terme à une date telle que le soumissionnaire
eût, pour l'exécution de son marché, le délai sur lequel les parties avaient pu raisonnablement compter (1).

---

(1) Dans l'espèce, le Conseil d'Etat évaluait à dix jours la durée
normale de la période qui s'écoule entre la passation d'un marché
et la notification de la décision ministérielle.

531. Des sursis peuvent être accordés par l'administration s'il est justifié par l'entrepreneur dans un certain délai (trois jours, suivant le cahier des charges de 1903) que des circonstances de force majeure l'ont empêché de satisfaire à ses engagements. Faute de se conformer à ces prescriptions, le fournisseur serait mal fondé à obtenir la restitution des retenues subies pour retards, alors même que les faits tardivement invoqués constitueraient réellement des événements de force majeure (Brémond, 4 mars 1892, p. 244).

L'entrepreneur n'est pas en faute et n'est passible d'aucune retenue ou amende, lorsque le retard est imputable à l'administration ; que, par exemple, les matières premières destinées à la confection des effets ne lui ont pas été livrées en temps utile (Dacosta, 27 janvier 1893, p. 71).

532. La grève ne constitue un cas de force majeure que lorsque, par son caractère général, elle rend pratiquement impossible la continuation des travaux. Lorsqu'elle est limitée aux personnels de l'entreprise, l'administration violerait la neutralité qui lui est imposée si, par la concession d'un sursis, elle reconnaissait implicitement que les prétentions des ouvriers ne peuvent recevoir satisfaction (Cour de Rennes, 28 juin 1894 ; D. P., 95, II, p. 214 ; Douai, 28 juin 1901 ; Aix, 21 novembre 1901 ; D. P., 1902, II, p. 196).

533. Si l'événement de force majeure empêche absolument l'exécution du contrat, les parties sont mutuellement déliées de leurs obligations (Lamblé, 15 novembre 1872 ; Faist, 8 mai 1874). L'entrepreneur ne peut prétendre à aucune indemnité (art. 1788 du Code civil ; art. 37 du cahier des charges) ; et, réciproque-

ment, les clauses pénales du marché deviennent inapplicables.

Mais l'entrepreneur ne pourrait invoquer à sa décharge : ni un événement de force majeure survenu depuis sa mise en demeure et qui ferait obstacle à l'exécution (Pigeon, 18 février 1858), ni un accident fortuit dû en partie à sa négligence : par exemple, la rupture, par suite de vétusté, de la roue -hydraulique d'une usine (Nioul, 9 février 1877).

§ 5. — Réception des fournitures. — Contestations.

534. Les obligations de l'entrepreneur ne consistent pas seulement à assurer la fourniture dans les délais prévus ; celle-ci doit réunir les qualités stipulées au marché.

Il a été jugé :

Que de légères imperfections ne sont pas de nature à entraîner le refus (Capdevielle, 9 mars 1900, p. 195) ;

Que des objets n'ayant pas le poids prévu au cahier des charges, mais étant de dimensions et de qualité suffisantes pour l'usage auquel ils sont destinés (tuyaux de fonte) doivent être acceptés, sauf déduction de prix correspondant au poids manquant (ville de Montargis, 2 mars 1900, p. 174).

535. Les réceptions ont lieu, soit dans les magasins de l'Etat, soit dans les usines, ateliers, magasins ou chantiers de l'entrepreneur. Les commissions de réception, les experts et les personnes que le ministre commet à cet effet procèdent aux vérifications conformément aux règlements et instructions en vigueur (art. 27 du cahier du 16 février 1903).

A moins de stipulations contraires contenues dans le cahier des charges spéciales à la fourniture, le fournisseur peut, dans un délai de cinq jours, former appel des décisions portant rejet, ajournement, etc. Le chef de service peut se pourvoir contre ces décisions dans le même délai.

Le litige est porté devant des « commissions d'appel » dont la composition est indiquée par les instructions spéciales à chaque service. Leurs décisions sont exécutoires, sauf recours au ministre de la guerre.

Lorsque l'entrepreneur n'a pas usé du droit qui lui est réservé de faire examiner par une commission la marchandise rebutée, il ne saurait se prévaloir de la manière dont cette commission, réunie d'office par le sous-intendant, a fonctionné, pour demander l'annulation de la décision ministérielle qui a rejeté ses réclamations (Marandon, 22 mars 1895, p. 284).

536. Jugé :

Que, si des échantillons ont été prélevés sur la fourniture pour examen du recours (art. 32 du cahier des charges) et si ce prélèvement a été opéré hors la présence de l'entrepreneur ou de son représentant, l'omission de cette formalité a privé l'entrepreneur d'une garantie essentielle et doit entraîner l'annulation des décisions prises (Maître, 9 juin 1905, p. 534 ; Chambon, 9 mars 1906, p. 217) ;

Que, s'il a été stipulé un délai de garantie au cours duquel les avaries, contradictoirement constatées, seront à la charge du fournisseur, et si, contrairement à ces dispositions, le fournisseur n'a pas été invité à assister à cette constatation, les denrées rebutées doivent lui être payées aux prix du marché (Brémond, 4 mars 1892, p. 244) ;

Que, en présence de l'impossibilité de procéder à une expertise, les denrées ayant été vendues par les soins de l'autorité militaire, il y a lieu, pour la décision à prendre au regard du fournisseur, de s'en référer aux constatations primitives faites par une commission prévue au cahier des charges (Chambon, 9 mars 1906, p. 217).

S'il est établi *en fait*, par l'instruction, que la marchandise n'était pas recevable, le rejet, malgré les irrégularités commises, ne donnera lieu à aucune indemnité au profit du fournisseur (9 juillet 1880, Larose ; 5 avril 1889, Richer, p. 476).

537. Le ministre fait procéder par telle voie qu'il juge convenable à l'examen du recours ; s'il croit devoir faire procéder à des expertises, le fournisseur ne peut prétendre y assister.

Ce moyen d'information, employé par le ministre dans le but de s'éclairer, ne fait nul obstacle aux droits du requérant de discuter ultérieurement la décision prise à son égard (Lecerf et Sarda, 17 janvier 1896, p. 49).

538. Les appels et les recours sont, en principe, suspensifs des décisions attaquées. Cependant, lorsqu'il s'agit de fournitures, de denrées ou matières dont le remplacement, en cas de refus, ne saurait souffrir aucun retard (par exemple, denrées pour la consommation journalière), les cahiers des charges spéciales font connaître les droits et obligations réciproques de l'administration et de l'entrepreneur (art. 28 et 30 du cahier du 16 février 1903) (remise au domaine, vente par un officier public, destruction ou dénaturation ou enfouissement des denrées, etc.).

La décision prise ne fait pas obstacle à ce que l'entrepreneur fasse valoir, devant la juridiction compétente, ses droits à indemnité. Il n'appartient, en effet, à aucune autorité administrative de statuer définitivement et sans appel. De telles dispositions, lorsqu'elles sont insérées dans les cahiers des charges, sont impuissantes à modifier l'ordre des juridictions et ne sont pas opposables à l'entrepreneur. Elles doivent seulement s'entendre en ce sens que la décision est exécutoire, *nonobstant appel* (Hertz, 24 mars 1882 ; Wolf, 9 juin 1882 ; Ferré, 24 mai 1889).

539. Le juge des marchés de fournitures est compétent pour décider, non seulement si la fourniture répond aux conditions du cahier des charges, mais si les procédés de fabrication imposés par l'administration permettent d'obtenir les produits remplissant ces conditions (Guitton, 23 février 1906, p. 192), ou quelles ont été les causes de l'altération (Michel, 9 juin 1893, p. 463).

S'il est reconnu que c'est pendant le séjour dans les locaux de l'Etat et à raison de la défectuosité des magasins ou des récipients que les avaries se sont produites, le prix de la fourniture sera dû à l'entrepreneur sans aucune déduction (Vendroux, 13 juillet 1892, p. 619).

540. Tant que la fourniture n'a pas été reçue, elle reste aux risques du fournisseur. La circonstance que des sacs ou des tonneaux appartenant à l'administration ont été prêtés pour faciliter la livraison (Larou, 9 juillet 1880 ; Bonnet, 25 juillet 1873) (1) ; ou que, à défaut de moyens ordinaires de transport, des wagons ont été requis pour faire arriver les denrées à destination (Blin, 21 mars 1873 ; Bonnet, 25 juillet 1873), ne modifie nullement les obligations du fournisseur et le laisse responsable jusqu'à acceptation définitive.

Mais il y aurait une véritable prise de possession si, les marchandises étant livrées au lieu convenu,

(1) A moins que les récipients, étant contaminés, ne soient la cause de l'avarie (n° 539).

l'administration en ordonnait la réexpédition sur un autre point. Elles voyageraient désormais aux risques de l'administration, alors même que le fournisseur se serait chargé de ce transport (Strauss, 8 août 1872).

541. La marchandise qui est entrée dans les magasins de l'administration, mais non encore reçue, est, avons-nous dit, aux risques du fournisseur ; c'est-à-dire que, si elle vient à périr par cas fortuit, la perte sera pour lui. Mais l'administration est, bien entendu, responsable *en tant que dépositaire* et doit apporter, dans la garde de la chose déposée, les mêmes soins que dans la garde des choses qui lui appartiennent (art. 1927 du Code civil ; art. 23 du cahier des charges).

La même règle s'applique aux approvisionnements de l'entrepreneur, alors même que les approvisionnements ont été constitués par ordre. Autrefois, et par dérogation à l'article 1788 du Code civil, l'État prenait à sa charge les pertes et avaries provenant de certains faits limitativement déterminés, comme le vol à main armée, l'incendie, la prise ou destruction par l'ennemi, etc. (règlement du 26 mai 1866, art. 377).

Cette clause était d'ailleurs légale ; car rien ne s'oppose à ce que les ministres acceptent pour l'administration les conséquences des cas de force majeure (Compagnie du Nord, 17 mars 1893, p. 245).

§ 6. — Résiliation. — Marché par défaut.

542. Le marché par défaut n'est pas nécessairement lié à la résiliation. Celle-ci peut être pure et simple ; elle n'entraîne alors à la charge de l'entrepreneur que les imputations pour retards prévues par le cahier des charges, jusqu'au jour de la résiliation inclusivement. Par contre, le marché par défaut peut être limité aux

fournitures en retard, sans qu'il y ait résiliation et, par conséquent, sans que l'entrepreneur ni l'Etat soient dégagés, pour le surplus, de leurs obligations réciproques.

Lorsque l'administration veut se réserver la faculté, tout à la fois de prononcer la résiliation et de passer un nouveau marché aux risques et périls de l'entrepreneur; elle doit donc le spécifier expressément (Hemerdinger, 20 mars 1896, p. 282, et 4 mars 1898, p. 187). On peut craindre que l'article 41 du cahier des charges du 16 février 1903 ne soit pas à cet égard assez explicite.

543. Nous avons déjà eu l'occasion de citer un arrêt du 18 novembre 1904 (Mortier, p. 727) d'après lequel la réadjudication sur folle-enchère (laquelle n'est qu'un marché par défaut) doit avoir lieu aux mêmes conditions de forme et de fond que l'adjudication primitive ; d'où il résulterait que, si le marché a été passé par adjudication publique, cette forme doit être également employée pour le marché par défaut.

Le règlement d'administration publique du 18 novembre 1882 spécifie cependant (art. 18, 11°) qu'il peut être traité de gré à gré « pour les fournitures que l'administration doit faire exécuter aux lieu et place des adjudicataires défaillants et à leurs risques et périls ». Quoi qu'il en soit, l'article 41 du cahier des charges du 16 février 1903 prévoyant expressément l'emploi du marché de gré à gré « lorsque, par suite de circonstances dont le ministre est seul juge, l'intérêt du service l'exige », il ne paraît pas que, dans les marchés de la guerre tout au moins, cette procédure puisse donner lieu à contestation.

544. Le marché par défaut peut s'appliquer à la totalité du service. L'administration peut aussi, si elle

le juge convenable, fractionner la fourniture entre plusieurs personnes, et le défaillant objecterait vainement que l'administration écarte ainsi les gros commerçants et fait hausser les prix à son préjudice (Giret. 13 novembre 1874). Mais elle n'a pas le droit de modifier les conditions de la fourniture, de traiter par exemple, pour des blés exotiques, si le marché primitif avait pour objet des blés indigènes (Landrieu, 29 juillet 1881).

Lorsque, dans un cahier des charges, l'administration a stipulé la faculté de prorogation, le marché par défaut peut embrasser non seulement la période restant à courir, mais encore la durée de cette prorogation (Ducombs, 24 juin 1881).

545. Si, par suite de circonstances dont le ministre est le seul juge, il est impossible de passer un nouveau marché, l'administration peut avoir recours au système de la régie et utiliser dans ce but le matériel et les ateliers que l'entrepreneur employait à l'exécution du service, à charge de l'indemniser soit à l'amiable, soit d'office, d'après une expertise contradictoire, sauf recours au Conseil d'Etat contre la décision ministérielle (cahier des charges, art. 41).

546. Les excédents de dépenses qui résultent de l'exécution du service par défaut sont à la charge de l'entrepreneur ; les diminutions profitent exclusivement à l'administration (ibid.) (Dubreuil, 12 mars 1880 ; Landrieu, 29 juillet 1881).

547. L'entrepreneur défaillant ne peut s'immiscer en rien dans la gestion du nouvel adjudicataire (Giret, 13 novembre 1874, p. 861). Si celui-ci est à son tour défaillant, les conséquences de ce fait peuvent-elles être mises à la charge de l'entrepreneur primitif ? La

commission extra-parlementaire des marchés, réunie
en 1898 sous la présidence de M. le sénateur Boulan-
ger, résout la question négativement ; mais cette opinion nous paraît contestable. Si le nouvel adjudicataire force encore le rabais, peut-être après entente
avec le défaillant, nous ne pouvons admettre que sa
témérité améliore le sort de son prédécesseur. Nous
voulons bien que le second adjudicataire, s'il est à
son tour défaillant, soit débiteur principal des frais
qu'il a, par son fait, imposés à l'Etat ; mais le premier
doit en être tenu subsidiairement.

548. Le marché doit, en général (et la même règle
s'applique à la résiliation pure et simple), être précédé
d'une mise en demeure. A défaut de cette formalité,
la décision prise sera entachée de nullité ; et cette
nullité pourra être demandée alors même qu'en fait
le marché par défaut n'aurait pas été passé ; car le
fournisseur aura été privé du droit que lui assurait
le marché de présenter des denrées pour le remplacement de la fourniture refusée (Laplace, 7 février 1902,
p. 90).

La mise en demeure préalable n'est pas nécessaire
s'il y a eu transmission illicite du marché ; ou si les
rejets ont dépassé une proportion fixée par le marché ; ou s'il a été présenté en livraison des effets ou
objets dans la confection ou la fabrication desquels
entrent des matières rejetées ; ou si des fournitures
précédemment refusées sont représentées à nouveau
(cahier des charges, art. 40).

Le cahier des charges pouvait se dispenser de citer
ces deux derniers cas ; car les agissements qu'il prévoit ont un caractère nettement frauduleux, et dans
les cas de fraude dûment constatée, de quelque manière qu'elle se soit manifestée, la mise en demeure ne

se conçoit pas. Par le fait même de son marché, l'entrepreneur est constamment en demeure d'exécuter loyalement ses obligations (implicitement : Hémerdinger, 20 mars 1896).

549. Indépendamment des causes déjà énumérées et qui se rattachent à l'exécution même du marché (retards, rejets, manœuvres frauduleuses), la résiliation (suivie ou non de marché par défaut) peut encore être prononcée pour défaut de réalisation de cautionnement, cession illicite du marché, inobservation des lois et règlements sur les conditions du travail (art. 40 et 41 du cahier des charges).

Outre les mesures administratives dont les entrepreneurs et fournisseurs militaires peuvent être l'objet, ils sont passibles des peines édictées par les articles 430 à 433 du Code pénal, contre les fournisseurs et leurs agents qui, sans y avoir été contraints par une force majeure, ont fait manquer les services dont ils étaient chargés, ou qui ont commis des fraudes sur la qualité, la nature ou la quantité des choses fournies (1) (2).

La poursuite ne peut avoir lieu que sur la dénonciation du gouvernement (3).

Il faut appliquer ici le principe de l'indépendance des pouvoirs administratif et judiciaire. Sans doute,

_____

(1) La loi du 1er août 1905 sur les fraudes n'a pas abrogé l'article 433 du Code pénal, qui demeure applicable aux fournisseurs de l'armée.

(2) Rappelons également qu'aux termes de l'article 68 de la loi de finances du 16 avril 1895, tous les jugements portant condamnation à la prison pour fraudes commises dans les fournitures militaires, doivent être insérés au *Journal officiel*.

(3) Cette disposition, qui a pour but d'arrêter une action publique intempestive, ne fait pas obstacle à ce que, pour interrompre le cours de la prescription, l'inculpé soit l'objet d'un réquisitoire à fin d'information (Cassation, 8 décembre 1899; D. P., 1902, p. 117).

si le tribunal correctionnel dénie la matérialité des faits, il y aura chose jugée, et les faits ne pourront être retenus au point de vue des sanctions administratives qu'ils auraient pu comporter (Cassation, 10 janvier 1893 et 28 avril 1903 ; *Gazette des tribunaux*, 5 septembre 1903). Mais il en sera autrement si le jugement, tout en reconnaissant l'exactitude des faits incriminés, s'est borné à en contester, soit l'intention délictueuse, soit la qualification pénale résultant de la prévention (Calmettes, 29 juin 1888, Conseil d'Etat).

Jugé dans le même ordre d'idées que si, en fixant à une certaine somme le montant de l'amende infligée, le tribunal a implicitement admis que le dommage causé à l'Etat n'atteignait pas le quadruple de cette somme (art. 433 du Code pénal), la juridiction administrative n'est nullement liée par cette appréciation et peut allouer à l'Etat des dommages supérieurs (Lebas, 28 janvier 1881).

§ 7. — Des cas où la résiliation n'a pas le caractère d'une sanction pénale.

550. *a*) La résiliation peut être le fait de l'administration, soit que les événements, en vue desquels le marché a été passé, ne se réalisent pas, soit insuffisance de crédits ou toute autre cause.

Dans ce cas, une indemnité doit être allouée à l'entrepreneur et comprendre non seulement les pertes qu'il a éprouvées, mais encore les bénéfices dont il a été privé (art. 1149 et 1794 du Code civil ; 20 juin 1873, Lageste). Notons que les bénéfices n'auraient été réalisés qu'au fur et à mesure de l'exécution du marché, tandis que l'indemnité sera exigible à dater de la résiliation. Le juge doit tenir compte de cette anticipation de jouissance dans la fixation de l'indemnité (Lageste, 4 juin 1875).

551. *b) Décès du fournisseur.* — Divers cas peuvent se présenter.

1° Le marché, par sa nature même, est dissous *de plano*. Il n'en peut être ainsi que des contrats *intuitu personæ*, ceux par exemple que prévoit le § 5° de l'article 18 du décret du 18 novembre 1882 : « Fournitures d'objets d'art et de précision dont l'exécution ne peut être confiée qu'à des artistes ou industriels éprouvés. » Toute obligation cesse de part et d'autre, sans indemnité.

2° Le marché n'est pas dissous de plein droit; mais, par application de l'article 42 du cahier des clauses et conditions générales, le ministre en prononce la résiliation immédiate. Cette décision dégage les héritiers, à moins qu'ils ne soient en faute de n'avoir pas notifié le décès, auquel cas un marché pourrait être passé à leurs risques et périls (même art.).

3° Le ministre n'a pas prononcé la résiliation immédiate. Les héritiers sont alors tenus d'assurer le service pendant deux mois. A l'expiration de ce délai, le marché est résilié par application dudit article 42, si les héritiers n'ont pas été autorisés à le continuer.

552. *c) Faillite.* — En cas de faillite, si le contrat, par sa nature, n'est pas dissous de plein droit, le ministre peut en prononcer la résiliation, ou autoriser, sur leur demande, les créanciers à le continuer. Il est procédé de même au cas de liquidation judiciaire, si l'entrepreneur n'est pas autorisé par le juge à poursuivre l'exploitation de son industrie. Si, au contraire, il y est autorisé, le marché suit son cours.

§ 8. — Observation applicable à tous les cas de résiliation.

553. Dans tous les cas de résiliation pure et simple, la caution, s'il en existe une, est du même coup dégagée de ses obligations. S'il y a marché par défaut, elle reste tenue avec le débiteur principal.

§ 9. — Changements dans le cours du marché. Indemnités.

554. Nous étudierons sous ce titre :

1° Les modifications qui peuvent être apportées, dans le cours du marché, aux conditions d'exécution ;

2° Les causes qui peuvent donner lieu à indemnité.

555. L'augmentation de la main-d'œuvre, le renchérissement des denrées ou des matières ne donnent lieu à aucune augmentation de prix, à aucune indemnité (art. 1793 du Code civil ; art. 47 du cahier des charges ; Médan, 28 janvier 1858).

Il en est ainsi alors même que le renchérissement des denrées pourrait être attribué aux achats directs de l'administration (Badenco, 26 décembre 1856 ; Dreyfus, 26 décembre 1879), ou à un événement de force majeure (guerre ou insurrection) supprimant une ou plusieurs des sources de production (Badenco, 26 décembre 1856) ; ou à des mesures prises par l'administration elle-même dans la limite de ses droits (Even, 24 mai 1859 : suppression d'un chemin militaire ; Dubourg, 16 juillet 1857 : mesures prises en Algérie pour la conservation des bois ; Postolano, 20 novembre 1885, p. 861 : insurrection éclatant dans la région et ayant pour conséquence d'augmenter le prix des transports) ; ou à l'engagement qu'aurait pris le ministre d'un autre département (dans l'espèce, ministre des colonies), de payer un prix minimum pour les fournitures faites à son département (Prévet, 8 mars 1901, p. 277).

Cependant, si la denrée qui fait l'objet du marché devenait tellement rare qu'on pût la considérer comme n'étant plus dans le commerce, l'entrepreneur devrait être tenu comme dégagé par force majeure de ses obligations.

Il en serait ainsi si, 'dans un intérêt d'ordre et de sûreté publics, le gouvernement réquisitionnait toutes les denrées de l'espèce (Vaury, 9 avril 1875 : siège de Paris, cours forcés).

Il en serait de même si, par suite d'un concert entre les producteurs (dans l'espèce, éleveurs de la Nouvelle-Calédonie), l'exécution du marché (fournitures de conserves de viande) devenait impossible (Savès, 20 mai 1904, p. 408).

Dans certains marchés qu'on est obligé de passer à longue échéance, en raison des frais d'installation que nécessite la fourniture (confection des draps de troupe, par exemple) et où la matière première est sujette à de sérieuses variations de cours, il est stipulé que la révision des prix pourra avoir lieu à certaines échéances. Les nouveaux prix sont fixés par le ministre après expertise contradictoire, et sauf recours au Conseil d'Etat.

556. *Droits d'octroi*. — Il est tenu compte aux fournisseurs, en plus ou en moins, des augmentations ou des diminutions apportées aux droits d'octroi après l'adjudication (art. 46 du cahier des charges).

Cette clause n'a d'effet que si les tarifs sont réellement modifiés. Elle n'en a aucun si le tarif, tout en restant le même, vient à être appliqué différemment, par suite d'une nouvelle interprétation que donne à ses dispositions l'autorité compétente (Nize-rolles, 6 juillet 1854).

Il n'est pas tenu compte des surtaxes existantes ou même seulement votées, bien que non encore approuvées au jour de l'adjudication (Bosdure, 13 juillet 1892, p. 626).

Les droits d'octroi sont déduits du prix de la fourniture lorsque les denrées sont consommées en dehors des limites de l'octroi (Pivoteau, 11 janvier 1901, p. 30 ; Letailleur, 22 avril 1904, p. 338). Il appartient à l'entrepreneur dont les magasins seraient situés dans le périmètre d'octroi de réclamer à la municipalité le bénéfice de l'entrepôt fictif (Ordonn. du 9 déc. 1814 ; décret du 17 mai 1809).

557. *Droits de douane.* — « Les droits de douane, sauf lorsqu'il s'agit de denrées ou de matières de provenance exclusivement exotique, ne donnent jamais lieu à compensation. » (Art. 46 du cahier des charges).

Pour diminuer autant que possible les aléas du marché, il serait évidemment désirable qu'on pût appliquer aux droits de douane la même règle qu'aux droits d'octroi ; mais on se heurterait à de graves difficultés. Si la matière faisant l'objet du marché provient exclusivement de l'étranger, rien de plus simple : tout droit établi à l'importation entraîne sur le prix une augmentation égale ; mais, si l'importation ne représente qu'un quantum de la consommation, les droits d'entrée sur les produits étrangers ne font hausser le prix moyen sur les marchés français que dans la proportion où ces produits étrangers concourent, avec nos propres produits, aux besoins de notre consommation. « C'est une erreur de croire (cette erreur a été commise dans un arrêt Manégat, du 8 décembre 1853) que, lorsqu'un nouveau droit de douane est établi sur un produit étranger, le prix des produits similaires français s'élève de tout le montant de ce droit. » (Conclusions de M. le commissaire du gouvernement Gauwain, dans l'affaire Parry, 23 mars 1888, p. 306). Pour déterminer, le cas échéant, la compensation qui pourrait être due à l'entrepreneur, il faudrait donc rechercher, dans chaque cas particulier, les conséquences effectives de la loi de douane, et, à cet effet, comparer les cours cotés sur les places de l'arrondissement de fourniture, depuis la promulgation de la loi jusqu'à expiration du marché, avec ceux constatés pendant les années précédentes, à la même époque, en tenant compte de l'abondance ou de l'insuffisance de la récolte dans la contrée et de toutes autres circonstances qui, en dehors de la loi de douane, ont été de nature à influer sur les cours indiqués par les mercuriales (Brunet, 7 août 1891, p. 606 ; Becque, 24 juillet 1896, p. 594).

Pour éviter ces difficultés, le cahier des charges de 1903 n'admet la compensation des droits de douane que lorsque le marché a pour objet des matières ou denrées de provenance exclusivement exotique.

Il n'y a pas lieu, le cas échéant, de tenir compte des modifications aux droits de douane survenues avant l'approbation du marché (Desmond, 6 février 1891, p. 86), ni des modifications survenues après le terme fixé pour l'exécution du marché et dépassé par la faute du fournisseur (d'Adhémar, 7 août 1900, p. 558).

Le Conseil d'Etat n'est d'ailleurs pas compétent pour décider si les droits de douane perçus étaient légalement exigibles (Perrier, 12 janvier 1894, p. 28).

558. L'entrepreneur a le droit et l'obligation d'exécuter toutes les fournitures que lui promet son marché. Si un maximum a été prévu, il n'est pas tenu au delà de ce maximum ; réciproquement, si le maximum est atteint, l'administration reste libre de passer des marchés spéciaux pour la fourniture en excédent (Lauvin-Schraën, 19 février 1897, p. 144).

Lorsque le maximum n'a pas été atteint et que, contrairement aux clauses du marché, l'administration a adressé une commande à des tiers, une indemnité est due à l'entrepreneur (1). Si les deux commandes réunies ont dépassé le maximum, l'indemnité doit être calculée sur le nombre d'effets qu'il eût été nécessaire de commander à l'entrepreneur pour atteindre le maximum garanti. Si les deux commandes réunies n'ont pas atteint le maximum, l'indemnité doit être calculée sur la totalité de la commande faite à des tiers (même arrêt). Dans l'espèce, l'indemnité a été fixée à 20 p. 100 du prix moyen des fournitures indûment enlevées à l'entrepreneur.

559. Lorsque le marché stipule un minimum de fournitures, une indemnité est due lorsque les commandes n'atteignent pas ce minimum, alors même qu'aucune fourniture n'aurait été distraite du marché pour être adjugée à un tiers.

N'a pas ce caractère de clause par laquelle un four-

---

(1) Par application de cette clause, il a été jugé (Linden, 8 décembre 1905, p. 919) que, des effets ayant été prélevés, pour les troupes coloniales sur l'approvisionnement d'un arrondissement (troupes métropolitaines), la fourniture des effets destinés à recompléter l'approvisionnement revenait de droit à l'entrepreneur dudit arrondissement. Cette solution n'est peut-être pas à l'abri de la critique. Si, en effet, l'administration s'était adressée à l'entrepreneur de la circonscription, le fournisseur des troupes coloniales eût été fondé à se plaindre. A quelque parti que s'arrêtât l'administration, elle aurait donc eu, suivant la doctrine de l'arrêt, des dommages-intérêts à payer.

nisseur s'engage à fournir un certain nombre d'appareils dans un délai déterminé. Elle n'emporte pas pour le ministre l'obligation de conformer ses commandes aux quantités prévues (Malen, 14 janvier 1887, p. 38).

560. Lorsqu'il est apporté au marché en cours d'exécution des modifications non prévues au cahier des charges, une indemnité est due à l'entrepreneur (Tasset, 17 février 1851) ; mais il faut pour cela que les modifications aient été ordonnées par l'autorité compétente, c'est-à-dire par le ministre ou par un fonctionnaire dûment autorisé. L'entrepreneur ne saurait, par exemple, se prévaloir d'une lettre qui lui aurait été adressée par un officier d'administration et qui tendrait à changer les conditions de la fabrication du pain (Langlade, 24 novembre 1876 ; Ferré, 24 mai 1889, p. 655).

Alors même que les cahiers des charges stipulaient que telles ou telles modifications (par exemple variations dans les effectifs à pourvoir) ne pourraient donner lieu à aucune réclamation, le Conseil d'Etat a fréquemment admis le principe d'une indemnité, lorsqu'il a reconnu que les modifications n'avaient pu, en raison de leur importance, entrer dans les prévisions des parties et qu'elles avaient altéré les conditions essentielles du marché.

Ainsi jugé dans une affaire Mouthe (16 juin 1876) : Il s'agissait d'un marché de transports dans le cours duquel on avait augmenté notablement l'effectif des places difficilement accessibles, alors que l'effectif des autres était, au contraire, diminué. « Les prévisions, dit l'arrêt, en vue desquelles l'entrepreneur avait soumissionné, ont été renversées à son préjudice. »

Jugé de même, à l'occasion de marchés de chaussures stipulant pour l'administration la faculté de modifier les proportions des pointures, que les changements ordonnés avaient aggravé notablement les charges de l'entreprise et devaient donner lieu à indemnité (Godillot, 25 avril 1873 ; Godillot, 31 mai 1878 ; Société générale des fournitures, 25 juillet 1890, p. 722).

Jugé d'ailleurs que, si la proportion pour mille de chaque type n'était donnée qu'à titre de renseignement et pouvait varier suivant les nécessités du service, cette faculté n'entraînait pas celle de reviser les types eux-mêmes et d'introduire dans les tableaux des pointures des effets de tailles supérieures à celles prévues auxdits tableaux (Collin 19 juillet 1889, p. 209).

Jugé aussi :

Que le changement de couleur du drap d'un effet constitue substitution d'un type nouveau à celui prévu et donne droit à la revision des prix (Collin, 19 juillet 1889, p. 209 ; Froment, 18 juillet 1890, p. 683) ;

Que, lorsque le cahier des charges prévoit une indemnité en cas de suppression d'un type de chaussures, cette indemnité est due si, en fait, les commandes de ce type sont suspendues pendant une longue période de temps, alors même que la catégorie d'effets (souliers de repos) continuerait à être en usage dans l'armée (Collin, 20 juillet 1906, p. 661).

561. Lorsque le Conseil d'Etat a jugé que les modifications n'avaient pas eu un caractère excessif, susceptible de porter une atteinte sérieuse aux bases qui avaient servi à fixer les prix du traité, il a rigoureusement appliqué le cahier des charges et refusé

toute indemnité (Heurtey, 12 août 1851 ; Laffitte, 25 mai 1877).

Dans une affaire Collin (8 août 1896, p. 665), où le requérant prétendait que l'administration lui avait systématiquement imposé la fourniture d'effets de grande taille, modifiant ainsi les bases de la fourniture, le Conseil d'Etat répondit que le ministre n'avait pas fait autre chose qu'user du droit qui lui était reconnu de changer les proportions pour mille indiquées à titre de renseignement.

Les dispositions d'une circulaire ministérielle, prescrivant pour l'avenir telles ou telles mesures de nature à faciliter l'exécution des marchés, ne peuvent être invoquées par les titulaires des marchés en cours (Soudan, 29 janvier 1892, p. 81).

562. Aucune indemnité n'est due à un entrepreneur à raison du préjudice moral qu'a pu lui causer telle mesure préventive ou conservatoire prise par l'administration dans la limite de ses droits et dans l'intérêt de l'Etat.

Ainsi jugé dans une affaire Bresson (8 septembre 1861) : « Considérant que les mesures dont il s'agit ont été prises par le ministre de la guerre dans la limite de ses attributions, en vue de la conservation des droits du Trésor et dans un intérêt public ; qu'aucune disposition de la loi n'autorise les particuliers à réclamer, en pareil cas, des dommages-intérêts, alors même qu'un préjudice serait résulté pour eux des décisions de l'administration, etc. (1). » Dans l'espèce, une saisie-arrêt ordonnée par le ministre, à raison d'un débet présumé, avait entraîné la faillite

_____

(1) Il en serait peut-être autrement, croyons-nous, dans l'état actuel de la jurisprudence, s'il y avait faute constatée du service public (*suprà*, n° 26).

du plaignant. Il avait été reconnu ultérieurement que le débet supposé n'existait pas.

Jugé aussi qu'une circulaire insérée au *Journal officiel*, dans laquelle le ministre fait ressortir les avantages que présente l'introduction, dans l'armée, d'un appareil nouveau (percolateur) ne peut servir de base à une demande en indemnité de la part des fournisseurs de l'appareil similaire alors en usage (Malen, 14 janvier 1887, p. 38).

§ 10. — Liquidation et paiement. — Déchéances.

563. Les factures et mémoires doivent être, avec les pièces justificatives et sous peine de déchéance, remis, soit au ministre de la guerre, soit au fonctionnaire chargé de la direction du service, dans un délai de six mois à compter de l'expiration du trimestre dans lequel les dépenses ont eu lieu (Décret du 13 juin 1806 (1), art. 3). Les marchés peuvent fixer un délai plus court passé lequel l'entrepreneur, sans encourir la déchéance, est passible d'une amende (cahier du 16 février 1903, art. 50).

La déchéance n'est pas applicable dans le cas où l'entrepreneur n'a pu, en raison d'un cas de force majeure (incendie de ses bureaux par exemple), produire ses justifications dans le délai légal (Dayraut, 17 juillet 1885, p. 700).

C'est au ministre seul qu'il appartient de renoncer à l'application de cette déchéance. La délivrance d'un mandat d'acompte par un ordonnateur secondaire

---

(1) Ce décret est sans application dans les marchés de travaux publics, parce que, suivant les traditions en usage, c'est l'administration elle-même, et non l'entrepreneur, qui établit le décompte des travaux. Les rôles étant ainsi renversés, le retard apporté à l'établissement du décompte ne peut être imputé à l'entrepreneur.

n'impliquerait pas cette renonciation (Courtin, 24 juin 1881).

564. Les indemnités auxquelles l'entrepreneur peut prétendre, soit pour augmentation des droits de douane (Thomas, 6 février 1891, p. 83 ; Perrot, 24 mars 1893, p. 279), soit pour modification aux conditions du marché, etc., ne constituent pas des *prix du marché* et ne rentrent pas dans les sommes qui doivent figurer sur les factures. Le décret du 13 juin 1806 ne s'applique donc pas aux demandes de l'espèce, ni à celles tendant à obtenir la restitution de sommes indûment retenues (Bassot, 15 mai 1889, p. 365).

565. Aucune dépense ne peut être liquidée à la charge du département de la guerre que par le ministre ou par ses délégués (décret du 31 mai 1862, art. 62). Les liquidations opérées par les délégués du ministre ne deviennent définitives qu'après avoir été soumises à la revision ministérielle (décret du 11 mai 1889).

En principe, le paiement pour solde ne doit avoir lieu qu'après cette revision et il ne peut être délivré des acomptes que dans la proportion des cinq sixièmes des droits constatés. Pour certains marchés (livraisons, moutures, transports), les règlements autorisent le paiement intégral par l'ordonnateur secondaire, après vérification de la facture ; mais, même dans ce cas, si la revision ministérielle fait ressortir un trop-payé, le fournisseur pourra être constitué en débet et contraint à reverser au Trésor les sommes indûment perçues (Becker, 24 décembre 1880 ; Daurat-Brun, 26 juillet 1901, p. 690).

Lorsque la liquidation a été arrêtée par le ministre, notifiée à l'intéressé et qu'elle n'a pas été attaquée dans le délai de deux mois (n° 572), elle est définitive et ne peut plus être revisée que pour cause d'erreurs matérielles, faux ou doubles emplois (Code de procédure civile, art. 541).

Le mot « erreurs » doit être pris ici dans un sens très étroit. Il s'agit d'erreurs de calcul, de reports, de transcription, et non de fausses applications des clauses du marché ou du cahier des charges, ou d'erreurs de métrage ou mesurage (Villa, 3 décembre 1863 ; Compagnie des transports généraux, 8 février 1866 ; Ghislain, 8 août 1892, p. 384), ou de l'insuffisance de justifications précédemment acceptées (Compagnie du Nord, 17 mars 1893, p. 245).

566. La fraude peut vicier l'exécution du marché et imposer de lourdes charges au Trésor. Lorsqu'elle est découverte, l'Etat peut-il se faire rembourser ce qu'il a indûment payé ? Une adjudication offre, par exemple, toutes les apparences de la régularité ; mais il est prouvé qu'avant l'adjudication une convention secrète est intervenue entre le représentant de l'administration et l'entrepreneur, convention par laquelle celui-ci devait souscrire un rabais suffisant pour écarter tout autre soumissionnaire, l'administrateur s'engageant, de son côté, à payer comme s'il n'y avait pas eu de rabais et, pour obtenir ce résultat, à majorer les factures et à dissimuler au besoin les malfaçons : l'Etat est-il recevable à contester le décompte et à exiger la réparation des malfaçons, même après réception définitive ?

Il faut répondre affirmativement, non d'après l'article 541 du Code de procédure civile — car les erreurs de métrage, même volontaires, ne constituent pas des erreurs matérielles — mais par application des principes généraux.

« La loi doit recevoir sa pleine, entière et loyale exécution, et, quel que soit le déguisement auquel on aura recours, quelle qu'en soit la légalité apparente, la fraude contre la loi, dépouillée du masque qui la recouvre, doit être condamnée à la plus rigoureuse impuissance. La preuve de son existence enlèvera à la convention toute sa valeur légale, tout lien obligatoire ; elle sera censée n'avoir jamais existé. » (De la fraude concertée contre la loi, Bédarrides, t. III). M. le commissaire du gouvernement Jaëgerschmidt, dans ses conclusions sur l'affaire Roussey (14 février 1890, p. 178), a rappelé ces principes :

« Cet accord a été concerté en vue d'éluder des prescriptions d'ordre public et d'intérêt général ; la convention dont il s'agit est donc illicite ; le décompte et la réception définitive, qui sont les actes d'exécution de cette convention, sont donc des actes radicalement nuls ».

Conformément à ces conclusions, le Conseil d'Etat jugea que le « maître de l'ouvrage » (dans l'espèce commune de L...) avait le droit de répéter les sommes payées en trop et d'exiger la réfection des malfaçons.

Le même arrêt décide que la contre-lettre ne peut servir de base à une action en garantie contre l'administrateur qui l'a signée. « A la différence de ce qui est admis lorsqu'il ne s'agit que d'intérêts privés où les contre-lettres sont obligatoires entre les parties ; dans le cas où une contre-lettre déroge à une loi d'ordre public ou d'intérêt général, son inefficacité est absolue même pour les parties entre elles. »

La circonstance que, postérieurement à l'approbation définitive du compte d'un fournisseur, quelques-unes des opérations relatées dans ce compte auraient été judiciairement reconnues comme entachées de fraude, ne donnerait pas à l'administration le droit de revenir sur d'autres opérations non reconnues comme frauduleuses (Ferrand, 23 mai 1890, p. 526).

567. Lorsqu'un entrepreneur de fournitures a été constitué en débet par une décision du ministre, le remboursement est poursuivi par voie de contrainte exécutoire nonobstant appel. Il en est autrement des entrepreneurs de travaux publics, qui ne peuvent être déclarés en débet que par arrêté du conseil de préfecture (Bigle, 19 février 1886, p. 153).

568. Les droits sont constatés par la production des pièces dont la nature est déterminée par les règlements et cahiers des charges (bons totaux appuyés de bons partiels, récépissés comptables, procès-verbaux, etc.).

L'inaccomplissement des formalités prescrites ou la perte des pièces justificatives auraient-ils pour conséquence la déchéance absolue des droits de l'entrepreneur? L'affirmative a été soutenue devant le Conseil d'Etat (Bloch, 18 janvier 1878). Le ministre alléguait que le fournisseur, étant dans l'impossibilité de produire, à l'appui de ses réclamations, les pièces et les documents prévus par les règlements, n'avait pas de droits à faire valoir ; que la décision prise à son égard par le ministre, à titre purement gracieux, n'était pas susceptible d'être déférée à la juridiction administrative. Le Conseil d'Etat rejeta la fin de non-recevoir et retint le fond de l'affaire. Dans l'espèce, il était établi par l'instruction, et non contesté par le ministre, que l'entrepreneur avait assuré, pendant un temps déterminé, la subsistance d'un corps d'armée. On en déduisit le nombre de rations qui avaient dû être délivrées (Même solution, Legrand, 8 juin 1877).

Dans l'affaire Dayrault (17 mai 1885, p. 700), le Conseil d'Etat a jugé que, « en présence de l'impos-

sibilité où se trouvait l'entrepreneur, par suite du
cas de force majeure (incendie), de justifier du montant de ses fournitures, il y avait lieu de prendre
pour base de la liquidation, à défaut de bons réguliers, les résultats de la liquidation provisoire faite
par les fonctionnaires de l'intendance pour la délivrance des acomptes.

569. Le paiement doit être fait, à moins que le
cahier des charges n'en dispose autrement, au lieu
stipulé pour la livraison (art. 1651 du Code civil).

Le fournisseur peut, à défaut, exiger qu'il lui
soit tenu compte du cours du change (Strauss, 8 août
1872) et, si des intérêts sont dus par suite de retards
imputables à l'administration, ils doivent être alloués
sur le taux dudit lieu (Dato, 2 mai 1861 ; Radowitz,
25 juillet 1863 ; Chalard, 11 août 1864).

Aux termes de l'article 53 du cahier des charges du
16 février 1903, le retard dans le paiement des
acomptes ne peut ouvrir droit ni à intérêts, ni à indemnités.

Le retard dans le paiement du solde ne donne droit
qu'à des intérêts moratoires calculés au taux légal
et s'il s'est écoulé un délai de trois mois à partir
de l'achèvement du service ou de la réception définitive des dernières fournitures exigibles.

Les intérêts ne sont dus que pour la différence entre les sommes dues par l'Etat et celles dont l'entrepreneur pourrait être débiteur (Henry, 17 janvier
1896, p. 49. — V. ci-dessus, n° 447).

§ 11. Réclamations. — Délais. — Compétence.

570. Le cahier des clauses et conditions générales

et les cahiers des charges spéciales fixent, pour les réclamations auxquelles peut donner lieu l'exécution des marchés, des délais plus ou moins étendus. Pour sauvegarder les droits de l'entrepreneur, il n'est pas nécessaire que la requête contienne l'évaluation du préjudice causé (Auger, 12 juillet 1895, p. 585). Mais, si des justifications ne sont pas produites dans un délai de cinq années, la réclamation sera atteinte par la déchéance quinquennale (Breton, 10 décembre 1886, p. 881).

La même déchéance atteint les demandes ayant pour objet le redressement d'erreurs matérielles, faux ou doubles emplois.

571. Le Conseil d'Etat est juge des contestations que peut soulever l'exécution des marchés de fournitures (décret-loi du 11 juin 1806, art. 14, 2°). Lorsqu'il estime que la réclamation portée devant lui est fondée ; que, par exemple, telle résiliation a été prononcée à tort ; il renvoie la partie devant le ministre pour qu'il soit procédé à la liquidation de l'indemnité qui peut être due. Si, après ce renvoi, le ministre refusait d'accorder toute indemnité, le Conseil d'Etat, saisi à nouveau, ordonnerait une expertise à l'effet de fournir les éléments d'une décision (Société des publications périodiques, 8 août 1890, p. 781) ; mais le ministre n'en demeurera pas moins *seul compétent* pour *liquider* l'indemnité au moyen des éléments arrêtés par le Conseil d'Etat (Malègue, 28 avril 1893, p. 348) ; car la liquidation ne consiste pas seulement à reconnaître l'existence et le montant de la dette, mais à constater que la déchéance n'est pas encourue et à préciser le crédit sur lequel la dette sera payée.

Nous renvoyons à ce qui a été dit au chapitre Ier pour tout ce qui concerne les délais de pourvoi devant le Conseil d'Etat. Notons seulement ici quelques décisions spéciales à la matière.

Il a été jugé :

1° Qu'au cas de passation d'un marché par défaut, les délais courent, non de cette mesure d'exécution, mais du jour où la liquidation spéciale à laquelle ce marché a donné lieu a été notifiée à l'entrepreneur. Ce n'est qu'à ce moment qu'il peut apprécier la gravité de la mesure dont il a été frappé (Ducombs, 24 juin 1881) ;

2° Qu'une circulaire ou instruction, adressée par le ministre à ses subordonnés pour déterminer les conditions d'exécution d'un marché, ne peut être déférée au Conseil d'Etat. L'entrepreneur n'est recevable à réclamer que lorsqu'il lui a été fait application de cette mesure et que, sur sa réclamation, le ministre a maintenu la décision prise (Andrieux, 23 mai 1861 ; Franck, 31 décembre 1869 ; Durieux, 13 juillet 1877, etc.) ;

3° Que les réclamations contre les mesures prises par un fonctionnaire subordonné ne peuvent être portées devant le Conseil d'Etat avant d'avoir été soumises au ministre (Warembourg, 15 mars 1878 ; Courtin, 24 juin 1881) ;

4° Qu'un fournisseur attaché aux armées ne peut, pour se soustraire à la déchéance qui atteint les pourvois tardifs, invoquer les dispositions de la loi du 6 brumaire an V (art. 2), qui protège les défenseurs de la patrie contre les prescriptions, délais, etc. (Souberbielle, 10 février 1869).

572. Le délai de deux mois n'est pas applicable (hors le cas d'erreurs matérielles) lorsqu'il y a eu acquiescement exprès ou tacite.

Ainsi un entrepreneur auquel la liquidation de son

compte a été notifiée, et qui a touché sans réserves le montant de son mandat, est déchu de son droit de réclamer, encore bien qu'il soit dans le délai de deux mois. Le ministre lui-même ne pourrait réviser la liquidation, sa décision ayant acquis, pour l'Etat comme pour l'entrepreneur, l'autorité de la chose jugée (décret du 3 avril 1869, art. 263).

Mais le fait de toucher sans réserve le mandat pour solde n'implique pas désistement du pourvoi déjà formé (Collin, 19 juillet 1889, p. 867), ni même de réclamations déjà adressées au ministre et auxquelles il n'aurait pas été répondu (Lecerf et Sarda, 31 janvier 1891, p. 61) (1).

SECTION II
Particularités relatives à certains marchés.

§ 1ᵉʳ. — Des marchés à la ration.

573. Les marchés à la ration ont pour objet la fourniture directe aux parties prenantes de denrées rationnées et embrassent l'achat, l'emmagasinement, la conservation, la manutention, la distribution des denrées et l'exécution du service.

Les cahiers des charges distinguent, dans chaque arrondissement d'entreprise, le *service permanent* (villes de garnison, camps permanents, etc.) et le *service éventuel* (points de passage, points accidentels de rassemblement, etc.). Les prix consentis au marché s'appliquent au service permanent. Une indemnité de 10 p. 100 est ordinairement accordée pour le service éventuel.

_____

(1) Cet arrêt est isolé et peut-être est-il téméraire d'y voir autre chose qu'une solution d'espèce. Il est vrai que, comme l'indiquent les considérants, les règlements interdisent de formuler des réserves sur les mandats de paiement. Mais rien n'empêche le fournisseur de faire connaître à l'administration, par écrit, qu'il persiste dans ses réclamations. V. le n° 462.

574. Les soumissionnaires sont informés, avant l'adjudication, de l'effectif des troupes à nourrir et de leur répartition entre les places de service permanent. L'administration se réserve le droit d'augmenter ou de réduire les chiffres des garnisons ; mais elle stipule généralement une indemnité lorsque le dépassement, calculé sur l'ensemble de la circonscription, atteint une proportion déterminée.

Elle se réserve aussi d'assurer directement les fournitures en cas de rassemblements extraordinaires de troupes en dehors des places de garnison, et l'entrepreneur ne peut réclamer d'indemnités, à raison du renchérissement des prix que peuvent occasionner, le cas échéant, les achats directs effectués par l'administration (Dreyfus, 26 décembre 1879).

Les cahiers des charges réservent aussi, en général, à l'administration la faculté de prescrire, dans la composition de la ration, les substitutions que rendent nécessaires la pénurie des denrées, la santé des hommes ou des chevaux, ou toutes autres circonstances. Le cas échéant, aucune indemnité n'est due si les modifications ont été renfermées dans les limites prévues par le cahier des charges (Bassot, 10 novembre 1893, p. 727).

575. Lorsque la bonne qualité des denrées est contestée par les parties prenantes, le sous-intendant réunit une commission consultative dont le règlement sur le service intérieur des troupes (art. 383, infanterie) donne la composition. Si cette commission se prononce pour l'acceptation de la denrée, sa décision est immédiatement exécutoire. Elle peut également subordonner l'acceptation à telles manutentions préalables qu'elle indique ; mais (sauf dans le cas de troupes en marche) elle ne peut que *proposer*

le rejet définitif. C'est au général commandant le corps d'armée qu'il appartient de statuer sur ce point ainsi que sur la destruction ou l'enfouissement des denrées reconnues nuisibles à la santé des hommes ou des chevaux.

Bien que les décisions prises par le commandement (et, dans certains cas, par les commissions elles-mêmes) soient exécutoires, elles n'en sont pas moins susceptibles d'être attaquées par la voie contentieuse; mais le ministre doit être tout d'abord saisi (Hertz, 24 mars 1882 ; Wolf, 9 juin 1882).

576. Lorsque les denrées reçues par la troupe sont sorties des magasins de l'entrepreneur, aucune plainte n'est plus admise.

Si, cependant, elles étaient ensuite reconnues, non seulement impropres au service, mais nuisibles à la santé (1) rien ne s'opposerait à ce que le fournisseur fût dénoncé à l'autorité civile, qui, le fait constaté, pourrait ordonner la confiscation et la destruction des denrées. Le cas échéant, le fournisseur ne serait pas fondé à en réclamer le prix, sous prétexte que la réception était définitive (Hervouet, 30 juillet 1857).

577. Les cahiers des charges imposent aux entrepreneurs à la ration l'obligation d'entretenir des approvisionnements dans certaines places. Le chiffre en est fixé soit pour toute la durée du marché, soit à raison de l'effectif des troupes, et la quotité subit alors toutes les variations qui affectent les effectifs eux-mêmes ou le *taux de la ration* (Dardel, 25 mai 1877).

---

(1) Ou si elles tombent sous l'application de la loi du 1er août 1905 sur la fraude. Voir la circulaire ministérielle du 3 décembre 1907 (*Bulletin officiel*, p. 1710).

L'administration a le droit de reprendre, en fin
de marché, et aux prix qu'il détermine, soit pour son
compte, soit pour celui de l'entrepreneur entrant,
l'approvisionnement constitué par l'entrepreneur
sortant. Réciproquement, celui-ci a le droit d'exiger
cette reprise ou, à défaut, une indemnité, mais à condition que les denrées réuniront les conditions requises, et il ne pourrait prétendre remplacer, si l'administration ne lui en donne l'ordre, celles qui auraient été reconnues de mauvaise qualité au moment
de la transmission du service (Bourlier, 17 juin 1881).

Les mêmes dispositions sont applicables au cas où
un approvisionnement demeure sans emploi, par suite
de suppression de garnison, levée de camp, évacuation du territoire ennemi, etc.

L'obligation de l'administration ne s'applique d'ailleurs qu'aux approvisionnements constitués par ordre, et non à ceux que l'entrepreneur aurait réunis
motu proprio, d'après l'importance présumée du service (Têtu, 14 juin 1851 ; Souberbielle, 24 janvier
1872 ; Lenotte, 25 juin 1875).

578. Lorsque l'administration a repris, *pour son
propre compte*, l'approvisionnement de l'entrepreneur sortant, et qu'elle le transmet, à charge d'entretien, à l'entrepreneur entrant, celui-ci n'en est
que le dépositaire. Il répond de la bonne conservation des denrées, mais il n'est pas garant de la bonne
composition ou de la bonne qualité des denrées non
fournies par lui (Thomas, 1er mai 1896, p. 364).

579. Lorsque l'entrepreneur entrant prend, au contraire, directement pour son compte l'approvisionnement de l'entrepreneur sortant, il doit, sous sa responsabilité, vérifier la qualité des denrées.

Toute contestation relative à cette reprise serait,

à notre avis, du ressort de la juridiction administrative.

« Pour apprécier les prétentions réciproques des deux parties, il est nécessaire de déterminer les droits et les obligations que l'administration a entendu leur conférer ou leur imposer, et c'est à l'autorité administrative seule qu'il appartient de déclarer le sens des clauses du cahier des charges. » (Girardeau, 21 août 1845).

580. L'administration se réserve le droit de puiser, quand elle le juge convenable, dans les magasins de l'entrepreneur. Une indemnité est généralement stipulée, à raison de ces prélèvements, lorsque l'entrepreneur reçoit l'ordre de reconstituer l'approvisionnement.

581. Pour assurer en temps utile l'écoulement des approvisionnements, si les effectifs à pourvoir sont insuffisants, les cahiers des charges stipulent : tantôt la faculté pour l'entrepreneur d'en disposer à l'expiration du terme de conservation, sauf à remplacer immédiatement les quantités enlevées ; tantôt l'obligation pour l'administration d'assurer cet écoulement par ses propres moyens, en expédiant la denrée à ses frais dans d'autres places de consommation.

Dans ce dernier cas, il n'y a pas *prélèvement* au sens propre du mot et il n'est dû aucune indemnité à l'entrepreneur (Ménier, 26 décembre 1879).

Mais il a été jugé que, si l'administration fait consommer les denrées en dehors de l'arrondissement d'entreprise, alors qu'une mise en consommation anticipée, d'ailleurs provoquée par l'entrepreneur, aurait permis l'écoulement sur place, cette opération constitue un *prélèvement* donnant lieu à l'allocation d'une prime.

Le fournisseur, obligé simultanément, dans ce cas, de remplacer les denrées de réserve, et de faire face au service courant, court les chances d'une double perte, si la denrée est en hausse. Il ne subit qu'une fois les chances de cette hausse, quand les denrées de réserve, consommées dans l'arrondissement même, assurent le service courant (Bassot, 21 novembre 1884, p. 823).

582. Lorsque l'administration a fait connaître, avant l'adjudication, qu'un approvisionnement sera à reprendre par l'entrepreneur entrant, cette clause constitue un élément essentiel du marché ; l'administration doit assurer le versement promis ou indemniser le fournisseur (Bouchotte, 31 mai 1878).

582. L'approvisionnement laissé par un entrepreneur lui est remboursé aux prix de son marché, déduction faite des frais de manutention.

L'augmentation de prix prévue par le cahier des charges dans le cas d'accroissement d'effectif ne s'applique pas à cet approvisionnement, alors même qu'il aurait été réhaussé en raison des nouveaux effectifs (Lajard, 10 janvier 1873 ; Sampiéri, 20 juin 1879).

583. Lorsque, pour l'exécution d'un service, l'administration prête à l'entrepreneur des bâtiments appartenant à l'Etat, celui-ci en devient responsable, au même titre qu'un locataire ordinaire.

En principe, l'administration ne peut retirer les locaux concédés qu'à la condition de les remplacer par d'autres, dans la mesure nécessaire pour assurer l'exécution normale du service.

Les cahiers des charges peuvent déroger à cette règle en stipulant que la concession sera essentiellement précaire et révocable. Dans ce cas, le retrait n'ouvrirait droit à aucune indemnité, à moins cependant que l'usage fait par l'administration de cette faculté n'eut pour effet d'altérer essentiellement les conditions du marché (Morchaine, 29 juin 1844).

584. Le prêt des bâtiments est considéré comme un accessoire du contrat principal, et toutes les difficultés auxquelles pourraient donner lieu la remise et la reprise des bâtiments, la détermination de la responsabilité de l'entrepreneur en cas d'incendie, sont, à ce titre, du ressort de la juridiction administrative (ministre et recours au Conseil d'Etat) (Lucq-Rosa, 29 novembre 1851 ; Ramel, 20 novembre 1896).

Le prêt de mobiliers, instruments, etc., donne lieu aux mêmes règles de compétence (Escoffier, 26 juin 1874).

§ 2. — Achats à commission.

585. Le commissionnaire agit pour le compte de l'administration, mais en son nom propre. Les contestations entre l'administration et les commissionnaires sont du ressort de la juridiction administrative (Crosté, 17 avril 1874) ; mais les contestations entre ces derniers et leurs vendeurs ressortissent aux tribunaux de droit commun.

§ 3. — Achats sur facture. — Achats sur place.

586. Les achats sur simple facture, que les règlements sur la comptabilité publique autorisent jusqu'à concurrence d'une certaine somme, ne sont à proprement parler que des marchés non écrits, et ne donnent pas lieu à d'autres règles de compétence que les marchés ordinaires.

Il en est autrement des *achats sur le marché* ou

achats sur place, lesquels s'appliquent à des *corps certains et déterminés*.

L'administration convient avec un entrepreneur que vingt chevaux de telle catégorie lui seront livrés à telle date : c'est un marché de fournitures dont il appartient au ministre de connaître, sauf recours au Conseil d'Etat.

Un officier acheteur se rend sur le marché, et achète tels et tels chevaux qu'il choisit : il y a achat sur place et les difficultés qui peuvent naître de cette opération sont du ressort des tribunaux ordinaires. L'action rédhibitoire, quand il y a lieu, est intentée par le sous-intendant dans les délais fixés par la loi du 2 août 1884, modifiée le 31 juillet 1895 (art. 25 du règl. du 27 octobre 1902 sur la remonte).

§ 4. — Marchés *dits* de conversion.

587. L'article 21 du décret du 3 avril 1869 dispose que les matériaux et objets qui seraient de nature à être utilisés par le service d'où ils proviennent, peuvent être remployés même par conversion ou transformation, sans qu'il y ait lieu d'en ordonnancer la valeur au profit du Trésor.

C'est une dérogation au principe que « le ministre ne peut accroître par aucune ressource particulière le montant des crédits affectés aux dépenses de son département ». Aussi convient-il de l'interpréter *stricto sensu* et de restreindre l'exception au cas où les matériaux sont effectivement remployés. Il y aurait *échange* et non *remploi*, donc violation des règlements financiers, si du vieux cuivre, par exemple, était remis à un fournisseur contre livraison de plomb.

Les offres des soumissionnaires portent à la fois

sur la valeur des vieilles matières et le prix des matières neuves ; la préférence est accordée à celui pour lequel la différence entre les deux valeurs est la moins élevée.

Le cautionnement à imposer aux adjudicataires est indépendant des garanties exigées pour la livraison des vieilles matières (Instr. du 16 juin 1903, art. 2).

§ 5. — Des transports.

588. Les seuls transports qui, au point de vue juridique, présentent quelques particularités intéressantes, sont ceux par voie de fer ou de mer.

A. — Transports par chemins de fer.

Le cahier des charges type (remanié en 1857), auquel sont soumises les grandes compagnies de chemins de fer (1), règle leurs obligations vis-à-vis de l'Etat et du public. S'agissant de concession de travaux publics, les contestations qui peuvent s'élever entre les compagnies et l'administration au sujet de l'exécution et de l'interprétation des clauses de ce document sont jugées par le conseil de préfecture de la Seine, sauf recours au Conseil d'Etat.

589. L'article 54, qui intéresse plus particulièrement le département de la guerre, est ainsi conçu :

« Les militaires ou marins voyageant en corps. aussi bien que les militaires ou marins voyageant isolément pour cause de service, envoyés en congé illimité ou en permission, ou rentrant dans leurs

---

(1) L'administration des chemins de fer de l'Etat est investie d'une personnalité juridique distincte de celle de l'Etat, et, dans ses rapports avec celui-ci, doit donc être considérée comme une compagnie ordinaire (Conseil d'Etat, 20 janvier 1905, p. 62).

foyers après libération, ne seront assujettis, eux,
leurs chevaux et leurs bagages, qu'au quart de la
taxe du tarif fixé par le présent cahier des charges.

» Si le gouvernement avait besoin de diriger des
troupes et un matériel militaire ou naval sur l'un des
points desservis par le chemin de fer, la compagnie
sera tenue de mettre immédiatement à sa disposition,
pour la moitié de la taxe du même tarif, tous ses
moyens de transport. »

Il a toujours été admis d'un commun accord que
la seconde partie de cet article n'était pas applicable
aux transports qui rentrent dans l'exécution normale
et journalière du service. L'intervention *gouverne-
mentale*, la main-mise éventuelle sur *tous les moyens
de transport*, impliquent, en effet, des circonstances
exceptionnelles, et il n'est pas prouvé d'ailleurs que
l'administration aurait avantage à réclamer cette application ; car les économies qu'elle pourrait réaliser
sur les transports de matériel seraient sans doute
compensées et au delà par l'augmentation des dépenses de transport des personnels (demi-tarif au
lieu du quart).

La première partie de l'article 54 a donné lieu, au
contraire, à d'assez graves difficultés : tout d'abord,
à quelles catégories de personnes devait s'appliquer
la dénomination de « militaires » ou « marins »?

Un arrêté pris en 1859 par le ministre des travaux
publics fut déféré par les compagnies au Conseil
d'État pour excès de pouvoir. Le Conseil d'État dé-
cida, le 16 août 1862, que cet arrêté n'avait pas le
caractère d'un acte d'autorité ; qu'il n'avait rien
d'obligatoire et que c'était devant le conseil de préfecture que les compagnies devaient se pourvoir pour
faire décider si les ministres n'avaient pas méconnu
le sens et la portée du cahier des charges. La ques-

tion a été tranchée au fond par le conseil de préfecture de la Seine et en appel par le Conseil d'Etat (26 août 1865), qui ont donné gain de cause aux compagnies sur la plupart des points contestés.

Un nouvel arrêté fut pris le 15 juin 1866 et successivement remanié pour tenir compte des modifications apportées à l'organisation de l'armée. Le dernier en date est du 9 mai 1903.

Le quart du tarif doit être calculé, non sur les tarifs en cours, mais sur les tarifs annexés au cahier des charges de concession (conseil de préfecture de la Seine, 12 mai 1905).

590. Au sujet du transport des chevaux, il a été jugé (Compagnie P.-L.-M., 2 mars 1888 ; Compagnie d'Orléans, 28 février 1890 ; Compagnie de l'Ouest, 26 décembre 1890) que les chevaux de l'artillerie, du génie et des équipages doivent être transportés à prix réduit dans la proportion de deux chevaux pour un conducteur, sous la réserve que le cavalier sera celui-là même au service duquel les chevaux sont affectés ; que les officiers voyageant en corps ou isolément ont droit, pour le transport de leurs chevaux, au tarif réduit au quart, sans qu'il soit nécessaire que ces chevaux soient accompagnés par eux personnellement et voyagent dans le même train.

Un traité est intervenu, le 14 octobre 1890 avec les compagnies pour régler dans ses détails, et conformément à la jurisprudence, le transport des chevaux de toutes armes et des chevaux de remonte.

591. Les bagages accompagnant la troupe sont transportés gratuitement à raison de 30 kilogrammes par homme. La gratuité ne s'applique qu'à l'armement personnel des hommes, aux effets et objets à leur usage, aux effets de rechange et outils, bien

qu'ils n'aient pas encore été distribués et immatriculés au nom de chacun d'eux, mais à la condition qu'ils appartiennent au magasin du corps et soient affectés aux militaires qu'ils suivent (art. 18 de l'arrêté du 19 mai 1903).

592. L'article 48 du cahier des charges, après avoir interdit tout traité particulier ayant pour effet d'accorder à un ou plusieurs expéditeurs une réduction sur le tarif, ajoute : « Toutefois, cette disposition n'est pas applicable aux traités qui pourraient intervenir entre le gouvernement et les compagnies *dans l'intérêt des services publics.* »

C'est par application de cette clause qu'ont été passés et successivement renouvelés, pour le transport du matériel de la guerre, des traités spéciaux avec les grandes compagnies, réunies en syndicat. Le dernier est du 15 février 1891 ; il s'applique à toute espèce de transports, quelle que soit la nature du matériel (artillerie, vivres, génie, etc.), quels que soient les points de départ et d'arrivée, quelle que soit enfin la voie à employer (voie de fer, de terre ou d'eau).

Toutefois il ne comprend : ni les expéditions qui peuvent être faites par la voie de la poste ou colis postal, ni les transports de bagages à la suite des troupes, ni enfin les transports par mer à destination ou en provenance de l'extérieur.

Le ministre se réserve aussi la faculté : 1° pour tous les transports, d'employer, quand cela est possible, des moyens militaires ; 2° pour certains transports seulement (notamment les transports dans l'intérieur des places), de recourir à des marchés spéciaux.

Le traité du 15 février 1891 doit être considéré, au

point de vue de la compétence, comme un marché de fournitures ordinaires, dont l'interprétation appartient au ministre, sauf recours au Conseil d'Etat.

Ainsi il a été jugé par le Conseil d'Etat (Compagnie P.-L.-M., 28 février 1890, p. 244), que, si une localité n'est pas desservie par des trains réguliers de marchandises, la compagnie peut faire le transport par voie de terre et en réclamer le prix ; mais que, si elle a préféré employer la voie ferrée, il ne lui est dû que le prix du transport, tel qu'il a été réellement effectué, c'est-à-dire par chemin de fer.

593. Le Conseil d'Etat a eu à se prononcer, le 17 mars 1893 (Compagnie du Nord, etc., p. 245), sur une affaire dont il convient de dire quelques mots à raison du retentissement qu'elle a eu dans le Parlement et dans le pays.

Le règlement des transports effectués pendant la guerre de 1870-71 avait donné lieu à de graves difficultés qui avaient été résolues transactionnellement en 1872 et 1877, notamment sur les bases suivantes :

a) Les transports seraient liquidés d'après les prix du traité alors en vigueur (traité de 1868) et non d'après la base indiquée au deuxième paragraphe de l'article 54 du cahier des charges ;

b) On admettrait en compte des transports justifiés par les seules écritures des compagnies ;

c) A raison des circonstances tout exceptionnelles dans lesquelles avaient été opérés les transports, sur un territoire envahi, les compagnies seraient déchargées des pénalités pour retards. L'immobilisation des wagons, en raison des mêmes circonstances de force majeure, serait remboursée aux compagnies sur la seule justification du fait :

d) Les difficultés non prévues par les actes transactionnels seraient résolues à l'amiable entre le représentant de l'administration de la guerre et celui des compagnies.

A la suite de vérifications dont une commission parlementaire avait pris l'initiative, le ministre de la guerre revint sur ces arrangements, constitua les compagnies en débet et ordonna des reversements au Trésor, justifiés, disait-il, par l'illégalité des clauses ci-dessus relatées et par l'existence de pièces arguées de faux.

A quoi il fut répondu par l'arrêt du 17 mars 1893 :

a) Qu'en admettant que la non-application de l'article 54 du cahier des charges eût été le résultat d'une erreur, cette erreur n'était pas de celles qui, aux termes de l'article 541 du Code de procédure civile, justifient la revision d'un compte ;

b) Que le mode de justification adopté pour certains transports (écritures des compagnies) ne pouvait être considéré comme ayant eu pour but et pour effet d'engendrer contre l'État des créances nées d'obligations *sans cause* ;

c) Que, dans l'exécution des marchés, rien ne s'oppose à ce que les ministres acceptent, pour l'administration, les conséquences des cas de force majeure;

d) Que la stipulation relative aux difficultés à naître ne constituait pas un *compromis* dont la nullité eût entraîné celle de l'acte tout entier (art. 1172 du Code civil) ; qu'elle témoignait seulement de l'intention commune des parties de chercher à prévenir les contestations par une entente de leurs mandataires ; mais qu'elle ne faisait pas obstacle à ce que le ministre refusât son approbation à la liquidation proposée par son représentant.

Quant aux pièces arguées de faux, le Conseil d'Etat
estima qu'il n'y avait pas lieu de s'y arrêter, attendu
« que rien ne permettait de les rattacher à une intention frauduleuse et que, les transports étant d'ailleurs
justifiés par d'autres pièces du dossier, les compagnies étaient sans intérêt aucun à l'existence de ces
prétendus faux. »

Les décisions ministérielles furent, en conséquence,
annulées.

594. Les transports des poudres et autres matières
explosibles sont effectués suivant les règlements généraux de police (V. Règl. du 12 novembre 1897). Les
compagnies ont soutenu devant le Conseil d'Etat :

Que l'ordonnance du 15 novembre 1846 et les cahiers des charges, rédigés à une époque où la dynamite, la mélinite et autres substances explosives
n'étaient pas connues, ne pouvaient raisonnablement
être interprétés comme obligeant les compagnies à
transporter des marchandises susceptibles de tout dé-
truire autour d'elles ;

Que l'obligation de transporter était subordonnée
à cette condition essentielle que le transporteur
pourrait vérifier les marchandises à lui confiées, et la
composition de divers explosifs (mélinite, etc.), devant au contraire demeurer secrète dans l'intérêt de
l'Etat, les compagnies ne pouvaient être tenues de
transporter des marchandises qui échappent complètement à leur contrôle ;

Qu'en tout cas elles ne pouvaient supporter la responsabilité d'accidents effroyables qu'elles ne pouvaient ni prévoir, ni prévenir ;

Que, même si une faute était établie à la charge de
leurs agents, leur responsabilité devait être limitée

aux dommages que cette faute aurait entraînés au cas de transport de marchandises ordinaires.

Le Conseil d'Etat n'a pas accueilli ces prétentions ; il a jugé qu'en présence des dispositions de l'ordonnance du 15 novembre 1846 (art. 50) et de l'article 49 du cahier des charges, les compagnies ne pouvaient refuser de transporter les explosifs tels que dynamite, mélinite, crésylite, etc., qui leur étaient confiés ; que, d'autre part, en l'absence de tout litige né et actuel, elles n'étaient pas recevables à discuter la limite des responsabilités pouvant résulter pour elles des obligations que leur imposent les cahiers des charges (Compagnie d'Orléans, etc., 20 décembre 1895, p. 849 ; Santerre des Bovès, 10 décembre 1897, p. 783).

Jugé aussi qu'il n'appartient pas au conseil de préfecture d'imposer des précautions spéciales pour le transport de ces matières ; que le gouvernement a seul qualité pour prescrire des mesures de cet ordre (*ibid.*, 20 décembre 1895) ; qu'enfin ces questions se rattachant à l'interprétation du cahier des charges, elles ne peuvent être déférées directement au Conseil d'Etat, mais doivent être portées d'abord devant le conseil de préfecture (*ibid.*)

595. La question de savoir si les accidents de personnes engagent la responsabilité contractuelle des compagnies par application de l'article 1784 du Code civil a été résolue négativement par la jurisprudence (Cour de Paris, 14 janvier 1903, conf. Cassation, chambre des requêtes, 14 décembre 1903). La victime (ou ses ayants droit) ne peut donc être indemnisée que si elle établit la faute de la compagnie ou de ses agents (art. 1382 à 1384 du Code civil), et si l'Etat, à raison des charges qu'impose au Trésor le paiement de pen-

sions ou autres allocations, entend s'en faire indemniser par l'auteur du dommage, c'est devant les tribunaux civils qu'il devra porter ses revendications, puisque celles-ci dérivent du droit commun et non des cahiers des charges (Conseil d'Etat, Compagnie P.-L.-M., 18 janvier 1907, p. 56).

596. Nous croyons aussi que les tribunaux civils seraient compétents pour connaître des difficultés entre les compagnies et l'administration si celle-ci, renonçant à des traités spéciaux pour les transports ordinaires du matériel, préférait faire usage des tarifs communs. L'autorité judiciaire est en effet seule compétente pour interpréter ces tarifs (Aucoc, *Droit administratif*, t. III, n° 1598), et la juridiction administrative (conseils de préfecture) ne connaît que des contestations portant sur les clauses relatives aux services publics (*loc. cit.*, n° 1608). Or l'article 54 (2° paragraphe) du cahier des charges, qui renferme l'une de ces clauses, ne vise, comme nous l'avons dit, que les transports répondant à des nécessités gouvernementales, mais non les transports normaux du matériel de guerre.

B. — Transports maritimes.

597. Les difficultés auxquelles peut donner lieu l'exécution des contrats relatifs aux transports maritimes ressortissent à la juridiction administrative (ministre, sauf appel au Conseil d'Etat).

Les articles 631 à 638 du Code de commerce, qui déterminent en ces matières la compétence des tribunaux de commerce, ne sont pas applicables aux transports de la guerre (Valéry, 20 décembre 1872 ; Compagnie transatlantique, 21 novembre 1884 ; Viot, 14 avril 1905, p. 378, etc.).

Mais la question s'est posée de savoir si les transports militaires exécutés par les compagnies au profit
desquelles la loi a concédé un monopole pour les
communications maritimes entre la France et l'Algérie, la Tunisie, etc. (actuellement convention du
16 décembre 1896, approuvée par la loi du 11 janvier
1898), relèvent, au point de vue de la solution des
litiges, du ministre de la guerre ou du ministre con-
cédant (ministre du commerce, des postes et télégraphes) (16 décembre 1887, Compagnie Morelli, p. 819).
Elle n'a pas été tranchée par le Conseil d'Etat ; mais
il l'a résolue implicitement, dans le sens de la compétence du ministre de la guerre, en statuant sur le
pourvoi dirigé contre ce dernier à propos d'un cahier
des charges contenant des dispositions identiques
(transports entre le continent et la Corse ; Morelli,
7 août 1891, p. 604). On remarquera d'ailleurs que
la loi portant convention du 11 janvier 1898 a été
contresignée par le ministre de la guerre.

Pour les transports militaires non compris dans les
conventions passées par le ministre des postes et
télégraphes, l'instruction ministérielle du 1er mai
1897 donne le modèle de la charte-partie à dresser,
le cas échéant, par l'intendance militaire. Il est stipulé (art. 17) que, sauf les dérogations consenties par
écrit entre le fréteur et l'affréteur, le Code de commerce français fera loi entre les parties pour les cas
d'avaries communes ou particulières, le rachat, le jet
à la mer et la contribution.

Cette clause restrictive exclut l'application de l'article 216 du Code de commerce, qui autorise le propriétaire du navire à se libérer par l'abandon du navire et du fret (Compagnie transatlantique, 18 novembre 1887, p. 733).

Il a été jugé que, constitue une avarie commune,

le remorquage, dans un port voisin, d'un navire assailli par une violente tempête et que le capitaine de ce navire juge nécessaire d'abriter temporairement en raison de la persistance du mauvais temps et de la fatigue de l'équipage (Viot, 14 avril 1905, p. 378).

598. L'entrepreneur a le droit d'exécuter tous les transports à destination des localités comprises dans les itinéraires officiels ; mais ce droit ne s'étend pas aux fournitures qui ne sont délivrées à l'administration qu'au lieu de destination et qui voyagent aux risques et périls du fournisseur (Compagnie transatlantique, 21 février 1890, p. 197).

Il n'est tenu que jusqu'à concurrence des maxima prévus au marché ; mais s'il charge, sans faire de réserves, une quantité supérieure, il doit être réputé avoir consenti à faire le transport de l'excédent aux prix ordinaires de son marché (Compagnie de la Basse-Loire, 20 décembre 1901, p. 906).

599. Le ministre de la guerre n'est pas compétent pour statuer sur la responsabilité du transporteur à l'égard des passagers militaires qui, au cours d'un naufrage, ont perdu leurs bagages et leurs effets. C'est à l'autorité judiciaire qu'il appartient d'apprécier cette responsabilité (Compagnie transatlantique, 13 mars 1903, p. 233). Vainement, d'ailleurs, le ministre appuierait-il sa prétention sur l'obligation que les règlements font à l'Etat d'indemniser les militaires de la perte totale ou partielle de leurs bagages.

En admettant que l'administration soit fondée à réclamer du transporteur la restitution des sommes ainsi payées, il n'appartient pas au ministre de prendre une décision qui ne se rattache pas directement à l'exécution ou à l'inexécution du contrat (Compagnie transatlantique, 24 juillet 1903, p. 557). Il s'agit, dans l'espèce, d'un dommage dont la réparation ne peut être demandée par l'Etat qu'aux tribunaux ordinaires.

600. Dans l'interprétation des clauses relatives aux transports, nous retrouvons ce même souci d'équité que nous avons signalé par ailleurs et qui tempère la rigueur des textes. Ainsi il a été jugé (Compagnie des Chargeurs-Réunis, 16 décembre 1898, p, 811), que, bien que le cahier des charges ne fixât aucun délai pour le déchargement du matériel, une indemnité était due à la compagnie, en raison de ce que ses paquebots avaient été retenus au port, bien au delà de la durée normale de l'escale, à défaut de matériel de débarquement en rapport avec la puissance des engins dont ces paquebots étaient munis.

§ 6. — Entretien des chevaux de remonte.

601. Pour le logement, l'entretien et la nourriture des jeunes chevaux achetés par la remonte, l'administration s'entend avec des particuliers, propriétaires ou possesseurs de domaines appropriés à cet effet. Le prix de pension résulte des adjudications passées pour la fourniture des fourrages dans la place la plus voisine ; combinaison assez anormale, car l'entrepreneur ne subit pas seulement la loi du marché, comme cela devrait être. La rémunération qu'il reçoit subit toutes les fluctuations qui peuvent résulter, soit de combinaisons commerciales auxquelles il n'a pris aucune part, soit de circonstances étrangères à sa propre exploitation et susceptibles de modifier, en plus ou en moins, les frais généraux des fournisseurs dont les prix lui sont appliqués.

Aussi ces contrats donnent-ils lieu à d'assez fréquentes difficultés, dont quelques-unes ont abouti à des procès.

Le Conseil d'Élat n'a pu d'ailleurs, le cas échéant, que consacrer l'application de clauses dont il n'avait pas à apprécier le caractère (Regnouf de Vains, 16 mars 1906, p. 234).

SECTION III
Des réquisitions.

§ 1ᵉʳ — Dispositions générales.

602. La loi du 3 juillet 1877 (art. 5) énumère les denrées, objets et services que, suivant le cas (mobilisation totale ou partielle, rassemblement de troupes), l'autorité militaire a le droit de requérir pour les besoins de l'armée. La loi du 5 mars 1890 autorise en outre l'emploi de la réquisition pour la formation des approvisionnements nécessaires à la subsistance des habitants des places de guerre.

La loi du 3 juillet 1877 (art. 4 complété par la loi du 27 mars 1906), le décret du 2 août 1877 (art. 3 et 4), et — pour le ravitaillement des places fortes — la loi du 5 mars 1890 et le décret du 3 juin 1890 font connaître les autorités militaires qui peuvent exercer de plein droit des réquisitions, et les officiers, fonctionnaires militaires ou civils (1), auxquels ce droit peut être délégué.

603. Les réquisitions sont, en principe, adressées au maire de la commune, qui peut, soit procéder par voie de répartition entre les habitants, et les contri-

---

(1) Le décret du 13 novembre 1907 y ajoute les « présidents des commissions de réception du service du ravitaillement », lesquels peuvent n'être ni officiers ni fonctionnaires.

buables, même n'habitant pas la commune et non re-
présentés (loi du 27 mars 1906), soit pourvoir directement à la fourniture par voie d'achat ou autrement.

Les indemnités sont fixées par un fonctionnaire de
l'intendance, désigné par le ministre et sur l'avis
préalable d'une commission où domine l'élément civil
(décret du 2 août 1877, art. 45 et suiv.). Cette fixation
ne constitue qu'une offre qui peut être acceptée ou
refusée par l'intéressé. Le refus d'acceptation est
transmis par le maire au juge de paix. Ce magistrat
convoque sans frais l'autorité militaire (c'est-à-dire
le fonctionnaire qui a fixé l'indemnité) et le réclamant. S'il ne parvient pas à concilier les parties et si
la valeur en litige est inférieure à 1.500 francs, il
peut, soit prononcer immédiatement, soit ajourner
les parties pour être jugées à bref délai. Si la valeur
du litige dépasse 1.500 francs, l'affaire doit être
portée devant le tribunal de première instance.

604. La loi est muette sur les règles qui doivent
servir de base à l'évaluation de l'indemnité. Elle
laisse donc au juge toute liberté d'appréciation ; mais
nous croyons qu'il doit s'inspirer des principes que le
législateur a affirmés en d'autres matières analogues
et que notamment :

1° L'indemnité allouée ne doit être, ni supérieure
à la demande de l'intéressé, ni inférieure à l'offre
de l'administration (arg. de la loi du 3 mai 1841, sur
les expropriations, art. 39, dernier alinéa);

2° Qu'elle doit être évaluée d'après les prix courants sur place, abstraction faite des besoins en vue
desquels la réquisition est opérée (loi du 29 décembre
1892, art. 13, sur l'extraction des matériaux pour
les routes) ;

3° Que la réquisition, étant un impôt, ne saurait

être pour quiconque l'occasion d'un bénéfice au détriment de l'État ; et que si le maire, usant de la faculté que lui confère l'article 20 de la loi, se procure dans le commerce les denrées demandées, le surcroît de dépenses qui en résulte et notamment le bénéfice du tiers-vendeur doivent rester à la charge de la commune.

§ 2. — Réquisition des chevaux et voitures.

605. Lorsque, en cas de mobilisation, l'autorité militaire acquiert, par voie de réquisition, les chevaux, juments, mulets ou voitures attelées qui lui sont nécessaires, des règles spéciales sont posées par la loi pour la fixation des indemnités, suivant la catégorie à laquelle appartiennent les animaux, leur âge et les prix portés au budget de l'année (loi du 27 mars 1906, art. 49).

Les propriétaires ne sont pas admis à discuter cette fixation, puisqu'elle résulte de la loi elle-même ; mais, si des difficultés s'élèvent relativement au classement des animaux dans les diverses catégories, aux motifs d'exemption légale, etc., elles sont résolues définitivement *et sans appel* par la commission mixte qui procède à la réquisition (art. 51 *bis*). Quant aux voitures et harnais, le prix en est fixé par la même commission, dont la décision, en cette matière, est aussi définitive.

La loi accorde aux propriétaires (art. 47) la faculté de substitution, c'est-à-dire de présenter un animal autre que celui compris dans le contingent, pourvu qu'il appartienne à la même catégorie. Elle leur accorde aussi (art. 53) le droit de rentrer, après la guerre, en possession de leurs animaux, sous condition d'en restituer intégralement le prix et d'aller les prendre à leurs frais.

Les commissions mixtes exercent un réel pouvoir de juridiction. Aucun recours n'est ouvert contre leurs décisions, soit aux propriétaires requis, soit à l'administration elle-même (loi du 27 mars 1906, art. 51 *bis*).

§ 3. — Réquisition des chemins de fer.

606. Nous ne dirons qu'un mot à ce sujet : c'est que les dispositions du titre V de la loi, relatives au règlement de l'indemnité, ne s'appliquent pas en cette matière (1). Si des difficultés s'élèvent entre l'administration et les compagnies, elles seront résolues suivant les règles générales du contentieux administratif ; c'est dans ce sens que M. le député Reille dit dans son rapport : « Les indemnités de cette nature doivent être réglées directement entre le ministre et la compagnie, sauf appel au Conseil d'Etat. »

§ 4. — Voies navigables.

607. La loi du 27 mars 1906 prévoit (titre X) les réquisitions relatives aux voies navigables. Ces réquisitions, indépendantes de celles qui peuvent être

---

(1) Depuis 1877 est intervenue la loi du 28 décembre 1888, aux termes de laquelle, « en temps de guerre, le service des chemins de fer relève tout entier de l'autorité militaire ». Il n'y a donc plus seulement main-mise de l'autorité militaire sur la totalité des moyens de transport ; c'est cette autorité qui assume elle-même *la direction de l'exploitation*. Dans ces conditions, le titre VI du décret du 2 août 1877 devient inapplicable. Il ne peut plus être question, ainsi que le prévoyait ce décret, *des stipulations du cahier des charges*, ni de l'application des *tarifs normaux*. Il n'y a plus de *grande ni de petite vitesse*. Il n'y a plus, soit pour l'enlèvement et la livraison, soit pour les transports eux-mêmes, de délais opposables aux compagnies, puisque celles-ci sont dépossédées ou du moins réduites au rôle d'agents d'exécution. Comment le prix de cette dépossession temporaire sera-t-il réglé? A défaut d'un texte législatif, la question ne peut être résolue que par une convention amiable entre l'Etat et les compagnies.

adressées aux maires par application des articles 4
et 19 de la loi du 3 juillet 1877, ne peuvent être exercées qu'en cas de mobilisation totale ou partielle.
Elles peuvent porter non seulement sur les bateaux,
mais sur leurs chargements et même sur les marchandises déposées sur les ports et dépendances. En
l'absence des propriétaires de ces marchandises, le
patron du bateau est constitué leur mandataire légal
pour tout ce qui concerne le règlement des indemnités.

Les tribunaux judiciaires sont compétents pour statuer sur les contestations.

§ 5. — Mines de combustible.

608. La même loi prévoit, dans son titre XI, les
réquisitions relatives aux mines de combustible. Ces
réquisitions ne peuvent également être exercées qu'en
cas de mobilisation totale ou partielle. Elles peuvent
comprendre tous combustibles extraits ou à extraire,
coke et agglomérés fabriqués ou à fabriquer, nécessaires pour le service des armées et les approvisionnements des places fortes. Les ingénieurs de l'Etat
en surveillent l'exécution.

Les indemnités sont fixées par le ministre de la
guerre d'après l'évaluation d'une commission mixte.
Si l'intéressé n'accepte pas, il est statué par le Conseil
d'Etat au contentieux.

§ 6. — Observations générales sur la législation des réquisitions.

609. Sauf en ce qui concerne les chemins de fer,
les voies navigables et les mines de combustible, la
réquisition prévue par la loi du 3 juillet 1877 constitue essentiellement une *charge locale*.

La procédure que cette loi institue (intermédiaire
obligé du maire, répartition de la charge entre les
habitants et les contribuables de la commune) fait
obstacle à la mainmise directe de l'autorité militaire
sur les stocks du commerce, les denrées et les marchandises réunies dans les entrepôts, les magasins
généraux, ou déposées dans les gares et leurs dépendances (1). La loi seule peut combler cette lacune
et assurer le fonctionnement régulier du ravitaillement des armées en appropriant aux nécessités nouvelles un instrument devenu insuffisant.

§ 7. — Réquisitions en présence de l'ennemi.

610. Nous avons vu plus haut que l'occupation et
la destruction d'immeubles *en présence de l'ennemi*
sont des faits de guerre n'ouvrant droit à aucune
réparation pécuniaire (n° 356).

La même règle s'appliquera *a fortiori* si, dans les
mêmes circonstances, il y a destruction ou détérioration d'objets mobiliers. Ainsi il a été jugé (Lhotellier,
30 juin 1876) que la destruction par l'autorité militaire des approvisionnements faits dans une gare,
quelques heures avant l'arrivée de l'ennemi, consti-
tuaient un fait de guerre ne donnant pas lieu à indemnité. Les arrêts Hervaux (27 juin 1873), Faglin
(8 août 1873) (2), Thinet (1er mai 1874) consacrent la
même doctrine.

611. Ne peuvent également prétendre à aucune in-

---

(1) La loi du 27 mars 1906 prévoit la réquisition directe des
chargements de bateaux et des marchandises déposées sur les
ports : mais aucune loi ne contient de dispositions analogues pour
les chemins de fer et leurs dépendances.

(2) Dans cette affaire, des sacs de laine avaient été pris, sur
l'ordre de l'autorité militaire, en présence de l'ennemi, pour la construction d'une barricade.

demnité, les habitants qui ont eu à loger ou à nourrir des troupes ennemies ; ou qui ont éprouvé des
dommages résultant du pillage ; ou qui ont eu à
subir des réquisitions de l'ennemi.

La jurisprudence admet toutefois que, dans ce dernier cas, et si les réquisitions ont été exercées au
nom de la généralité des habitants, les requis ont un
recours contre la commune, à l'effet de se faire indemniser (V. note 3 sous l'arrêt Larcher, du 30 mai
1884, p. 449).

Ajoutons que, dans le cas où aucune indemnité n'est
due, la commune n'en conserve pas moins la faculté
d'en accorder à titre gracieux ; du moins la délibération que prend à cet effet le conseil municipal ne
peut être l'objet d'un recours contentieux (même
arrêt).

SECTION IV

Contrats divers.

§ 1er. — Hospitalisation des malades.

612. Antérieurement à la loi du 7 juillet 1877, les
malades de l'armée étaient, à défaut d'hôpital militaire, traités dans les hospices civils conformément
à un décret rendu par le Premier Consul en 1804.
Le ministre de la guerre fixait lui-même la rétribu-
tion due à chaque établissement par journée de malade.

Divers arrêts du Conseil d'Etat (hospice du Havre,
29 janvier 1875 ; hospice de Rouen, 7 août 1875 ;
hospices d'Amiens et du Havre, 3 août 1877) avaient
décidé qu'une telle fixation ne constituait en réalité
qu'une offre qui ne liait pas la commission admi-

nistrative et que celle-ci conservait le droit, si elle trouvait les prix insuffisants, de recourir, par la voie contentieuse administrative ordinaire, contre la liquidation arrêtée d'après ces prix.

La loi du 7 juillet 1877 a modifié profondément cet état de choses. Elle a maintenu pour les hospices civils (art. 3) l'obligation de recevoir et de traiter les malades militaires dans les localités où il n'existe pas d'hôpitaux militaires et dans celles où ils sont insuffisants ; mais elle dispose (art. 5) que ces obligations ne peuvent, dans aucun cas, porter préjudice aux services des fondations et de l'assistance publique. Il appartient au ministre de la guerre de faire exécuter, aux frais de son département, les agrandissements et aménagements nécessaires pour concilier les exigences de ces services avec l'intérêt de l'armée (décret du 1er août 1879, art. 4).

613. Les conditions de l'hospitalisation (nombre de lits, prix de journée, etc.) sont fixées à l'amiable entre la commission administrative et le ministre de la guerre, approuvées par le conseil municipal et ratifiées par les ministres de la guerre et de l'intérieur (art. 7 de la loi). Si l'accord ne peut s'établir, un décret rendu en Conseil d'Etat règle ces conditions.

Les contestations qui peuvent s'élever sur l'exécution, soit de la convention, soit du décret qui en tient lieu, sont, aux termes de l'article 7 de la loi, portées devant le conseil de préfecture et en appel devant le Conseil d'Etat ; mais ce recours n'existe que pour les difficultés relatives à l'exécution. Il n'y a pas de recours contentieux en ce qui concerne le décret lui-même, qui a apprécié souverainement, en tenant compte de tous les éléments indiqués par l'acte réglementaire du 1ᵉʳ août 1879 (art. 19) (1), les frais et le préjudice résultant, pour l'établissement, du traitement des malades militaires.

Ce décret peut-il du moins être attaqué devant le Conseil d'Etat pour excès de pouvoir ? Le ministre de la guerre a soutenu la négative (hospice de Caen, 10 mai 1895, p. 401) en se fondant sur ce que les décrets de l'espèce sont rendus en vertu d'une délégation législative. Telle est, en effet, la jurisprudence en ce qui concerne les règlements *généraux* d'administration publique (Laferrière, *Juridiction administrative*, t. II, p. 9) ; mais le Conseil d'Etat ne l'étend pas aux actes administratifs *spéciaux* et il a jugé le pourvoi recevable.

---

(1) Au nombre de ces éléments figure « l'indemnité locative comprenant les grosses réparations et l'entretien des bâtiments affectés au service militaire ». D'après deux avis du Conseil d'Etat (section des finances, 17 juillet 1883 et 19 mai 1885), ces mots signifient : « indemnité locative *consistant* dans les grosses réparations... » et excluent en conséquence tout prix de loyer proprement dit. « La loi a constitué aux hospices des obligations dont elle leur a promis de les *indemniser*, mais non de les *rétribuer*. »

Cependant il peut arriver que l'augmentation de la population civile, le développement des charges de l'assistance publique, mettent la commission administrative dans l'obligation de construire de nouvelles salles et d'engager ainsi des dépenses qu'elle n'aurait pas eu à supporter, si elle avait conservé la libre disposition des locaux occupés par la guerre.

Il semble que, le cas échéant, l'Etat méconnaîtrait la portée de l'article 5 de la loi, s'il refusait de participer à ces dépenses sous une forme ou sous une autre.

La question s'est posée pour la première fois au contentieux en 1907 (hospice de Limoges, 5 janvier 1907, p. 8). M. Teissier, commissaire du gouvernement, a nettement reconnu le bien fondé, *en principe*, de la réclamation de l'hospice ; ajoutant toutefois que cet élément de dette aurait dû figurer dans le prix de journée et ne pouvait, suivant les termes mêmes de la loi de 1877, être récupéré que sous cette forme ; qu'il appartenait à l'hospice de faire valoir ses prétentions en temps utile, et de déférer au Conseil d'Etat, pour violation de la loi, le décret qui aurait refusé d'en tenir compte.

L'arrêt n'a pas résolu la question de principe, mais a rejeté la demande pour les raisons de forme invoquées par le commissaire du gouvernement.

L'insertion au *Bulletin officiel* du ministère de la guerre ne fait pas courir le délai de pourvoi (hospice de Tours, 10 mai 1895, p. 401) ; mais il en est autrement de la communication du décret, constatée par une délibération de la commission administrative (hospice de Fontenay-le-Comte, 10 mai 1895).

614. Il a été jugé que le décret rendu à défaut de convention amiable a pu, sans excès de pouvoir, fixer le prix de la journée à un taux *inférieur* à celui offert primitivement par l'autorité militaire et non accepté par la commission administrative de l'hospice (hospice de Saint-Malo, 4 juin 1886, p. 492). « Ce serait transformer la nature du pouvoir réglementaire du Président de la République en Conseil d'Etat, que d'en faire un pouvoir contentieux ne pouvant statuer que sur des conclusions formulées par les parties. » (Observations de M. Levavasseur de Précourt, commissaire du gouvernement.)

Jugé aussi :

Qu'un décret a pu, sans excès de pouvoir, faire remonter son application à une époque antérieure à sa promulgation (hospice de Caen, 10 mai 1895, p. 401);

Que l'obligation de recevoir les militaires évacués, sans distinguer entre le temps de guerre et le temps de paix, n'est contraire à aucune disposition de la loi (hospice de Caen, 10 mai 1895).

615. Aux termes de l'article 6 de la loi du 7 juillet 1877, « les traités particuliers conclus avec les communes, qui ont pris envers l'Etat l'engagement d'assurer le traitement des malades militaires dans les hospices civils, demeurent exécutoires ». Mais la loi de 1877 n'a pu avoir pour effet d'aggraver pour les communes les charges résultant de ces engagements, et si l'exécution de cette loi a rendu nécessaires des

travaux d'aménagement non prévus au moment où la ville traitait avec l'Etat, la charge n'en incombe pas à celle-ci (ville de Carcassonne, 5 juillet 1895, p. 565 ; ville de Rodez, 27 mai 1887, p. 443).

616. Lorsqu'il n'est intervenu entre l'Etat et la commission administrative aucune convention de la nature de celles que prévoit l'article 7 de la loi du 7 juillet 1877, et qu'il n'a été rendu aucun décret destiné à en tenir lieu, le conseil de préfecture est incompétent pour statuer sur une demande en remboursement de dépenses occasionnées par le traitement des malades militaires (hospice de Vannes, 9 décembre 1892, p. 882).

On remarquera que l'obligation imposée aux hospices civils par la loi du 7 juillet 1877 (art. 3) est préexistante à toute convention. Si, à défaut d'accord amiable, un décret était nécessaire pour déterminer le prix de journée et si, pour une cause quelconque, ce décret n'était pas intervenu au jour où a pris fin la convention en cours, l'hospice n'en serait pas moins tenu de recevoir les malades militaires, sauf régularisation ultérieure sur les bases fixées par le décret.

617. La compétence des conseils de préfecture ne s'étend pas aux traités que le ministre de la guerre passerait, soit avec des entrepreneurs, soit avec des établissements privés autres que les hospices civils, pour les soins à donner aux malades militaires. Le cas échéant, on rentrerait dans les règles de juridiction communes à tous les marchés (ministre et en appel Conseil d'Etat).

Ajoutons que si, par application de l'article 5, 9° de la loi du 3 juillet 1877, le traitement des malades

a lieu chez l'habitant, par voie de réquisition, les
difficultés seront réglées par les tribunaux judiciaires, conformément au titre V de cette loi.

§ 2. — Louage d'ouvrage. — Ouvriers des établissements de l'Etat.

618. Les difficultés qui peuvent s'élever entre l'administration et les ouvriers des établissements de
l'Etat sont, à notre avis, du ressort des tribunaux
ordinaires. D'une part, en effet, il a été jugé que
l'Etat patron n'est dans aucun cas justiciable des
conseils de prud'hommes (Cassation, 28 avril 1896)
et que les ouvriers de l'Etat ne sont ni électeurs ni
éligibles auxdits conseils (Conseil d'Etat, 19 décembre 1906, p. 934) ; d'autre part, l'attribution de compétence à la juridiction administrative (ministre sauf
appel au Conseil d'Etat) ne pourrait se fonder, en
l'absence d'un texte spécial, que sur la règle générale, autrefois admise, « que les tribunaux judiciaires
ne peuvent pas connaître des actions tendant à faire
déclarer l'Etat débiteur ». Mais ce principe, qu'on
prétendait déduire de la loi du 26 septembre 1793 (1),
est condamné par les conséquences excessives auxquelles il conduit, et personne ne conteste aujourd'hui
que certains contrats, tels que les baux de location,
échappent, malgré ce prétendu principe, à la juridiction administrative. On ne voit donc pas pour
quel motif cette juridiction retiendrait le louage d'ouvrage. Un arrêté du Tribunal des conflits (Michal-

---

(1) « Toutes les créances de l'Etat seront réglées administrativement. » Comment ce principe doit-il être entendu ? (Voir à ce
sujet Berthélemy, *Droit administratif*, p. 519).

lard, 17 mai 1873) paraît d'ailleurs conforme à celle interprétation (1) (2).

619. Un seul article du Code civil, l'article 1780, régit le contrat de louage d'ouvrage (3). Il a été jugé par application de cet article :

1° Que si l'embauchage a été fait pour une durée déterminée, le renvoi de l'ouvrier, après durée expirée, ne donne lieu à aucune indemnité (Cassation, chambre civile, 24 novembre 1902, 17 février 1903) ;

2° Que, si l'embauchage a été fait pour une durée indéterminée, l'ouvrier renvoyé ne peut prétendre à des dommages-intérêts que s'il prouve la faute du patron, s'il établit qu'il y a eu abus (Cassation, chambre civile, 22 mai 1901) ;

3° Que la constatation de la faute commise par l'ouvrier ou employé ne permet pas au juge de se substituer au maître et de rechercher si une punition moins sévère eût été possible (Cassation, chambre civile, 17 février 1903).

Quel que soit d'ailleurs le motif du renvoi, l'ouvrier a droit, par application de la loi du 2 juillet 1890, d'exiger, sous peine de dommages-intérêts, un certificat contenant *exclusivement* la date de son entrée, celle de sa sortie et l'espèce de travail auquel il a été employé.

---

(1) Nous avons vu d'ailleurs (n° 488) que, même avant la loi du 9 avril 1898 sur les accidents du travail, le Tribunal des conflits rattachait à la juridiction ordinaire les dommages causés aux ouvriers par les travaux publics, se fondant sur ce que le contrat de louage d'ouvrage est un contrat de droit civil dont le contentieux appartient aux tribunaux ordinaires.

(2) M. A. Fontaine, le savant auteur du *Traité sur le louage du travail*, exprime une opinion contraire.

(3) Cet article a été complété par la loi du 27 décembre 1890 (art. 1er).

620. Lorsque le licenciement est justifié par le manque de travail, le décret du 26 février 1897 (1) (art. 17) accorde aux ouvriers licenciés une indemnité de licenciement proportionnelle à la durée des services. Nul *commissionné* ne peut être licencié tant que le licenciement peut porter sur des *auxiliaires* appartenant à la même profession dans le même établissement (art. 2, *ibid.*).

La commission qui crée ainsi, en faveur de celui qui en est investi, un *droit de préférence* est donnée à l'ancienneté, sauf pour certaines catégories spéciales et déterminées. Il n'est dérogé à cette règle qu'en cas d'indignité et sur l'avis conforme d'un conseil d'enquête dans la composition duquel entrent deux ouvriers élus (décret du 13 février 1899).

621. Les ouvriers des établissements de l'Etat sont assujettis à des retenues sur leur salaire qui, augmentées de la part contributive de l'Etat, assurent à l'intéressé une rente viagère servie par la Caisse nationale des retraites. Lorsque cette pension n'atteint pas le minimum garanti par l'Etat, une rente complémentaire, représentative de la différence, est allouée par le Trésor, sous la condition que les versements à la Caisse des retraites aient été faits à capital aliéné. Le droit à cette rente complémentaire est acquis à 60 ans d'âge (55 ans pour les femmes) et trente ans de services ; ou, en cas d'invalidité, à vingt-cinq ans de service, quel que soit l'âge.

La pension est en partie réversible sur la femme ou les orphelins (V. décret du 26 février 1897).

622. Des dispositions transitoires (décret du 18 no-

---

(1) Ce décret est applicable à tous les établissements militaires où sont employés des ouvriers civils.

vembre 1898) assurent des pensions aux ouvriers qui, entrés en fonctions avant le décret du 26 février 1897 et réunissant les conditions d'âge et de services ou d'invalidité, n'ont pu verser à la Caisse des retraites que pendant moins de trente ans. Le chiffre en est plus ou moins élevé selon le nombre des années de versement.

623. La loi du 9 avril 1898 sur les accidents du travail est applicable sur tous les points (détermination de la rente, procédure, compétence des tribunaux ordinaires) aux ouvriers des établissements de l'Etat.

La question s'est posée de savoir si la rente servie par application de cette loi peut se cumuler, le cas échéant, avec la rente assurée par le décret du 26 février 1897.

L'affirmative est évidente pour la portion de cette rente qui résulte des versements à la Caisse des retraites, car l'ouvrier a un droit acquis sur ces versements ; mais il y avait doute pour le complément servi par l'Etat. La Cour de cassation (27 juillet 1905, 31 octobre 1906) et le Conseil d'Etat (Peyou, 30 mars 1906, p. 262 ; Nautier, 4 mai 1906, p. 361) admettent que la rente payée à raison d'un accident du travail est susceptible d'être cumulée avec toute autre allocation viagère, si, pour réclamer cette dernière, l'ouvrier se fonde sur l'ancienneté de ses services (1).

---

(1) Le fait que le Conseil d'Etat a accueilli ces pourvois ne peut être invoqué contre l'opinion ci-dessus exprimée au sujet de la compétence des tribunaux ordinaires (n° 618). Il s'agissait, dans ces deux espèces, d'interpréter le décret du 26 février 1897, qui fixe, sur certains points, le statut des ouvriers de l'Etat. Or, il n'appartient qu'au Conseil d'Etat d'interpréter les actes émanant du Président de la République (fabrique de Wavrin, 7 décembre 1900).

Mais il en serait autrement si l'ouvrier, n'ayant pas l'âge et les services voulus, se prévalait de son état d'invalidité résultant de l'accident de service. Deux allocations ne sauraient être accordées simultanément pour *la même cause* (1).

624. Sont également applicables aux établissements de l'Etat : la loi du 2 novembre 1892, modifiée le 30 mars 1900, sur le travail des enfants, des filles mineures et des femmes ; la loi du 12 juin 1893 concernant l'hygiène et la sécurité des travailleurs, modifiée par celle du 11 juillet 1903 ; la loi du 13 juillet 1906 sur le repos hebdomadaire.

Toutefois le principe de l'indépendance des départements ministériels fait obstacle à ce que les constatations des inspecteurs du travail aboutissent, soit à une mise en demeure d'effectuer certains travaux, soit à des poursuites judiciaires contre les chefs de service. Ces restrictions, que spécifie expressément la loi du 11 juillet 1903 pour ce qui concerne l'hygiène et la sécurité des travailleurs, doivent être étendues, pour des motifs identiques, aux autres lois qui contiennent des sanctions de même nature (loi du 9 avril 1898 sur les accidents du travail ; loi du 2 novembre 1892 sur le travail des enfants et des femmes ; loi du 13 juillet 1906 sur le repos hebdomadaire).

Il convient également de donner une portée générale au décret réglementaire du 27 mars 1904, rendu

---

(1) Le Conseil d'Etat avait même émis l'avis (26 mars 1902) que le cumul devait être interdit dans tous les cas, même dans celui où la demande de pension était fondée sur l'ancienneté des services. Toutes les pensions, avait-il dit, qu'elles dérivent de telle ou telle loi, n'ont qu'un objet : c'est d'assurer des moyens d'existence à celui qui est devenu incapable de servir. Or on ne peut avoir sur l'Etat deux créances ayant le même objet. Le Conseil d'Etat, statuant au contentieux, ne s'est pas rangé à cette doctrine (Fauveau, 18 novembre 1904, p. 721).

en exécution de la loi du 11 juillet 1903 (art. 4) et d'après lequel le contrôle de l'exécution de la loi est exclusivement confié à des fonctionnaires militaires (au lieu et place des inspecteurs du travail) dans les établissements où « l'intérêt de la défense nationale s'oppose à l'introduction d'agents étrangers au service ».

625. On entend souvent contester aux ouvriers des établissements de l'Etat le droit de se constituer en syndicats. C'est qu'une confusion s'établit aisément entre le droit de grève et le droit de se syndiquer. Le droit de grève, ou plutôt le droit de se concerter pour amener la cessation du travail, résulte de la loi du 25 mai 1864, bien antérieure à celle du 21 mars 1884, qui autorise la formation de syndicats professionnels.

Cette distinction étant faite, la question devient plus facile à résoudre.

Le droit de grève est le moyen donné par la loi à l'ouvrier de se défendre contre les exigences du capital. Or, en présence des ouvriers de l'Etat, il y a, non pas un capital, mais un *budget* dont les Chambres ont seules le pouvoir de fixer la dotation. La grève contre l'Etat serait constitutionnellement un non-sens ; car la Constitution ne donne aux citoyens d'autre arme que le bulletin de vote pour forcer l'action des pouvoirs publics (1).

(1) La question a pratiquement moins d'intérêt qu'on est porté à le croire.

A moins qu'on n'arme l'autorité militaire du droit de réquisition en temps de paix, ce qui serait bien grave dans un pays libre, on ne conçoit aucun moyen légal de contraindre l'ouvrier à se rendre à son chantier. Le renvoi de l'ouvrier est donc la seule sanction possible. Or, cette sanction existe en fait, puisque, suivant la jurisprudence de la Cour de cassation (Cassation, chambre civile, 4 mai 1904, D. P. 1904, I, p. 289), la grève a pour effet

Mais de ce que la grève n'est pas et ne peut pas être un moyen d'action pour les ouvriers des établissements de l'Etat, il ne s'ensuit pas que l'action syndicale leur soit fermée ; car il serait puéril de soutenir qu'ils n'ont pas d'intérêts professionnels à étudier et même à défendre par tous les moyens autres que la grève : pétitions aux Chambres, réclamations aux ministres, etc.

626. Il est diverses catégories d'ouvriers auxquels ne s'appliquent pas les dispositions qui précèdent, savoir :

Les ouvriers d'état et les ouvriers des corps de troupe ;

Les ouvriers immatriculés des manufactures d'armes ;

Les poudriers des établissements des poudres et salpêtres.

627. Les ouvriers d'état, les chefs ouvriers et ouvriers des corps de troupe font partie de l'armée et jouissent, en conséquence, de l'état militaire, avec ses charges et ses prérogatives.

Les marchés ou abonnements, que les chefs ouvriers passent avec les conseils d'administration des corps de troupe, ont le caractère de marchés de fournitures, dont le contentieux appartient à la juridiction administrative (ministre et Conseil d'Etat) (Mazzin, 7 août 1900, p. 559).

Ces marchés sont résiliés de plein droit par la radiation des contrôles du commissionné, soit que celui-ci ait atteint la limite d'âge, soit qu'il ait été ré-

---

de rompre le contrat de louage d'ouvrage, et que l'ouvrier, qui se refuse à reprendre le travail, est déchu de tout droit à indemnité pour brusque renvoi (Cassation, chambre civile, 13 avril 1906).

voqué ou mis à la retraite par mesure disciplinaire
(Le Floch, 5 août 1904, p. 667).

Réciproquement, la commission est retirée de plein
droit lorsque le traité est résilié ou vient à expiration
(loi du 21 mars 1905, art. 67, dernier alinéa).

628. Les *immatriculés* des établissements de l'artillerie sont des ouvriers civils liés à l'Etat par des
engagements renouvelables de six en six ans. Leurs
services étant loués pour une durée déterminée, ils
sont, aux termes de l'article 1780 du Code civil, légalement susceptibles d'être renvoyés sans indemnité
à l'expiration de chaque période sexennale. En fait,
une ancienne tradition leur assure la stabilité à peu
près absolue de l'emploi.

Les immatriculés ont droit, comme les militaires,
à une pension de retraite dans les conditions déterminées par la loi du 11 avril 1831, et c'est sans doute
pour ce motif qu'ils ont été exclus du bénéfice de la
loi du 9 avril 1898 sur les accidents du travail (art. 32).
La même cause aurait dû logiquement entraîner la
même décision à l'égard des ouvriers placés sous le
régime de la loi du 9 juin 1853 sur les retraites civiles.
Soit par omission, soit pour tout autre motif, il n'en
a pas été ainsi (1).

Le décret du 26 février 1897 n'est pas applicable
aux immatriculés. Il a été décidé cependant (Décis.
présid. du 3 décembre 1900) que les dispositions de
ce décret seraient appliquées à l'ouvrier ou à sa
veuve, dans tous les cas où l'ouvrier, réformé ou décédé avant d'avoir acquis des droits à une pension

---

(1) Il est même à remarquer que l'article 32 de la loi du 9 avril
1898 ne vise que les ouvriers immatriculés des manufactures d'armes ; d'où il est permis de conclure que les immatriculés de la
fonderie de Bourges, bien que placés aussi sous le régime de la
loi de 1831, pourraient réclamer le bénéfice de la loi de 1898.

de retraite, satisferait néanmoins, par l'ensemble de
ses services (tant avant qu'après l'immatriculation),
aux conditions exigées par le susdit décret.

629. Les *ouvriers poudriers* sont placés sous le
régime de la loi du 9 juin 1853 sur les pensions civiles. Le décret du 9 novembre 1853, rendu pour
l'application de cette loi, leur est donc également
applicable. Le droit à la retraite leur est acquis (les
emplois faisant partie du service actif) à 55 ans d'âge
et vingt-cinq ans de services.

Les poudriers victimes d'un accident du travail
peuvent réclamer le bénéfice de la loi du 9 avril 1898
sur les accidents du travail et cumuler, le cas
échéant, la rente obtenue en vertu de cette loi avec
la pension de retraite si, par leur âge et l'ancienneté
de leurs services, ils ont des droits acquis à ladite
pension (Fauveau, 18 novembre 1904, p. 721).

La décision présidentielle susvisée du 3 décembre
1900 s'applique aux ouvriers poudriers ou à leurs
veuves, dans les mêmes conditions qu'aux ouvriers
immatriculés des manufactures d'armes.

§ 3. — Du travail dans les prisons.

630. Conformément à l'article 40 du Code pénal,
les détenus militaires sont employés à des travaux en
régie ou à l'entreprise.

Le contentieux des marchés passés pour l'emploi
de la main-d'œuvre pénale rentre dans la compétence des conseils de préfecture (Brunelot, 26 décembre 1903, p. 831).

Si le cahier des charges ne contient aucune clause
garantissant à l'entrepreneur le maintien d'un effectif
minimum de détenus, cet entrepreneur n'est pas
fondé à demander, soit la résiliation de son marché,

soit une indemnité, au cas où l'administration aurait diminué cet effectif par des transferts individuels ou collectifs (Mistral, 3 avril 1903, p. 306). Les renseignements qui auraient pu être fournis officieusement avant l'adjudication par le commandant de l'établissement n'engagent nullement le ministre (Couton, 20 janvier 1893, p. 49).

Les cahiers des charges stipulent en général le paiement, par l'entrepreneur, d'une indemnité correspondant aux journées de non-occupation, lorsque le chômage ne résulte pas d'un cas de force majeure. Il est tenu, à cet effet, une comptabilité journalière et contradictoire.

Il a été jugé que, si cette comptabilité a été mal tenue, si les agents de l'administration ont omis de relever les journées de chômage et de faire à ce sujet telles réserves que de droit, lors du paiement des feuilles de solde, l'administration est déchue du droit de réclamer les indemnités dont il s'agit. La résiliation, prononcée en raison du refus opposé par l'entrepreneur est irrégulière, et aucuns dommages-intérêts ne sauraient lui être réclamés (Boutin, 29 mai 1903, p. 430).

631. Les détenus blessés dans l'exécution du travail pénitentiaire ne sauraient être considérés comme blessés en service commandé, puisque, aux termes de la loi de recrutement, le temps passé en détention est interruptif du service militaire (jurisprudence du ministère de la guerre. — V. note sous l'arrêt Thomazou, du 28 mars 1890, p. 358). D'un autre côté, ces accidents échappent à l'application de la loi du 9 avril 1898 sur les accidents professionnels ; car il n'y a pas contrat de louage d'ouvrage, mais *obligation au travail* dérivant de la loi elle-même, et les

charges qu'impose la loi ne donnent lieu en principe
à aucun dédommagement pécuniaire (1).

Un projet de loi a été déposé le 28 janvier 1907,
accordant aux détenus victimes d'un accident de travail une pension purement alimentaire dont le taux
variera suivant l'incapacité résultant de l'accident.
C'est une mesure d'humanité dont le bénéfice sera
évidemment acquis, si le Parlement s'y associe, aux
détenus des établissements militaires.

§ 4. — Ventes mobilières.

632. Lorsque des objets mobiliers, appartenant au
département de la guerre, ne peuvent être remployés
et sont susceptibles d'être vendus, la vente doit en
être faite au profit du Trésor, avec le concours des
préposés des domaines (décret du 3 avril 1869,
art. 21).

Les difficultés qui peuvent s'élever à la suite de
ces ventes sont du ressort des tribunaux judiciaires
(Maury, 2 juillet 1875) ; mais, si la contestation naît
à l'occasion d'un acte administratif qui a précédé la
vente (défaut de formes, irrégularité dans les enchères, etc.), c'est devant la juridiction administrative qu'elle doit être portée (commune de Péron,
25 mars 1852).

C'est contre l'administration des domaines et non
contre le ministre de la guerre que doivent être dirigées les réclamations qui se rattachent à ces ventes
(circ. minist. du 29 janvier 1844).

633. La compétence judiciaire ne s'étend pas à la
vente des issues qui proviennent de l'exploitation

---

(1) A moins, bien entendu, que la victime n'établisse qu'il y a
eu faute des agents préposés à la direction des travaux, auquel cas
il y aura lieu d'appliquer les règles communes (nos 23 et suiv.).

d'un service (sons, braises, etc.). Il ne s'agit plus, en effet, de la vente de corps certains et déterminés, mais de produits futurs dont la qualité ni même la quantité ne peuvent être fixées à l'avance. L'enlèvement des issues, au fur et à mesure qu'elles se produisent, fait l'objet d'un marché passé par adjudication publique, avec le concours de l'administration des domaines, chargée de percevoir le prix de vente au profit du Trésor.

Le cahier des charges stipule que les adjudicataires ne pourront élever aucune objection, à raison de la qualité et de la quantité des issues. Le Conseil d'Etat a cependant admis la réclamation d'un entrepreneur, alléguant que les quantité de sons dont il était invité à prendre livraison dépassaient de beaucoup celles qui avaient été approximativement indiquées au marché et il a prononcé la restitution à cet industriel des frais de la revente sur folle-enchère, ordonnée par le ministre de la guerre (Way, 25 février 1876).

La compétence judiciaire ne s'étend pas non plus, et pour les mêmes raisons, aux contestations qui peuvent survenir à l'occasion de la vente des fumiers.

On sait que, par dérogation à la règle générale, les fumiers sont, ainsi que les dépouilles des chevaux morts, vendus au profit des corps de troupe (masses d'entretien). L'enlèvement fait l'objet d'un marché passé par le corps ou par le sous-intendant. Les difficultés d'exécution sont résolues par le ministre, sauf recours au Conseil d'Etat (Chabot, 10 août 1847; Charpentier, 17 mai 1878 ; Galland-Laverré, 5 janvier 1907, p. 7).

§ 5. — Échanges.

634. Les difficultés qui peuvent naître d'un contrat de cette nature ressortissent tantôt à l'autorité judi-

ciaire, tantôt à l'autorité administrative : à l'autorité
judiciaire, si l'échange a pour objet deux corps certains et déterminés ; à l'autorité administrative, s'il
s'applique à des choses qui ne sont déterminées que
quant à l'espèce. Ainsi l'administration convient avec
un cultivateur que, moyennant une soulte, ce dernier
échangera des blés de la dernière récolte contre une
quantité égale de blés anciens qu'elle a en magasin (1) : c'est un véritable marché de fournitures dont
le contentieux appartient au ministre, sauf recours
au Conseil d'Etat.

§ 6. — Dépôt de chevaux chez les cultivateurs.

635. Il y a quelques années, les règlements auto-
risaient, pour atténuer les charges budgétaires, la
mise en dépôt chez les cultivateurs d'animaux de
trait de l'armée.

La convention qui intervenait alors entre l'administration et le détenteur était un véritable commodat
ou prêt à usage. Aussi l'instruction du 3 juillet 1867
ne faisait-elle guère que reproduire les règles propres à ce genre de contrat (art. 1875 à 1901 du Code
civil).

Le prêt était gratuit ; le détenteur devait soigner
et entretenir convenablement les chevaux qui lui
étaient confiés ; ne pas les assujettir à des travaux
au-dessus de leurs forces, ni les détourner de leur
destination pour les employer à un service d'attelage

---

(1) La légalité des échanges résulte de la loi du 2 nivôse an IV
qui autorise le gouvernement à disposer du mobilier de la République par vente, échange, etc. Mais il faut se rappeler que « le
ministre ne peut accroître par aucune ressource particulière le
montant des crédits affectés aux dépenses de son département »
(décret du 3 avril 1869, art. 21). Lorsque l'échange aboutit à ce
résultat, il doit donc être, au préalable, autorisé par le législateur.

de voiture de maître, de messageries, de poste ou de roulage.

L'instruction précitée attribuait la solution des litiges à l'intendant de la circonscription et en dernier ressort au ministre.

Cette clause ne pouvait avoir pour effet de dessaisir le Conseil d'Etat ; aussi jugeait-il recevables les pouvoirs formés devant lui (de Pontavice, 29 juin 1870). Peut-être même pouvait-on contester la juridiction administrative, car il s'agissait d'un contrat de droit commun difficilement assimilable à un marché de fournitures.

La même observation s'applique aux contrats qui interviennent encore aujourd'hui, pour encourager la production chevaline, entre l'Etat et les éleveurs, auxquels sont remises en dépôt des juments destinées à la reproduction (annexe n° 14 au règlement du 27 octobre 1902 sur la remonte générale).

§ 7. — Du contrat d'assurances.

646. Il est rare que l'Etat assure ses immeubles ou ses richesses mobilières, et la raison en est aisée à saisir.

Le propriétaire qui assure une maison, par exemple, ne rentre dans ses débours que si l'immeuble vient à périr avant l'expiration du temps nécessaire pour que le montant capitalisé des primes payées à l'assureur en atteigne la valeur (soixante-dix ans environ). Si, dans ce laps de temps, la maison échappe à tout sinistre, l'assuré sera certain, quoi qu'il arrive désormais, d'avoir donné aux compagnies d'assurances plus qu'il n'en recevra.

L'assurance ne serait de même profitable à l'Etat que si une succession inouïe de désastres venait anéantir en moins d'un siècle ses immenses richesses. Or, le cas échéant, il ne resterait aucune compagnie en situation de faire face à ses engagements.

L'administration exige cependant que les bâtiments qu'elle prête aux entrepreneurs soient assurés aux frais de ceux-ci. C'est une garantie contre leur insolvabilité, au cas où l'incendie proviendrait de leur incurie ou de la malveillance.

Dans les cas très rares où l'Etat contracte lui-même et directement avec les compagnies d'assurances, les difficultés qui naissent du contrat rentrent dans la compétence des tribunaux judiciaires.

§ 8. — Dons et legs.

637. Aux termes de l'article 1er de la loi du 4 février 1901, les dons et legs faits à l'Etat ou aux services nationaux, qui ne sont pas pourvus de la personnalité civile, sont acceptés par décret du Président de la République.

Le décret est rendu sur la proposition du ministre de la guerre quand la libéralité est faite dans un intérêt militaire ou au profit d'institutions militaires (création de bourses, dons à des régiments, des écoles, etc.). Dans tous les cas où les dons et legs donnent lieu à des réclamations des familles, l'autorisation de les accepter est donnée par décret rendu en Conseil d'Etat (art. 7, même loi).

Le refus de signer le récépissé de la notification, faite aux héritiers, des dispositions testamentaires prises par leur auteur, ne peut être considéré comme une réclamation faisant obstacle à l'acceptation par simple décret (arg. de l'arrêt Richard, du 2 mai 1902, p. 334).

ANNEXE

CHAPITRE II
(Avancement.)

209. Les nominations avec *effet rétroactif* ont été déclarées illégales par l'arrêt du 17 mai 1907 (Le Bigot, p. 460). Serait de même entaché d'excès de pouvoir le décret qui nommerait *par anticipation*, à des emplois non encore vacants, en escomptant des décès possibles ou des limites d'âge certaines, et en ajournant à l'époque de ces vacances attendues l'entrée en fonctions de l'officier nommé.

On ne saurait toutefois considérer comme illégales les nominations qui ne précèdent que de quelques jours l'entrée en fonctions et se justifient par la nécessité d'éviter des interruptions dans le service. (Conclusions de M. Teissier, commissaire du gouvernement, dans l'affaire susvisée du 17 mai 1907. — V. aussi Douriez, 7 août 1903, p. 460).

233. *Pensions pour ancienneté de service.* — Le temps passé en congé provisoire de libération compte pour la retraite. Mais n'est pas dans cette position l'engagé volontaire pour 5 ans qui, par application de l'article 88 de la loi du 15 juillet 1889, a été renvoyé dans ses foyers, sur sa demande, avant l'expiration de son engagement. Car, aux termes mêmes du susdit article 88, il a été immédiatement versé dans la réserve (Arnaud, 10 mai 1907, p. 434).

264. *Pensions pour blessures ou infirmités.* — Ajouter : Deodati, 14 juin 1907, p. 560.

CHAPITRE III

411. *In fine.* — Ainsi jugé : (Gilles, 17 mai 1907,
p. 508). Une tentative de fraude avait été faite par un
agent de l'entrepreneur à l'effet de fausser les épreu-
ves de résistance d'un plancher en ciment armé.

430. *Révision des prix du marché.* — Il a été jugé
(Graverin et Allary, 3 mai 1907, p. 418) que, si la révision des prix du marché devient obligatoire, après
que la révision des bordereaux des salaires a fait
ressortir une variation dans le taux des salaires dé-
passant certaine limite, par contre, il appartient
à l'administration et à elle seule, d'apprécier s'il y
a lieu ou non de procéder à cette opération préalable ; qu'en conséquence, un entrepreneur n'est pas
fondé à exiger de l'administration la révision des bordereaux des salaires pour pouvoir réclamer ensuite
la révision des prix du marché.

Cette interprétation du décret du 10 août 1899 est
rigoureuse ; car l'administration, en refusant d'effectuer la révision des bordereaux, peut, en fait, para-
lyser le droit de l'entrepreneur d'obtenir la révision
des prix du marché.

437. Les mesures prises par l'administration en
vertu de ses pouvoirs de police, par exemple les sujétions résultant des mesures ordonnées en prévision
des accidents qui pourraient être occasionnés par le
lançage d'un pont, n'ouvrent pas droit à indemnité
(Granges, 10 mai 1907, p. 436).

438. *Accélération des travaux.* — Jugé cependant
(Guillot, 3 mai 1907, p. 413) que « la rapidité d'exécution, si justifiée qu'elle pût être par les besoins de

la défense nationale, avait eu à l'égard de l'entrepreneur un caractère excessif, étant donnés la quantité de béton mise en œuvre, la saison et le lieu dans lesquels ce travail avait été effectué et les ressources insuffisantes de la région pour le recrutement des ouvriers, dont le nombre avait dû être brusquement et considérablement augmenté » ; indemnité allouée.

439. *Retard dans les travaux.* — Jugé même que l'administration devait supporter seule les conséquences d'un retard incombant à la fois à celle-ci et à l'entrepreneur (Granges, 10 mai 1907, p. 436).

475. *Dommages. Qualité pour réclamer.* — Le légataire universel est de plein droit substitué aux droits du testateur et a qualité pour réclamer une indemnité, alors même qu'il ne serait devenu propriétaire que postérieurement au dommage (Védrenne, 3 mai 1907, p. 420).

TABLE DES MATIÈRES

CHAPITRE Ier.

Dispositions générales.

CHAPITRE II.

Contentieux des personnes.

SECTION Ire.

RECRUTEMENT DE L'ARMÉE.

CHAPITRE III.

Contentieux relatif aux immeubles.

SECTION Iʳᵉ.

DOMAINE MILITAIRE, ACQUISITIONS, ETC.

SECTION II.

CHARGES OU SERVITUDES IMPOSÉES A LA PROPRIÉTÉ FONCIÈRE.

SECTION III.

TRAVAUX PUBLICS.

CHAPITRE IV.

Contentieux relatif aux choses mobilières.

SECTION Iʳᵉ.

MARCHÉS DE FOURNITURES.

SECTION II.

PARTICULARITÉS RELATIVES À CERTAINS MARCHÉS.

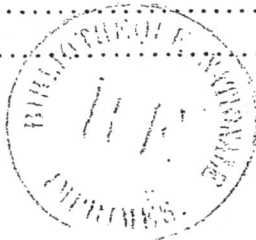

Paris et Limoges. — Imp. milit. Henri CHARLES-LAVAUZELLE.

Librairie militaire Henri CHARLES-LAVAUZELLE

Paris et Limoges.

Général Pédoya. — *L'armée n'est pas commandée.* — Brochure in-8°
de 40 pages. . . . . » **75**

Général Pédoya. — *Recrutement et avancement des officiers (armée
active et réserve).* — Volume in-8° de 216 pages. . . . . **3** »

Général Pédoya. — *La loi de deux ans, ses erreurs.* — Brochure in-8°
de 62 pages. **1 25**

Général Pédoya, commandant le 16° corps d'armée. — *Recueil de principes tactiques* (service de marche, combats offensifs et défensifs, poursuites et retraites, service des avant-postes). — Volume in-8° de 280
pages, broché. . . . . **4** »

Général de Beauchesne. — *Stratégie et tactique cavalières.* — Volume
in-8° de 102 pages. . . . . **3** »

Général Trochu. — *L'Armée française en 1867.* — Volume in-8° de
128 pages. . . . . **2** »

Général Tricoche. — *Le service de deux ans.* — Brochure in-18 de 40
pages. . . . . » **75**

Général Hardy de Périni. — *Afrique et Crimée (1850-1856). Historique
du 11° léger (86° de ligne),* avec préface d'A. Mézières, de l'Académie française. — Volume in-8° de 210 pages, orné d'un portrait du
général et de 5 croquis hors texte. . . . . **5** »

Général Langlois, membre du Conseil supérieur de la guerre. — *Conséquences
tactiques des progrès de l'armement. Etude sur le terrain.* — Volume
in-8° de 90 pages avec 8 croquis coloriés hors texte et une carte mesurant
0ᵐ,76×0ᵐ,58. . . . . **3 50**

Général H. Langlois, membre du Conseil supérieur de la guerre. — *Enseignements de deux guerres récentes : guerres turco-russe et anglo-boer.*
— Volume grand in-8° de 240 pages, avec 4 cartes hors texte. . . . . . . **5** »

Général Langlois, ancien membre du conseil supérieur de la guerre. —
Dix jours à l'armée suisse. — Volume in-18 de 124 pages, avec un croquis hors texte. . . . . **2** »

Capitaine Le Rond. — *Le canon à tir rapide et l'instruction de l'artillerie,*
avec préface de M. le général Langlois, ancien membre du Conseil supérieur
de la guerre. — Volume in-8° de 76 pages avec 2 croquis hors texte. . **2** »

Capitaine Le Rond, officier d'ordonnance du général Langlois. — *Préparation
de l'artillerie à la bataille* (écoles à feu en pleins champs), avec préface du
général Langlois, membre du Conseil supérieur de la guerre. — Volume
in-8° de 124 pages, avec 10 cartes hors texte. **3 50**

Général Daudignac. — *Les réalités du combat : Défaillances, Héroïsmes,
Paniques.* Conférences pour les officiers. — Volume in-8° de 156 pag. **3** »

Général Pierron. — *La Stratégie et la Tactique allemande au début du
vingtième siècle* (3° édition). — Volume in-8° de 580 pages, avec 34 croquis
dans le texte. **7 50**

Général Pierron. — *Guide pour le dressage de l'infanterie en vue de la
guerre* ou *Recueil des questions posées aux sous-officiers, caporaux et
soldats, avec les solutions.*
1ʳᵉ partie. — Volume in-32 de 224 pages. **1 25**
2ᵉ partie. — Volume in-32 de 202 pages. **1 25**

Commandant Georges Guionic, du 69° régiment d'infanterie. — *De Bourges
à Villersexel (20 décembre 1870 — 10 janvier 1871).* — Volume in-8° de 268
pages, avec 8 croquis et une carte d'ensemble. . . . . **4** »

Général Faurif. — *De l'influence du terrain sur les opérations militaires.*
— Brochure in-8° de 28 pages. . . . . **1** »

Librairie militaire Henri CHARLES-LAVAUZELLE
Paris et Limoges.

Colonel CARDINAL DE WIDDERN. — *Journées critiques.* — *Crise de Vionville.* Actes d'initiative des commandants de corps d'armée, des états-majors et d'autres chefs en sous-ordre, dans les journées des 15 et 16 août 1870, traduit de l'allemand par le commandant RICHERT. — Volume in-8° de 244 pages, avec 2 croquis dans le texte et une carte hors texte (70×66ᶜᵐ) des environs de Metz... 4 »

Général ZURLINDEN, ancien ministre de la guerre. — *Hautes études de guerre.* — *Haut commandement.* — *Avancement.* — Volume in-8° de 144 pag. 3 »

Général LAMIRAUX. — *Etude sur le fusil modèle 1886 et sur son rendement dans le tir individuel et dans le tir collectif.* — Volume in-8° de 384 pages, avec 23 croquis.. 5 »

Général LAMIRAUX. — *Etudes pratiques de guerre.*
Tome I (4° édition). — Volume grand in-8° de 314 pages, accompagné de 20 croquis ou cartes dans le texte, broché..................... 6 »
Tome II. — Volume grand in-8° de 448 pages, accompagné de 46 croquis, broché.. 8 »

Général LAMIRAUX. — *Etudes de guerre : la manœuvre de Soult (1813-1814).* — Volume grand in-8° de 482 pages, avec 15 croquis dans le texte.. 8 »

Général LAMIRAUX, ancien commandant de l'Ecole supérieure de guerre. — *Etude critique du Projet de règlement sur l'exercice et les manœuvres de l'infanterie.* — Volume in-18 de 180 pages............... 3 »

Général LE JOINDRE. — *Tirs de combat individuels et collectifs* (2° édition mise à jour). — Volume in-8° de 144 pages, 20 figures, broché....... 3 »

Général PHILEBERT. — *En vue de la guerre.* — Volume in-18 de 140 pages... 2 »

Général PHILEBERT. — *La 6° brigade en Tunisie,* orné d'un portrait du général, de 13 gravures et d'une carte en couleurs hors texte du théâtre des opérations. — Volume in-8° de 232 pages, broché........ 5 »

Général H. CREMER. — *Arbitrages et conventions de manœuvres.* — Brochure in-8° de 24 pages avec 2 croquis dans le texte.... » 60

Général LUZEUX. — *Notre politique au Maroc.* — Volume in-8°........ 3 50

Général LITZMANN, ancien directeur de l'Académie de guerre de Berlin. — *Thèmes tactiques et jeu de la guerre.* Contribution à l'instruction tactique de nos officiers. Comment poser et résoudre des thèmes tactiques. Introduction à la pratique du jeu de la guerre, traduit de l'allemand par le capitaine CORTEYS, du 140° régiment d'infanterie. — Volume in-8° de 214 pages, avec 3 cartes hors texte, broché.. 5 »

Général LITZMANN, ancien directeur de l'Académie de guerre de Berlin. — *Exercices de service en campagne pour officiers.* Préparation et Direction. Critique par le Directeur. Compte rendu par les chefs de parti, traduit de l'allemand avec l'autorisation de l'auteur, par A. G. — Volume in-8° de 162 + XVI pages, avec trois croquis et une carte hors texte.. 4 »

Général MARTYNOV, de l'état-major russe. — *Quelques leçons de la triste expérience de la guerre russo-japonaise.* — Volume in-8° de 122 pages. .... 2 »

Commandant PAINVIN, de la Section technique de l'infanterie. — *Règlement de manœuvres du 23 novembre 1906 de l'infanterie japonaise* (1ʳᵉ partie), traduction. — Brochure in-8° de 76 pages, avec 4 planches dans le texte. 1 50

Le catalogue général de la Librairie militaire est envoyé gratuitement à toute personne qui en fait la demande à l'éditeur Henri CHARLES-LAVAUZELLE.

www.ingramcontent.com/pod-product-compliance
Lightning Source LLC
Chambersburg PA
CBHW031622210326
41599CB00021B/3259